教育改論

교육학자의 올곧은 소리

한준상 저

Innovation to Education

학지사

| 서 언 |

우리가 매일같이 접하는 교육 현실은 교육학자들이 거론하는 현학적 자료나 과학적 해석보다는 이상적이며 구부리기 쉽고 흔들기 쉬운 것들이다. 세대를 거치면서 완강하게 명맥을 유지해 온 목숨 질긴 것들이 바로 오늘의 교육 정보며, 그 속에는 어김없이 편견도 있다. 그래서 사람들의 마음을 사로잡는 힘도 더 강력하다. 그렇게 변화를 완강하게 거부하는 교육 정보나 그것을 담고 있는 자료의 내용을 새롭게 해석하고 재해석하는 일은 인간이 행하는 배움의 본질을 이해하는 데 더 큰 도움을 준다.

– 한준상, 『生의 痂: 배움』 中에서 –

교육선진국들의 15세 학생들이 서로 학력을 겨룬 학업성취도(PISA) 결과가 발표될 때만큼 한국정부가 기분 좋은 표정을 지은 적이 없다. 한국교육의 수월성을 세계에 홍보할 수 있는 좋은 기회가 되기 때문이다. '경제대국들의 학교교육은 도대체 뭣들을 하고 있는 것이냐.' 는 식으로 이야기할 수 있을 만큼 우리 아이들의 성적은 뛰어났다. 수학과 읽기 성적으로만 본다면 한국은 영재 국가다. 수학과 읽기 성적은 OECD 선진국 중에서 핀란드에 이어 2위를 차지했다. 과학 역시 핀란드와 일본에 이어 3위를 차지했다. 한국정부를 늘 가슴 졸이게 만들었던 학생들의 창의력 문제도 큰 무리 없이 우수한 것으로 나타났다. 창의력의 지표였던 문제해결력은 OECD 국가 중에서 가장 높은 점수를 받았다. 정부로서는 이보다 더 좋을 수 없다. 문제해결력 부문의 높은 점수는 한국교육으로도 충분히 창의적 인재를 기를 수 있다는 사실을 입증해 주는 강력한 증거였기 때문이다.

이 모두는 공교육의 힘에서 비롯된 것이어야만 했다. 우리 아이들을 그토록 영재로 키워 낸 것은 학교의 힘이어야만 했다. 교사의 노력이어야만 했다. 정부는 한동안 유럽과 미주 국가들에서 교육정책자들을 불러 이런 저런 이야기를 듣고 싶어 했다. 그들 역시 한국정부가 초청해 준 답례로 한국의 공교육 시스템을 배워야 한다고 호들갑을 떨었지만 모두 알맹이 없는 이야기들이었다.

어느 순간부터인지 잔치 분위기가 가라앉기 시작했다. 한국교육의 수월성에 대해 저들이 입을 닫아 버렸다. 한국 학생들이 세계 최고의 문제해결력을 가지고 있다고 생각하지 않고 있다. 소수의 교육학자들만 예외다. 숫자놀음을 하면서 한국 학생들이 세계 수준의 문제해결력을 가지고 있다고 우기고 있다. 그들이 던지는 이런 저런 양적인 지표에 학부모들은 고개를 흔들고 있다. 한국교육이 창의적이라고 주장할 만한 근거를 한국교육현장 그 어디에서도 제대로 찾아볼 수가 없기 때문이다. 원래 창의적인 것은 없다. 모두가 늘 창의적이어야만 하기 때문이다.

교육학자들일수록 '학교교육의 신화'를 믿고 싶어 한다. 모든 교육은 공교육이어야 한다는 국가교육주의에 절어져 있기 때문이다. 그 근거를 열린교육과 제7차 교육과정에서 찾아내려고 한다. 그러나 그들만의 객기일 뿐이다. 한국의 교육학, 한국의 학교교육, 한국의 교사들은 변하지 않는다. 세계가 변할 뿐이다. 세계를 따라, '새(新)'라는 이름만 붙이면 되는 일이다. 새로운 교육과정이 저절로 되어 버리기 때문이다. 우물 안 개구리들의 멋진 귀환일 뿐이다. 우물 밖으로 뛰어넘었다. 세상이 달랐다. 다시 우물 안으로 되돌아 뛰어 내렸다.

교육열의 겉

한국 학생들이 높은 순위를 올린 것은 학교교육의 공로가 아니었다. 저들이 먼저 알고 있다. 한국의 교육열, 사교육의 효과였다. 저들이 먼저 알고 있었다. 침묵 대신 강변(强辯)을 택한 이유다. 학부모의 교육열을 소거하면 한국교육은 아무것도 아니다. 저들이 먼저 알고 있다. 국제학력경시대회에서의 업적들은 무료 광고였다. 사교육의 경쟁력을 세계에 알리는 팝업광고, 그 이상도 그 이하도 아니었다.

흠집이 날 수 있는 학부모의 교육열이 아니었다. 교육열을 비판하는 일은 맥없는 일이다. 할 일 없는 허수아비의 손놀림 같은 일이다. 학부모의 교육열은 교육의 동력이다. 인류불패의 역사이기 때문이다. 한국의 교육사가 바로 교육열의 반증이다. 입시제도가 어떻게 바뀌든, 교육정책이 어떻게 흔들리든, 그러한 변화들은 사교육에게는 성장과 변신의 기회일 뿐이었다. 저들의 교육적 전문성과 기업적 경영 성과는 날이 갈수록 학습자 친화적으로 변신에 변신을 거듭해 왔다. 1995년부터 실시된 수능시험으로의 대학입시 개혁도, 대학들의 자체 본고사와 내신 반영도, 논술이라는 복병도 사교육기관들에게는 아무것도 아니었다. 무기력한 자신들의 전문성과 교육정책의 한계를 벗어나기 위해 만들어 낸 희생양이 바로 사교육이었기 때문이다.

공교육의 위상을 높이려면 교육열을 잡아야 한다고들 한다. 얄팍한 생각이다. 무기력한 생각이다. 학부모의 교육열을 인정하는 한 학교붕괴가 생긴다는 생각이다. 모두가 오산이다. 학부모의 교육열을 학교붕괴의 주범으로 몰아세우기만 하면 공교육에게 승산이 있다는 계산에서 나온 발상이다. 학부모의 교육열이 공교육을 업신여기고 있다는 피해의식 때문이었다. 교육의 양극화를 만들어 낸 책임까지 학부모의 교육열에 덮어씌울 일이 아니었다. 학부모가 나서면 학교교육이 어렵다는 허기 찬 우려에서 나온 것이다. 학교붕괴는 교육열과 무관하다. 학교붕괴는 학교교육 안에서 배태된 자생적 종양일 뿐이다.

학부모의 교육열을 단죄한 국가 중에서 교육적으로 성공한 나라는 세계 어느 나라도 없다. 교육열을 정치적으로 비난하는 것만큼 비교육적인 것도 없다. 학부모의 교육열은 자식사랑에서 나온 것이다. 자기생명의 연장이기 때문이다. 자식사랑은 인간의 본능이다. 교육열과 대척해서 성공한 국가교육정책은 역사상 존재하지 않는다. 어버이를 향해 자식사랑을 포기하라고 강압하는 것이 교육학적 전문성일 수는 없는 노릇이다. 그 어느 누구도 그렇게 하지 않고 있기 때문이다.

국가가 내 새끼의 실패를 보상해 주는 것도 아니다. 교사가 내 새끼의 삶을 보장해 주는 것도 아니다. 교육정책자들은 더욱더 아니다. 외국에서는 학부모들의 교육열이 살아나게 만드는 방법 찾기에 총력을 기울이고 있다. 교육열이 있어야 국가교육이라는 용광로를 끓게 만들 수 있기 때문이다. 쉽지 않은 일이다. 저들이 수없이 깨달으며 탄식하고 있는 일이다.

학부모의 자식사랑을 알량한 미국식 교육학적 몇몇 정보로 단죄하는 것 그 자체가 부질없는 짓이다. 학부모의 교육열은 단죄받을 일이 아니다. 방향은 정반대이어야 한다. 교육열을 그 어떻게든 하나로 묶어 새로운 교육동력으로 활용해야 하기 때문이다. 타고 있는 장작들을 들쑤시면 잘 타던 불도 꺼져 버린다. 교육선진국이란 다른 나라가 아니다. 별다른 국가교육재정을 들이지 않고도 교육열을 활용할 줄 아는 나라다. 그런 나라가 교육선진국이다. 국가교육의 경쟁력 증진을 위한 토대로 교육열을 활용하는 나라가 교육선진국이다. 교육열을 사그라지게 하는 나라는 '교육저진국(教育低進國)' 일 뿐이다.

교육열의 속

교육열이 단죄되는 것은 부당하다. 사교육이 단죄되는 것도 잘못된 것이기는 마찬가지다. 사교육비를 줄이는 정책과 사교육을 억제하는 정책은 성격이 다른 것이다. 교육열, 학교교육의 저진성, 그리고 국가교육정책의 후진성은 각기 문제풀이의 방식이 다른 문제다. 교육열을 단죄하는 것은 저들의 책임을 전가시키는 일이다. 한국교육문제의 진원지는 바로 국가정책 중심의 학교교육에 있다. 국가가 일관되게 취해 온 입시정책의 난맥상이 그것을 보여 준다.

입시제도는 수능시험과 내신 그리고 논술이 주류를 이루지만, 언제, 어떻게 변할지 모른다. 지금의 입시정책도 예외는 아니다. 수능성적은 등급제로 바뀐 지 오래되었다. 내신반영비율은 고등학교에 대한 대학들의 불신과 반비례하고 있다. 점점 낮아지고 있다. 대학들은 논술시험을 통해 학생들을 선발하려고 한다. 논술시험이 실질적으로 본(本)고사인 셈이다. 내신과 수능이 기본등급화될수록 논술에서의 1점 부족은 1년 재수(再修)를 선고한다. 재수(再修) 없으면, 재수(財數)가 좋은 셈이다. 논술시험은 그 난이도와 상관없는 일이다. 어떤 경우든 본고사이기 때문이다.

대학은 현재로서는 학생선발에 관한 자율권이 없다. 별 수가 없으니까 저들은 방법을 찾기 시작했다. 논술시험의 난이도를 높게 유지하면 된다고 보았다. 학생들을 수월하게 이리저리 갈라 낼 수 있기만 하면 되는 일이다. 논술을 지도하는 교사들만 더 힘들게 생겼다. 그런다고 되는 일은 아니지만, 진땀만은 흘려야 된다. 논술이 무엇인지 논리적으로 풀어 내기도 버거운 일이다. 논술지도는 자연스럽게 사교육으로 넘기면 일이 풀린다. 사교육기관은 학부모와 함께 논술시험 준비를 위한 로드맵을 짜고 있다. 자녀를 위한 학부모의 교육열만큼은 불패다. 뚫는 창이 나오면 뚫리지 않는 방패도 이내 나오기 마련이다.

사교육산업 시장에서 논술은 블루오션 시장일 뿐이다. 기업은 이윤을 찾아 새로운 시장을 개척한다. 국가는 앞을 보고 뛰지만, 사교육시장은 옆을 향해 날고 있다. 사교육시장은 새로운 입시전술에서 또 한 번 도약해 버린다. 논술 준비는 사교육시장에서 이뤄진다. 학생들의 책가방은 다시 무거워진다. 교실 논술은 힘에 딸린다. 기초 체력이 약하기 때문이다. 저들은 글쓰기산업으로 눈을 돌린다. 논술 사교육시장의 정보는 학생보다는 교사에게 더 급한 실정이다. 통합교과라는 교육학적 틀거리 아래 논술학원들이 움직였다. 모든 교과로 그 영역을 넓혔다. 교육학적인 대응이었다. 학부모들의 사교육비 부담만 늘어나게 생겼다. 사교육산업자들이 입시교육전문가들이다. 교육학자보다 더 교육학적 현장이론가들이다.

부모들은 교사보다 늘 두서너 걸음 앞서고 있다. 사교육기관의 순위를 매기는 저들이다. 자녀에게 필요한 논술학원을 선택하는 기술도 뛰어나다. 소비경제 원리에 따라 논술시장을 훑는다. 학부모들의 교육쇼핑 기술을 저들이 당할 수 없다. 교사가 오히려 저들에게 논술정보를 수소문할 정도로 학부모들은 앞서간다. 교육학자도, 교육행정가들도 학부모들보다 그 언제나 하수들이다. 학부모들은 한반도를 보지만 저들은 골목길이나 쳐다보고 있다.

입시정책이 사교육비 경감정책에 의존하면 교육의 양극화는 더욱더 은밀해지도록 되어 있다. 사교육비는 가구 수입에 비례하기 때문이다. 사교육비의 차이가 교육의 불평등을 만든다. 교육의 양극화는 자연발생적이다. 서울대학교 신입생 부모들의 경제적 신분이 그것을 말해 준다. 신입생 부모의 43%가 전문직 혹은 고소득이다. 돈 없으면 빈대떡이나 먹으라는 현실이 대학에서 반증된다. 비난한다고 해서 저절로 풀릴 문제가 결코 아니다. 사회의 양극화든 교육의 양극화든 간에 관계없이 그것은 욕설이나 규제로 풀릴 일이 아니기 때문이다.

교육문제 해소의 교두보

사교육기관들을 향해 반(反)교육기관이라고 손가락질할 이유가 없다. 어느 곳에서 가르치든 교사다운 교사들이 답이기 때문이다. 단죄받아야 한다면 그 몫은 따로 있다. 학교, 교육학자, 교육행정가, 교육행정당국 그리고 국가최고통치기구가 함께 나눠야 할 몫이기 때문이다. 입시교육정책의 실명제가 도입되었다면 진풍경이 벌어졌을 법하다. 입시교육정책의 추진에 민·형사적인 책임을 묻는 재판이 가능했다면 말이다. 역대 교육부 장관 모두가 법정에 불려 나갔을 것이기 때문이다.

입시교육정책사의 과정을 훑어보면 한 가지 결론이 가능해진다. 학교나 학원, 교사, 교육학자, 교육정책자 모두가 하나 같았기 때문이다. 입시정책의 우산 속에서 무·반·비교육적인 행위를 적당하게 나누어 갖고 있었기 때문이었다. 저들은 국가주도 입시교육정책 아래 교육적 무방비 상태였다. 교육학적으로 무장해제된 채 무기력하기만 했을 뿐이었다.

학원은 학습산업체다. 문어발 교육서비스산업이다. 생존력이 질긴 학습기업들이다. 한국노동현장의 문제인 유후노동력을 대량 흡수하는 학습산업체다. 국가노동생산성을 높여 주는 교육산업이 학습산업체다. 부정할 길이 없는 살아 움직이는 생산성 높은 학습산업이다. 부동산시장, 학습기자재시장, 건축시장, 출판시장, 인력시장 들이 서로의 생명줄을 학원들과 잇대고 있다. 학습산업이 불황에 빠지면 한국노동시장도 어려워진다. 고용률도 내려간다. 부동산 경기는 더 어려워지도록 되어 있다. 이미 대도시마다 상가의 공실률이 증가하고 있다. 학파라치들이 게쉬타포처럼 저들을 노리고 있기 때문이다. 인력개발학습산업에 대한 국력차원의 새로운 인식이 불가피한 실정이다.

학생들과 학부모는 학습소비자일 뿐이다. 소비자의 다급함에 학원산업은 늘 민감하게 대처했을 뿐이다. 한국교육의 문제에 대해 저들이 책임질 일이 아니다. 저들이 문제가 된다면 소비자 보호, 공정거래에 대한 책임이 문제가 될 것이다. 저들에게 한국교육의 난맥상에 대한 책임을 중하게 물을 수 없는 노릇이다.

입시를 코앞에 둔 학생들은 입시소비자들이다. 그 언제나 다급하다. 특정 학원에 입학하기 위해 재수, 삼수에 심지어 장수까지 한다. 학원에 학생들이 몰리는 것은 대학을 들어가기 위해서지, 저들 학원의 이윤을 위해서가 아니다. 입학시험 탈락자가 많을수록 명문학원으로의 명성이 높아진다. 화가 치미는 일이지만 현실이다. 명성이 높은 학원일수록 학생들의 입학 기회는 낮아지고 등록금은 올라간다. 그곳에서도 경쟁이다. 경쟁논리를 활용해야 저들에게도 이윤이 남는다는 철저한 계산법에 따른다. 교육당국도, 학부모도, 학생도 모두 저들 앞에서는 무장해제를 당한 꼴이다.

어느새 벌어진 일이다. 학교와 학원 간의 경계 자체가 어느새 허물어졌다. 교사들이 그 이유를 먼저 알고 있다. 학교와 학원 간의 구분 자체가 무의미해졌다. 학원과 학교 간의 차이를 가르는 일 자체가 부질없다. 교육행정가, 교사 그리고 교육학자에게는 중요한 일이지만 학부모들에게는 무의미하다. 자신들의 자녀가 대학을 갈 때쯤에는 그 누구보다도 더 열성적으로 사교육에 매달리고 있기 때문이다. 학교에서 중요한 사람은 교사다. 학원에서 중요한 사람도 교사다. 학교 밖에서 가르치는 사교육 교사들도 교사자격증 소유자들이다. 한쪽은 학교에 임용되었기에 교사고, 다른 한쪽은 학원에 고용되었기에 차별되어야 할 처지들이 아니다. 사교육이든 공교육이든 그 모두가 인적자원개발을 위한 교육자본들이다.

학부모 역시 교사다. 학부모를 따라갈 교사는 없다. 가정에서의 교사가 부모들이다. 학교교사, 학원교사 그리고 가정교사의 차이는 교육열의 차이다. 저들에게는 교육이 뜨겁지만 그들에게는 그저 미지근할 뿐이다. 저들에게 아이들은 생명이고 목적이지만, 그들에게는 수단일 뿐이다. 학부모의 교육열이 빠지면 교육은 얼어붙기 마련이다. 교육열이 뜨겁지 않으면 학교든 학원이든 교육 그 자체가 성립할 수 없다.

학부모의 교육열을 대하는 정부의 대응방식이 잘못되었다. 교육연구기관들의 처방전 역시 비효과적이었다. 교육문제, 교육열에 대해 처음부터 오진(誤診)을 했기 때문이었다. 치맛바람이라고 조롱했던 것이 교육의 문제를 키워 버렸다. 교육열을 자녀과잉보호라고 힐난했던 것이 화근이었다. 교육발전의 저해세력이라고 몰아붙였던 것이 끝내 대가를 요구했다. 학부모의 교육열에 대한 비아냥거림과 조롱의 대가는 혹독했다. 국가교육정책을 마비시키기 시작했기 때문이다.

교육열 때문에 국가교육정책이 마비된 것이 아니다. 학부모의 교육열은 순화시킨다고 순화되는 것도 아니다. 국민의 가족생활에 국가가 개입하는 것이 한계를 지니듯이, 학부모의 교육열 역시 마찬가지다. 남아 있는 선택은 많지 않다. 학부모를 교육정책의 파트너로 초대해야 한다. 교사가 제 자리에 서야 한다. 학부모는 이제 학교선택권이 무엇인지, 교사선택권과 교육정책선택권이 무엇인지를 체감하고 있다. 자기 자식의 교육을 자신들이 원하는 학교와 교사에게 맡겨야 한다는 학교선택권을 법제화하자는 운동도 일고 있다. 학교선택권과 교사선택권은 학부모들이 요구할 수 있는 교육권이기 때문이다. 저들은 교육정책실명제도 요구하고 있다. 교육정책에 대해 교육행정가들이 책임을 져야 한다는 것이다. 문제해결의 궤적이 달라지고 있는 중이다.

교육학적 사고실험(思考實驗)

이 책은 한국교육의 새로운 창조와 발전을 위해 진일보한 이해의 틀을 만들어 보려는 작업이었다. 현재의 한국교육이 만들어 내고 있는 궤적은 보기에 따라 혼돈적일 수도 있다. 그래서 한국교육의 과거에 대한 조명과 비판적 이해가 필수적이다. 해석의 관점을 조금만 달리하면 창조적인 해답이 나올 수 있기 때문이다.

이 책에서는 지난 10년 동안 한국교육 각 부문에서 전개되어 온 다양한 주제를 종합적으로 점검하였다. 한국교육의 정책과 제도, 교육과정 등을 다루고 있는 각종 연구문헌에 대한 분석과 제언을 시도하였다. 문헌분석과 교육정책 이슈에 대한 제안들을 위해 나름대로의 사고실험(思考實驗)을 전개하였다. 사고실험은 이론물리학자들이 즐겨 쓰는 탐구방법론이다. 아인슈타인도 사고실험으로 특수상대성 원리를 제안했었다.

사고실험을 위해 각종 언론매체에서 다뤘던 한국교육의 당시 현안문제들을 점검하였다. 이를 바탕으로 새로운 창조 가능성을 제시했던 각종 자료들과 평론들도 활용하였다. 교육현안에 관한 다양한 시론에 대해 여러 각도의 해석과 재해석을 가했다. 필요하다면 다른 교육학자들의 논리와 이론을 전방위적으로 인용・활용했다. 독자의 이해를 위해 가능한 평이한 문장을 활용했다. 참고문헌 같은 것들은 이번에는 사족 같아 생략했다. 현학적인 이론적 근거와 필요 이상의 전문성을 드러내 놓고 싶지 않아서였다. 다뤄진 내용들은 다양했다. 인간교육에 대한 기본적인 이해에서 출발해서, 초・중등교육으로 대표되는 학교교육의 현안문제를 조명했다. 동시에 사교육, 대학교육, 평생교육, 기업에서의 인력자원개발(HRD) 등 교육의 본질을 이론화할 수 있는 주제들도 다뤘다. 이 책에서 끝까지 놓치고 싶지 않았던 것이 있다. 이론교육학의 가능성과 배움학의 가능성을 서로 연접시키고 싶었던 일이었다.

이 책의 제목을 처음에는 '신교육(辛敎育)'으로 하고 싶었다. 새로운 사고실험의 결과물이다. '신교육'이라고 하면 으레 '새로운(新) 교육'으로 바라보게 마련이기 때문이다. 모두가 편견이며 착시다. 우리 교육현실에 대한 '매운(辛) 소리'가 바로 신(辛)교육으로서의 교육 개론이다. 신(辛)자는 행(幸)자와도 쉽게 혼동된다. 매운 교육은 슬픈 교육이기도 하다. 이미 오래전에 저술했던 『이 교육』에 대한 또 다른 대응이 『教育改論』이다. 거듭나야 할 우리 교육에 대한 기대와 소망은 각 장의 소제목에서도 드러난다. 전체 내용을 '정신[神]' '몸[身]' '섬김[臣]' '믿음[信]' '펼침[伸]' 등으로 구분하였다. 각각에 교육철학과 패러다임, 교사와 교수, 교육정책과 행정, 교육사회학의 이해, 배움의 HRD 등을 가미시키며 새롭게 분류하였다.

이 책은 연세대학교의 전폭적인 지원이 있었기에 세상의 빛을 볼 수 있었다. 연세대학교 '2010년도 저술지원계획(한국교육 짓기: 창조적 진화와 발전의 과제)'에 의해 수행된 저술이기 때문이다. 이 작품을 만들어 내면서 배움을 향한 여러 동행, 동학, 그리고 여러 좋은 지식(*kalyana mitra*: 智識)들의 헌신적인 지원과 격려를 잊지 못한다. 저들의 지성적 참여가 없었다면 이 작품은 처음부터 완성되기가 어려웠을 것이다. 지성적 도움을 준 사람들 가운데 어느 한 사람의 이름만을 거명해야 될 일은 아닐 성싶다. 미소짓는 모두의 얼굴이 이내 마음속에 떠오른다.

'임자들, 정말 감사해요. 당신들 때문에 늘 행복해요. 고마워요. 나와 동행해요.'

모두에게 감사할 따름이다. 그래도 최항석 교수, 김성길 교수가 보여 준 지성적 협력만큼은 지나쳐 버릴 수가 없다. 최, 김 교수 두 사람은 멘탈 머슬(mental muscle)이 대단한 학자들이다. 존 듀이(John Dewey)를 도운 제자들과 같다. 그가 교육을 통한 프래그머티즘의 전선을 구축하려고 했다. 제자 킬패트릭(William H. Kilpatrick) 교수가 선봉에 나섰다. 저들도 저처럼 배움학의 선봉장들이기 때문이다.

이 책이 한국교육의 새로운 창조와 발전에 뜻을 둔 이들에게 이정표가 될 수 있기를 기대한다. 교육학도들이 교육학적 상상력을 키워 낼 수 있는 지침이 될 수 있기를 생각해 본다. 인간의 배움본성이 한국교육학의 넓이와 깊이를 확장해 나가는 데 어떻게 쓰임새가 있는지를 이해하는 데 도움이 되기를 기대한다. 그저 한국교육학의 병폐인 교육개론(教育概論)의 현장을 다시 읽어 보게 만들어 줄 수 있는 교육개론서(敎育改論書)가 되기 바란다.

연세대학교 교육과학관에서

韓 駿 相

| 차 례 |

02 몸 身: 무엇을 하는가 / 81

03 섬길 臣: 무엇을 섬기는가 / 153

04 믿을 信: 무엇을 믿는가 / 229

05 펼칠 伸: 무엇을 펼치는가 / 293

01

정신 神

무엇을 보는가

희망이란 본래 있다고도 할 수 없고 없다고도 할 수 없다.
그것은 마치 땅 위의 길과 같은 것이다.
본래 땅 위에는 길이 없었다.
한 사람이 먼저 가고 걸어 가는 사람이 많아지면 그것이 곧 길이 되는 것이다.

– 루쉰(魯迅), 『고향』 中에서 –

배우는 인간으로 돌아가라

우리 사회의 교육열은 세계에 내놓을 정도로 높다. 차라리 극성스럽다고 이야기해야 할런지도 모른다. 그에 비해 국민의 배움열, 말하자면 새로 배우고, 다시 배우고, 잇대어 배우려는 배움열만큼은 세계에 내놓고 이야기하기 부끄러울 정도로 뒤처져 있다. 어른 100명 중 5명 정도만이 배움에 게을리하지 않고 있기 때문이다. 게다가 우리나라 사람들처럼 가르치기를 좋아하는 사람들도 그리 흔하지 않다. 모두가 가르치려고 들기만 한다. 그리고는 배우려 하지를 않는다. 무릇 남을 가르치려는 사람은 배우고 익히는 일부터 먼저 해야 한다.

이 세상 모든 이에게 마찬가지겠지만, 세상 이곳저곳을 돌아다니다 보면 우리의 뇌리에서 지워지지 않을 한두 가지 정도의 경험이 있기 마련이다. 그것은 이 세상에서 우리 인간에게 무엇인가 손쉽게 가르칠 수 있는 것은 자연(自然)일 수밖에 없다는 것이다. 자연은 인간에게 삶과 죽음의 본질을 가르친다. 자연은 말 그대로 쉬운 것이다. 자연은 복잡하지 않고 쉬우며 끊임없이 변한다. 그래서 인간 스스로 이해하기 쉬운 것이 바로 자연이다. 자연이 우리 인간에게 가르치는 것은 잔인하도록 단순하다. 일반 동물계를 관찰하면 더욱더 그렇다. 그런 자연세계가 우리 인간에게 가르치는 것은 출생의 아름다움과 먹이사슬 속의 매임 같은 단순함이다. 숭고함과 잔인함, 그 두 가지의 반복과 변화가 자연이 보여 주는 모든 것이다. 이로부터 자연의 아름다움과 신비함마저 더욱더 돋보이게 된다.

자연이 가르치는 삶과 죽음의 그 가운데 비어 있는 부분에 여백이 있다. 그 여백이 바로 인간이 비집고 들어갈 수 있는 몫이며 틈새다. 그 틈새를 비집고 들어가면 갈수록 자연의 신비함은 하나둘씩 그 모습을 감추게 된다. 자연에 그런 정신적인 틈새가 있기에, 인간에게 앎의 몫이 커진다. 자연이 보여 주는 죽음과 삶 사이에 드러나 있는 정신적 여백과 사상적 공간은 문화, 사회, 경제, 종교, 교육 등으로 수없이 넓어지게 된다. 자연이 인간에게 가르치는 것에 비해, 인간이 인간에게 가르치는 것은 실제에서는 배움의 한 단면일 뿐이다. 말하자면, 삶과 죽음 사이의 공간을 넓히는 과정에서 얻게 되는 인간의 경험과 배움의 결과를 서로 나누며 서로 성장하는 모습을, 우리는 편하게 가르친다는 말로 표현하고 있을 뿐이다. 진정으로 인간이 인간에게 가르친다면, 그것은 인간이 자연처럼 인간에게 삶과 죽음 중 그 어느 한편의 법칙을 강요하는 것이라고 보아야 한다. 가르친다고 고집하면 할수록, 그 사람은 자연의 절대적인 모습으로 위장하면서 폭군처럼 다른 사람이 누리고 있는 인간적인 위엄을 억제할 뿐이다.

사람은 삶과 죽음 사이의 것을 서로 배우고, 익힘의 문화를 통해 서로가 서로에게 나누어 가지며, 그것을 본능적으로 실천하는 존재다. 이것은 인간이 배우는 동물이기에 그런 것이다. 배움은 인간에게 본능이며, 배움은 인간에게 자연처럼 쉬운 것이다. 인간은 무엇인가 부족하거나 결핍한 존재로 태어나지만, 그 결핍과 부족을 메워 가기 위해 배움이 필요한 것이 아니라, 배움에 관한 본능을 갖고 태어났기에 배우고 익히도록 되어 있다. 인간은 결핍존재로 태어나는 것이 아니다. 인간이 지니는 동물적인 조건상, 인간은 생물학적으로 완전한 존재로 태어날 수밖에 없다. 그래야 동물로서 생존할 수 있게 된다. 이것이 자연의 법칙이다. 어린 시절 인간이 동물로서의 제 기능을 제대로 발휘하지 못하는 것은 그가 결핍된 존재로 태어났기에 그런 것이 아니다. 인간의 발달단계나 성장과정상 그런 양육의 단계를 거치도록 되어 있을 뿐이다. 마치 죽음이 인간의 생물학적 발전과정의 한 단계인 것처럼 어린 시절에 요구되는 보육 역시 그런 인간 성장을 돕는 발달단계의 한 과정일 뿐이다. 인간은 오히려 태어나서부터 일정한 발달단계를 거치는 동안 접촉하는 인간의 문화와 문명의 과정 속에서 그 무엇인가 하나둘씩 결핍해 가는 존재다.

다른 동물의 행동을 관찰하면 할수록 인간의 불안정성은 더욱더 분명하다. 그 동물에 비해, 인간 특유의 본능이 가진 내용이나 형식 혹은 기능 들을 하나둘씩 억제당함으로써, 그것을 결핍해 가는 존재가 바로 인간이다. 인간이 만들어 낸 갖가지 문화니 윤리니 하는 것들 역시 인간본능의 여러 가지 다양한 기능을 하나둘씩 결핍시키고 있다. 인간은 결핍존재이기에 그 결핍을 이겨 내기 위해 학습하는 것이 아니라, 배움의 본능이 인간에게 있기에 학습을 하도록 되어 있다. 인간은 그가 지니고 있는 배움본능대로 배우고 익히는 운명을 지니고 있다. 인간에게서 배움은 태생 이전의 조건이고, 운명이며, 심지어 어쩌면 유전자를 보존하려는 본능적인 성향의 한 측면이기도 하다.

인간이 그 무엇이든 배운다는 것 자체는 여러 의미를 갖고 있다. 그중 하나는 인간이 자연의 몫을 둘러싸고 생기게 되는 정신적이거나 물질적인 여백을 서로 나누어 갖고, 그로부터 의미를 만들어 가는 과정에 익숙하게 된다는 말이다. 인간은 본성상 다른 인간에게 아무것도 가르칠 수 없고, 단지 그가 배울 수 있도록 유인할 뿐이다. 인류문명의 발전 역사를 되돌아보기 시작하면, 배움이라는 활동 그 자체가 아주 인간적이며 그것이 바로 인간의 몫임을 알게 된다. 배움이라는 말은 인류 최초의 예지활동(叡智活動)과 그 맥과 궤를 같이한다. 인류문명사에서 이런 인간의 예지적 발상을 가장 예리하게 보여 주는 것이 바로 소크라테스의 언명이다. 즉, "네 자신을 알라." 고 외친 소크라테스의 그 언명은 바로 인간이 일생동안 추구해 나가야 할 인간학습의 좌표와 같다. 인간이 자기 자신을 알기 시작하는 것은 인간에게 자아실현의 시작과 같다. 사물과 사건에 대한 앎을 통해 그것들의 본질을 알아내고, 그로부터 내가 살아가는 의미를 갖게 되는 것이 바로 인간 스스로 자기를 아는 것의 시작이다.

배움의 각자성

모든 생물은 생존하려고 한다. 그것이 생물의 운명이며 본능이다. 종족을 보전하려는 그것 못지않게, 살아남으려는 강한 욕망이 생물의 존재를 가능하게 만든다. 인간과 다른 동물이 살아남으려는 각기의 생존력을 돋보이게 만드는 본능은 성질상 같지만, 그것을 표출해 내는 방식은 다양하다. 그런 서로 다른 생존본능이 서로 다른 문화를 만들어 낸다. 인간의 문화는 그 어떤 생물의 생존문화에 비교해 보더라도 정교하다. 때로는 그 어떤 생물의 그것에 비해 잔인하고 폭력적이기도 하다.

그렇게 표출되는 인간의 생존력은 다른 그 어떤 생물의 생존력보다도 질기기도 하지만, 이 때문에 오히려 일순간의 그것으로 끝나기도 한다. 그런 것을 통제해 주는 능력이 인간에게 있어서 유별난데, 그것은 바로 인간의 배움력 때문이다. 인간이 태어나서 죽을 때까지 그에게 변하지 않고 붙어 있게 만드는 본능 중의 하나가 배움본능이다. 마치 거미가 죽을 때까지 제 몸에서 스스로 실을 뽑아내는 것 같이 환경을 바꾸어 학습능력을 길러 주는 것이 배움본능이다. 인간에게 배움은 생물학적인 본능인 동시에 문화적이다. 기초적인 생존을 위해 동원되는 배움본능을 생물학적인 본능이라고 한다면, 그것이 다양한 형태로 개조된 문화적인 확장을 배움력이라고 부를 수 있다. 인간은 그의 생존을 위해 죽는 그 순간까지 환경에 적응하며 개조해 나가는 존재이기에 배우는 동물, 배움인간인 호모 에루디티오(Homo Eruditio)라고 부르는 것이다.

사회를 구성하는 모든 사람은 서로 다른 모습의 삶을 살아가는데, 그것은 각 개인이 서로 다른 배움력을 갖고 있기 때문이다. 그 배움력의 다양성과 영향력의 차이 때문에 삶의 모습도 다양하고, 삶의 형식도 다양하다. 한 사람의 삶을 변환시키는 배움과정은 다른 사람이 생각하는 것처럼 그리 간단한 것이 아니다.

인간의 배움과정은 인간의 삶살이만큼이나 복잡하다. 살아가는 동안 사람들은 여러 가지 환경변화에 직면하게 된다. 삶의 조건이 바뀌면 삶의 형식 역시 바뀌게 된다. 그래서 퇴직 전과 퇴직 후의 삶살이는 그 내용이나 형식이 서로 달라질 수밖에 없다. 이처럼 삶의 경로에서 새롭게 나타나는 삶의 조건이나 환경의 요구에 따라 그 이전의 삶이 새로운 삶의 형식으로 다르게 변화되는 것을 '삶의 변환'이라고 부른다. 이 삶의 변환은 그 형식상 삶살이 형식의 다양성을 드러낸다. 삶의 변환은 한 번 변화된 삶이 그대로 한평생 지속되는 불변의 변화를 말하는 것이 아니라 과도기적임을 의미한다.

사람은 그 누구든 한 사회의 학습문화에 구속된다. 그래서 한국인은 일본인과는 사회적 감각이 다른 사회인으로 생활하게 된다. 한 사회에 존속하는 동안 사람들은 자신을 둘러싸고 있는 사회적 요구와 역할에 동의하면서도, 다른 한편으로는 끊임없이 인간 그 자체의 개인적 요구를 추구한다. 그래서 사람들은 개인의 삶살이나 요구가 사회의 그것과 다르면 다를수록 사회적 규범이나 관습에 대해 더욱더 긴장하거나 갈등을 갖는다. 그런 갈등이나 긴장감의 정도는 사회의 요구와 개인 나름대로의 요구를 개인 스스로 어느 정도 수준으로 감지하느냐에 따라 다르게 나타난다. 즉, 사회적 요구가 개인적인 느낌으로 보아 변화 가능한 것이라고 감지하느냐 아니냐에 따라 사회적 요구와 관련된 갈등이나 긴장의 농도가 다르다.

사람은 고정되는 것이 아니다. 삶의 변화를 요구하는 새로운 조건이나 욕구가 삶의 변환을 자극하면, 생활의 필요에 따라 변화되는 새로운 모습의 삶이 생활 전면에 등장한다. 한 인간의 삶이 보여 주는 생활의 과정은 이런 삶의 변환이 연속적으로 지속되는 배움의 과정이다. 결국, 인간의 삶은 배움의 변환이 어느 정도로 일어나느냐에 따라 다양한 모습을 갖게 된다. 따라서 한 인간의 배움변환의 과정을 이해하면 그 사람이 선택할 수 있는 삶의 양식이나 유형이 무엇이 될 것인지도 손쉽게 이해할 수 있다.

교육철학을 묻는다

정부는 교육개혁에 앞서 한국교육이 누구를 위한 교육이며 무엇을 위한 교육인지 따져 봐야 한다. 대학입시훈련이 학교교육의 전부인 양 착각해 왔기 때문이다. 국가의 교육철학을 분명하게 세워 놓지 않고서는 그 어떤 교육개혁도 공염불이 될 것이다. 자칫 잘못하면 거창한 교육개혁안들은 지난 정권들의 그것들처럼 대증요법으로 끝나 버릴 수 있기 때문이다.

부모들이 바라는 교육은 쓰임새 있고 경쟁력 있는 교육이다. 외국인과 영어 한 마디라도 제대로 할 수 있게 만드는 교육, 노래 하나라도 변변하게 부를 수 있게 하는 교육, 공 하나라도 제대로 굴리게 만드는 교육, 사회봉사 하나라도 마음을 담아서 하게 만드는 교육, 고등학교만 나와도 어려움 없이 취업할 수 있게 만드는 교육 들이 필요하다. 지난날의 교육을 생각해 보면 그야말로 소리만 요란했던 교육개혁안들이었다.

사교육비 경감, 교직개혁, 수능개혁 등등 모두가 대학입시제도 개혁문제와 하나로 묶인 사안들이다. 대학입시문제를 풀기 시작하면 나머지 문제도 쉽게 해결된다. 대학입시를 사회문제로 간주하면 한국교육개혁은 영원히 풀리지 않게 된다. 대학입시문제는 대학이 처리할 문제다. 대학이 입시문제를 풀어 가도록 도와주어야 한다. 그렇게 하기 위해서는 무엇보다도, 정부는 고등교육의 평준화정책을 채택해야 한다. 이것은 공립·사립대학을 하나의 잣대로 비교하라는 말이 아니다. 전문대학 교육까지는 국민 누구나 최소한의 경비로 자신의 직업능력을 증진할 수 있도록 무상교육화하라는 말이다. 모든 국민을 위한 직능훈련을 위한 고등교육의 기회가 보장되면 4년제 대학에의 입학을 위한 무분별한 수요는 감소할 것이다.

둘째로, 대학에게 학생선발과 재정확보를 위한 자율권을 보장하는 고등교육정책도 함께 입안되어야 한다. 수능, 학생부, 고등학교 등급제 등의 정책은 국가권력으로 장악할 사안들이 아니다. 정부는 대학에게 사회적 책무성을 최대화할 수 있는 최소한의 가이드라인을 제시하는 일로 만족해야 한다. 학생들의 입학사정 절차 사항들은 대학이 알아서 할 문제이며, 책임도 대학 스스로 져야 할 사안이다. 대학자율의 공정성과 투명성을 보장하는 대학정보 공개제도 마련은 불가피하다. 대학의 독선을 예방할 수 있는 안전잠금장치를 이중삼중으로 마련해 놓아야 한다.

셋째로, 공기업을 민영화했을 때 기업의 효율성이 높아졌던 것처럼 공교육기관들도 점차로 민영화시켜야 한다. 교원문제도 국가가 나서서 정리하고 조정할 이유가 없다. 최소한의 정책 마련이면 족하다. 정부로서 그런 문제에 매달리는 것 자체가 국력을 낭비하는 일이다. 교원노조 사안은 지역의 교육소비자인 학부모들이 전담하여 처리하도록 만들어야 한다. 우선 국가가 교육을 독점하겠다는 생각부터 버려야 한다. 교육은 국민에게 의무가 아니라 권리일 뿐이다. 교육을 국민의 의무로 묶어 놓은 그것부터 바꿔야 한다. 국민이 교육권을 보다 더 실질적으로 행사하게 하려면 공교육의 그 모든 것을 학부모에게 열어 놓고 저들의 참여를 허용해야 한다.

넷째로, 중학교와 고등학교 유형이 다양해야 한다. 특수목적고등학교, 자율형고등학교, 외국어고등학교, 대안학교 등등 지역특성화를 위해 필요한 다양한 종류의 중 · 고등학교들이 지방자치단체에 자유롭게 설립되어야 한다. 그것의 인허가 승인, 감독권이나 재정지원권도 지방자치단체의 성격에 따라 지방자치단체의 장에게 위임해야 한다. 무늬만의 교육자치제도 역시 이제는 정리할 때다. 국민에게 필요한 것은 교육감이라는 명목상의 행정감독관이 아니라 자녀를 위한 실질적인 교육권의 행사다. 지방자치단체장의 지휘감독 아래 학교장의 사회적 봉사와 역량을 구체적으로 평가받게 하면, 학교교육의 성과는 학생과 학부모에게 곧바로 돌아갈 것이다. 학교와 교사에 대한 국가감독권도 최소화되어야 한다. 그 대신, 학부모의 학교 및 교사 평가권이 강화되어야 한다. 교육과정부터 교사의 질에 대한 학부모의 평가권이 강화되면 학교는 아이들을 위한 교육서비스 기관으로 변화될 것이다.

다섯째로, 국민의 세금이나 낭비하며 학력증진에는 별로 도움이 되지 못하는 지금과 같은 대규모 학급 학교를 소규모 학급 학교로 전환시키는 학교전환정책을 수립해야 한다. 초 · 중등학교는 지역주민의 주거 형태를 고려한 아파트 단지 내 학급 학교, 마을학교, 직장 내 학교 등 소규모 학급 학교로 분산, 설립되어야 한다. 그렇게 되면 학부모와 학생, 교사들 간의 친밀한 교육적 작용이 일상적으로 가능하게 된다. 왕따니 체벌이니 하는 것도 사라질 것이다. 소규모 학교운영의 혁신운동이 가능하도록 지역별 재정자립도에 따른 교육재정지원의 역차별 정책이 뒷받침되어야 한다.

중등교육, Back to the Basic

레비라는 한 유대인이 "노동이 너희를 자유케 하리라."라는 간판을 단 아우슈비츠 정문으로 끌려 들어갔다. 아우슈비츠 정문에 걸려 있는 그 간판은 단테가 쓴 『신곡』의 지옥문 입구, "여기 들어오는 너희는 온갖 희망을 버릴지어다."라는 글귀, 바로 그것을 알려 주는 서곡과 같았다. 레비가 새로 받은 이름, 그것은 174517이었다. 말라빠진 빵이라도 한 조각 배급받으려면 자신의 이름, 팔뚝에 새겨진 자신의 이름인 174517을 재빨리 보여 줘야 했다. 그 재빠른 동작에 익숙해지도록 따귀도 맞고 발길질도 당했다. 고참에게 자신에게서 빌려 간 칫솔은 언제 돌려주겠느냐고 물었지만, 돌아온 대답은 "당신은 지금 집에 있는 게 아니다."라는 냉소뿐이었다. 목이 타서 고드름을 따먹으려 했다. 동료 간수가 재빠르게 나꿔채 갔다. "왜 그러냐."는 원망어린 눈길에 "이곳엔 이유 같은 건 없어."라는 대꾸를 듣기 일쑤였다. 수용소는 '왜'라는 질문이 많아지면 많아질수록 살아남기가 어려운 곳이었다. 그것을 빨리 터득하는 일이 하루라도 더 삶을 연명하는 지름길이었다. 이 모두가, 바로 프리모 레비(Primo Levi)가 『이것이 인간인가』라는 책을 통해 내뱉은 절규였다.

해마다 대학별 입시요강이 발표된다. 또한 한국 고등학교 교육의 새로운 모양을 담겠다고 교육과정 개정작업을 한다. 교수니, 정치가니, 교사집단이니 하는 전문가라는 사람들이 교육과정 개정에 관여한다. 고등학교는 포로수용소도 아니고, 그 누구를 위한 밥터가 아닌데도, 저들은 한국교육이 그저 그런 유의 한 장소라 받아들이고 있다. 대학별 입시요강도, 교육과정 개편도, 이 모든 것은 고등학생들에게 죽음의 트라이앵글을 만들어 놓고 있을 뿐이다. 학교와 학원 그리고 대학의 이해관계가 삼등분될 수밖에 없고 그런 상황에서는 어쩔 수 없이 퉁겨질 수밖에 없다는 그 속내를 드러내 놓고 싶어 바로 죽음의 트라이앵글이라고 비유했을 것이다. 매번 입시안이 바뀔 때마다 특이점이 하나씩은 있기 마련이다. 최근의 대학입시안의 특이할 사항은 논술고사가 드디어 대학본고사로 그 위력을 발휘하게 된 것이다.

어떤 경우든 대학별 본고사는 절대로 허용하지 않는다는 참여정부의 교육정책을 비집고 태어난 대안적 결실이 바로 논술고사다. 교육당국은 어림없는 소리라며 논술시험이 결코 본고사를 대신할 수 없도록 조치하겠다는 엄포만큼은 잊지 않겠지만 대학들도 나름대로 논리는 있게 마련이다. 논술시험이 학생선발에 결정적인 영향을 미칠 것인지는 입시가 끝난 뒤에 분석해 봐야 한다는 맥 빠진 소리나 하면서 논술이 대학의 본고사가 아니라고 강변할 것이지만, 그것은 현실을 포기하는 소리나 마찬가지다.

어떤 학자들은 논술이 본고사로 작동하는 것 자체가 불가능하다고 말한다. 누군가의 말처럼 내신과 수능이 논술과 함께 삼각편대를 이루기 때문에 합격을 좌우할 만한 요인이 되지는 못한다는 주장이다. 하지만 수능, 내신, 논술이라는 세 시험과목 중에서 논술의 위상을 점검해 보면 답은 금방 나온다. 수능성적은 등급으로만 활용한다. 학생부의 실질 반영률은 기대 이상으로 높을 수가 없다. 그 상황 아래 내신성적이 비슷한 학생들이 유명대학에 지원한다. 피 튀기는 경쟁의 장면은 불가피하다. 논술시험에서 1점이라도 더 받아야만 하기 때문이다. 학생들의 당락은 논술고사 성적이 가늠하기에, 대학은 논술시험의 변별력을 높여야만 한다. 그래서 논술은 시험내용이 무엇이든 관계없이 학생선발과정상 본고사여야 한다.

그러니 논술시험은 갈수록 고난이도를 유지해야 한다. 논술을 지도하는 교사들은 더욱더 안간힘을 쓴다. 통합교과적인 것을 지도한다고 하지만, 저들 스스로가 통합교과논술에 익숙하지 않기 때문이다. 덕분에 논술 사교육시장이 성시를 이룬다. 외국기업들이 그 틈새시장을 노리며 최대의 수익을 올린다. 코스닥 상장기업인 논술전문업체가 세계적 투자신탁기업인 JP 모건으로부터 수십억 원의 투자를 지원받은 것만 봐도 알 수 있다. 논술 사교육비가 서민의 가계를 더욱더 압박한다는 뜻이다.

인간은 배움의 동물(Homo Eruditio)이다. 나면서부터 먹어야 하고 마셔야 하는 본능을 가지고 태어나듯이, 배워야 하고 익혀야 하는 본능, 말하자면 사람답게 배워야 한다는 본능이 배선되어 있다. 하지만 교화기관이나 감호기관의 운영원리를 답습하는 공교육기관에서 학생들의 진지한 배움은 일어나기 힘들다. 공교육 스스로가 학습의 모든 것을 사교육시장에 떠넘겨 버렸다. "학원에서 안 배워 오고 뭐했어!"라는 외침이 울리는 교실에서는 학생도 교사도 배울 것이 아무것도 없다. 경제적인 요구에 의해 움직이는 사교육기관도 사정이 크게 다르지는 않다. 정작 중요한 것은 학생들이 어디서 배우는가보다는 어떻게 무엇을 배우는가에 있다는 점을 간과하고 있기 때문이다.

공교육과 사교육, 그리고 복잡한 대학입시안과 교육의 문제는 고르디우스의 매듭처럼 복잡하다. 하지만 알렉산드로스 대왕이 그 매듭을 간단히 쉽게 잘라냈듯이, 이 입시훈련 문제들을 해결하기 위한 제언들 또한 복잡할 필요가 없다. 교육이란 결국 배움을 위한 과정이자 결과일 수밖에 없기 때문이다. 또한 모든 교육기관의 목적은 잘 배우도록 도와주는 것으로 귀결된다. 동서고금을 막론하고 교육기관의 목적이 이 행위를 벗어난 적은 없다. 결국, 교육의 문제는 배움의 철학과 실행으로 풀어 내야 하는 것이다.

배움의 철학과 실행에 맞춘 교육적 제언은 몇 가지 갈래로 집약할 수 있다. 그 첫째는 학생들에게 배운다는 것이 무엇인지, 왜 삶에서 배움이 필요한지에 대해 깨닫게 해 주어야 한다는 점이다. 초등학교 1학년 때부터 배움의 철학을 심어 주어야 한다. 아이들에게 배움이 무엇인지 어려운 말로 철학이야기를 하라는 말이 아니다. 학교에 입학하는 그 당시부터 배운다는 것이 무엇인지를 알게 하기 위해 교실교육의 분위기부터 달리 해 주어야 한다는 말이다. 배움에 대한 강한 흥미, 동기, 자아개념이 서지 않고서는 교실에서 공부하는 즐거움과 기쁨을 누릴 수 없다. 초등학교에 들어오는 아이들은 눈만 뜨면 학교에 가고 싶어 한다. 학교에서 무엇인가를 배우기를 원한다. 그런 아이들이 학년이 올라갈수록 더욱더 학교에 가기를 지겨워하며 싫어한다는 사실에 대해 교사들은 가장 먼저 걱정해야 한다.

교사들조차도 아이들이 왜 배워야 하는지, 학교가 그들의 배움에 무슨 쓰임새가 있는지를 제대로 익히고 있지 못하다. 정말로 배움이 무엇인지, 왜 배워야 하는지에 대한 '배움의 철학'이 서 있는 교사가 교실에 있어 주기만 하면, 아이들은 학교를 그렇게 혐오하거나 교사에 대해 정신적으로 지쳐 버리지는 않을 것이다.

배움의 철학은 단순히 아이들에게 높은 점수를 받게 해 주는 복잡다단한 입시 훈련용 '교수-학습방법' 개발로 이뤄지는 것이 아니다. 그렇게 생각하는 것이 교사들의 잘못이고 그들의 무지를 드러내는 일이다. 교실현장에 소개되고 있는 수많은 입시훈련용 교수-학습기법이나 그것을 부추기는 학습심리이론을 아무리 활용해도 아이들에게 배움의 즐거움과 기쁨을 갖게 만들기는 힘들다. 입시훈련기법이나 학습방법은 삶과 배움을 위한 하나의 방편이며 수단이지, 배움에 대한 열정 그 자체는 아니기 때문이다. 배움이 무엇인지 제대로 설명해 줄 수 없이 나열되는 방법과 수단의 열거는 아이들을 지치게 만들고 교사들을 기계로 만들어 버린다.

둘째로, 교사가 먼저 배우고, 먼저 익히고, 먼저 배움의 철학을 가져야만 한다. 솔직히 말한다면, 지금 우리 교사들에게 배움의 철학은 결여되어 있으며, 배움의 열정마저도 결핍되어 있다. 이래서는 아이들이 교사를 통해 왜 배워야 하는지에 대한 동기를 부여하는 관점이나 방법을 읽어 볼 수가 없다. 교사 스스로 왜 배워야 하는지에 대해 나름대로 아이들에게 쉽게 설명해 줄 수 있는 관점을 갖지 못하고 있기에 어쩔 수 없이 생기는 배움에 대한 결여이고, 배우는 일에 대한 열정의 결핍인 것이다. 대학에서 교사를 키워 낸다는 사범교육이 바로 그렇게 멍하게 운영되고 있을 뿐이다. 저들은 그저 가르치려는 만용만을 생산해 낸다. 그저 가르치면 된다는 배움에 대한 무지로 무장시킨 채 현장으로 내몰고 있다. 교사들에게 교수이론이 부족한 것도 아니고, 교육정보가 부족한 것도 아닌데 저들은 배우는 일을 어려워한다. 교실에서 가르치려는 용기만을 갖고 용맹스럽게 학생들에게 접근한다고 해서 아이들이 그들에게 배우는 것은 결코 아니라는 것은 수없이 목도하지만, 그들은 배움 없이 가르치기만 하는 것이다. 그들이 배울 만하다고 생각했을 때 배우기 시작하는 것인데, 배울 만하다는 것이 무엇인지를 하루에 10분이라도 생각해 본 적이 없으니, 배움에 대한 열정이 생길 리 없다.

물론 학교환경이나 교육정책을 다루는 사람들의 전문성 문제 역시 빼놓을 수는 없지만, 우선 다급한 대로 교사문제가 더 시급할 뿐이다. 저들의 조력 없이도 교실교육은 흘러 가야만 하기 때문이다. 누가 뭐래도 교사가 교실에 들어가는 순간, 그들은 왕이 되고 여왕이 된다. 독재자도 될 수 있고, 폭군도 될 수 있으며, 현군도 되고, 성현도 될 수 있다. 그 무엇으로 아이들에게 군림할 수 있다고 해도, 한 가지 바라는 것은 배움에 익숙한 사람, 배우는 교사가 되어야 한다는 점이다.

한국의 교육문제는 모두 나열하기도 힘든 문제들이 서로 얽혀 있어 무엇이 원인이고 무엇이 결과인지를 구분하기도 힘들다. 복잡할수록 단순해지라는 것이 선현들의 충고다. 교육정책도 예외가 아니다. 이 단단하고 복잡한 사슬을 끊을 수 있는 수단이 있다면, 그것은 교육의 원형인 바로 '배움'이다. 배움으로의 복귀가 한국교육을 살리는 원리다. 학생들은 학원강사를 학교교사보다 좋아한다고 한다. 그 이유는 학원강사와 자주, 그리고 깊이 나누는 '심리적인 교감'에 있다. 이러한 심리적 교감이 '의식소통'으로 발전하게 되고, 이러한 의식소통의 과정 속에서 의미 있는 배움이 생겨난다. 사교육과 공교육 중 누가 죽어야 교육이 살아나는 것이 아니다. 어디서든 학생들의 배움력이 되살아나야 한국의 교육이 살아날 수 있는 것이다. 그렇기 위해 교사들이 먼저 배우고 익히는 배움의 동물, 학습의 인간인 호모 에루디티오가 되어야 하고, 배움의 보검을 빼들 수 있는 용기와 철학을 가져야 한다.

교육강국, 핀란드의 선택

경제강국에 걸맞은 교육강국의 지위가 필요한 우리나라지만 그것을 드러낼 수 있는 것이 별로 없다. 교육강국의 지표로 삼아 볼 수 있는 것이 중등교육의 학업성취도 같은 것인데, 핀란드와 견주면 2%가 부족한 실정이다. 국제학업성취도 국제비교연구(PISA) 결과에서 보듯이 핀란드는 우리보다 늘 한 수 위다. 이는 우리의 교수-학습방법이 저들보다 열악하기 때문이 아니다. 교육철학이 허약하기 때문이다.

핀란드 역시 1980년대만 하더라도 교육경쟁력이 한참 뒤지는 나라였다. 핀란드를 학습결손국가로까지 치부하던 영국, 프랑스, 스웨덴, 미국 같은 나라들이 이제 핀란드의 교육력에 놀라고 있다. 20~30년 전만 하더라도 미국교육은 핀란드에게 모방과 흉내의 대상이었지만, 이제는 미국이 핀란드 교육을 눈여겨보는 중이다.

우리나라 교육관리들도 핀란드의 교육을 유심히 관찰하는 모양이지만, 우리 공교육에 핀란드의 교육을 있는 그대로 적용하는 것은 현실적으로 옳지 않다. 우리나라의 인구밀도나 문화적 감각, 교육에 대한 국민적 기대가 상이할 뿐만 아니라 우리 인구는 저들보다 10배가량 더 많다. 인구밀도도 30배가량이나 차이가 나는 우리나라의 교육을 핀란드의 교육과 일대일로 비교하는 것은 피차 불편하다. 그렇다고 핀란드에게 본받을 것이 전혀 없는 것은 아니다. 핀란드가 저들의 교육혁신을 위해 한때는 미국교육을 전거로 삼아 자신의 교육을 탈바꿈시켰다는 점을 눈여겨봐야 한다.

핀란드는 교육을 이해하는 감각이 전반적으로 다르다. 미국은 중등교육을 인체의 허리에 비유하곤 한다. 허리가 튼튼해야 몸을 제대로 가눌 수 있다는 식으로 튼튼한 교육을 강조하는 교육철학의 전통이 미국교육문화의 좋은 점이다. 튼튼한 몸과 마음을 위해 성적은 그저 그 옛날 신사처럼 C학점이면 충분하다는 여유교육 역시 바람직했지만, 옛 소련이 인공위성을 먼저 쏘아 올리자 미국은 수월성 교육을 강조하기 시작했다. 교육과정을 바꾸고 교사교육도 강화했지만, 중등교육이 기대 이상으로 수월성을 회복하지는 않았다. 대학의 경쟁력만큼은 세계 최고인 미국으로서는 세계에서 바닥권을 헤매고 있는 중등교육과 대학교육 간의 괴리에 견딜 수가 없었다. 미국은 중등교육의 혁신을 위해 선택과 경쟁의 기업철학으로 중등교육의 돌파구로 삼았다. 대기업들이 하고 있는 것처럼 선택과 집중으로 중등교육을 혁신하였지만 성과는 요원할 뿐이다.

핀란드는 미국과는 전혀 다른 길을 택했다. 미국식 선택과 경쟁이라는 논리 대신 분배와 협력, 자율을 중등교육의 철학으로 삼았다. 미국은 학교혁신을 기업혁신으로 응용했지만, 핀란드는 교육혁신을 국신(國身) 키우기로 비유했다. 핀란드는 교육을 국가의 몸으로 간주했다. 기업은 기업이윤을 위해 특정 제품이나 업종에 대한 선택과 집중을 강조한다. 이윤을 낼 몇 가지를 선택하여, 그것에 집중적으로 투자하고 관리해야 기업의 경쟁력이 살아난다. 선택과 집중의 전략이 들어맞으면 이윤의 극대화도 따라 붙지만, 실패하면 해당 기업은 투자규모에 상관없이 죽는 수밖에 없다.

핀란드에서 교육은 국가라는 몸이었다. 몸에서 심장의 기능이 중요하다고 심장만을 선택하여 그것을 강력하게 만들거나, 발이 중요하다고 발만을 집중적으로 키울 수는 없는 노릇이다. 그렇게 키우면 그 몸은 끝내 신체장애, 불구가 될 뿐이다. 균형이 깨진 몸으로는 사람구실도, 나라구실도 불가능하다. 어느 누구의 몸이든 균형적 발달과 성장이 필요하다. 교육도 몸처럼 균형적으로 성장시켜야 국가발전에 도움이 된다는 것이 핀란드의 교육철학이었다. 선택과 집중은 '돈'이라는 기업이윤을 염두에 두지만, 분배와 협력 그리고 자율은 '굳(Good)'이라는 국가이익을 우선한다. 핀란드는 영재라는 소수의 이윤보다는 학생 모두가 인재라는 국가이익을 택했기에 교육강국이 된 것이다.

일그러진 학교교육

교육은 사람들에게 각자가 추구해야 될 자기 삶의 방향과 삶의 질을 제대로 관리할 수 있도록 도와주는 인간적 활동이다. 사람들이 누려야 할 삶의 질은 '각자' 다를 수밖에 없겠지만, 그것의 일반적 내용은 크게 세 가지로 나눌 수 있다.

첫째는 인간인 내가 어떤 존재로 살아갈 수 있는가에 관련된 존재 확인의 내용이며, 둘째는 나의 생존을 위해 무슨 수단으로 어떻게 살아가야 하는지에 관련된 삶의 물질적 조건을 준비하는 내용이며, 마지막으로는 내 스스로 나를 위해 여가를 어떻게 즐기며 살아가야 하는지에 관련된 내용이다. 말하자면, 인간의 존재가치에 대한 점검, 삶을 위한 물질적 토대 마련, 마지막으로 여가활용과 즐김이라는 세 가지 문제에 대한 대답을 도와주는 일이 바로 교육의 기능이며, 그런 것은 가정에서 시작된다. 인간의 이런 세 가지 기본적 욕구에 대한 표현이나 관련된 활동들은 연령별로 다르고, 성별에 따라 다를 수도 있지만, 사람이라면 어느 누구나 자신에 대한 이해, 삶의 물질적 토대, 그리고 여가활용에 대한 집착을 포기할 수는 없다. 이러한 욕구들을 가장 효율적으로 조직해 주고 도와주는 공간이 바로 학교가 될 것이다. 그런 것을 가장 합리적으로, 그리고 효과적으로 도와줄 수 있는 기제로 고안된 기관이 바로 학교다.

삶의 질에 관련된 세 가지 내용을 한마디로 집약하면 사회적 이동이 된다. 말하자면, 지금 현재의 사회적 지위보다는 조금이라도 더 나은 지위로 나아갈수록 삶의 질도 조금은 더 나아지게 만들어 준다는 것을 보여 주는 사회적 지표가 사회적 이동이다. 이런 사회적 이동을 가장 객관적으로, 그리고 효과적으로 보장해 주는 사회적 기관으로 간주되어 온 곳이 바로 학교라는 배움의 공간이지만, 오늘날의 학교는 사회적 이동을 촉진하는 일에도 무기력하며 인간에게 삶의 질을 각자적으로 어떻게 높여 주어야 하는지에 대해서도 별다른 해답을 제시하지 못하고 있다.

지금과 같은 우리나라 학교교육의 병폐는 성적 위주 사고에서 벗어나지 못하는 데 그 뿌리가 있다. 대학도, 중 · 고등학교도, 교수도, 교사도, 교육행정가도, 학부모도 모두 이 대학입학용 점수병으로 신음 중이다. 광복 이후 한국의 교육에서는 점수 위주의 학생선발규칙에 아주 익숙해져 있다. 이것은 조선왕조의 과거제도부터 지금의 학교교육에 이르기까지 한국 교육행정가들의 머릿속에서 지워진 적이 없는 인재선발의 방법이었다. 사회의 모든 것이 바뀌었건만, 대학에게 학생선발의 자율권도 없는 상황 속에서 저들은 학생선발의 객관성과 공정성을 확보하기 위해 활용할 수 있는 가장 저렴한 방식으로 손쉽게 점수 위주의 학생선발 방법을 택해 왔다.

그래서 초·중학교부터 교실은, 고등학교의 그것과 상황의 차이만 있을 뿐이지 결코 점수를 위한 경쟁의 장에서 벗어나 본 적이 없다. 학생들이 내신, 수능, 논술이라는 세 가지 관문을 지나야 하건, 아니면 수능 하나의 관문을 지나야 하건 간에 관계없이 끝내 학생들의 운명을 좌우하는 것은 점수다. 점수 위주의 경쟁과 선발은 교육의 목적 그 자체가 아니라는 점이 중요하다. 교육의 궁극적 관심은 학생들에게 최적의 배움을 실현하고 있는지의 여부를 확인하고 점검하는 것이어야 한다. 진정한 의미에서의 교육은 등수 매기기가 그들 나름대로 인간의 각자적 가능성을 드러내도록 만들어 주는 일이다. 그것이 개인 삶의 질 개선을 위해 필요한 교육적인 조치다.

영화 〈쇼생크 탈출〉은 살인죄의 누명을 쓴 채 억울하게 복역하는 전직 은행 간분의 탈옥기에 관한 영화다. 교도소에 수감된 누구든지 자신은 무죄라고 주장한다. 한 사람만 예외다. 그는 스스로 유죄라고 말했기 때문이다. 살인죄로 수십 년간을 쇼생크에 수감되어 있는 고참 재소자다. 그는 다른 죄수들에게 교도소의 담에 대해 '교도소의 담은 교도소에 들어온 재소자들 스스로를 제도화시키는 굴레'라고 일러 준다. 제도화, 그것은 담장에서 시작한다. 죄수들은 그 누구든 처음에는 사회와 자기를 격리시키는 교도소의 담장을 증오한다. 하지만 교도소에서 다른 동료들과 지내는 동안 그 증오하던 담장에 친숙해진다. 담장이 벽처럼 여겨지지 않고 그냥 자기 집 울타리처럼 여겨진다. 담장 이쪽 생활에 친숙해지기 시작하면 죄수들은 담장에 의존하게 된다. 담장이 그들의 죄를 가려 주는 보호장치가 된다. 담장 저쪽으로 내밀칠까 봐 오히려 걱정을 하게 된다. 담장 밖에서는 아무것도 할 수 없도록 담장 안, 말하자면 교도소에 적응한 것이다. 적응하기 시작하면 담장 밖에서 통용되던 모든 것을 폐기했다는 뜻이기도 하다. 그것은 희망을 버리는 일에서부터 시작된다.

학교가 교도소의 그것과 꼭 같을 수는 없지만, 학교가 보여 주는 기능들 중의 일부는 교도소의 그것과 그리 다르지 않다. 학교는 사람들에게 자아실현의 꿈을 갖는 것이 결코 나쁜 것은 아니지만 학교생활에 제대로 적응하기 위해서는 그런 꿈부터 일단은 포기하라고 윽박지르기 시작한다. 전인교육이니, 자아실현이니 그런 것들이 대학입시 전선에서는 거추장스러운 것이라고 넌지시 이야기한다. 대학입시 준비를 위해서 교사는 입시학원 강사처럼, 학생은 교도소 죄수처럼 문제풀기에 순응하라고 교화시킨다.

누구든 학교교육에 대한 기대를 포기할 수가 없다. 그 기대감은 학교교육을 잘 받으면 출세할 수 있다는 사회이동의 가능성에 관한 것이다. 이 기대감을 학교는 성적과 점수로 환산해 내고 있다. 높은 점수를 받아야 좋은 대학에 진학할 수 있고 그로부터 제대로 취업이라도 할 수 있다는 식으로 이야기한다. 그러나 이제는 그것마저도 점점 실현이 불가능한 희박한 현실이 되고 있다. 학교교육의 효과가 사회이동에 조금도 도움이 되지 않는다고는 이야기할 수 없지만, 그것에 대한 기대는 현대적 의미에서의 학교교육을 시작하던 1950~1960년대 사정과는 사뭇 다르기 때문이다. 그만큼 우리 사회가 계층적으로 잘 굳어져 버렸다고 볼 수 있다. 계층 간의 사회이동이 현실적으로 어려워지고 있기 때문이다. 그래서 학교교육은 사회이동의 수단이기보다는 사회계층의 이해관계를 대변해 주는 수단이 되어 버렸다.

사회가 안정되면 학교는 더 이상 사회이동과 무관해진다. 학교교육을 통한 사회이동의 효과가 상대적으로 감소되기 때문이다. 수많은 조사연구가 끊임없이 보고하고 있는 것이 바로 그것이다. 고소득계층과 저소득계층 자녀들이 명문대학군에 속하는 서울대학교, 연세대학교, 고려대학교 등에 진학하는 비율에는 상당한 차이가 있다. 말하자면, 11개 상위권 대학에 진학하는 비율이 고소득계층과 저소득계층 간에 최대 5배 정도 차이가 나는 실정이다. 상위권 대학의 범위를 21개로 확대했을 경우에는 더욱더 그 범위가 넓어진다. 최상위 소득계층의 진학률은 21.1%인 데 반해 최하위 소득계층은 2.7%에 머물러 있어 그들 간의 진학률

차이는 무려 7.8배 정도로 더 벌어지고 있다. 이런 조사연구 결과는 학교교육을 통해 계층 간의 사회이동이 결코 예전에 비해 쉽지 않다는 점을 알려 준다. 그래서 학교교육은 사회이동에 기여하기보다는 오히려 가계의 소득이나 가계의 학력 차이를 자녀에게 이전시켜 사회계층을 안정적으로 고착시켜 주는 기능을 발휘한다고 해석해야 한다. 학교교육은 이미 굳어져 있는 사회계층의 사회적 · 정치적 · 문화적 · 경제적 이해관계를 다음 세대에 전이시켜 주는 인증수단으로 작동하고 있다. 대학입시라는 것은 바로 그런 상위 사회계층의 이해를 한 번 더 분명하게 정리해 주기 위한 사회적 안전장치로 해석하는 편이 오히려 더 타당하다.

사회계층별로 굳어져 가는 교육적 격차를 지금처럼 정부가 추진해 온 피상적인 학교교육 중심 의무교육제도로는 결코 줄여 놓기 힘들다는 증거는 다양하다. 정부가 매년 발표하는 소득별 사교육비 격차 현황도 바로 그런 것 중의 하나다. 2007년도 초 정부는 소득 최상위 10% 계층과 최하위 10% 계층의 사교육비 격차가 통계 작성 이래 가장 크게 벌어졌다고 발표했다. 이 소득별 사교육비 지출의 격차는 지난 10년 이래 매년 벌어져 왔다. 전국 가구 가운데 소득 상위 10%(10분위) 계층의 월평균 보충교육비는 31만 1,000원으로, 소득 하위 10%(1분위) 계층 3만 4,000원의 9배 이상인 것으로 집계됐다. 두 계층 사이에 1분위 계층 보충교육비의 8배에 달하는 격차가 생긴 셈이다. 이는 통계 작성이 시작된 이후 가장 큰 격차다. 10분위 계층의 보충교육비 대비 1분위 보충교육비 배율은 2003년 6.5배, 2004년 7.5배, 2005년 7.4배 등을 기록했다. 보충교육비에는 학교의 보충수업비도 포함돼 있지만 입시 · 보습학원과 예 · 체능학원, 개인교습, 독서실 등 각종 사교육 부문에 대한 비용이 대부분을 차지하고 있어 사실상 사교육비의 전체적 추세를 나타낸다. 이런 격차는 도시근로자 내부에서도 소득수준별로 크게 벌어져 왔다. 왜냐하면 도시근로자 가구만 따로 떼어 낸 결과, 소득 10분위의 월평균 보충교육비는 31만 3,000원으로 1분위 4만 8,000원의 6.6배 수준을 유지해 왔기 때문이다.

학교교육이 사회이동의 수단으로 기능하기보다는 사회계층의 전이도구로 기능한다는 것은 학교교육에 대한 사람들의 원초적 기대감을 저버리는 것이나 마찬가지다. 그것은 학교교육의 실패를 의미하는 것이고, 학교교육의 존재 이유를 스스로 부정하는 증거이기도 하다. 원래 학교교육은 개개인의 학생들에게 자신들의 능력을 드러내게 함으로써 사회뿐만 아니라 개인의 자아실현을 위한 양질의 인적자원이 되게 도와주는 사회적 장치라는 것이 사회적 합의다.

소통 부재

지금과 같은 학교제도는 사회이동에도 도움이 되지 않을 뿐만 아니라 사람들 간의 삶살이를 도와주는 소통에도 별다른 도움을 주지 못한다. 학교교육은 소통에 실패하고 있다는 표현이 더 적절할 것이다. 일반적으로 소통에는 두 가지 종류의 서로 다른 유형이 있다. 처음 만나는 사람들도 말을 주고받을 수 있다. 별다른 의미도 없이 주고받는 말로 두 사람 간의 관계가 이어졌다는 점에서 소통이라고 할 수 있다. 이를 언어교통이라고 부른다. 우리가 말하는 커뮤니케이션이 바로 이 경우다. 다른 또 하나의 소통은 단순히 말을 주고받는 것을 넘어서, 말을 주고받지 않더라도 서로가 무엇을 원하고 이야기하는지를 알 수 있는 소통의 경우가 있다. 이 경우를 의식소통이라고 부르고, 굳이 영어로 쓴다면 인터 익스피리언스(inter experience)라고 부를 수 있다. 의식소통은 상대방을 심리적으로 서로가 배려한다는 점에서 교육적 소통이라고 한다.

우리의 교육현실은 교사와 학생들이 잡다한 정보를 주고받는 일을 매일 같이 행한다는 점에서 언어교통에는 성공하고 있지만, 그런 지식과 정보의 교환이 끝나면 서로가 서로에게 무관심해지도록 한다는 점에서 의식소통에는 실패하고 있다.

학교가 의식소통에 실패할 수밖에 없는 것은 학교의 교과활동에서 의식소통의 경험이 배제되어 있기 때문이다. 학교에서 지식의 교환도구로 활용하는 교과서나 학습활동은 기본적으로 소통을 토대로 삼고 있다. 교과서의 내용이나 학습활동들이 소통의 토대를 결여하게 되면 그로부터 교육의 정신은 상실된다. 정보

교환을 학교교육의 가장 큰 기능이라고 믿고 있어 교과서의 내용도 학습활동도 사람들 간의 언어교환에 국한되어 있기에, 사람들 간의 소통은 구조적으로 불가능하다. 이런 비판에 어떤 사람들은 도대체 아이들과 교사들 간에 그 무슨 의식소통 같은 것이 가능할 것인가 하는 의문을 제기할 수도 있다. 교육이 의식소통의 원형이라는 것을 한겨레신문사의 박형실 기자는 외국교육의 현장을 통해 우리에게 이렇게 일깨워 주고 있다.

베를린에서 남쪽으로 2시간 정도 차를 달려 도착한 키타 암 자이지그베르크(Kita Am Zeisigberg). 이곳은 양로원 겸 어린이집이다. 문을 열고 들어서니 98세된 할머니가 4~5세 아이들과 함께 어울려 따뜻한 햇볕 아래에서 공놀이를 즐기고 있었다. 충격 그 자체였다. 그 절묘한 평화라니! 사회구성원 가운데 가장 약한 고리, 인생의 시작과 끝을 달리고 있는 양 극단의 두 세대가 함께 공존하는 곳. 그들은 이를 '세대 간 대화(generation dialogue)' 라고 불렀다. 이런 세대통합 프로그램의 계기는 마을인구가 줄면서 양로원이나 어린이집 단독으로는 운영이 힘들어지면서 마련됐다. 지역사회와 함께 살아남아야 하는 환경이 새로운 프로그램 아이디어로 이어진 것이다. 베를린 자유대학 유아교육과 울프강 티에제 교수는 "아이들의 성장에는 이중의 책임이 존재한다. 가족과 사회가 공동책임을 져야 한다. 가족의 붕괴로 아이들이 낙오되는 일은 절대로 있어서는 안 된다. 따라서 사회가 철저히 책임지고 지켜보아야만 한다."고 취지를 설명했다. 2002년부터 운영된 이 프로그램에 참여하는 노인은 모두 68명, 어린이는 37명이다. 커리큘럼에 따라 정해진 시간에 야외활동 등의 프로그램을 공동으로 진행하지만 프로그램이 끝나면 양로원과 어린이집은 다시 분리된다(한겨레, 2007. 11. 26.).

인간수술

의사들과 병원 소개를 위한 상업용 전단지가 매일 같이 대문 앞에 쌓인다. 전단지에는 남성수술전문, 여성수술전문이라는 알지 못하는 내용들로 가득 차 있다. 그 내용을 알 듯하면서도 실제로는 이해가 되지 않는 여러 종류의 수술을 소개하지만, 아이들에게는 낯부끄러워 선뜻 내놓기 어려운 전단지 광고들이다. 호기심에서 그런 병원을 찾는 환자들보다는 정말로 그 전문의들에게 기대고 싶어 그들을 찾는 사람들이 한둘이 아니다. 한국교육도 저들처럼 아이들과 학부모들에게 두뇌수술을 강권하고 있다. 아이들이 미치지 않고서는 도저히 따라갈 수가 없는 교육을 하기 때문이다. 한 점이라도 더 받고, 한 등수라도 더 올라서기 위해 아이들에게 학습촉진용 알약을 매일 먹이는 교육이다.

대도시에서 성업을 이루고 있는 학습클리닉들은 학생들에게 집중력을 강화하는 알약을 의학적 처방이라는 이름으로 먹이고 있다. 그 알약은 '주의력결핍 과잉행동장애(Attention Deficit Hyperactivity Disorder: ADHD)' 환자에게 처방하는 약으로서, 신경전달물질인 도파민의 분비에 이상이 있는 환자에게 처방하는 약이다. 물론 도파민의 분비가 적절하지 않으면 환자들에게 학습장애가 나타나지만, 그렇다고 멀쩡한 아이들에게 입시훈련에서 성공하라고 그 약을 먹일 수는 없는 노릇이다. 아이가 산만하고 공부를 못하는데, 그것이 아이의 정신적인 문제라고 진단하고 학습클리닉을 찾은 어느 학부모의 모습을 기자는 이렇게 고발하고 있다.

> 서울 A외고 2학년 이모(여 · 17) 양은 중학교 때 전교 2~3등을 했다. 하지만 고교 성적이 반에서 20등까지 내려가자 작년 초 서울 강남의 학습클리닉을 찾았다. 6개월간 심리치료를 받았고, 집중력을 강화시켜 준다는 알약 2~3개를 거의 매일 1년째 복용하고 있다. 이양의 어머니는 "어렸을 때부터 '뇌호흡' '투시' '속독' 등 집중력을 높여 준다는 방법은 안 써본 게 없다."며 "약물치료가 효과가 있을까 해서 계속 약을 먹이고 있다."고 말했다(조선일보, 2007. 3. 19.).

이 시점에서 누가 더 비교육적인지를 따지는 것은 미련할 뿐이다. 서로의 욕심 때문에 아이들의 영혼이 죽어 가기 때문이다. 전문가, 교사, 학부모의 이름으로 교육은 인간수술을 하는 것이다.

공교육의 피해의식

문제는 대학입시다. 이 때문에 온갖 것들이 교육이라는 이름으로 기생하고 서식하기 때문이다. 대학입시 문제가 풀리면 입시학원들도 다른 방향의 교육으로 물꼬를 틀 것이고, 교육연구기관도 지금과 같은 형식의 학교교육 연구에서 벗어나 새로운 교육발전의 연구주제를 찾아야 할 것이다. 그렇게 되면 입시교재도 그렇고, 교육행정가들도 빛을 잃어갈 것이 분명하다. 대학입시가 초·중등교육의 목숨줄을 잡고 있는 이상, 모든 것은 대학진학이라는 틀 속에 갇혀 있게 된다. 대학입시정책을 바로 잡지 않고서는 그 어떤 교육적 처방도 유명무실하게 끝날 수밖에 없다.

공교육은 항상 피해자이고 사교육은 항상 피의자, 가해자라는 교육행정가들의 허술하기 짝이 없는 피해의식부터 봉쇄해야 한다. 교육정책자가 이런 논리를 갖고 교육정책을 만들어 냈고, 학교장들도 이런 소리로 학부형의 입을 막아 보려고 노력해 왔다. 공교육을 피해자로 학대하는 사람들은 사교육을 흔히 입시훈련업체와 같은 것으로 혼동하기 때문에 그런 소리를 하는 모양이다. 사실 한국사회에서 성공한 입시훈련업체들, 말하자면 각종 입시학원이나 입시훈련을 겨냥하며 각종 입시훈련기법이나 입시훈련 출판업에 성공해 온 입시업체들이나 입시기업들은 사교육의 유형 중에서도 악성 사교육업자들이다. 그들은 사교육의 전부가 아니라 소수에 속한다. 설령, 저들 입시훈련업체들이 공교육의 입시교육정책에 타격을 준다고 하더라도 그것은 제 갈 길을 찾지 못하는 교육정책 때문에 그렇게 된 것이다. 말하자면, 교육부가 저 입시훈련업체들이 안전하게 성장할 수 있도록 지금까지 예인선 역할을 해 왔기 때문이다. 교육부가 지금과 같은 입시정책을 만들어 내는 한, 입시훈련업체들에게 교육부가 고맙기 그지없는 예인선이 되겠다는 약속을 하는 것이나 마찬가지다. 그렇게 되는 한, 저들 입시훈련업을 모태로 하는 입시산업은 절대로 한국 교육현장에서 패할 수도, 사라질 수도 없다.

입시훈련업체들이 흔히 하는 말이 그들 나름대로의 사교육문제를 사교육으로 풀겠다는 것인데, 실제로 그런 것을 본 적이 없다. 저들은 한국교육의 경쟁력을 돋보이게 도와주는 교육자라기보다는 돈을 벌기 위한 사채업자 수준의 '업자'일 뿐이다. 저들이 그 무슨 번듯한 장학사업 하나 하는 것을 본 적이 없다. 일부 입시훈련업자들은 절세보다는 탈세의 주범들이 더 많은 것을 봐도 알 수 있는 노릇이다.

교육연구자들도, 교육정책자들도 지금과 같은 입시정책은 실효성이 없다는 점에는 공감하는 것 같지만 실제로는 제 잇속이나 챙기는 일에 골똘하고 있다. 그렇지 않고서는 그런 유의 입시정책을 연구보고서로 만들어 내지는 않았을 것이기 때문이다. 만약 전문의들이 얼굴에 생긴 종기의 근원이 암에서 비롯된 것을 알고 있음에도 불구하고, 환자의 얼굴에 난 종기치료에만 열을 올린다면 그는 돌팔이 의사임에 틀림없다. 그 종기의 근원인 암세포를 떼어 놓지 않고서는 그 어떤 종기치료도 끝내는 환자를 살리는 일에 소용없다는 것을 그 스스로 직시하고 있을 것이다.

이런 종기와 암세포 간의 관계와 엇비슷한 일이 교육현장에서도 벌어지고 있다. 대학입시에서 비롯된 사교육비를 바로잡겠다고 정부가 벼르고 별러서 내놓은 안이 바로 국가과외정책이었다. 피해자인 공교육으로 하여금 가해자인 사교육을 입시학습 효과 면에서 재대로 응징하면서 반전을 해 보겠다고 만들어 낸 것이 교육방송의 수능강의다. 학부모가 대학입시를 위해 아이들에게 과외를 시키고 있으니 이참에 정부가 나서서 입시훈련업체의 입시전략에 지지 않는 국가과외를 하겠다는 의도였다. 국가과외를 특별한 방식으로 수행하기 위해 교육부가 교육방송에 500억 원의 혈세를 지원했다. 강력한 홍보활동도 펼쳤다. 그 결과 학교현장이 변하기 시작했다. 교육방송에서 내보내는 국가수능 과외방송을 복사해서 교실에서 시청하게 했다. 교실수업 방식이 바뀌기 시작하면서 입시훈련의 효과가 있는 성싶었다. 그러자 정부는 교육방송을 통한 수능강의라는 국가과외정책을 정부가 일구어 낸 최고의 성공적인 교육정책이라고 치켜세우기까지 했다.

시간이 흘러가면서, 정부의 선전과는 정반대의 결과를 알려 주는 사실들이 하나둘씩 노출되기 시작했다. 정부가 나서서 그런 보도들의 허구와 약점을 들추어내면서 진의를 의심하기 시작했다. 국가과외를 잠식하는 보도들의 이런저런 한계를 지적하면서 정부가 주도적으로 국가과외를 옹호하고 있지만 진실이 거짓으로 변질될 수는 없었다. 한 언론기관의 보도기사가 바로 그것을 지적하고 있다.

> 정부가 2004년 2월 발표한 '사교육비 경감대책'의 핵심적인 비책으로 교육방송 수능강의를 시작한 지 4월 1일이면 만 3년이 된다. 초기에는 수능강의에서 수능문제를 출제하겠다는 방침으로 폭발적 관심을 끌었지만, 시간이 지날수록 학생들이 외면하고 있다. 학생들이 사교육에 의존하는 비율이 높아지고 있고, 심지어 교육방송 강의와 같은 분야라고 할 인터넷 강의에서마저 사교육업체들에 밀리는 형편이다. 이런 문제점들을 두고 교육방송 쪽은 '역부족'이라고 한계를 인정했다. 교육방송 홍보실 관계자는 "우리는 중위권 학생들에게 초점을 맞추고 있어 유료업체처럼 최상위 학생들을 위한 강좌를 만들 수 없다."며 "논술 등등 변화하는 입시제도에 따라 점점 다양해지고 높아 가는 학부모와 학생들의 욕구를 다 수용하기는 어렵다."고 말했다. 그는 "유료업체들은 스타 강사들을 대거 기용해 스타 마케팅을 펼치지만 우리는 현직교사 위주여서 인지도가 낮을 수밖에 없다."며 "교육방송 예산으로는 강사들을 붙들자고 성과급을 주는 것은 불가능하다."고 말했다(한겨레, 2007. 1. 30.).

문제는 수능강의의 질 문제만도 아니다. 교육방송이 지닌 구조적 문제에서 비롯되는 것을 저들 스스로 눈여겨보지 않은 탓에 생기는 것일 수도 있다. 교육방송의 구조적 문제점을 지적하면서 정순덕 논설위원이 쓴 시평기사는 EBS 수능과외와 같은 국가과외의 구조적 한계가 어디에서 비롯되는지를 잘 드러내 주고 있다.

2004년 정부는 사교육비 경감대책을 발표하면서 10대 정책과제 중 첫 번째로 EBS 수능강의를 내세웠습니다. 학생들이 학교수업과 EBS 수능방송만 제대로 공부해도 대학입시를 잘 치를 수 있게 하겠다면서 정부가 260억 원을 지원해 시스템을 만들었습니다. 사태의 심각성이 여기 있습니다. EBS 수능교재의 판촉요원 역할을 해 온 것이 바로 정부입니다. 교육당국은 수능시험 때마다 "EBS 수능강의를 70% 이상 반영했다."고 강조했습니다. 2007학년도 수능 세부 시행계획을 발표하면서도 "학교공부 충실히 하고 EBS 잘 들은 수험생은 자신감과 희망을 가질 수 있을 것"이라고 했습니다. 즉, 정부와 EBS가 합작해서 수능교재 폭리를 챙겼다고 해도 과언이 아닌 것입니다. 정부의 판촉 덕분에 수능 교재 시장을 독점해 온 EBS는 책값을 제조원가의 5배로 책정해 놓고 382억 원을 벌었습니다. EBS는 2004년에도 똑같은 일로 감사원 지적을 받고는 "판매이익을 수험생을 위해 쓰겠다."고 보고해서 넘어갔습니다. 그러나 실제로 이익금을 공익에 쓴 부분은 3.5% 정도이고 나머지는 임직원들한테 특별격려금으로 나눠 주거나, 방송제작 기획비라면서 식대와 회식비로 써 버렸습니다. 그러니 수험생과 학부모들은 배신당한 기분일 수밖에 없습니다. 요즘은 수업시간에도 EBS 교재를 쓰는 학교가 적지 않습니다. 사실상 교과서가 돼 버린 셈입니다. 여기서 공기업인 EBS가 폭리를 취하고, 또 저희끼리 나눠 먹었다니 참으로 벼룩의 간을 내먹는 일이 아닐 수 없습니다(동아일보, 2006. 6. 9.).

실업계 고등학교 교육

지금의 실업교육은 기능성을 결여한 고등학교 진학지도의 산물이다. 실업계 고등학교를 살리려면 실업계 고등학교를 일반계 고등학교와 제도적으로 '역차별' 해야 한다. 필요하다면, 저들이 100% 전원 취업한 후 자기성장을 위해 계속

교육을 받도록 하기 위해 기업들이 사내대학을 설치하고 저 인력들을 흡수해야 한다. 저들의 교육은 아예 5년제 전문대학 교육으로 바꾸고 전원 장학제도로 운영 되어야 한다.

모든 이에게 대학교육이 의무적일 필요는 없다. 지금처럼 전문성이 결여된 방만하기만 한 대학교육을 모든 이에게 제공한다고 해서 그런 대학교육이 개인적으로나 사회적으로 도움이 될 리도 없다. 대학교육이 필요하다면 4년제 대학에 설치되어 있는 각 학문분야에서 요구되는 기능성 과목을 실생활에 알맞게 배우게 해 주는 전문대학 수준의 교육이면 족하다. 그런 점에서 대학교육제도의 혁신이 필요하다. 그러니까 모든 이를 위한 전문대학 교육은 국가수준의 의무교육으로 생각해 볼 수 있지만, 모든 이에게 4년제 대학교육을 부과할 필요는 없다. 4년제 대학교육은 국민에게 의무가 아니라 선택이어야 하기에, 국가는 모든 이를 위한 초·중등교육의 실현을 위해 국가재정을 효과적으로 투자해야 한다. 대학교육들도 새로운 학문과 실무에 응용될 수 있는 기능성 교육활동에 주력해야 하며, 대학교육이야말로 고대 스파르타가 보여 주었던 강인한 훈련과 탐구, 그리고 새로운 것을 향한 창의교육에 충실해야 한다. 이미 대학교육이나 대학원 교육들도 새로운 디지털 매체에 의해 얼마든지 수평이동적인 평생학습과 개별적인 창의적 연구가 활성화될 수 있기 때문에 더욱더 그렇다.

아테네식 초·중등교육의 토대 위에 세워진 스파르타식 대학교육으로 국가가 필요한 인적자원개발을 위한 교육혁신이 필요하다. 그 일을 하기 위해서는 학제도 바꾸고 학교라는 집도 수리해야 한다. 우선 기존의 학교제도에 대한 디자인부터 손질해야 한다. 지금의 학교제도는 그 뼈대가 약 200년에 이르는 낡은 모델에 의지하고 있다. 가르치는 일, 교화하는 일 같은 것이 학습활동에 초점을 맞춘 구세대 디자인이다.

국가교육이 경쟁력을 가지려면 새로운 시대적 흐름에 알맞은 새로운 학교혁신 디자인을 개발해야 한다. 그것을 어떤 이들은 대안교육, 대안교육정책이라고 부르기도 하는데, 교육행정가들은 대안학교, 대안교육 및 대안교육정책에 대한 디자인을 잘못 인식하고 있다. 대안학교에 대해 마치 기존의 학교생활에 부적응하는 학생들을 위한 특별한 교육기관이라는 식의 이해 수준에 머무르고 있다. 학교부적응 학생들을 위한 것이 대안학교라면 그것은 우리에게도 이미 친숙하기 이를 데 없다. 왜냐하면 일탈 청소년을 교화시키기 위한 청소년감화원이 바로 그것이기 때문이다. 대안학교, 대안교육 그리고 대안교육정책은 그런 학교부적응 학생을 위한 교도소와 같은 훈련기관, 훈련정책 같은 것을 말하는 것이 아니라, 학생과 학부모, 그리고 국가경쟁력 증진에 부적응하는 교육제도를 혁신하는 새로운 교육제도와 정책을 의미한다. 대안교육의 이상과 실천들이 초등학교에서 대학원, 평생교육시설, 각종 학원에 이르기까지 다양하게 사회 이곳저곳에 거미줄처럼 퍼져 있어야 한다. 그것이 바로 한국을 살리고 개인을 살리는 교육자본이기 때문이다. 국가교육의 경쟁력을 걱정하는 교육정책자라면 무릇 이런 21세기 교육의 화두인 교육자본의 육성에 남다른 식견을 가진 사람이어야 한다.

어느 이름난 동화작가 한 사람이 세계적으로 이름을 날리는 저명인사들, 말하자면 빌 게이츠로부터 가수 비에 이르기까지 77명에 이르는 명사들이 지닌 특성을 조사했다. 그가 발견한 것은 우리네 같은 보통 사람들도 언제든지 자기 분야에서 '천재를 뛰어넘는' 성공을 이룰 수 있으며, 그것을 도와줄 수 있는 방법도 그리 유별난 것이 아니라는 점이었다. 자신의 일에서 성공하는 사람들일수록 '자기존중감과 자신감' '뚜렷한 꿈과 목표' '시간관리' '실패를 두려워하지 않는 용기' '생각하는 힘' '마음의 힘' 등이 분명했다는 점이다. 학교가 정말로 사람에게 의미 있는 일을 하려고 한다면, 각기 자기 일에서 성공하는 사람으로 지녀야 할 자질을 개발해 주는 일에 충실해야 한다.

우리 아이들이 국제적인 학력경시대회에서 발군의 실력을 보여 주고 있기에, 사람들은 이것에 한국인의 희망을 걸기도 한다. 이런 한국 아이들의 실력에 일부 일등국가 관계자들은 엄살을 부리기도 하지만, 그들은 결코 한국교육을 부러워하지 않는다. 저들은 한국 입시훈련현장에서 창의력에 구멍이 생기고 있다는 것을 읽었기 때문이다. 그런 아이들이 대학교에 진학하면 그들의 재능은 그것으로 끝나 버리기 때문이다. 대학생이 많다고 국가의 능력이 그만큼 신장되었다고 이야기하기 어려운 부분이 바로 이 창의력 부분인데, 지금의 입시훈련으로는 아이들에게 창의적 정신이나 혁신정신을 길러 주기는 처음부터 어렵게 되어 있다.

이런저런 상황을 고려하면, 지금의 한국대학이 실천하는 학문적 능력으로 보아 고등학교 졸업생의 30% 정도, 말하자면 한 30만 명 정도의 인력이 대학에 진학해도 한국은 경제선진국과의 교육경쟁이나 인적자원개발 면에서 결코 뒤지지 않을 것이다. 나머지 학생들은 각자 가진 자기능력을 최대한 발휘할 수 있으며, 민주시민으로서의 역량을 발휘할 수 있는 직업훈련 중심의 전문 중 · 고등교육을 받게 해야 한다. 그렇게 하기 위해서 초 · 중등교육의 제도와 교육내용은 지금과 전혀 다른 식으로 바뀌어야 한다. 마치 고대 아테네가 보여 주었던 인문학적 교양교육, 말하자면 인간과 자유, 그리고 인간의 가능성에 주목하는 인문학적 소양교육에 충실한 교육이 오히려 나라를 살리는 교육이 되기 때문이다.

고등학교만을 졸업해도 사람으로 살아가는 데 필요한 교양활동 하나는 제대로 할 수 있게 학교가 저들에게 교육적으로 충실해야 한다. 악보 하나라도 제대로 음미할 수 있게 해야 하며, 그림 하나라도 제대로 그릴 수 있게 도와주어야 한다. 악기 하나라도 제대로 다룰 수 있게, 토론 하나라도 제대로 할 수 있도록 그들에게 인문학적 소양을 길러 주어야 한다. 실생활에 무엇 하나라도 쓰임새 있는 것을 만들어 보고 고칠 수 있는 그런 생활중심 교육을 제공해야 한다. 지금과 같은 외우기 교육보다는 기능성 있는 교육으로 교육의 목적을 바꾸어야 한다.

수학능력시험의 치사력

인간에게 배움은 본능이며, 모든 인간이 정상적인 두뇌작용을 할 수 있는 상태로 태어난 이상 배울 수 없는 사람은 단 한 사람도 없기 때문에 그 어떤 학생이 대학에 들어와도 배움은 계속된다. 인간은 새로운 배움을 위해 한 평생을 살아가는 동안 수없이 생각의 틀을 바꾸며 자신의 삶을 배워 나간다. 그들에게는 배움의 수준 차이와 정도 차이가 있을 수 있지만, 그런 차이로 인간의 배움력을 아무렇게나 재단할 수는 없다. 얄팍한 정보 한두 개를 더 알거나 서너 가지 실수로 생긴 점수 차이로 대학수학능력을 가리는 것은 인간의 능력에 대한 오해에서 비롯되는 것이다. 그것은 자라나는 아이들의 가능성에 대해 죄를 짓는 것이나 다름없다. 이렇게 가르고 저렇게 차별하는 것은 학생선발에 관한 전근대적인 국가권력의 개입과 그런 틀 속에서 만들어진 대학정원 규정 때문에 그렇게 하는 것이지 학생들의 잠재력을 존중해서 그렇게 하는 것이 결코 아니다.

학생들이 고등학교에서 덜 배웠다고 하더라도 그런 덜 배움은 학생의 지능이 낮아서 생긴 것이 아니다. 그것은 학교가, 교사가 그 학생의 배움에 도움이 되지 않는 학습방법을 그들에게 강요했기 때문에 생긴 학교교육의 부작용 탓일 뿐이다. 호랑이에게 고양이 걸음걸이를 강요하는 것이나 마찬가지의 오류다. 그런 대표적인 사례로 아인슈타인을 들 수 있다. 그 당시 학교는 아인슈타인의 배우려는 의욕과 지력을 욕하고 면박하기만 했었기에 아인슈타인은 저 홀로 질문하고 답하며 배워야만 했다. 자유로운 대학에 들어와서야 그는 저 홀로 배움의 위력을 만끽할 수 있었다. 열린 대학이, 배움에 치열한 교수들이 그의 위대한 천재성을 길러 준 것이다.

지금과 같은 수학능력시험은 문제출제과정이나 문제들이 그 얼마나 창의적인가와 관계없이 끝내는 속도시험일 뿐이기에, 그 어떤 수험생들이 대학에 들어와도 커다란 지장은 없다. 지금의 수학능력시험은 끝내 제한된 시간 안에 수험생들이 몇 문제에 정답을 맞히느냐를 점검하는 속도경쟁시험일 뿐이다. 문제풀이과정이 수험생들에게 창의성이나 논리력 혹은 그 어떤 수학능력을 발휘할 수 있게 한다고 해도, 결론은 정답의 개수로 끝나게 된다. 문제풀이과정이 제아무리 독창적이어도 오답을 내면 점수는 떨어진다. 사람들이 실제 삶살이에서 직면하는 문제가 그렇게 몇 초 안에 정답이나 오답으로 결판을 낼 수 있는 것이 아니라는 것을 안다면, 그런 속도시험은 그들의 삶과 무관한 것일 수도 있다. 지금의 고등학생들에게 수학능력시험이라는 것은, 의미 없는 것을 삶살이에 의미 있는 것이라고 만들어 놓은 것에 목을 매달게 하는 속도경쟁과 흡사하다.

문제풀이 스스로가 속도경쟁의 과정이기에 그 어떤 수학능력시험도 끝내는 일종의 게임일 뿐이다. 이 입시게임은 축구나 야구, 혹은 K-1 같은 격투기와는 달리 삶을 잡치기 십상인 인생잡이 게임이기에 학생들에게 치명적이다. 일반적으로 다른 게임이야 한 번 지더라도 목숨을 거는 그런 것은 아니기에 나름대로 재미있게 마련이지만, 한국의 입시게임은 마치 러시안 룰렛같이 목숨을 거는 인생살이 게임이라 치사력이 높기만 하다. 수학능력시험 점수 때문에 자살을 하는 학생들이 있다는 사실에도 태평한 한국의 교육현실을 보면 더욱더 그렇다. 이제 필요한 것은 아이들의 능력을 필요 이상으로 옥죄는 일에 매달리기보다는 교사, 교육행정가와 같은 어른들의 교육적 무능력에 담금질을 가할 수 있는 '교육능력시험'을 개발, 그들의 교육적 지도능력을 점검하는 작업일지도 모른다.

대학은 무엇을 하는 곳인가

대학은 무엇을 하는 곳인지에 대해 학자들은 클라크 커(Clark Kerr)를 들어 설명하곤 한다. 그는 대학의 기능을 연구, 교수, 봉사라고 명쾌하게 정리했다. 미국의 유명대학 총장을 역임했던 사람의 대학론이기에, 그의 정의는 대학의 이해를 위한 길잡이로 쓰였음직도 하다. 그에 따르면, 교수들이 무엇인가 끊임없이 지식을 생산해 내는 곳이며, 그렇게 생산한 지식을 학생들에게 가르치고, 여력이 있으면 그것을 사회개선을 위해 활용해야 하는 지식의 발전소가 바로 대학이다. 그러나 그의 대학론에 대해 만족하지 않는 사람들이 생겨나기 시작했다. 지식은 바뀐다는 그의 지론대로, 대학은 새로운 지식을 만들어 내야만 하는 곳이겠기에 그의 대학론도 수정되어야만 했다.

모든 이가 지식창출자

사실 그의 대학론에 근본적인 수정이 불가피했던 이유는 단순했다. 그가 강조한 연구, 교수, 봉사의 대학론은 산업사회의 지식생산 원리를 중심으로 적용되는 논리였기 때문이었다. 그는 대학의 기능을 가르치는 자, 그리고 연구하는 자의 편에서 파악했는데, 그의 논리대로라면 학생들은 그저 지식의 소비자가 될 뿐이다. 이런 태도는 정보와 지식의 유통기간이 소수 지식인에 의해 통제될 수 있었을 때에나 유효했다. 디지털중심의 지식정보사회에서는 더 이상 유효하지 않다. 모두가 지식생산자이기 때문이다. 이때 말하는 지식은 단순히 인문사회과학적이거나 이공계적인 그런 실험에서 창출되는 최신 정보만을 말하는 것은 아니다. 모든 것이 정보이며 지식에 속한다. 예체능계에서 산출되는 미학적인 정보에서 의학, 일상적인 상식에 이르기까지 그 모두가 몇 차례의 제대로 된 공정과정을 거치기만 하면 사회적으로 인증받을 수 있는 쓰임새 있는 지식이 될 수 있다.

대학에서 생산한 지식의 질에 대한 평가는 차후의 문제다. 지식의 높고 낮음이나 그 쓰임새의 수준 차이를 논하는 것은 지식생산이 이루어진 다음에 행해도 늦지 않을 문제다. 지식을 생성해 놓는 일에서 대학은 그 언제나 열린 구조가 되어야 한다. 대학에 속한 사람은 학부생이든 박사든 그 누구나 지식창출자로 기능해야 한다. 대학은 교수만이 나홀로 연구하는 곳도 아니다. 실험실 역시 박사만이나 홀로 탐구하는 곳이 아니다. 모두가 연구하고, 서로서로 탐구하는 곳이다. 때때로 나 홀로 탐구하고, 때때로 더불어 탐구하는 곳이 대학이다. 교수든, 박사든, 학생이든 관계없이 모두가 제대로 된 지식을 만들어 내고 그것을 탐구하기 위해서 대학에서 가장 필요한 것은 배움의 정신이다.

대학의 정신은 배움

대학의 정신은 배움이다. 배움이 제대로 선 후에야 연구와 가르치는 일, 그리고 봉사하는 일이 가능하다. 모두가 제대로 배우고, 모두가 서로 배워야 한다. 대학에서 배움이 제대로 서려면, 교수가 먼저 배우는 사람으로 서 있어야 한다. 배움에 게으르지 않는 일, 배움을 즐기는 일, 배움에 앞장서는 일 들이 대학을 대학답게 만드는 일이다. 배움은 지식생성, 지식발전을 위한 지식융합의 에너지와 같다. 마치 핵폭탄의 위력을 드러내 놓는 핵분열의 그것처럼 배움은 모든 지식생성과 지식창출의 에너지원이다.

핵폭탄은 우라늄을 원료로 삼아 만드는데, 핵분열의 위력을 잘 설명하는 이론이 바로 에너지 질량 불변의 원리다($E=mc^2$). 예를 들어, 우라늄 중에서도 분열을 잘하는 우라늄에 고속중성자가 부딪히면 우라늄 속 양성자가 쪼개지며 전혀 다른 원자가 되면서 질량 손실이 생긴다. 우라늄의 질량이 10이라면 쪼개진 원자들의 질량의 합은 9.9 정도로 감소된다. 이 때 생긴 질량 손실(말하자면 0.1)이 에너지 질량 불변의 원리에 의해 에너지로 전환된다. 일단 우라늄이 쪼개지기만 하면 된다. 그런 쪼개진 곳에서 다시 중성자가 튕겨져 나오는 식으로 또 다른 우라늄이 분열하기 때문이다. 이런 식으로 계속 분열해 가면 나중엔 상당한 에너지가 발생한다. 그것이 핵폭탄의 위력으로 드러난다. 이런 우라늄의 핵분열을 제대로 이용하면 인간의 복리를 위한 원자력 발전소가 되는 것이다.

배움이라는 것은 마치 우라늄이 쪼개지도록, 그래서 그곳에서 다시 핵분열이 가능하도록 해 준다. 말하자면, 지식생성이 가능하고, 그것에서 또 다른 지식창출이 가능하도록 만들어 주는 지식창출 발전소의 핵심요소다. 그래서 대학에서의 "배움(Erudition)은 그야말로 의미(Meaning) 만들기와 등가관계($E=ms^2$; Erudition = Meaning × Significance²)에 있다."라고 정리된다. 이렇게 정리되는 배움의 등식은 아인슈타인이 정리한 에너지-질량 비례의 원리와 마찬가지로 이해할 수 있다. 지식생성과정에서 배움은 다양한 의미 사이의 분열과 융합으로 더욱더 새롭게 생성된다. 서로 다른 의미와 의미들의 부딪힘 현상을 통해 하나의 지식생성을 위한 에너지로 발현된다. 배움의 본성을 지닌 인간이 자신의 삶 속에서 매일 접하고 익히고 나누는 과정을 통해서 새로운 의미를 만들어 내는 지속적인 작업이 바로 배움인 것이기에, 대학은 배움을 위한 그 이상도 아니고, 반대로 그 이하일 수도 없다.

대학총장의 자질

청록파 시인 조지훈은 학자들이 지켜야 할 것이 '지조'라고 이야기하면서 이렇게 외쳤었다. "지조(志操)는 선비의 것이요, 교양인의 것이다. 장사꾼에게 지조를 바라거나 창녀에게 지조를 바란다는 것은 옛날에도 없었던 일이지만, 선비와 교양인과 지도자에게 지조가 없다면 그가 인격적으로 장사꾼과 창녀와 다를 바가 무엇이 있겠는가." 그는 세상을 떠날 때까지 고려대학교 교수로 봉직했다.

총장의 지조(志操)

교육부 장관이었던 김병준 교수의 낙마가 노무현 대통령에 대한 야당의 분풀이였고, 참여정부에 대한 국민적 괘씸죄 때문에 내려진 '심판(心判)'의 결과였다면, 이필상 고려대학교 총장은 시민운동가들의 이중적 처신에 대한 대학동료들 간의 곱지 않은 눈 흘김과 학문적 괘씸죄에 걸려 넘어진 '재판(𠾱判)'의 결과로 해석되기도 한다. 그들의 사퇴에 대해 설왕설래하는 견해들은 처지와 형편에 따라 서로 다르기에 뭐라고 한마디로 요리하기는 그리 쉽지 않을 성싶다. 이 모두가 대학인 스스로 황금박쥐들에 의한 학문권력의 유착으로 황폐화된 대학 특유의 심리적 공황감에서 아직까지 벗어나지 못하고 있다는 반증이기도 하기 때문이다.

대학총장에 대한 사회적 인식은 이번에도 바람직하지 않은 방향으로 한 번 더 이상하게 꼬이게 되었다. 대학총장들에게서 이제는 더 이상 그 어떤 존경과 위엄을 기대하기가 어려워졌다는 여론의 태도부터가 그렇다. 그래서인지 미국대학에서는 이미 정석이 된 이야기지만, 총장이란 '포 레터 워드(four-letter-word)', 즉 쌍욕거리와 같다는 식의 자괴감들이 한국의 총장 사회에서도 짙게 번지고 있다. 그런 단어가 총장의 정서를 표현하고 있다면, 그것은 우선 대학총장이 하는 일이 너무 잡다하기 때문에 생긴 자괴감일 수 있다. 게다가 대학 수가 증가되어 대학총장의 숫자도 늘고 보니 총장들의 성격이나 학문적 배경이 서로 다르기에 나타나는 총장들의 소음일 수도 있다. 아니면 여론에 비춰진 대학총장들의 행위가 노점상의 그것과 별반 다르지 않다는 사회적 반감에 대한 총장들의 정신적 반작용일 수도 있다. 그것도 아니라면 그 옛날 총장들의 학문적 업적과 선비정신 같은 것에 관한 향수에 대한 국민적 정서에 응대하기 어려운 저들의 정신적인 고뇌의 표현일 수도 있다.

언론에 비춰지고 있는 요즘 대학가 총장들의 모습은 다양하다. 어제까지만 해도 교수들을 향해 연구윤리를 들먹이며 난도질하던 대학총장 스스로 연구비 횡령으로 구속이 되는가 하면, 도덕군자로 존경받던 교수가 대학분규의 해결을 위해 분규사학의 총장으로 영입된 후부터는 오히려 대학분규의 중심에 우뚝 서 있는 모습에 사회적 눈길이 고울 리가 없다. 대학하고는 그 어떤 연고도 없는 사람들이 권력에 실려 별안간 대학총장이 된 후부터는 대학 고유의 설립정신을 훼손시키는 일에 열을 낸다. 지지세력을 모아 보겠다는 욕망 탓이다. 대학총장이라는 직함을 십분 발휘하여 비례의원으로 발탁된 전직 총장은 기존 정치인보다 더 천한 직업선동가로 변신하기도 한다. 그 추한 모습에 국민의 평점이 너그러울 수 없다. 대학총장을 하다가 정치인이 된 사람치고 정치인으로 성공한 사례가 없는 실정이고 보면 그런 일에 크게 놀랄 일이 아닐 수도 있다. 그 옛날 연세대학교 백낙준 총장이나 고려대학교 유진오 총장 같은 대학자도 정치현장에서는 그리 성공하지 못했던 것을 보면 지금의 총장출신 정치인의 허물만을 그리 심하게 짚어낼 일도 아닐 성싶기도 하다.

그렇기는 하지만 대학총장일수록 사회의 등대처럼 이 사회에 우뚝 서서 저 불량 정치인들에게 경종도 보내고 탐욕스러운 기업인들에게 일침도 가할 수 있는 그 정신적 고매함만은 잃지 말아야 한다는 사회적 기대만큼은 예전이나 지금이나 여전히 유효하다. 백낙준 총장이나 유진오 총장이 아직까지도 총장의 표본으로서 거론되는 것은 그들 나름대로 학문적 업적이나 학자적 권위에서 기와집 같은 그 번듯함만은 꿋꿋하게 지켜냈기 때문이다. 요즘 대학총장들의 학문적 업적은 저들의 그것에 비하면 비 새는 판잣집에 불과하다는 비유만큼은 불식시켜야 하는데, 그것이 마음대로 되지가 않는 모양이다. 이 모두는 학문적 권위에서부터 사회에 대한 책무성에 이르기까지 지켜야 될 대학총장의 지조(志操)에 대한 국민적인 타는 목마름의 표현이기에 그것을 외면하지는 말아야 한다.

총장의 역량

대학총장이라는 신분은 우리나라 대학환경에서는 절대적이다. 그들은 대학발전에 관한 여론을 주도한다. 사회정치적으로도 그들의 발언은 영향력을 갖는다. 그만큼 사회적 파급효과가 큰 자리가 대학총장이다. 그래서 정치권들도 그들을 국무총리로, 장관으로, 그것도 아니면 비서실장으로까지 발탁해서 그들의 위상을 적절히 활용하곤 한다. 그렇기는 하지만, 이런 관행은 우리네만의 야습(野習)에 불과할 뿐이다. 고등교육에서 우리보다 훨씬 앞장서 있는 미국대학의 경우, 대학총장이라는 자리는 잘해 봤자 포 레터 워드(four-letter-word)의 대접이나 받는다. 대학총장의 자리란 '된소리 욕'을 먹어도 부족한 자리라는 의미다. 극소수의 대학총장들에게만 해당되겠지만, 그들은 대학에서 적절하게 무지스럽다. 때로는 간교하게, 때로는 역겹게 자기의 욕심이나 충족하려는 행동을 밥 먹듯 하는 사람에게 해당되기는 하겠지만, 대학경영은 그만큼 기업보다도 복잡하다. 어쩌면 교도소보다도 더 획일적인 곳이 대학사회다.

총장을 뽑는 일은 사립대학의 경우 대학사회의 고유 권한이다. 대학총장선출과정에 이해관계 집단들이 갖가지 목소리를 낼 수 있다. 그렇기는 해도, 자질을 갖춘 총장을 선임해야 할 책임이 있는 기구는 끝내 재단이다. 대학재단은 된욕을 적게 먹을 대학총장을 뽑아 놔야 할 권한이 있다. 그것은 재단의 의무이기도 하다. 그래서 그들의 고뇌도 여간 깊은 것이 아니다.

대학총장의 자질을 높이기 위한 방안을 마련하기 위해 사립대학 재단 관계자들이 비공개 모임을 가졌다. 물론 미국대학 사회에서 일어났던 일이다. 그들은 대학총장 선임의 관행에 대한 반성과 과제를 논의했다. 그렇지만 그들이 놓치지 않았던 주제가 있었다. 대학총장의 자질은 누가 뭐래도 대학재단의 이익과 부합해야 한다는 사실의 확인이었다. 대학운영과 재단운영을 혼동하지 않는 사람을 총장으로 뽑아야 대학도 편하고 재단 역시 편해진다는 것이었다. 그런 총장일수록 자기 나름대로 소신 있게 대학운영을 해 나갔으며, 이 점은 세계적으로 앞서 나가는 대학의 역대 총장들에게서도 공통적으로 발견된 것이었다.

그들이 대학총장에게 요구하는 핵심역량은 특별한 것이 아니었다. 우선, 대학을 제대로 이끌어 갈 수 있는 총장은 전략적 마인드를 가져야 한다. 대학이 무엇을 하는 곳이며, 대학이 앞으로 나아가야 될 방향과 목표를 분명히 알아야 한다. 대학의 발전을 특화시킬 수 있는 갖가지 방향과 과제를 세분화할 수도 있어야 하고, 나름대로 학문 분야에서의 문제의식도 갖고 있어야 한다. 무엇보다도 학자를 존중하고 우대할 줄 알아야 한다. 이 모두가 가능하기 위해서는 대학에 대한 비전이 분명해야 한다.

두 번째로 대학총장에게 요구되는 것은 목표달성 욕구였다. 대학총장이 되면 그 후부터 그의 모든 대학경영은 통계로 제시되어야 한다. 달성해야 할 목표를 통계로 약속하고, 그의 업적도 통계로 평가받아야 한다. 그 정도로 그의 계획이 구체적이어야 하며, 예측력도 함께 갖고 있어야 한다. 총장이 되기 전에 제안했던 갖가지 약속이 구체적인 현실로 실현되도록 만드는 경영의 마인드가 있어야 한다.

세 번째로 대학총장에게 요구되는 역량은 대학사회의 변화에 대한 새로운 이해다. 대학은 이미 거대한 교육서비스업으로 바뀐지 오래되었다. 대학은 몇몇 소수의 엘리트를 길러내는 그런 교육의 장으로 만족하기에는 사회가 너무 변했다.

대학은 연구하는 곳이기도 하지만 지역사회를 위해 봉사하는 평생교육의 장이기도 하다. 이제 대학은 평생교육의 관점에서 지역사회와 새로운 교육적 관계를 맺어야만 한다. 그래서 대학의 도서관시설이나 체육시설, 문화시설은 지역사회의 발전을 위한 교육적 인프라로 간주하고, 이것을 대학의 발전을 위해 어떻게 개방하고 활용해야 하는지에 대한 대학총장의 평생교육관이 확실해야 한다.

마지막으로 대학총장에게 요구되는 것은 휴먼스킬이다. 총장도 인간이기에 수많은 대학인과의 만남과 관계에서 살아남아야 한다. 그래서 그의 독선은 용납될 수 없다. 자기의 품격을 자기 스스로 지켜야 한다. 성차별에 대해 무지하거나 유머러스한 사람이랍시고 음담패설이나 해대는 사람이라면 총장으로서는 곤란할 수밖에 없다. 대학공동체는 사변에 강하고 신뢰에 약하다. 대학 구성원에게 믿으라고 강요한다고 해서 그들이 총장을 자동적으로 믿지는 않는다. 대학총장은 대학사회의 믿음 그 자체가 될 정도로 듬직해야 한다. 대학 구성원들에게 한없는 존경을 받을 수 있어야 한다.

바람직한 총장의 자질로 여러 가지 요소가 제시되기는 하지만, 대부분 총장의 역량평가 중에서 낙제점을 받았던 한 가지 부문이 있었다. 그것은 바로 총장의 통계력 마인드 부문이었다. 구술을 세 말씩 나열해 놓을 줄은 알았지만, 그것을 하나로 꿰어 보배로 만들어 놓는 데는 거의가 실패했다. 그런 사람을 총장으로 뽑았던 대학들의 대부분이 경쟁력 없는 대학들로 뒤처져 왔다는 뼈아픈 과거를 대학재단 관계자들은 잊을 수가 없었다.

글읽기와 글쓰기가 안 돼서야

"나를 잘 알고 있는 동료교수가 밥을 먹으면서 힐난했다. 내 글이 너무 어려워서 읽어 봐도 모르겠다고 했다. 그래서 당신은 숟가락질을 몇 살부터 배웠느냐고 내가 반문했다. 50년이 넘었다며 나를 이상하다는 눈초리로 쳐다보았다. 그래서 나는 그저 빙그레 미소를 지어 보였다. 그 주제, 그 이상의 이야기로 나아가기가 어려울 것 같았기 때문이다.”

대학의 역사가 그 의미를 주기 위해서는 대학 나름대로의 학구적인 대듦과 학구적인 어김의 전통이 뒷받침되어야 한다. 그 학문적인 전통이 도대체 무엇이어야 하는지에 대해서는 별다른 잣대가 없다. 그래서 후진국의 대학들 사이에는 100년이 되었든 20년이 되었든 서로 도토리 키나 재는 삿대질을 한다. 어쨌거나, 우리 대학사회에서도 선진국 못지않게 대학의 합리적인 의사결정을 자랑한다. 세계가 놀랄 정도의 우수한 연구, 잘 가르치는 일 같은 것의 중요성을 강조하고 있음을 부인할 수 없다. 그러기 위해서는 학문적인 대듦과 어김의 정신이 대학을 지배해야 한다.

학문적인 대듦과 어김을 위한 탐구가 가능하기 위해서는 대학인들 스스로 글 읽기와 글쓰기 방식부터 바꾸어야 한다. 대학에서 새로운 대듦과 어김이 연구물로 녹아들어가기 위해서는 새로운 독해법이 필요하다. 참고의 독서법보다는 생성의 독서법으로 그들의 텍스트를 독해하면서 새로운 텍스트를 만들어 내는 훈련이 필요하다. 참고의 독서법은 모든 텍스트를 읽어 가기보다는 그저 쳐다보며 그들에게 편하게 접속되는 것을 감상적으로 찾아들어가는 방법이다. 자기들이 접하는 모든 텍스트에서 자기들이 인용할 만한 ‘사실, 상식, 진리’ 같은 것을 중요시한다. 이런 독해법은 새로운 텍스트를 만들어 내기보다는 인용에 치중하기에, 그 누군가에 의해 지시되거나 언급한 것, 혹은 권위에 대해 무의식적으로 동시에 일방적으로 종속하게 된다. 새로운 해석이나 가능성의 해체적인 독해가 결여되기 마련이다.

이런 참고의 독해법을 넘어서는 텍스트 독해법이 생성의 독서법이다. 생성의 독서법은, 텍스트 속에 배열된 문자, 상징, 의도 들이 서로 살아 움직이는 그 모양과 그것이 서로 상충하면서 만들어 내는 의미를 끊임없이 새로운 시각으로 구축해 내는 생산적인 독해법이다. 예를 들어, 야구경기에서 타자의 역할은 저자가 맡는 것이며, 텍스트는 하나의 공으로 비유되고, 독자는 타자가 쳐 내는 공을 잡을 준비를 갖추고 있는 수비수로 비유할 수 있다. 이 야구경기에서 타자는 자기의 의도에 따라 그 공을 자기가 의도한 방향으로 쳐낼 것이지만, 공이 날아갈 방향은 맞은 공이 일정 방향으로 날아가기 전까지는 아무도 예측할 수 없다. 그 공이 어느 방향으로, 어떤 구질로 어떻게 튀든 간에 관계없이 수비수로서의 독자는 타자가 친 볼을 제대로 잡아 낼 수 있는 능동적이고도 적극적인 독서력이 있어야 한다. 그 언제든, 그 어디서든, 어떻게든 읽어 내는 능력을 갖고 있어야 한다. 이런 뜻에 가장 능동적인 입장에 서 있는 사람은 타자로서의 저자가 아니라 수비수로서의 독자다. 저자가 만들어 낸 텍스트는 그것이 무엇이든 간에 독해에서 가장 수동적인 하나의 도구일 뿐이다.

어느 우수한 지방대학교 객원교수로 있는 교수 한 분이 대학교수들의 글쓰기에 대해 혹독하게 비판한 적이 있었다. 『한국의 이공계는 글쓰기가 두렵다』는 글에서 그는 이공계 출신들은 이해 불능의 글을 써 대는 사람들이라는 식으로 질책을 했다. 그는 스티븐 호킹의 『시간의 역사』, 다윈의 『종의 기원』 등과 같은 위대한 과학적 업적이 나오지 않는 이유가 우리나라 이공계의 빈약한 글쓰기에서 비롯된다는 것이다. 30여 년 동안 원자력 분야에서 일해 온 전문가인 그는, 그의 책에서 '기술자의 업무 역시 50%는 글쓰기' 인데, 기술자들은 그저 발명만 하면 된다는 안일한 생각이나 하고 있다고 비판했다. 기술자가 더 나은 연구를 위해서는 비전문가를 설득부터 해야 한다. 그런데 오늘날 이공계 과학자의 글쓰기는 도대체가 이해해 줄 수 없다는 것이다. 이공계 몰락의 원인을 빈약한 글쓰기에 있다고 주장하는 그 교수는 이공계 교수들을 향해 삼가야 할 말까지 서슴지 않는다. 그는 아예 그들이 답답한 글쓰기에서 벗어나려면 글쓰기의 기초부터 다시 해야 한다고 격려한다. '주어와 서술어의 거리는 짧은 게 좋다.' '능동태로 써라.' 등과 같은 글쓰기의 기초부터 바로잡아야 한다는 식으로 제시한다. 그러나 그런 글쓰기와 제대로 된 독해 방법은 이공계 교수에게만 해당되는 것이 아니다. 제대로 된 글쓰기는 모든 교수에게 필요한 일이다.

대학순위 매기기

『유에스 뉴스 앤드 월드 리포트(US News & World Report)』는 매년 미국대학의 순위를 보도한다. 순위가 뒤바뀌는 대학에서는 희비가 교차할 법하다. 1등에서 10등으로 추락하거나 20등에서 10등으로 상승하는 경우라면 더 그럴 것이다. 우리라면 대학관계자들은 길길이 뛰고, 학생들은 난동도 서슴지 않을 듯하다. 그러나 저들은 그렇지가 않다. 순위변동에 아랑곳하지 않는다. 그저 모닝커피 한 잔을 위한 가십거리다. 『유에스 뉴스 앤드 월드 리포트』의 판매고와 그곳 대학인들의 표정이 그것을 말해 준다. 이 잡지의 미국 내 판매 실적은 거의 바닥 수준이다. 오히려 외국에서 인기가 높다. 이것은 외국인을 위한 상업용 대학평가 순위지일 수도 있다. 그런데도 이것이 미국에서 읽히는 이유는 미국 고등교육평가인정위원회의 무기력 때문이다. 위원회는 미국대학의 평가인정기관을 총괄하고 있는 국가기구지만, 대학이나 일반인에게 아무런 영향력도 끼치고 있지 못하기 때문이다.

물론 이 잡지의 대학순위 매기기에 대해 미국교수들의 반응은 제각각이다. 잘하는 일이라고 치켜세우는 사람들도 있다. 꼴 같지 않은 일을 한다고 코웃음 치는 사람도 있다. 사실 대학순위가 결정된다고 해서 대학의 지위가 더 올라가는 것도 아니고, 정부로부터 그 무슨 재정적 보조금을 받는 것도 아니니 시큰둥하게 반응해도 별일은 없다. 대학인들의 그런 냉소에 『유에스 뉴스 앤드 월드 리포트』 관계자들은 당연히 조바심을 낸다. 대학순위 매기기에 대해 공정성을 확보할 필요가 있기 때문이다. 그래서 그들이 매년 사용하는 지표는 보다 더 정교해진다. 순위평가지표가 정교해질수록 대학은 더욱더 긴장한다. 그들의 순위가 대학생의 유치에 결정적인 역할을 하기 때문이다. 저들이야 조바심 내겠지만 우리내야 그럴 필요가 없을 성싶기도 하다. 그러나 우리 대학관계자의 속사정은 그렇게 단순하지가 않은 모양이다. 10위 순위 이내 등위에 들어 있는 저 대학들이야말로 우리대학들이 벤치마킹하는 대학들이기 때문이다.

미국 출장길에 세계적인 경쟁력을 자랑하는 어느 대학의 석좌교수를 만나게 되었다. 그는 『유에스 뉴스 앤드 월드 리포트』의 대학순위 매기기에 매우 호의적이었다. 그런 순위를 대학들이 대수롭지 않게 코웃음치지만, 미국의 엘리트들은 그 순위에 촉각을 곤두세운다고 했다. 그에게 대학경쟁력의 요인이 무엇이냐고 물어봤더니 『유에스 뉴스 앤드 월드 리포트』가 활용하는 평가척도를 자세히 보라고도 했다. 대학총장의 핵심역량이 무엇인지도 살피라고 주문했다. 대학총장이 연구력 있는 교수를 제대로 확보하고 있는지, 그런 학자들을 제대로 관리할 핵심역량을 갖고 있는지를 주목해 보라고 했다. 대화의 마지막 선물로 그는 주(註) 하나를 더 달았다. 대학의 출판문화를 보라고 했다. 그러고 보니 그의 지적이 옳았다. 세계적으로 경쟁력 있는 대학치고 우리처럼 엉성한 대학출판사를 갖고 있는 대학은 없었다.

하버드 대학교의 출판사는 세계출판문화시장에서도 앞서가는 출판사이고, 다른 대학들도 마찬가지였다. 경쟁력 있는 대학일수록 돈이 안 될 전문서적, 팔리지 않을 학문적인 업적을 출판하는 여력과 연륜을 갖고 있었다. 미국의 컬럼비아 대학교도 그 한 예였다. 이 대학은 대학출판국장 겸 사장으로 25여년 간 일해 온 사장을 해임시켰다. 아무래도 출판경영목표에 적합하지 않았기 때문이다. 100여 년의 역사를 갖고 있는 컬럼비아 대학교 출판국이었다. 이 출판국은 역사, 종교, 문화 등의 학문적 출판물에서 세계적으로 명성이 높았다. 다른 대학들의 출판국은 매출감소를 가져왔지만 컬럼비아 대학교는 반대였기에 그의 해임은 이해하기 어려웠다. 전년도 매출은 12%, 당해년도 들어서도 6%의 매출신장을 각각 기록했었다. 그러나 그는 끝내 해임되었다. 그가 대학학문의 속성을 모른 채 이윤만 추구한 것이 해임당한 속사정이었다. 컬럼비아 대학교는 대학출판은 아무나 할 수 있는 것이 아니라는 것을 보여 주었던 것이다. 고작해야 대학교재나 만들어 내는 우리네 대학의 출판문화를 갖고는 대학의 세계화는 어림도 없음을 성싶었다.

무지에로의 충동

대학이 다시 붐비기 시작한다. 새내기들의 눈길들이 쳐다보기가 아까울 정도로 너무나 곱다. 대학이란 도대체 뭔가 하는 두리번거리는 그런 눈길의 의구심도 예쁘기만 하다. 해맑은 얼굴들이지만, 저들의 속은 시커먼 응어리들로 가득 차 있을 것이 뻔하다. 대학에 들어오기 위해 지난 3년간 그들의 영혼을 입시마왕에 저당 잡혔던 그들이니, 그들 가슴속에 제대로 변변하게 남아 있는 것이 있을 리 없다. 대학의 문을 사선삼아 넘어 온 저들이니, 정신적으로는 공황 바로 그런 것일 것이다. 저들이 대학에서 제대로 공부할 수 있으려면, 생명줄처럼 기대었던 저들의 암기학습 병독부터 해독시켜야 한다. 저들의 눈은 입시병독 때문에 아직도 기묘한 반응을 일으키고 있다.

동물도 그렇고 인간도 그렇지만, 통제할 수 없는 힘에 부딪히면 그들은 인지(認知)의 문부터 닫아 버린다. 그런 후 희뿌연 안개 속에서 안간힘이나 쓴다. 그렇다고 저들에게 뾰족한 해결책이 있을 리 없다. 그래서 저들은 더욱더 생각하기를 포기한다. 이런 점은 동물실험에서도 잘 발견된다. 두 마리의 쥐를 서로 떨어져 있는 우리 속에 각각 넣고 전기충격을 가해 보자. 물론 한 우리에는 전기충격을 차단할 수 있는 막대장치가 마련되어 있다. 다른 우리에는 그런 장치가 없다. 하지만 양편 모두는 동일한 전기회로로 연결되어 있어, 한 우리에서 전기가 끊어지면 다른 우리의 전기도 함께 끊어진다. 각 우리에 들어간 쥐들은 평소대로 몸을 긁고 다듬으며 먹이를 찾아 킁킁거린다. 이제 각각의 쥐가 들어있는 우리 바닥에 설치되어 있는 전기장판에 전기를 넣고 쥐들에게 첫 번째 따끔한 전기충격을 준다. 서로 다른 반응이 튀어나온다. 쥐들은 깜짝 놀라 펄쩍 뛰면서 탈출구를 찾아 우리 안을 뛰어다닌다. 수 십 차례 충격을 받는 동안, 쥐 한 마리가 마침내 전기를 끌 수 있는 막대를 찾아낸다. 바닥에서 전기충격이 계속 가해 오면, 녀석은 필사적으로 막대에 매달려 고통의 원인을 제거한다. 스위치에 매달린 쥐는 자기 혼자만 민첩하게 활동한다.

반면, 전기충격을 차단할 수 있는 스위치가 없는 우리 속의 쥐는 엉뚱한 행동을 보인다. 처음에 전기충격이 가해지면 녀석은 탈출구를 찾아 미친 듯이 뛰어다니다가 이내 포기하고 만다. 녀석은 아예 구석에서 몸을 움츠리고 그 어떤 전기충격에도 꼼짝달싹하지 않고 다른 편 쥐를 쳐다보지도 않는다. 문을 열어 주어도 도망칠 시도조차 하지 않는다. 무기력, 바로 무기력의 결과다. 녀석은 세상을 보는 방식을 바꾸어 버린 것이다. 더 이상 주변의 사물에 주의를 기울이지도 않는다. 이미 녀석의 몸체에서 전기충격을 완화하는 내부 마취제인 엔도르핀이 충분할 정도로 분출되어 있어서다. 녀석은 고통을 마취시킨 채 아예 그 고통을 즐긴다.

인간 역시 자신의 통제범위를 넘어서는 급작스러운 충격에 노출되면 세상에 대한 문부터 닫아 버린다. 이런 식으로 진행되는 생각의 포기와 자기반성의 폐기가 바로 무지에로의 충동을 불러일으킨다. 배움의 중단, 인지의 중단은 반대로 그가 겪는 고통의 대가로 엔도르핀의 마취 값을 지불하기에, 고통에 겨운 사람들일수록 더욱더 무지를 향하게 된다. 무지충동에 약한 대학행정가, 교수, 학생들이 많이 서성거리는 대학일수록 그런 대학에게는 먹자판, 놀이판들이나 빛을 발할 것이다.

대학객담(大學客談)

한국 대학교육의 나아갈 길을 위해 모처럼 교수 여럿이 한자리에 모였다. 이 이야기 저 이야기들로 밤을 지새웠다. 이들 중에는 대학원생도 두서너 명 끼어 있었다. 지방대학교의 어려움도 이야기했고, 한국교육의 나아갈 길도 우리의 논의거리였다. 수도권 대학이 왜 문제의 온상인지에 대해서도 적나라하게 토론하였다. 163개의 4년제 대학(19개 분교캠퍼스 제외)이 있는데, 이 가운데 서울과 경기 지역에 전체 대학의 38%나 포진하게 된 것이 교육부 책임이라는 발상전환의 이야기도 나왔다. 그렇지만 학생 수의 감소, 재정 고갈, 교수와 교직원에 대한 대우의 악화로 학교위상이 나날이 추락할 수밖에 없다는 것에 모두 분노 같은 것을 느끼는 표정이었다. 이런 상황 속에서 국가가 나서서 우리의 대학들을 선택과 집중이라는 명분아래 지역별로 나누어 각기 발전시키겠다는 전략이 있다면 그것은 한국고등교육을 위해서는 위험할 수도 있다는 것이었다. 대학은 마치 곤충 같아서 곤충을 세 부분, 즉 '( ) 부분, ( ) 부분, ( ) 부분' 으로 나누어 발전시키려고 하는 식으로 대학도 분할해서 발전시키려고 한다면 우리의 대학은 즉시 '고사' 한다는 것이었다.

곤충을 세 부분으로 나누어 발전시키겠다면, 그 답은 생물학적으로 (머리) 부분 발전, (가슴) 부분 발전, (배) 부분의 발전을 가져오는 것이 아니라는 것이었다. 조금 썰렁하고도 엽기적인 대답이기는 하지만, 곤충이 세 부분으로 나뉘는 즉시, 그 곤충은 (죽) (는) (다)는 것이었다. 모두가 듣기에 가슴 아픈 일이었다. 그것보다는 대학의 발전이 정말로 염려된다면, 그 발전의 전략은 선택과 집중이 아니라, 확신과 자율이라는 것이었다. 대학의 발전을 위한 확신과 자율의 이야기가 여기저기에서 끊임없이 흘러나와 그날 밤은 그야말로 소크라테스의 향연 같은 것이 되어 버렸다.

이야기 하나: 대학의 역사는 만들기 나름

명문대학을 은퇴하고 지금은 조용히 댁에서 책을 읽고 계시는 어느 노(老) 교수님이 운을 뗐다. "그동안 전통이 오래된 대학들이라고 나이를 들먹이며 한국대학사회에서 행세깨나 해 왔다면, 그것은 다른 조그만 대학이나 지방대학이 맹인행색으로 이 나라에서 기식해 왔기 때문에 덤으로 얻은 행운 이외에는 아무것도 아니다." 라고 말했다.

세계에서 흔히 일류대학이라고 명명되는 대학들은 역사가 깊다. 그들의 역사는 보통 100년이 넘는다. 우리도 이제는 그렇게 되어 가고 있다. 건물의 초석마다 역사의 이끼들이 보존되고 있다. 우리 사회에서도 아주 오래된 건물을 꼽으라면 당연히 대학의 건물을 꼽아야 할 정도로 대학의 건물은 생태공동체로서의 연륜을 갖고 있다. 그런 대학일수록 명문대학이라고 불릴 가능성이 높다. 그들의 대학이 그저 오래전에 세워졌기 때문에, 그렇게 늙어 왔기에 그렇게 유명해진 것이 아니다. 대학의 학문적인 전통은 학교의 늙음과 비례하는 것도 아니다.

대학의 학문적 전통은 늙음에 대한 대듦과 어김으로 만들어지는 것이다. 그저 단순하게 역사가 만들어진다는 것에 대한 저항, 새로운 것을 만들어 내려는 변화의 노력, 그런 것이 있었기에 그들 나름대로의 학문적인 역사가 만들어진 것이다. 그런 곳에는 경외와 엄숙함과 학문적인 치열함이 함께 깃들어 있게 마련이다.

대학의 역사라는 것은 생긴지 얼마가 되었느냐를 따질 때 활용하는 준거가 아니다. 그것은 무엇을 새롭게 만들어 왔느냐를 보여 주는 척도이며 증거다. 아무리 대학의 나이가 늙었어도, 대학이 새로워져야 할 그런 것을 만들어 내지 못했으면 그만이다. 그 대학은 역사를 만들어 낸 것이 아니라 그저 늙어 버린 것이다. 물론, 100년의 나이를 먹은 대학의 역사와 10년 된 대학의 역사와는 서로 주고받는 의미가 다르다.

그러나 역사는 늙어 가게 마련이다. 모두가 어느 시점에 도달하면 역사라는 것은 더 이상 커다란 의미가 없다. 늙었다는 대학이 조금 더 늙은 다른 대학과 차별화하는 데 별다른 힘을 발휘하지 못한다. 101년의 역사를 가진 대학과 130년의 역사를 갖고 있는 대학의 역사는 서로 다르다. 그러나 그 차이는 서로 그저 그렇고 그런 것일 뿐이다. 더 먼 훗날을 생각하면 그런 차이 역시 별것이 아니다. 새로운 것을 만들어 내기 위한 대듦과 어김의 정신없이 나이만 먹었다는 것은 치욕일 수 있다. 그저 오랫동안 지워 낼 수 없을 때나 더 많이 묻혀 왔다는 증표일 수도 있다.

이야기 둘: 대학 맹인사회에서 애꾸들의 결단

대학 보직자 한 분이 이야기를 받았다. 한 20년 전쯤, 대학에서 매일같이 벌어지는 시위와 이에 맞서는 경찰의 최루탄이 교정에 난무할 때, 한국의 대학총장들이 아침에 일어나서 하는 말이 있었다. "오늘은 시원하게 소나기나 내렸으면 좋겠는데." 라는 말로 "오늘 하루도 무사히" 를 되뇌었다는데, 그 말은 아직도 여전히 유효하다.

대학사회는 민주주의를 내세우는 데 이골이 난 곳이다. 합리적인 의사결정을 자랑하는 곳도 대학이지만, 가장 비민주주의적인 것이 판치는 곳도 바로 대학이다. 예술의 경우, 그것이 만들어 놓은 추한 것은 어느 정도의 시간이 흐르면서 종종 아름다워지는 경우가 흔하다. 그러나 대학에서 만들어지는 추한 것은 시간이 흐르면 흐를수록 더욱더 역겨워지기만 한다. 그 어느 장면이든 권력을 갖고 있는 사람은 자신이 한 말은 믿지 않는다. 그래서 다른 사람들이 자신의 말을 믿으면 놀라기부터 한다. 대학의 권력구조에서도 이 점은 예외가 아니다.

권력자들은 그 어디서든 민주주의에 대해 집착한다. 빈말이든 참말이든, 사람을 만날 때마다 우리 대학은 민주적으로 모든 일을 처리해 나간다고 우긴다. 그런 행정가가 많은 대학일수록 그곳에는 모든 것을 대체로 비민주적인 방식으로 처리하고 있을 가능성도 크다. 속으로는 그 어떤 거대한 세력에 의해 썩어 가고 있음을 알리는 하소연들이 바로 민주적인 절차라는 말로 대신하기 때문이다.

민주주의는 끝내 속앓이를 숙명으로 삼은 미숙한 의사결정방법일 뿐이다. 우리가 정치적으로 민주주의를 높게 평가하는 것은 두 가지 이유 때문이다. 그 첫째는 민주주의가 모든 구성원의 다양성을 정치적으로 인정해 주기 때문이다. 그들의 서로 다른 이데올로기를 자유롭게 표현해 내도록 도와주는 일 때문에 민주주의가 선호된다. 둘째로 민주주의는 사회구성원에게 권력자의 견해와 일처리 방식에 대한 비판을 허용해 주는 장점이 있다. 그래서 그들과 저들은 서로 다른 견해와 다른 선택권을 행사할 수 있음을 허용한다. 민주주의가 다양성과 비판의 허용을 보장해 주는 대신, 그 대가로 사회구성원에게 질투와 냉소를 부쩍부쩍 키워 내는 약점도 갖고 있다.

그런 질투와 냉소는 민주주의의 의사결정방식 그 속에서 키워진 자연발생적인 것이다. 선거든 표 대결이든 종국에는 49대 51로 모든 것이 판가름 난다. 일단 판가름이 나면 모든 것이 싹쓸이되는 형식으로 어느 한편으로 독점된다. 그러나 민주주의는 그런 싹쓸이를 허용하는 제도가 아니다. 오히려 그것보다는 반대다. 비판과 다양성이 존재한다는 것을 명백하게 드러내 주는 지표가 바로 49대 51이라는 다수결의 결정이다. 다수결의 원칙에 따라 51의 다수결이 모두의 의사나 선택권을 대표하지도 않는다. 다수결로 전체를 독식해도 사람들은 그것을 그저 눈감아 주는 것일 뿐이다. 결코 그 싹쓸이를 받아들이는 것이 아니다. 그런 과정 속에서도 중요한 감정이나 표정은 여전히 안으로 곪아 간다. 다수결의 원칙이 갖고 있는 민주주의의 태생적인 한계가 바로 이런 곪아 가는 반목과 냉소다. 민주주의는 다수결로 권력을 거머쥔 사람들에게 더욱더 조심하라는 경고의 징표로 그들에게 가슴앓이의 월계관을 씌워 준다.

대학이 민주주의를 실천해 내는 고상한 장소라고 해서 모두가 동등하지는 않다. 교수, 학생, 직원의 신분이 서로 동등한 것이 아니다. 서로가 인격적으로 동등한 것은 사실이지만, 그들이 하고 있는 일이 동등한 것은 아니다. 서로 다른 역할과 기능을 갖고 있어서 서로의 일은 차별된다. 차별에 따른 서로 다른 대우도 제대로 받아야 한다. 그러나 서로는 서로 다른 일을 하기 때문에, 대학의 일을 처리하는 데에서는 서로가 기능적으로 평등해야 한다. 그래서 대학은 평등사회일 수밖에 없다.

대학이 이런 평등한 사회로 작동하기 위해서 필요한 원칙은 민주주의(democracy, 民主主義)가 아니다. 자칫 잘못하면 '디모 크래지(Demo-Crazy)', 즉 모두가 미쳐 날뛰기 십상이기 때문이다. 민주주의의 미숙함을 보완하는 일이 필요하다. 민주주의에서 발견되는 약점을 보완해 주는 새로운 의사결정의 제도가 필요하다. 그것은 지속적인 개선을 실천하는 민자주의(sociocracy, 民自主義)가 되어야 한다. 민자주의는 민주주의의 대안적인 의사결정체제다. 민자주의는 끊임없는 대화와 개선을 중요시한다. 큰 것, 큰 원칙, 큰 결정을 찾아내는 것이 아니라 작은 것, 작은 원칙, 작은 성과를 찾아내는 방법이 민자주의다. 이런 원칙 아래 대학이 제대로 나아가려고 하면, 학과 중심의 작은 학사경영이 필요하다. 학과 중심의 작은 연구개발이 존중되는 새로운 대학운영이 필요하다. 지금과 같은 거대 규모의 대학운영은 위에서 그 무엇을 결정하든 위에서 하는 일일 뿐이다. 총장이 결정한 정책의 파급효과가 거의 없다. 대학의 경영정책이 대학구성원 전원에게 미치지 않는다면 대학경영은 있으나 마나다. 그저 행정하는 소수의 관심사가 될 뿐이다.

그러나 대학행정의 결정이 대학 내에서 문제가 될 때에는 상황이 돌변한다. 그 결정을 하고 집행을 하려고 노력하는 소수만의 관심사가 더 이상 소수의 문제로 축소되지 않는다. 타오르는 불길처럼 모든 대학구성원에게 쟁점으로 변질된다. 대학의사결정의 한계가 적나라하게 드러난다. 결국 아무것도 제대로 실행되지 못한다. 그저 반대와 반목의 질시거리가 되어 대학가에 떠돌아다닌다. 그 틈바구니 속에서 대학운영자들의 진이 빠질 뿐이다. 대학가에서 그런 일을 서너 번 겪다 보면 대학행정가들은 맥이 빠져 버린다. 여러 번의 전기충격을 이기지 못한 사람들처럼 멍하니 하늘이나 쳐다보기만 한다. 맹인의 나라에서는 애꾸가 왕이라고 에라스무스가 갈파했는데, 왕이 된 애꾸의 슬픔은 유별난 것이 아니다. 눈 하나로 눈물을 흘려야 하는 그 아픔이 두 눈을 뜬 사람과 조금 다를 뿐이다.

이야기 셋: 연구는 노동

시간이 흐르자, 어느 교수가 진담과 농이 반반 섞인 우스갯소리로 좌중의 긴장을 풀었다. 어느 나라의 장군들이 잡담을 나누다가, 사랑에 관한 논쟁을 하였단다. 자기 부부 간의 사랑이 노동인지 아니면 쾌락인지를 밝히는 일이었다. 이 문제에 관한 한 모두가 일가견이 있어서 결말이 나지 않았다. 지나가던 젊은 병사를 불러 마침내 조언을 구했다. 그는 간단히 대답했다. 장군님들이 하시는 사랑의 일은 쾌락임에 틀림없다는 것이었다. 이유는 간단했다. 그것이 노동이라면 자기와 같은 졸병을 시키지, 장군들이 직접 하시겠느냐는 반문이었다.

요즘 대학가마다 평가바람이 세차게 불고 있다. 이제는 '연구 아니면 죽음(publish or perish)'의 분위기가 그득하다. 조교수로 임용되면 이어 부교수, 교수로 승급, 승진하기 위해 사력을 다해야 한다. 그렇게 하도록 대학의 인사규정이 바뀌어 가고 있다. 대학의 학문적 수월성을 확보하기 위해 어쩔 수 없는 조치일 성싶다.

여기저기 조교수들의 볼멘소리도 들린다. 연구가 쾌락이라면 정교수들이 조교수들을 제치고 자기가 먼저 하겠다고 나서야 할 것이기 때문이다. 그것이 그렇지 않으니까 자기들은 안 하고 조교수들에게 닦달하는 것이 아닌가 하는 의시(疑視)의 눈초리가 바로 그것이다. 신임교수들에게만 연구하라고 하는 것은 아니다. 그렇지만 강조의 무게중심이 그들에게 쏠리는 것을 보면 아무래도 그들의 마음을 제대로 읽고 있지 못한 대목일 수도 있다. 신임교수를 채용할 때 이미 그런 연구능력과 연구업적을 점검했을 것이다. 그런 상황에서 신임교수에게 연구업적이나 내라고 하는 일은 대문 들어올 때 주민등록초본을 검사하고, 안방 들어갈 때 주민등록등본을 검사하는 것과 비슷할 수도 있기 때문이다. 어차피 그들은 자신들의 경력을 위해서라도 연구할 수밖에 없다. 또 각 과는 그런 연구능력을 갖고 들어오는 전문가들, 인재들을 선발했을 것이기 때문이다.

대학에서 연구업적을 오히려 엄정하게 평가받아야 할 위치에 있는 사람들은 고참 교수, 정교수들이어야 할 것이다. 그들에게 그런 평가가 먼저 돌아가야 한다. 그래야 대학이 살고 모범이 된다. 그들 스스로 신임교수들에게 지혜를 보여주어야 한다. 정교수 · 부교수의 연구능력과 업적부터 먼저 엄격하게 평가하는 그런 평가풍토부터 세워야 한다. 보직자들이라고 이 점에서 열외일 수 없다. 정교수 · 부교수로 승진 · 승급되면서부터 갑자기 유연해지거나 쇠락하는 연구능력을 예방해야 한다.

세계적으로 앞서나가는 외국대학의 연륜이 무엇을 상징하는지를 알아보려면 정교수들의 연구능력을 보아야 한다. 그들의 학문적 전통이 대학의 전통을 만들어 냈던 것이다. 신임교수, 조교수, 부교수에게는 오히려 그들이 연구하는 데 무엇이 부족한지를 더 염려해 주어야 한다. 그런 부족한 것을 학교가 용의주도하게 보살펴 주는 일이 더 필요하다. 전등의 밝기는 괜찮은지, 냉난방 시설은 제대로 작동하는지, 연구에 불편한 것은 없는지를 살펴 주어야 한다. 나는 내가 조교수일 때 가장 원망의 눈초리로 의시했던 곳이 있었다. 바로 대학 사무실이었다. 조교수들이 그 박봉으로 석유를 사서 난로를 지피는 그런 배고픈 시절이었다. 어느 추운 겨울날 대학 사무실에서 화사하게 난로 불을 지핀 채, 오수를 즐기고 있었던 그 어느 교직원에게 나는 의시의 시선을 보냈었다. 다 지나간 옛일을 치졸하게 되묻자고 하는 것이 아니다. 그저 그런 편하디 편했던 흔적이 우리 주위에서 아직도 일상사가 되고 있다는 사실만큼은 확실하게 해 두고 싶어서다.

이야기 넷: 병아리는 호랑이에게서 부화

지방대학의 새내기 교수가 침묵을 깼다. 대학종합평가가 대학행정가들을 긴장시키는 것만큼은 사실이라는 것이었다. 총장이 그를 점심에 초대했다. 그에게 간곡히 이야기했다. 대학평가준비에서 가장 미진한 부분이 교수들의 연구 부문인데, 지금부터 1년간 연구비를 신임교수 한 사람당 기백만 원씩 보조할 테니 그저 더도 말고 한 대여섯 편씩 논문을 써 달라고 했다. 그 후부터 그 조교수는 밥맛을 잃었다.

외국대학에서는 교수의 업적에 따른 연봉제를 실시하고 있다. 신임교수에게는 그 어떤 일도 시키지 않는다. 일정 기간 동안 연구에 전념하도록 충분한 시간과 심리적 여백을 배려한다. 열심히 연구하고 좋은 업적을 내는 교수들에게는 그것에 합당한 대우도 해 준다. 대학의 명예를 빛낸 그 사람은 대학에서는 귀한 존재로 대우를 받는다. 그런 일이 바로 앞서나가는 대학들이 취하는 선진적인 자세들이다. 우리 대학들은 외국의 그것을 본받으려고 하는 것이 아니다. 그저 그들 대학의 껍질이나 흉내 내며 대학의 행정구조나 이리저리 바꿔 보려 한다. 흉내 내기로서 저들과 학문의 승부를 걸면 그 결과는 뻔하다.

석유 생산국인 이란(Iran)의 총리가 자기 나라의 산업을 발전시키기 위해 외국의 기술을 받아들이면서 이렇게 이야기했다. "이란의 산업화 과정에서 각별히 피하고 싶은 서양의 여러 모습이 있습니다. 그중 한 가지가 서양의 기술만을 구하고 이데올로기는 구하지 않는 것입니다. 우리가 피하고 싶은 것은 이데올로기의 이식(移植)입니다." 이런 언급은 외국의 문물을 받아들이면서 이데올로기의 침투 없이 기술적인 이식만이 가능하다는 논리다. 기술은 이데올로기적으로 중립이라는 생각이 깊이 배어 있는 생각이다. 즉, 하드웨어의 배후에서 그것을 돌아가게 만드는 소프트웨어를 받아들이지 않고도, 아주 간단하게 하드웨어만을 받아들일 수 있다는 생각이 바로 그 이란 총리의 생각이었던 모양이었다. 그러나 그들의 소원은 "우리는 외국에서 달걀을 수입하고 그것을 부화시킬 때, 제발 병아리가 아닌 생쥐나 캥거루나 나왔으면 좋겠다."는 허황된 바람이었다. 우리는 이란 총리가 소원한 것의 반대를 대학에서 실현해 내려고 안간힘을 쓰고 있다. 마치, 외국대학이라는 병아리를 수입해 놓고, "이 병아리는 호랑이에게서 부화된 것이다."라고 우기고 있다.

인간교육의 길

한국 교육현장의 개조를 위해 해 온 수많은 대화 중에서도 가장 인상적인 것을 이야기하라고 한다면, 인간교육과 학부모운동의 선진화를 꼽을 수밖에 없다. 인간교육의 주창은 한국교육이 바라보고 나아가야 될 교육의 지표 같은 것이었고, 학부모운동은 한국교육이 이런 정도라도 지탱하게 도와줄 교육의 버팀목과 같기에, 이 두 가지 주제는 아카데미의 대화에서 지속해야 할 주제이며 일감일 수밖에 없을 성싶다.

이런 것을 위해서는 인간교육에 대한 서로간의 이해가 필요하고, 그것을 하나의 일감으로 만들어 낼 수 있는 대화자들의 전문적인 역량이 필요하다. 자칫 잘못 여유를 부리다가는 대화라는 허울 좋은 언어교통의 함정에 빠진 채, 소외 속의 소외를 생산하기 쉽기 때문이다. 그로부터 참여자들 간의 의식소통이 영원히 불가능할 수 있는 위험도 도사리고 있다.

인간교육은 사람에 따라 조금씩 다른 의미를 줄 수 있음에도 불구하고 그들을 하나의 지점으로 모아 놓도록 만들기 충분한 교육의 지표다. 그것은 그 옛날이나 지금이나 변하지 않는 '입시훈련'에 대한 문제제기의 궁극적인 해답이 되기 때문이다. 입시훈련, 입시를 중심으로 운영되는 학교조직, 교사들의 역할 모두는 인간교육과 어긋나는 것들이다. 인간교육이 교육의 중심 이념이라면, 이토록 복잡한 교육과정도 불필요할 것이고, 그토록 처절하게 반목하는 교사집단들의 이기심도 불필요할 것이다. 입시훈련에 중독(中毒)되어 있는 교사나 교육행정가들은 입시훈련을 입시교육이라고 부르고 있겠지만, 그것은 한국교육에게 힘을 빼는 주범이며, 아이들의 정신건강을 해치는 주요 원인이라는 점에 대해서는 별다른 이견이 있을 수 없다.

학부모나 교육행정 당국이나 모두가 인간교육을 원한다지만, 교육당국자나 교육전문가가 내세우는 인간교육의 의미와 학부모가 이야기하는 그것은 서로 다르기만 하다. 자기 자식 하나 잘 되기만을 바라는 학부모들에게 인간교육의 의미는 그 출발부터가 다를 수밖에 없다. 교육행정가들은 학생들의 실패와 성공을 학교성적 순으로 기계적으로 가르는 일을 학교교육의 과제로 묵인하겠지만, 학부모들은 잘살고 못사는 것의 기준으로 자녀들의 성공과 실패를 분별하려고 할 것이 분명하다. 인간의 삶과 그들의 행복은 그들의 사회적 지위에 의해 판가름난다고 보기 때문에 학부모들은 교육적으로 영악해질 수밖에 없다. 그에 비해 아이들을 성적순으로 가르는 교사들이나 교육행정가들은 교육적으로 무뎌질 수밖에 없다. 모두가 입으로는 인간교육을 말하고 있지만, 서로는 각기 다른 길을 가고 있을 수밖에 없다. 서로 만날 수 있을 것 같았지만, 저들은 영원히 다른 길을 갈 수밖에 없다.

학부모들은 그 어떻든 12년짜리 자녀양육 교육관만 갖고 있으면 되겠기에 더욱더 그럴 수밖에 없다. 바라는 대학에 아이들이 들어가 주기만 하면 그들의 소임은 다 한 것이나 마찬가지다. 저들이 학부모 모임에 나가서는 다른 집 아이의 교육문제까지 걱정해 주는 척하지만, 그것은 그때만의 일로 끝나면 되는 일이다. 내 집 아이의 입시문제가 더 급하기 때문이다. 자녀들이 대학에 입학할 그때까지 12년은 어떻게든 학교 선생과의 갈등도 피해야 한다. 저들과의 상면에 마음이 상하더라도, 저들에게 머리도 굽힐 줄 알아야 한다. 이런 마음을 가득 품고 자식들이 반에서 1등하는 것을 눈으로 보고 감각으로 즐겨야 그들의 삶에 낙이 생길 수도 있기 때문이다.

이런 식으로 전개되고 있는 영원한 평행선과 같은 대학입시경쟁의 마라톤에서, 교사, 교육행정가, 교육연구자가 학부모의 자녀교육열에는 당해 낼 재주가 없다. 저들은 학부모의 자녀교육열, 사회적응 속도감, 교육정보력에 따라갈 수 없기 때문이었다. 저들과 그들 간에는 '교육적 지체감(educational lag)'이 영원할 수밖에 없다. 저들이 산술급수적으로 새로운 교육혁신안을 만들어 내놓아도 그것을 향한 그들의 새로운 대처력은 기하급수적으로 빠르기만 할 뿐이었다. 교육혁신을 내세우는 참여정권에서도 이것은 피할 수가 없었다. 저들이 교육방송을 국가적으로 이용하는 '국가과외'를 만들어 냈지만, 그것은 새로운 교육문제의 시작이나 마찬가지였다. 왜냐하면, 국가과외는 기대 이상으로 성공해도 문제가 될 것이었고, 기대 이하로 성공하지 못해도 문제가 될 것이었기 때문이었다. 다시 말해서, 국가과외가 기대 이상으로 성공하면 학교교육이나 교사가 존재해야만 할 당위성을 반감시키기에 충분한 증거가 될 것이었으며, 반대로 기대 이하로 실패하면 끝내 국가교육정책자들의 능력을 의심하게 만들어 놓는 증거가 될 것이었기 때문이다.

그런 우울한 일이 아무리 교육현장에서 벌어져 학교교육이 이렇게 변하고, 교육정책자들이 저렇게 문책을 당하더라도, 그것은 학부모들과는 아무런 상관없는 일이었다. 어차피 저들과 그들이 생각하는 인간교육의 방향과 질은 다르기 때문이었다. 이것은 앞으로도 그렇게 될 것 같고, 그렇게 되면 한국교육에게 희망은 없을 것이기에 '인간교육'에 대한 논의는 지속되어야 할 것이 분명하다.

인간교육의 논지가 앞으로도 학부모의 교육열, 입시대책 그리고 그것에 대응하는 국가교육정책에 골고루 삼투될 수 있는 대화로 지속된다면 한국교육에는 새로운 가능성이 생겨날 수도 있다. 지금과 같은 공교육을 다른 식으로 바꿈으로써 인간교육을 찾아나서는 낭만성이 제거된, 그리고 인간교육의 실현을 위해 의미 있는 대안교육정책운동, 현실적인 새로운 교육운동이 가능해질 수도 있다. 학교의 형태를 바꾸는 일이나, 사교육과 공교육을 인적자원개발을 위한 새로운 교육이론으로 만들어 내는 일, 의미 있는 평생학습사회 실현을 위한 공동체 교육, 대안교사자격증 발행, 대안교과서 만들어 내기, 대안적 평가방법 등등을 교육정책적으로 구안해 보는 여러 가지 인간교육 실현의 일감이 무궁무진하게 나올 수 있다.

학습기피증

우리 국민처럼 평생에 걸쳐 배우기를 소홀히 하는 나라도 없을 성싶다. OECD 같은 연구기관에서 매년 발표하는 통계에 따르면, 한국인 중 35세 이상의 성인 가운데 평생학습기관에서 자기계발을 시도하는 비율은 고작 3%에 지나지 않는 형편이다. 이는 OECD 국가 중 최하위권에 속하는 수치다. 미국, 독일, 프랑스 등 선진국 국민의 평생학습 참여율은 평균 20%를 웃돈다. 배움에 관한 한, 우리 국민은 구제불능의 기질을 갖고 있는 것 같기도 하다. 그들은 말한다. 주말마다 남아도는 시간이 오더라도, 그들 중 40%는 '텔레비전이나 보겠다.'는 반응이다. 직장마다 주 5일

근무제가 본격화되고 있는데도 우리네 사람들은 그저 보고 놀고, 마시고 놀고, 돌아다니며 놀고, 기껏해야 하루의 피로를 목욕에 할애하며, 마지막 시간은 텔레비전의 연속극으로 마감하겠다는 것이다. 자기소양에 관한 관점을 잃어버린 국민의 모습이다.

이것은 어렸을 때부터 시작하는 학습기피증이기에 그 무서움조차 사라진지 이미 오래되었다. 실제로 '여가에 책을 읽는다.'는 대학생은 10% 미만이고, 대부분의 중·고등학생들 또한 여가에 컴퓨터를 하며 보내겠다는 소식을 접하면 더욱 답답해진다. 이러면서 한국교육의 '경쟁력'을 논하고, '삶의 질 향상'을 거론하니 헛헛하기만 하다. 우리 국민 모두가 '학습질환'에 신음하지만 모두가 같은 신음을 하기에 서로가 무감각하기만 하다. 초등학생은 물론 대학생들마저도 배우고 익히기를 체질적으로 게을리하고 있다는 증거가 한두 가지가 아니다. 이와 같은 학습질환은 학교에 다니기 시작하면서 더욱 도지기 시작한다.

학습기피증을 이 사람 저 사람에게 옮겨 놓는 세균이 바로 중·고등학교 현장에서 참교육의 이름으로 자행되는 '대학입시' 훈련이다. 배우는 즐거움을 알게 해 주는 것이 아니라, 배운다는 것은 지겨운 것, 배운다는 것은 남을 이겨야만 한다는 것을 주입시키는 곳이 바로 학교다. 이것이 바로 학습질환의 첫 조짐이다. 이것에 전염되면서부터 사람들은 학교졸업을 자기학습에 대한 면죄부로 간주한다. 아예 졸업장을 학습기피를 위한 면허증으로 간주한다. 그래서 우리 청소년들은 물음표로 학교에 들어가서 마침표로 졸업을 한다.

하여간, 어른 아이를 막론하고 우리 국민 중 약 30% 정도가 '책 읽는 것이 싫을 뿐만 아니라 배우기가 습관이 되지 않아서 학습하기 괴롭다.'는 반응을 보이는 것을 보면 우리의 학습질환 증세는 아주 고질적인 것이 된다. 이런 점에서 기업인이나 공무원 혹은 전문직 종사자들도 예외가 아니다.

배우기와 읽기는 국가경쟁력의 온상이며 토대이기에, 사회 곳곳이 '배움의 장'으로 열려 있어야 한다. 지식기반의 학습사회가 되려면 기업도, 사회도 모두 '배움의 교실'이 되어야 한다. 그렇지만 우리 기업이나 공무원사회나 교수사회는 서구사회의 학습조직력을 따라가지 못하고 있다. 서구기업의 책임자들은 한 달 평균 7백여 쪽을 읽는다. 1년이면 20여 권의 책을 읽고 소화해 내는 독서 마니아들이 바로 그들이다. 우리의 기업최고경영자(CEO)들은 3개월에 평균 1백 쪽 정도를 들여다보고 있다. '책맹(冊盲)'과 엇비슷한 수준이다. 그래서 우리의 기업 간부들은 저들의 '파워 독서력'에 숨이 가쁘기만 하다.

사람들은 가을이 오면 책이나 읽어야 한다고 즐거워한다. 하늘이 높고 말이 살찌는 계절을 가리켜 천고마비의 책 읽는 계절이라고 부른다. 그런 좋은 계절을 일컫는 천고마비의 계절은 원래 독서의 계절로 시작한 것이 아니다. 천고마비라는 말을 만들어 낸 중국은 그런 천고마비 계절이 불러다 주는 위험과 재난을 대비해야 하는 시기가 왔다는 것으로 그들을 일깨우고 있다. 왜냐하면, 그 옛날 중국 땅 변방에서는 말이 살찌기 시작하면 북방 오랑캐들이 어김없이 성을 넘어 황제가 살고 있는 궁으로 쳐들어 오기 때문에, 그에 잘 대비하라는 뜻에서 만들어진 고사성어가 바로 천고마비라는 말이기 때문이다. 천고마비라는 고사성어는 지금을 사는 우리에게도 커다란 의미를 준다. 그렇게 풍성한 계절을 맞이하려면 그다음의 절기 맞이를 준비해 둬야만 하기 때문이다. 제대로 된 사람에게서 독서와 배우기는 천고마비 계절에만 하는 하나의 '이벤트'가 아니라 매일 밥 먹듯이 하는 '일상적인 일'이어야 한다. 학습도시, 학습공동체는 그렇게 한 사람 한 사람의 배움으로 완성되어 가는 것이다.

씨앗의 발견은 문제로부터

포스트모던의 시대는 인간중심의 다중지능시대다. 인간의 지력에 대한 이해가 달라지기 시작했다. 다중지능의 시대가 열리면서 인간의 지력혁명도 가능하게 되었다. 다중지능이란 미국의 하버드 대학교 교수인 하워드 가드너(Howard Gardner) 박사가 주창한 인간능력에 관한 이론인데, 그것은 인간에게 존재하는 여러 가지 지력을 말한다. 사람의 지능과 지력은 한 가지가 아니라 언어, 논리수학, 음악, 신체운동, 공간, 인간친화, 자기성찰, 자연친화 지능처럼 다양하게 되어 있다. 이 지능들이 무지개처럼 서로 다른 색으로 조화를 이루어 한 사람의 종합적인 인품과 능력으로 나타난다. 흔히 저 사람은 똑똑한 사람이라고 평했을 때, 그 옛날에는 흔히 머리가 좋다는 식으로 한 가지만을 지칭했다. 이제 똑똑하다는 말은 머리뿐만 아니라, 몸, 마음, 행동, 생각 등등에도 확대해서 쓸 수 있다. 운동선수는 다른 사람에 비해 몸을 움직이는 일에 훨씬 똑똑하다는 말이며, 가수는 노래를 부르는 일에 똑똑하다는 것을 알리는 것이며, 농부는 땅을 일구는 데 남보다 훨씬 뛰어나다는 것이며, 교사는 가르치는 일에 똑똑하다는 것을 의미하는 것이다. 다중지능론은 사람들 가운데 똑똑하지 않은 사람은 단 한 사람도 없음을 알려 주기에, 학교교육의 혁신, 인간지력의 새로운 가능성을 알려 주는 인간능력개발이론에 속한다. 다중지능론을 제대로 자녀교육, 학교교육에 응용하면 교실교육의 혁신이 용이해질 뿐만 아니라 인적자원개발의 새로운 전기를 마련할 수도 있다.

사람들은 일생을 살아가는 데 한 가지 능력만으로 살아가는 것이 아니다. 학창시절 선생님으로부터 미련곰탱이로 핀잔을 받았거나 외우는 일에는 낙제 평가를 받았던 학생이 졸업 후에는 기업의 책임자로서 큰 사업을 추진하거나 유명정치가가 되어 사람들로부터 갈채를 받는 일도 있다. 우울했던 옛 모습을 100% 벗어나게 만든 것은 바로 그 안에 잠재해 있던, 그가 전에는 알지 못했던 다중지능의 마력이 작동했기 때문이다. 그렇다고 지력혁명을 처세술에 관한 논리로 치부하면 곤란하다. 다중지능론은 인간능력의 다양성에 관한 것으로써 사람은 뭐이든 하나만 잘하면 성공한다는 것을 강조하는 이론이 아니다. 인간에게는 그 무엇이든 잘할 수 있는 씨앗이 하나 정도는 있기 마련이기에, 그것을 제대로 개발해 주기만 하면 그 누구의 삶이든 그에게 큰 기쁨을 줄 수 있음을 설명해 주는 이론이다.

흔히 사고뭉치인 아이를 향해 이 아이는 누굴 닮아서 이 모양 이 꼴일까 하는 식으로 아이를 비난하기보다는, 다른 집 아이와 달리 저렇게 움직이게 만드는 그 지능이 무엇이기에, 아니 저런 에너지가 어디에서 나오기에 다른 아이와는 저토록 다른 것인가 하는 식으로 생각을 바꿀 필요가 있다. 그동안 골칫거리, 문제아라고 보았던 그것을 하나의 새로운 능력이나 해법의 씨앗으로 간주할 때 아이의 능력을 바로, 그리고 제대로 바라볼 수 있으며, 그래야만 아이들의 미래가 달라질 수 있다.

신앙인, 강 某 선생

이명박 대통령이 기독교인들의 집회에서 무릎을 꿇고 통성기도한 일이 아직도 휴화산처럼 꿈틀대고 있다. 의전상으로 결코 짜인 일이 아니었다는 해명에도 불구하고 오해와 이해의 진폭은 서로 다르다. 그것은 모임 관련 목회자가 대통령에게 의전절차에 없는 일을 요구한 것에 대한 입장, 말하자면 아주 우발적이었거나 혹은 아주 의도적이었다는 식으로 갈라지는 시각차이가 엄청나기 때문이다. 대통령이 개인자격으로 참여한 것이 아니라 대한민국의 수장 자격으로 참여했기 때문에 사건이 안으로 곪게 된 것이었다. 개인을 희생양으로 택한 것이 아니라 대통령을 제물로 삼았다는 오해 속에서, 특정 종교에 대한 편향은 이 대통령에게는 그리스 신화의 다모스(Damos) 칼처럼 그의 머리를 겨누게 되었다. 그는 이번에도 머리 위에서 건들거리는 칼끝을 의식하며 정치에 임하라는 교훈을 얻게 된 셈이다.

기회를 활용하는 방식에 따라 사람들이 드러내는 욕망의 진면목이 달라지는데, 대통령의 통성기도 모임에의 참여를 둘러싸고 이해 당사자들이 보여 준 기회선점 역시 마찬가지였다. 대통령을 애초에 굽히도록 해야 옳았다는 목회자도 있었기에 나오는 소리들이다. 기회를 어떻게 선점하는지 그 활용 방식을 보면 그 사람에게서 풍기는 인간적인 냄새까지 알게 만든다.

현자들은 사람으로서 살아가는 데에는 두 가지 길이 있다고 가르친다. 그 하나는 삶에 그 어떤 기적도 없다며 살아가는 방식이다. 이 길을 택하는 자는 기적을 만들려고 안간힘을 쓴다. 다른 하나는 삶 그 자체가 기적이기에 매일같이 자기 삶에 감사하는 방식이다. 이들에게는 모든 것이 기적이라 더 이상 욕망할 것도 없다.

진실 없는 삶에서 기적을 만들려고 안간힘을 썼던 전형적 인물로 엘머 갠트리(Elmer Gantry)를 들 수 있다. 1960년대 종교풍자영화의 극중인물인 그는 욕망을 위해 뭐든지 만들어 가는 인물이다. 미국의 어느 신학교에서 퇴학당한 후 술로 살아가던 갠트리는 우연히 한 시골교회의 부흥회에 나간다. 술과 여자로 살아가는 탕아지만 회개한다고 간증한다. 교회는 그를 감싸 안는다. 세일즈맨이며 말 재주꾼인 갠트리는 이내 부흥사로 나선다. 떠버리의 달변에 신도들이 열광한다. 순백의 상징이었던 여전도사 마저 그와 사랑에 빠진다. 교회 재정도 단번에 늘어난다.

남의 영혼을 구제하겠다며 하나님을 솜씨 좋게 팔아넘기는 갠트리는 부흥회를 기적으로 만들지만 끝내 모든 거짓이 드러난다. 부동산 거래과정에서 부흥사들의 뒷거래와 탈세, 장삿속들이 밝혀진다. 그런 와중에 교회에 원인 모를 화재가 발생한다. 갠트리와 애정행각을 벌였던 여전도사도 한 줌의 재로 변하지만 교회는 모든 것이 하나님의 은총이라며 돌팔이 갠트리의 달변에 의지한 부흥회를 다시 기대한다. 하지만 저들의 욕망에 환멸을 느끼는 갠트리는 끝내 교회를 떠나버린다. 하나님의 영혼마저 팔아먹었던 돌팔이 부흥사가 택한 마지막 회개였다.

갠트리와는 달리, 기적 속에서 진실을 만들어 가는 분들이 있다. 한국의 슈바이처로 불리던 장기려 박사, 〈울지마 톤즈〉의 이태석 신부와는 달리 보통 분들도 소리 없이 구석구석에서 기적을 일구어 내는 것을 보면 이 나라는 통곡 없이도 축복받을 나라다. 최근 뵈었던 강 선생님도 그런 분이시다. 그는 어떤 재단의 봉사대상 후보로 타천되었다. 공적실사과정상 짧은 시간 동안 그를 뵈었다. 혹여 누가 될까 그분의 성함보다는 선생님이라는 호칭으로 존경을 표하기로 한다.

공적실사를 그렇게 부끄러워하는 그 선생님은 80세의 현직 치과의사다. 의치를 만드는 기공사 일도 직접한다. 선생님은 30년이 넘도록 주일마다 한센병 환자, 소위 나환자들의 정착촌을 돌며 저들의 틀니를 해 주었다. 밥 한술 마음대로 씹지 못했던 저들, 그 누구 하나 거들떠보지 않던 그들을 위해 주일 새벽이면 집 나서기가 30년을 넘었다. 오늘도 버스로, 기차로 반나절이나 걸리는 환자촌으로 달려가 고름 괜 저들의 치아를 교정하고 저들의 혼도 도닥거린다.

집에 오면 대학생 때 익힌 기공술로 저들의 틀니를 직접 만드니 저렴하다. 그래도 남는 돈은 저들 촌에 되돌려 준다. 부인에게는 늘 구박감이다. 딸을 넷이나 거느린 가장으로서 자기 집이나 먼저 건사하라는 지인들의 충고에도 묵묵부답이었다. 행여 한센환우들을 만지는 의사라는 말이 들리면 생계가 끊어질세라, 누구에게 내놓고 말 한 번 하지 않았다. 남들은 그것을 봉사라고 말하겠지만 그에게는 그저 일상적인 삶이었다. 당신의 영혼을 정화시키는 작업이었을 뿐이다. 삶이 봉사였고 봉사가 삶이었다. 30년 동안 그가 출근하는 치과는 여전히 전셋방이지만 그것에도 감사할 뿐이다.

한센환우들을 돕는 동기를 캐는 질문에도 그는 고개를 설레기만 한다. 아무리 생각해 봐도 그 무슨 별다른 동기가 있지 않았다는 것이다. 하늘에 갔을 때 뭐하다 왔냐고 물으면, "맡겨 주신 소임대로 마지막 날까지 치료하다가 왔어요."라고 대답이라도 해야 될 것 같아서 그랬다고 겸연쩍어 한다. 그에게도 인간적인 두려움은 있었다. 잇몸을 다루면서 피를 만져야 했기에 혹여 하는 인간적인 두려움이었다. 그러나 사랑과 실천으로 그 마음의 간특함마저 이겨냈다. 백두산을 옮길 만한 믿음이 있다고 소리쳐 봐도 이웃사랑이 없으면 하나님을 등진 일이기 때문이었다. 그는 신이 이 나라를 버리지 않는다는 은총을 믿으며 그저 이웃을 소리 없이 사랑하는 신앙인이었다.

02

몸 身

무엇을 하는가

한 교사가 나에게 질문했다.
"만일 교과서를 없애 버린다면 무엇으로 그것을 대신할 수 있을까요?"
나는 "소크가 만든 백신으로 소아마비를 박멸하였을 때 누가 무엇으로
소아마비를 대신할 것인지 질문한 적이 있었던가요?"라고 대답했다.

– 닐 포스트먼(Neil Postman), 『교육의 종말』 中에서 –

PISA에 대한 논평

한국의 아이들은 역시 믿음직하다. 그 또래 외국의 아이들과 겨루는 학력시험이나 경쟁에서는 어김없이 상위권에 들곤 하기 때문이다. 이번에도 예외가 아니었다. 경제협력개발기구(OECD)가 2009년 34개 회원국과 31개 비회원국의 만 15세 학생(고 1) 47만 명을 대상으로 학업성취도에 대해 평가한 『학업성취도 국제비교 결과보고서』(PISA, 2009)가 바로 그것이었다. 이미 잘 알려진 것처럼 우리나라 고 1 학생들의 평균학업성취도는 읽기 1~2위, 수학 1~2위, 과학 2~4위로 나타났다. 교육여건도 OECD 회원국의 평균보다 어려운 상황에서 학생들이 전 부문에서 좋은 결과를 얻게 되어 마음이 놓이기조차 한다. 아이들이 너무 대견해서, 그들을 위해 국가가 크게 축연이라도 열어 주어야 할 일이다.

우리나라 학생들이 이렇게 우수한 성적을 기록하게 만들어 준 여러 가지 원인이 있을 수 있다. 가장 큰 원인으로 아이들의 영특함을 꼽을 수도 있다. 그들의 우수한 지력 때문에 그런 경사가 났다고 이야기할 수밖에 없다. 혹은 정부가 아이들의 학업성취를 위해 강력한 학교교육정책을 추진한 결과라고 이야기할 수도 있다. 더 나아가 교사들이 학생들을 열심히 지도했기 때문에, 아니면 어머니의 교육열 때문에 그런 우수한 결과가 나왔다고 판단할 수도 있을 것이다. 모두 조금씩은 다 설명력이 있는 이야기들이다. 그런 이유 중에서도 가장 강력한 이유를 들라면, 아무래도 강력한 학교교육의 힘과 교사의 힘을 들 수 있을 듯하다. 세계 여러 나라 중에서 우리나라처럼 아이들에게 학교에 오래 머물면서 학교공부를 시키는 나라도 별로 없고, 우리나라 교사들처럼 학교에서 그렇게 오랜 시간을 가르치는 일에 보내는 나라도 드물기는 마찬가지다. 이것이 아무래도 아이들에게 여러 가지 공부기술을 터득하게 만드는 일에 도움이 되었을 것이다.

이런 모든 노력이 OECD 학업성취도 조사결과(PISA, 2003)에서도 분명하게 드러났다. 우리나라 학생들에게 주당 부과되는 수업시간은 30.3시간으로 세계 2위,

보충수업은 4.9시간으로 세계 1위, 심화수업은 1.9시간으로 세계 3위를 기록했다. 이에 비해 이들에게 요구하는 학교 숙제시간은 3.5시간으로 조사대상국 가운데 최하위를 기록했다. 그렇게 집에서 자율적으로 숙제를 하는 시간이 적은데도 그들이 탁월한 실력을 보여 준 것은 불확실하기는 해도 사교육, 학부모의 교육열의 효과일 것이다. 왜냐하면, 그들의 조사 결과가 그것을 잘 보여 주고 있기 때문이다.

한국의 아이들은 집에서 학교의 숙제를 제외한 방과 후 가장 비중 있는 활동으로 개인과외, 학원과외 등을 꼽고 있다. 우리 아이들은 사교육활동을 위해 엄청난 시간을 할애하고 있다. 그들이 투자하는 시간은 모두 주당 9.3시간 정도였다. 이런 한국학생들의 과외시간은 터키(11.7시간), 그리스(10.0시간)에 이어 3위를 기록하는 높은 시간이었다. 터키와 그리스에서도 사교육의 힘이 강력한 것은 공교육에 대한 그들 국민의 신뢰가 형편없기 때문일 수 있다. 결국, 우리 아이들의 우수한 학업성취는 '사교육의 효과가 공교육에 삼투되어 나타난 결과' 라고 이야기할 수밖에는 없을 성싶다. 더 이상 우리 아이들의 높은 학업성취력의 원인으로서 그것이 사교육의 효과니, 혹은 공교육의 효과라고 그 어느 하나를 놓고 우위를 꼽을 필요는 없다. 서로가 서로를 보완해 준 결과로 그런 우수성을 드러내게 만들었기 때문이다.

이런 조사 결과를 두고 한국교육을 위해서 해야 할 이야기는 많을수록 좋다. 지나친 기쁨을 경계하는 사람이나 나라만이 더 분명하게 미래를 계획할 수 있기 때문이다. 사실 우리 스스로 그저 우리 아이들의 높은 실력을 마냥 좋아할 일이 아닌 것은 분명하다. 경계하고 더 정진시켜야 할 것들도 한두 가지는 아닐 성싶다. 수학에 대한 학생들의 흥미 및 동기에 관한 점수는 최하위권인 것으로 드러나고 있다. 남녀 학생 간의 점수 격차 역시 커서, 우리의 학교교육에 무엇인가 구멍이 나 있다는 생각에 이르게 만들어 놓기 때문이다. 이런 것은 한국교육의 치부가 아니라, 우리의 학교교육이 미래를 위해 더 고뇌해야 한다는 일거리를 주고 있다. 동시에, 우리 학교교육의 문제에 대한 핵심을 짚어 가게 만드는 대목이 되기도 한다.

저 외국학생들에 비해 한국 아이들이 갖고 있는 비교육적 약점은 다른 것이 아니다. 그것은 우리 학교교육이 고쳐야 할 바로 그 약점이기도 하기 때문이다. 가장 큰 약점은 학생들이 학교를 싫어한다는 점이다. 그런 점은 학교에 대한 그들의 소속감과 태도를 묻는 질문에 대한 응답에서 분명하게 드러나고 있다. 그들은 학교에 대해 매우 부정적이다. 교사에 대해서도 별로 존경심을 갖고 있지 않은 모양이다. '학교 수업은 시간낭비다.' '졸업 후 미래생활 준비에 별 도움이 되지 않는다.' ' 결정을 내릴 때 학교는 자신감을 갖도록 도움을 준다.' 와 같은 학교에 대한 학생들의 태도를 묻는 항목에 대해 우리 학생들이 대답한 점수는 밑바닥권이다. 세계 40개국 가운데 37위로 쳐져 있다. 이런 지적은 아무래도 우리 학교교육에 문제가 있음을 암시하기에 충분하다. 우리나라 학생들보다도 학교만족도가 낮은 국가들이 마카오, 일본, 홍콩이었다는 것을 보면 더욱더 그런 생각이 든다. 이 국가들은 그야말로 주입식, 그리고 입시경쟁의 최전선에 나와 있는 나라들로 꼽히고 있기 때문이다.

우리나라 학생들의 학교부적응감, 혹은 학교에 대한 저항감은 학교소속감을 묻는 질문에 대한 응답에서 다시 한 번 확인되고 있다. 학생들에게 나는 학교에서 '아웃사이더라고 느낀다.' '내가 있어야 할 곳이 아닌 것 같다.' '친구 사귀기 쉽다.' 등의 항목을 제시하고 응답하라고 했을 때, 우리나라 학생들의 점수는 학교만족도와 비슷한 수준인 35위를 기록했다. 그 뒤를 터키, 일본, 홍콩, 마카오의 학생들이 기록했다. 또한 교사의 수업지도에 대해 우리나라 학생들의 평가 역시 40개국 중에서 35위를 기록했다. 이런 점수에서 우리보다 낮은 나라는 예상할 수 있듯이, 우리에게 한때나마 학교교육의 모델이 되었던 일본(39위)이었다.

학교에 대한 불만족은 학생뿐만 아니라 학부형에게도 마찬가지로 심각하다. 예를 들어, 경기도가 2005년도 1월 도내 학부모 1만 7천여 가구를 대상으로 자녀들이 다니는 학교에 대한 만족도를 조사했다. 조사 결과 경기도 내 학부모들은 저학년일수록 학교에 대한 만족도가 높은 반면, 고학년이 될수록 만족도가 줄어드는 것으로 조사되었다. 중 · 고등학생, 말하자면 고학년이 되면 학부모들은 학원보다는 학교에 늦게까지 남아서 입시훈련을 받게 했다. 학부모도 원하고 학교도 원하지만, 학생들은 피하고 싶어 하는 그런 출석교육 같은 것이었다. 아이들의 태도와는 관계없이, 초등학교 학부모들 가운데 학교에 대한 만족은 45.9%에 달하는 반면, 불만족은 8.7%에 불과했다. 불만족 내용은 교육방법(19.5%), 교육시설(15.1%), 교육 수준(12.8%), 교사 자질(12.5%) 등의 순이었다. 학부모들의 만족도는 학교별로 보면 초등학교, 중학교, 고등학교 순이었다. 과외를 받고 있는 학생은 초등학교 85.9%, 중학교 74.5% 그리고 고등학교는 53.6%로 나타났다. 고학년이 될수록, 학부모들은 방과 후 교내 입시위주의 교육을 시키고 있었다. 그래서 고학년이 되면 자녀들이 학교에 머무는 시간은 더욱더 늘어났다.

유토리 교육의 다른 결과

미국이나 일본도 초 · 중등교육정책의 혁신에 박차를 가하고 있다. 엇비슷한 사안이지만, 그것을 추진해 온 방식은 서로 다르다. 미국의 초 · 중등교육혁신정책은 여유만만한 데 비해 일본의 그것은 초조하다. 우리에게 결코 남의 일이 아니다. 현 정권처럼 학부모 불신 교육정책을 계속하다가는 국가교육경쟁력이 실종되기 십상이기 때문이다. 가진 자에 대한 피해의식으로 점철된 교육정책이 학부모들에게 교육을 기피하게 만드는 교육공항(敎育恐慌)으로 몰아갈 뿐이다.

30년 전 일본인들은 유토리 교육 도입에 모두가 공감했다. 입시훈련이 아이들의 정신건강을 살인적으로 유린했기 때문이었다. 이제는 "경제의 잃어버린 10년보다 공교육의 '잃어버린 30년'이 더 심각하다."는 것이 일본인들의 생각이다. 일본학생들이 OECD 학력평가에서 하위권으로 밀려났고, 일본인의 자존심도 상처를 받았다. 1977년 이후 주 5일 수업제가 일본사회에 도입되면서 생긴 창의성과 개성교육의 부작용이 학력저하라고 판단했다. 그러나 일본학생들의 학력저

하에는 근본적인 이유가 숨어 있었다. 교육 내적으로는 유토리 교육에 대한 교육 당국의 단견에 기인했다. 유토리 교육에 대한 교사훈련의 부족, 유토리 교육 프로그램의 미비와 유토리 교육중심의 중등교육과 대학교육 간의 빈약한 연계체제에서 비롯된 것이다. 유토리 교육의 채택은 처음부터 중도 실패를 예고했다.

유토리 교육의 실패에는 외부적인 원인이 더 결정적으로 작용했다. 일본정부가 시도한 학부모 교육열 죽이기였다. 일본정부는 공교육의 붕괴원인을 학부모의 교육열에서 찾았다. 학부모를 비난하면 문제가 풀린다는 유혹에 빠졌기 때문이다. 교육열의 차단정책으로 유토리 교육을 전면으로 부각시켰다. 그 결과 교육열이 냉각되기 시작했다. 학생들의 학력도 함께 주저앉아 버렸다. 유토리 교육 그 자체가 문제가 된 것이 아니라, 유토리가 결여된 교육정책이 화근이 되었던 것을 깨달았다. 이미 때늦은 순간이었다. 그래도 학부모의 교육열을 정부가 결코 대신할 수 없다는 것을 뼈저리게 경험한 것은 큰 결실이었다.

미국교육의 핵심도 따지고 보면 유토리 교육 바로 그것이다. 1950년대 말 옛 소련이 인공위성을 쏘아올리자 미국은 탄식했다. 경쟁력의 책임을 교육의 부실함에서 찾았다. 학생들과 학교에게 수월성을 요구하기 시작했다. 교육과정을 학문중심교육과정으로 대폭 개편했다. 40~50년이 지났다. 지금 미국 초·중등교육의 경쟁력은 크게 오르지도 않았다. 국제학력경시대회에서 늘 하위권을 맴돌고 있다. 다급해진 미국정부는 초등학교에서 낙오자 없애기 정책을 강력하게 추진했다. 이 정책은 학력증진을 목표로 하지만, 무능한 학교장, 부실교사 퇴출에도 강력하게 그 초점을 맞추고 있다.

초등교육이 부실한데도 그들의 대학교육은 국제적으로 막강하다. 미국교육을 지탱하는 학부모들의 교육관을 훑어보면 그 이유를 단박에 알 수 있다. 미국의 공교육은 대학입시훈련과는 되도록 떨어져 있다. 시장경제의 경쟁원리에 맞게 학부모의 학교선택권만큼은 폭넓게 보장되어 있다. 자사고, 특목고, 사립고, 대안고, 자율고 등등 학부모에게 폭넓은 학교선택권을 보장해 준다. 학부모의 교육선택권이 보장되면 교육의 경쟁력이 살아난다고 믿기 때문이다.

미국은 초·중등교육이 허약한 것처럼 보여도 크게 동요하지 않는다. 초등교육도 주 5일 교육이고 연간 수업일수도 적지만, 아테네식의 인본주의 교육철학을 고수하고 있다. 그들은 건강하게, 사람답게, 공공질서 잘 지키는 민주시민으로 살아가게 만드는 떡잎 제대로 키우기 유토리 교육이 교육혁신의 토대라고 인식한다. 학부모를 믿기 때문이다. 하지만 학부모들의 교육열은 상대적으로 낮다. 그것을 돌파하기 위해 학부모들에게 학교선택권을 확대했다. 학교와 교사를 부모가 선택하면 그들 학교는 평가받기 마련이고, 평가받으면 학교는 더욱더 성장하고 발전하기 때문이다.

미국의 대학교육만큼은 세계적인 경쟁력을 지향한다. 창의적인 전문인을 만들어 내기 위한 스파르타식 실용주의 교육철학으로 무장되어 있기 때문이다. 미국 대학운영의 근간은 선택과 도태중심의 시장경제주의다. 대학들에게 획일적인 입시정책을 내세워 중등교육을 유린하라고 하지도 않는다. 대학에게 자율권을 주었기에 대학은 경쟁력으로 보답해 왔을 뿐이다. 그 자율과 신뢰 속에서 초등교육은 튼튼하게, 대학교육은 단단하게 만들어졌다. 초등교육은 창의적으로, 대학교육은 창조적으로 운영하고 있다. 이것이 미국식 유토리 교육과 일본의 유토리 교육이 서로 다른 운명을 맞이한 속사정이다.

조기영어교육

조기유학생 수가 증가했다. 2010년 조기유학생 출국 현황자료에 따르면 총 18,741명이 조기유학을 떠났는데, 이는 전년도 18,118명보다 623명이 늘어난 숫자다. 학교급별로 보면 초등학생 8,794명, 중학생 5,870명, 고등학생 4,077명이 떠났는데, 이는 전년보다 각각 5.1%, 2.7%, 1.3% 증가한 것이다. 유학연수 수지 적자 규모도 증가세에 있다. 2009년 39억 6,200만 달러였던 유학연수 수지 적자가 2010년에는 44억 4,600만 달러로 증가했다. 이런 문제를 해결하기 위해 영어마을도 짓고, 교육부가 초등학교 1, 2학년 영어교육도 실시한다고 하지만, 조기유학생은 줄어들지 않을 것이다.

왜냐하면, 우선 학부모들이 교육부를 믿지 않기 때문이다. "초등학교 1, 2학년 영어교육 연구학교 운영은 초등영어교육 확대의 타당성을 검토하고, 초등학교 조기영어교육 도입 시 시행착오를 최소화하기 위한 빈틈없는 정책을 세우기 위해" 교육부가 영어교육 실시 여부를 확정할 것이라고 하지만 교육부의 말재간을 눈치 채지 못할 저들이 아니기 때문이다. 조기영어교육을 반대해 온 전교조도 안간힘을 쓰며 반대할 것이 분명하다. 초등학교 3학년부터 영어를 배우면서 5, 6학년에 영어부진아가 생겨나기 시작했고, 심지어 어느 의사는 영어발음을 좋게 해준다고 아이들에게 '설소대 절개수술'을 해 주고 있는 판이니 교육자적 양심으로 가만히 두고 볼 일이 아니라는 어긋난 현실도 실재하고, 모국어도 제대로 습득하지 못한 상태에서 실시되는 영어교육은 국어교육에 파괴적 결과를 가져올 것이라는 대의명분도 서 있기 때문이다.

게다가 유학연수 수지 적자 같은 단어가 조기유학 학부모들에게는 심정적으로 부당하기 때문이다. 조기유학은 현실적으로 저들에게 수익과 흑자를 약속하는 교육투자로 이해된다. 실제로 동남아시아 영어권 국가의 조기유학생의 경우, 학교에서 영어로 7시간의 수업을 받고 방과 후 다시 개인가정교사와 함께 골프와 같은 특기적성훈련을 받으며, 식비, 주거비 등을 포함해서 월 180만 원 정도의 경비가 든다. 한국의 사교육 실정, 그리고 빈약하기 그지없는 학교의 영어교육수업을 고려하면 중산층 학부모는 조기유학을 택하기 마련이다.

조기영어교육의 효과에 관해서는 이견이 있을 수 있지만, 영어로 교육한다고 해서 국어교육에 파괴적 결과를 가져온다는 주장은 가히 투쟁적이다. 정반대의 견해도 설득력을 갖고 있기 때문이다. 오히려 영어몰입프로그램으로 영어를 배운 학생이 그렇지 않은 학생에 비해 더 국어 선호도가 높다는 연구 결과가 보고되고 있다. 이 점은 영어를 국어로 쓰고 있는 미국이 더 소수민족의 언어를 학교 교실에서 수업언어로 활용하는 이중언어교육에 적극적이라는 사실에서도 역설적으로 드러난다. 외국어 습득이 오히려 미국의 경제적 · 문화적 · 외교적 · 정치적 입지를 보다 강화하는 데 유리하기 때문에 저들은 이중언어교육을 실천한다. 게다가 조기영어교육의 부진아가 속출하는 문제는 아이들의 문제라기보다는 교사의 수업능력문제에서 비롯된다. 이 점 역시 서울시교육청이 강력하게 원어민 영어보조교사 배치정책을 강행하는 것에서도 분명해지고 있다. 원어민 영어보조교사가 학교현장에 배치되면서 학생들의 영어에 대한 호기심 증가와 동기유발로 영어수업개선의 효과를 거두었으며, 영어교사 연수에 매우 효과적인 것으로 나타났기 때문이다.

교육부는 조기영어교육뿐만 아니라 학교교육의 수월성을 높이는데도 만전을 기해야 할 것이다. 그런 준비 없이 지금과 같은 교사의 질과 학교수준을 그대로 유지한다면 교육대란이 불가피하다. 영어전용 중 · 고등학교나 자립형 사립고등학교들도 늘려야 한다. 조기유학생들이 자연스럽게 귀국하기 시작하면 3~4년 후부터는 초등학교 영어교육뿐만 아니라 중학교 교실수업에서 새로운 수업방법이 요구될 것이기 때문이다. 영 · 유아들이 이미 유치원과 집에서 영어비디오를 시청하고 있는 실정이어서 어떤 단어는 이미 그들에게도 아주 친숙해지고 있기 때문이다. 이러다 보니 아이들보다는 영어에 대한 선생님이나 교육행정 공무원들의 태도가 더 문제가 된다. 스위스국제경영개발원(IMD)은 한국이 영어교육에 관해 엄청난 비용을 투자하면서도 영어숙달 정도는 59개국 가운데 46위 정도라고 평가했다. 게다가 아시아 국가 중에서는 영어로 의사소통이 가장 힘든 국가가 한국이라는 오명도 벗어나지 못하고 있다. 툭하면 권력자들은 우리에게 핀란드의 교육이나 싱가포르의 경쟁력을 참고하라고는 하지만, 저들 스스로 지도자와 공무원들의 외국어 실력을 견줘 보라는 이야기는 한 번도 하지 않는다. 외국인들과 유창하게 대화를 나누는 교사들이나 자기의 의사를 분명하게 전달하는 지도자를 가지는 것이 국민에게 그 무슨 수치가 될 리는 없는데도 저들은 늘 그렇기만 하다.

고등학생의 정치문화운동

서울시내 중 · 고등학생 500명을 대상으로 '학교에서 바뀌어야 할 것'을 적어 보라고 했다. 답이 곧 나왔다. '용의복장'과 '두발규정'이라는 응답이 31%였다. 이미 국가인권위원회가 학생들의 두발, 복장규정 등을 문제로 삼은 적이 있었다. 두발, 복장에 관한 규정과 그것의 표현이 모호하고 자의적이라고 문제를 제기했다. 헌법에서 보장하는 행복추구권은 자신의 생활양식을 스스로 결정할 수 있는 권리이기에, 두발복장에 관한 학생의 의견을 학교가 적극적으로 수렴해야 한다는 조언도 곁들였다. 그래도 학교는 막무가내였다. 마침내 전국중 · 고등학생연합이 문제를 해결하려고 나서기 시작했다. 두발을 비롯한 학생억압규정을 조사한 뒤 당당하게 시정을 요구하겠다는 것이다. 이를 위해 전국중 · 고등학생연합 소속 학생들은 학교별 분회를 조직하여, 그 작업을 적극적으로 추진하기에 이르고 있다.

별것 아닌 것처럼 보이는 이런 움직임은 고등학생들이 정치세력으로 등장하기 시작했음을 알리는 신호탄과 같다. 잘못하다간 교육부가 저들을 상대로 큰일이나 치르게 될 처지다. 정치권마저도 그들의 목소리에 긴장하지 않을 수 없는 처지에 놓였다. 저들의 표를 의식해서다. 일선교사나 학교는 이미 그들의 목소리에 위협감 같은 것을 느끼기 시작했다. 학생들이 작은 목소리로 기성세대의 권력에 도전장을 낸 것이기 때문이다. 학생문화의 혁명을 시작하겠다는 의지표명이지만, 아직도 '그깟것'으로 애써 외면하려고 하는 모양이다. 하지만 일은 그렇게 흘러가지 않을 기세다. 그들이 각을 세우고 있는 목소리는 따지고 보면 그리 대단한 것이 아닐 수도 있다. 기껏 옷 입을 자유와 머리카락의 자유를 달라는 그런 것이기 때문이다. 그래서 교사들이나 학교는 다른 해석을 하는 모양이다. 마치 고등학생들이 벌리는 하찮은 일이라고 치부하는 모양이다.

하지만 고등학생들의 두발, 복장 자율화운동의 내용을 곱씹어 볼 때, 그것은 정치운동과 문화운동으로 이어질 가능성이 농후하다. 두발, 복장의 자율화에 대한 요구는 고등학교 문화의 자유화로 이어지도록 되어 있다. 그것의 마지막 목표는 입시훈련교육의 혁파로 귀결될 것이다. 두발과 복장의 자유에 대한 요구가 끝내 입시제도의 혁신과 직결되면 학교는 파산선고를 맞게 되는 것이나 마찬가지다. 학교가 저들의 두발, 복장 자율화운동에 밀리면 끝내 지금과 같은 교실교육은 버티기 힘들게 될 것이다. 두발, 복장 자율화의 목소리에 밀리면 고등학교 교육과 고등학생 문화의 벽에 구멍이 뚫어지는 것과 같기 때문이다.

그 구멍은 엉성하게 뚫리기 시작했다. 서울의 한 고등학교에서 학생 100여 명이 집단삭발을 당했다. 교사 중 한 사람이 '바리깡'(일본식 발음으로 이발기를 말함)을 가지고 다니며 머리가 길다 싶으면 아이들이 보는 앞에서 머리를 밀어 버렸다. 아이들이 반발했다. 자기들은 강아지가 아니라 사람이라는 것이었다. 학교는 견권(犬權)의 장소가 아니라 인권(人權) 보호의 장소라는 것이다. 여러 가지 목소리가 분노폭발의 중심축으로 모이기 시작했다. 교사 한 사람이 시대를 잘못 읽어 버린 바람에 학교에 역풍이 불기 시작한 것이다. 세계의 역사를 보면, 세계의 판도를 바꿔 놓은 커다란 혁명은 언제나 이렇게 작은 사건으로 시작되었다. 러시아혁명이 포탬킨 전함의 수병에게 아침식사로 던져진 썩은 고기조각에서 비롯된 것처럼 학생들의 목소리는 바리깡에서 촉발되기 시작했다.

학생의 인권은 그 언제나 교문 앞에서는 멈춰 버리곤 했던 것이 학교에서 일어난 학생인권사의 증거였다. 학교 존속의 역사와 맥을 같이하는 학생인권의 억압사이기도 했다. 학교는 인권을 보호하기보다는 인권이 무엇인지 평가하는 곳으로서 학생의 인권을 관리해 왔다. 그래서 학교는 인권의 사각지대로도 꼽힌다. 교도소나 정신병동 혹은 군대 다음으로 인권탄압의 장소로 학교를 꼽곤 한다. 인권은 언제나 아이들을 위한 교육의 당위성 앞에서 깃발을 내리곤 했다. 학교는 사람을 만들기 위해 불가피하게 학생의 권리를 제한할 수밖에 없다고 이야기해 왔던 것이다.

체벌은 생명권 침해

학교에서의 체벌이 또다시 사회문제로 등장하기 시작했다. 안쓰러운 일일 뿐이다. 어느 학교에서는 교사의 체벌 때문에 해당 학생이 정신치료를 받고 있고, 또 다른 학교에서는 체벌을 가한 교사들이 사직하는 일들이 빈번해지고 있다. 교사들은 결단코 교육의 관점에서 체벌을 가했다고 하지만, 그에 대해 학부모들의 입장은 한사코 다르다. 체벌이 아니라 교사폭력이며, 그래서 체벌교사는 당연히 법적인 심판을 받아야 한다는 것이다. 우리나라 교육에서 체벌은 입시훈련에 버금갈 정도의 고질적인 교육문제인 것만큼은 부인하기 어렵다. 교사체벌만을 잣대로 삼아 한국교사의 질을 가늠한다면, 우리 교사들은 결코 선진국 대열에 낄 수 없을 것 같다.

한동안 학교에서는 잠잠했었지만, 체벌이 고개를 다시 들기 시작한 것은 교육부가 내린 체벌예시안(案)과 무관하지 않다. 교육부는 어느 날, 전국초·중·고등학교에 체벌예시안을 내 보냈다. 전국초·중·고등학교에서 학생들에 대한 벌점제가 도입되는데, 학생들의 벌점이 일정 기준을 초과했을 경우와 학습태도가 좋지 않을 때에는 학교재량에 의해 체벌을 해도 된다는 것이었다. 체벌을 할 경우 초등학생과 중학생에게는 지름 1cm 안팎, 길이 50cm 이하의 직선형 나무를, 고등학생에게는 지름 1.5cm, 길이 60cm 이하의 직선형 나무를 사용해야 한다고 했다. 체벌 부위는 남학생은 엉덩이, 여학생은 허벅지다. 체벌횟수는 초등학생은 5회 이내, 중·고등학생은 10회 이내로 제한하되, 다른 학생이 없는 별도의 장소에서 교감이나 생활지도부장 등 제3자를 배석시킨 상태에서 실시해야 한다고 했다. 체벌 시 학생은 대체 벌을 요구할 수 있으며, 벌점에 불복할 경우 이의를 신청해 심사를 받을 수 있도록 학생의 인권과 권익보호 규정도 마련했다. 그러나 체벌이 교육부의 지시대로 그대로 지켜진 곳은 하나도 없다고 보아야 한다. 교육부 지시대로만 했다면, 결코 학생들이 정신치료를 받아야 하거나 상해치료를 받을 필요는 없을 것이기 때문이었다.

체벌안을 허용한 교육부 나름대로의 고민이 있었겠지만, 한 가지 분명한 것은 체벌의 교육적 효과는 기대 이하라는 점이다. 심리학자들의 연구 결과를 보면, 부모마저도 자녀에게 체벌을 가할 경우, '즉각적인 순종'이라는 단기적 효과를 얻을 뿐이라는 것이다. 체벌을 하면 나중에는 체벌에 대한 훨씬 큰 대가와 희생을 감내해야 한다는 것이다. 미국 컬럼비아 대학교의 심리학자 엘리자베스 거쇼프(Elizabeth Gershoff) 박사는 지난 30년 동안 전문가들이 행한 아동체벌의 장·단기 영향에 대해 조사한 88건의 연구 결과를 분석했다. 그 결과, 체벌은 기대하는 것과는 달리 학생들에게 공격성, 반사회적 행동, 정신적 문제 등 열 가지 부정적 행위 및 경험을 야기하는 원인으로 드러났다. 체벌의 긍정적 효과가 있다면, 그것은 오로지 '부모의 요구에 대한 즉각적인 순종'뿐이었다.

게다가 체벌은 엉뚱한 사회적 효과까지 야기한다. 영장류 사이에서도 체벌이 있는데, 그것은 일종의 변태행위에 속한다. 원숭이에 관한 동물학자들의 관찰에 따르면, 힘이 약한 원숭이들은 힘이 강한 원숭이에게 자신의 엉덩이를 들이민다. 자신들이 복종하겠다는 의사표시다. 그것은 바로 학교에서의 엉덩이 체벌과 일맥상통한다. 원숭이 사회에서의 이런 행위는 '리모티베이팅'이라고 하는데, 이 원리에 따르면, 학생의 엉덩이를 매질하는 교사의 체벌은 상당히 우스꽝스러운 의미를 전달하게 된다. 그래서 표현이 흉하기는 하지만, 학급 이곳저곳에서 교사가 학생의 궁둥이를 때리는 체벌은 공공연한 성희롱의 표현, 그 이상이 될 수는 없을 성싶다. 국가가 교사들에게 그 짓을 공공연하게 부추기고 있다면 그런 교육은 더욱더 우스꽝스러워질 뿐이다. 이제 교사에게 체벌의 부당성을 지적하면서 학생들의 인권을 논하는 것은 더 이상 새로울 것이 없다. 왜냐하면, 이제는 학생들 스스로에게 자신들의 몸은 그 어느 누구에게도 침해될 수 없는 귀한 것이라는, 인간신체의 생명권을 가르쳐 주어야 하는 시대이기 때문이다.

두발규제에 관한 신화와 허구

중·고등학교에서 교복자율화와 함께 두발규정이 학칙에서 삭제된 지는 이미 오래되었다. 그래도 교실은 막무가내로 여전하다. 일제군국시대의 망령이 교실을 넘보고 있다. 두발규제와 단속은 여전할 뿐이다. 중학생의 경우 머리카락이 귀밑 10cm를 넘기면 인권은 견권(犬權)으로 전락한다. 전교생이 쳐다본다. 조회대 앞에서 긴 머리가 가위로 잘려 나간다. 눈물도 글썽여지지만 다 소용없는 짓이다. 수모는 그렇게 커지곤 한다. 머리카락을 빡빡 밀어도 그것은 규칙위반이다. 머리카락 길이로 학생들을 얽어매는 조항은 밑도 끝도 없다. '층을 낸 머리, 올린 머리, 꼬불쳐서 묶은 머리, 앞가르마 타기, 혐오감을 주는 머리는 안 된다.' '스포츠 하이칼라형으로 하되, 옆머리나 뒷머리가 귀나 목 부위를 덮어서는 안 된다.' '어른 스타일의 머리, 커다란 핀으로 틀어 올린 머리는 안 된다.' 온갖 금지조항이 학교를 지배하고 있다.

이런 것을 결정하는 사람은 교사다. 그는 집행관이다. 학생은 그 언제나 죄수가 된다. 학생들은 그저 시키는 대로만 해야 한다. 그들은 군복만 입으면 곧바로 군인의 모습이 되고, 죄수복만 입히면 수인의 모습이 된다. 이런 일들은 대학을 많이 보내는 명문고등학교일수록 극심하다. 입시준비라는 대의명분 아래 모두가 죄수처럼 모양을 정리한다.

두발규제는 학교가 만들어 낸 허구이자 편견이다. 아이들은 그렇게 학교를 의시하며 비아냥거린다. 고등학생들의 생생한 목소리가 바로 그것을 증명해내고 있다. 그래도 학교가 만들어 낸 열 가지 신화는 학생들의 머리를 옥죄고 있다.

첫째로 두발규제는 학생회의 동의를 받은 것이라고 학교는 말한다. 학생들은 그것은 거짓이고 허구라고 응대한다. 학생회의 회의록이라는 것은 교장이 사전 검열하고, 회의장에도 교장과 교사들이 '끼어서' 운영하는데, 그런 학생회는

'학생대표기구인 학생회' 가 아닌 어용기구일 뿐이며, 동의는 어차피 없다는 것이 저들의 볼멘소리다.

둘째로 두발규제는 적법절차에 의해 제정된 것이라고 학교는 주장하지만, 학생들은 다르게 대꾸한다. "박정희 군사독재정권 시절, 유신헌법에 의해 체육관에서 대통령을 뽑았던 것 역시 적법절차에 근거한 것입니다. 그래서 국민이 꽤나 정치적으로 시달렸습니다. 결국 문제는, 절차가 아니라 규정 자체입니다." 학교가 그런 문제인식에 까막눈이라는 것이다.

셋째로 머리가 길면 머리에 손도 가고, 공부하는 데 방해가 될 것이기에 규제를 해야 한다는 것이 학교의 주장이지만, 학생들은 한소리로 답한다. "오히려 머리가 짧은 바람에 공부에 방해가 됩니다. 쭈뼛 서 있는 스포츠머리는 두피신경을 지속적으로 자극해 손이 머리에 닿게끔 합니다. 여학생들의 경우 머리를 묶지 못해 아래로 흘러내리는 바람에 더욱 공부에 방해가 되기도 합니다. 핀을 꽂을 수도 없고, 묶어서도 안 됩니다. 곱슬머리인 친구가 더욱 그렇듯 이상한 머리모양 때문에 그 좌절감이 더 커지고, 강제단속과정에서 교사와 학교에 대한 반감이 생겨 오히려 학업성취동기가 감소되기도 합니다." 두발규제가 공부에 오히려 방해가 된다는 것이 저들의 경험담이다.

넷째로, 학생이 공부나 할 것이지 외모에 신경을 써서 뭐하겠느냐는 것이 학교측의 점잖은 충고지만, 학생들은 그런 교사에게 이렇게 응답한다. "학교 선생님들이 학원 강사분들을 비하하며 하시는 말씀이 있습니다. '공부만 잘하면 무엇하냐, 먼저 사람이 되어야 하는 거다. 시험공부만 하고 싶거든 학원에만 다니면 되지 학교는 왜 다녀?' 한마디로, 학교가 단지 교과적인 지식만 습득하는 곳이 아니라고들 합니다. 대한민국 학교는 전인교육을 표방하고 있습니다. 인격형성을 중요시 여기겠다는 것이죠. 그런데 그런 인격형성에는 '주인의식을 갖고 주체성을 함양하는 것' 또한 포함되어 있습니다. '신체의 자유, 표현의 자유'가 있어야 하는 겁니다. 자기 머리모양도 스스로 결정하지 못하고, 학교가 대신 결정해 주는 사람이 어찌 '주인의식을 갖고 주체성을 함양' 할 수 있겠습니까. '공부나 할 것이지' 주장의 근간에는 '자기표현에 신경 쓰지 말고, 성적에만 집착해 입시산업 헤게모니에 충실히 임할 것이지' 라는 전제가 깔려 있기도 합니다." 이것은 교사들이 학원이나 학원교사들보다도 교육적으로 더 비열하다는 것을 스스로 드러내 놓고 있는 증거다.

다섯째로 학부모들이 두발규제를 강력히 원한다는 말은 학교 측이 그 언제나 들고 나오는 약방문 같은 이야기지만, 학생들의 말은 전혀 다르다. 그들은 이렇게 이야기한다. "내 자식 명문일류대학에 보내는 데에 조금이라도 불이익이 생길까 공포감을 안고 있는 부모님들이 학교에 내 자식 교육에 관한 소신을 밝히기란 어렵습니다. 야간자율학습도, 보충수업도, 0교시나-1교시도 학부모들이 강력히 원해서 이루어진다고들 변명합니다만, 학부모들은 학부모회에서 이와 관련된 어떠한 진지한 논의도 없다는 것이 현실입니다."

여섯째로 학교가 만들어 내는 신화는 주로 머리가 긴 학생은 불량학생이거나 '까진 애들이다.' 는 것이다. 이런 논리도 두발규제를 강제하기 위해서는 궁색하기 그지없는 이야기들이다. 학생들은 외친다. "현실적으로, 외국어고등학교와 과학고등학교 같은 특목고의 대다수는 두발 길이 규정을 두고 있지 않습니다. 이들은 불량학교가 아닙니다. 고등학생 학력수준 1위라고 평가받는 핀란드의 고등학교 역시 두발규제를 두고 있지 않습니다. 이들은 불량국가가 아닙니다. 한국에서는 문화대통령이라고 하는 서태지 역시 머리모양이 자유롭기는 마찬가지입니다. 그는 불량아티스트가 아닙니다. 놀랍게도 폭력서클 가담자로서 주로 경찰에 입건되는 학생 상당수는 학교가 권장하는 '스포츠머리' 에 가장 충실한 스타일의 학생들입니다. 게다가 전교 1등 학생의 머리가 길더라도 학교가 으레 봐 주는 관례가 흔합니다. 이런 봐줌은 불량학생 조장행위에 속합니다. 결론적으로 머리 길이와 학업능력 간의 상관성은 그 어떤 일반론으로도 증명할 수 없습니다. 소위 까진 아이들이 머리를 기른다고요? 이런 명제의 대우꼴은 '머리를 기르지 않은 아이는 까진 아이가 아니다.'이지, '머리를 기른 아이는 까진 아이이다.' 가 아닙니다. 그리고 까진 아이의 머리를 짧게 만든다고 '안' 까진 아이가 되는 것도 아닙니다. 학교는 그 어떤 식으로든 이 명제를 증명할 수 없을 것입니다."

일곱째로 등장하는 신화는, 학생들의 머리 길이가 길면 단정하거나 청결하게 보이지 않으며 사회적으로도 바람직해 보이지 않다는 점잖은 말로 시작된다. "머리칼이 긴 남성 혹은 여성의 모습이 당신에게 혐오감을 줍니까?"라는 것이 학생들의 야유다. "전지현을 보면 그 긴 머리에 토할 것 같습니까? 동방신기 꽃미남들이나 서태지의 자유분방한 머리모양이 역겹습니까? 홍혜걸 기자의 긴 머리는? 연예인이라서 그런가요? 머리가 긴 전지현이 교복을 입었더니 왜 그리 단정하고 깔끔해 보이는지요?" 교사들의 시각을 교정하든가, 안과치료를 받으라는 것이 저들의 처방이다.

여덟째로 학생은 아직 미성숙하기 때문에 자신의 외모를 책임질 능력이 없다는 학교가 만들어 내는 신화 역시 우스꽝스럽기는 마찬가지다. "학교라는 작은 공동체를 깨끗이 해야 할 책임을 학생들이나 학교가 공동으로 져야 한다면, 학교가 학생에게 청소를 시키듯이 학생들 스스로 자신의 외모를 책임지게끔 두발 역시 스스로 책임지도록 습득시키는 것이 맞습니다." 학생들이 책임질 줄 모른다는 전제 아래 책임질 수 있도록 가르친다는 발상 자체가 교육의 원리에 어긋난다고 학생들은 말한다.

아홉째로 두발규제가 폐지되면 학생탈선이 늘어날 것이라는 논리를 들이대는 학교에게 학생들은 야유로 응답한다. "두발규제가 폐지되어 있는 인문계 고등학교에서도 학생탈선이 늘어나기보다 오히려 학생자치활동이 더욱 강화되는 효과를 거두고 있습니다. 범죄율이 급감하기 시작한 1980년대에 두발자율화 조치가 단행되었으며, 2000년도 노컷운동 당시 합의를 깨뜨리고 학교가 두발규제를 더욱더 강화한 현 시점에서 오히려 학생들의 일탈이 더 심하게 일어나고 있습니다. 일진회 등 학생탈선사례가 훨씬 더 급증하고 있는 형편입니다. 경찰청 범죄통계연감에 따르면, 중범죄(살인, 강간, 강도, 폭력 등) 범행 인구대비 비율이 10대보다 40대에서 월등히 나타납니다. 같은 논리대로라면 교사나 학교는 40대에 대해 두발규제를 실시하라고 길거리에 나서야 합니다."

학교가 만들어 낸 마지막 신화는 바로 군대문화의 정당성이다. 군과 같은 국가기관에서 일하는 병사들은 두발과 복장에 규제를 가하고 있는데, 그것이 학교에도 그대로 적용된다는 것이다. 학생들은 말한다. "교도소는 2000년 7월 두발규제를 폐지하였습니다. 군대는 국민의 안전을 책임져야 하는 중차대한 목적을 수행하는 집단으로서 그 공동체 전체의 통솔결집력이 생명인 집단입니다. 학교는 저들과는 달라도 한참 다릅니다. 학교가 주장하는 두발 제한의 이익은 인간의 기본권, 학생들의 인권과 같은 학생들의 사익보다 커야만 한다는 원칙을 그 어떤 식으로든 만족시키지 못하기에, 학교가 사병처럼 두발규제를 받아야 한다는 논리는 부적절합니다." 이것을 모르는 곳은 학교이고, 그것에 장님 행세를 하는 사람이 바로 교사라는 것이 그들의 주장이다. 자기들은 병사이고, 교사들은 하사관이나 장교냐고 항변한다. 그러면서 이 하사 이 선생, 김 소위 김 선생을 비아냥거린다.

공교육 과보호

매년 대학입시요강이 발표될 때마다 대학교육의 자율성과 공교육의 기반문제가 거론된다. 대학에서는 학생선발권의 자율화를 주장하고 교육당국에서는 공교육의 훼손을 우려하며 학생선발권을 내주지 않으려고 한다. 매년 이런 일을 되풀이하다시피 하지만 한국교육의 큰 틀조차 제대로 정착시키지 못하고 곁가지를 잡고 헤매는 꼴이다.

2008학년도 대학입시 방안에 관한 논쟁 역시 마찬가지였다. 서울대학교가 학생선발을 위해 통합교과형 논술고사를 도입하겠다고 발표했다. 열린우리당이 들고 나섰다. 통합형 논술고사는 본고사이기에 허용해서는 안 된다는 것이었다. 대학들이 본고사 형태의 시험을 치루면, 고등학교 교육의 파행적 교육과정운영이 불가피하기 때문이라는 것이었다. 대학의 본고사는 사교육을 부추기게 되고,

그에 따라 한국교육의 정상화가 뒤틀어진다는 것이다. 이 대목에서도 애꿎게 정치적 유탄을 맞으며 신음하는 것은 사교육시장이다.

사실, 정치판과 대학 간의 갈등을 불러일으킨 문제의 첫째는 통합형 논술고사의 실체에 관한 것이다. 통합형 논술고사의 실체가 무엇이냐에 따라 이야기가 달라지게 된다. 논술고사의 실체가 나오지도 않았는데도, 대학이 그동안 행해 온 관행으로 보아 통합형 논술고사는 지식의 암기 정도를 알아보는 본고사가 될 것이라는 당정의 입장부터가 예단일 뿐이다. 그에 반해, 고등학교 3년간 배운 것을 종합적으로 알아보는 형식의 논술을 하겠다는데 무엇이 문제냐는 입장에서 대학은 대학 나름대로 그러면 교과 외 논술고사를 보라는 말이냐라는 볼멘소리를 해대고 있지만, 이것 역시 그들의 관행을 보면 그저 그렇고 그런 소리다. 한 번도 대학입시문제로 한국교육의 문제를 풀어 낸 적은 없기 때문이다.

문제는 당정이 서울대학교의 통합형 논술고사 제안을 서울대학교 총장의 정치적 감각과 연관시켜 보고 있다는 데 있다. 당정의 입장에서는, 서울대학교 총장이 열린우리당의 정치적 감각을 읽으면서 대승적인 관점에서 '공자님 말씀' 처럼 이리 저리 들어도 틀린 것 없는 그런 이야기를 해 주어야 하는데, 서울대학교 총장이 그것을 거부한 것이다. 그저 서울대학교의 입시정책, 대학의 입시자율화를 올곧게 이야기하는 샌님 총장이라고 치부해 버린 것이다. 그래서 그런 샌님에게는 겁을 잔뜩 주어 정신을 차리게 해야 한다는 것이 당정의 입장정리였던 것 같다. 그래서 정치인들의 입에서 나온 단어가, 그 언젠가에는 그 운동권 인사들에게는 공포의 단어였던 초동진압, 초전박살과 같은 단어였다. 사실 그런 단어는 대학입시를 향해 내뱉을 단어라기보다는 구태의연한 정치 잔재의 청산을 위해 선용되어야 할 것이었다.

궁극적으로, 그리고 어쨌거나 학생선발권은 대학에 맡기는 것이 바람직하다. 대학은 병원도 아니고 군대도 아니기에 학생을 선발하는 것은 그들이 가져야 할 권리다. 그런데 교육당국은 자율화가 공교육을 뒤흔든다고 주장하고 있다. 공교육의 체질이 얼마나 허약하기에 교육당국은 그 언제든 지레 걱정하는지 답답하기만 하다. 체질이나 자질은 자율경쟁 속에서 강해지는 법이다. 파생되는 편법을 걱정하는 것은 시작도 하기 전에 겁부터 내는 기우다.

우리나라 교육 전반에 걸쳐 볼 때, 교육의 큰 틀은 공교육과 사교육, 두 개의 기둥으로 짜여 있다. 그런데 한국교육정책이 걸어 온 길을 되짚어 보면 공교육은 항상 피해자고 사교육은 피의자로 지목되어 왔다. 공교육을 우선순위에 둬야 하는 것은 당연하지만, 이런 과보호가 오히려 공교육을 허약하게 만들지 않았는지 반성해야 할 때다.

교육당국은 교육정책이 흔들릴 때마다 공교육의 어려움을 사교육 탓으로 몰고 가는 타성부터 버려야 한다. 한 나라의 교육을 발전시키기 위해서는 공교육을 보호한다는 과보호의식을 버려야 한다. 과감하게 교육의 자유경쟁, 시장자유화 원칙을 도입해야 한다.

죽음의 삼각형 입시제도

한국의 교육경쟁력은 2011년 현재 세계 59개국 중 29위에 그쳤다. 숫자가 중요한 것은 아니라고 해도, 한국교육을 바라보는 국제평가의 눈은 중요하다. 통계 지표 가운데 초등학교 교사 1인당 학생 수는 전년도 25.59명에서 24.10명으로 줄었으나 순위는 51위로 변화가 없다. 25~34세 인구의 고등교육 이수율은 56%에서 58%로 높아졌지만, 순위는 여전히 2위를 유지했다.

교사 1인당 학생 수나 국내총생산(GDP) 대비 교육 관련 공공지출 등은 낮은 평가를 받은 반면, 고등교육 이수율, 학업성취도 국제비교(PISA) 성적 등 교육성과에서는 세계적으로 매우 높은 수준을 나타냈다. 기업의 과장급 이상 경영인 400명을 대상으로 한 설문조사 결과, 대학교육의 경쟁사회요구 부합 정도는 전년도 46위에서 39위로 다소 높아졌지만 아직도 미흡하기만 하다. 조사하지는 않았지만, 교사의 영어 활용 수준과 질을 OECD 회원국 교사의 그것과 비교했다면, 한국의 교육경쟁력은 더 내려갔을 것이 분명하다.

이 모든 것, 즉 한국 초·중등교육의 질을 하락시키는 주범이 바로 대학입시 제도다. 정부는 이것에서 단 한 번도 자유로운 적이 없었다. 정부는 이번에도 더 깊고 깊은 대학입시의 수렁 속으로 기어들어가고 있는 중이다. 2008년도부터 고등학생에 부과된 입시제도를 죽음의 삼각형 입시제도라고 부르고 있다. 내신, 수능 그리고 논술을 제대로 준비하지 못하면 대학진학이 사실상 어렵기 때문이다. 서울·경기 지역의 경우 웬만한 고등학교 한 반에서 20등 이내에 들지 못하면 서울지역 대학진학을 포기하는 편이 오히려 현명한 편이다. 삼각형의 그 어느 한 변이 조금만 일그러져 버려도 그들의 삶이 끝나도록 되어 있기 때문이다. 이렇게 어려워진 2008학년도 대입을 빗대어 학생들은 노무현 정권 제작, 죽음의 삼각형 족쇄라고 부른다.

죽음의 삼각형 대입제도 도입에 대해 학생들의 아우성이 높았다. 실험용 쥐가 된 것 같다는 학생도 있었다. 교실에서 공공연하게 비행이 저질러졌다. "저보다 공부 잘하는 친구 공책을 찢어 버리는 나쁜 짓을 했지만 후회는 하지 않는다."는 학생도 있었다. 내신, 수능, 논술의 '죽음의 삼각형 구도' 때문에 고등학교 1, 2학년 학생들이 큰 어려움을 겪고 있는 상황 속에서 각 고등학교에는 마침내 진기한 풍경이 등장했다. 내신반영 비율의 공정성을 확보하기 위해 학부모가 감독관으로 등장했다. 고육지책이기는 하지만 학교교육현장에서는 허전한 풍경일 수밖에 없다.

어떤 고등학교의 한 교실 안에서는 교과서와 참고서 모두를 분실당해도 속수무책이다. 참고서용으로 만들어진 입시교재 가짓수도 쓰레기처럼 수북하기만 하다. 모두가 불필요, 필요의 심리적 허전함을 메워 주기 위한 낭비지만 그래도 사야 하고 풀어 보아야만 심사가 안정된다. 중산층 가정은 안간힘을 쓴다. 자식의 과외비로 월 200만 원 이상을 쓰고 있다. 200만 원 아끼다가 자식의 삶마저 놓치게 할 수는 없기 때문이다. 내신 부담감 때문에 학생들은 학원으로 몰려들기만 한다. 학교교육으로는 따라갈 수 없는 논술을 배우기 위해서다. 저들은 유명

논술강의를 찾아 나설 수밖에 없다.

정부는 저들을 소수의 교육적 사치로 몰아가고 있다. 본고사는 물론 논술에 영어 사용까지 금지하고 대학의 선발자율성을 규제하는 정부정책은 끝내 대학 교육환경까지 열악하게 만들고 있다. 그러면서도 외국의 각종 학력경시에 나가서 우수한 성적을 내고 있는 학생들을 공교육의 효과라고 자랑하고 있다. 그런 정부가 그런 것을 교육정책의 자괴감으로 받아들이기보다는 공교육의 효과라고 홍보하는 한 교육문제는 결코 치유될 수 없을 것이다.

대학 신입생 선발 자율론

대학 신입생으로 어떤 학생을 뽑아도 상관없다. 이것이 신입생 선발 자율론이다. 이런 입장은 기존의 대학생 선발론과는 대학과 인간의 능력을 이해하는 시각이 사뭇 다르다. 어떤 이들은 대학 신입생을 선발하기 위한 기준으로 대학에서의 수학능력이 우선해야 한다고 주장하기도 한다. 대학의 학문활동을 위해서는 지적 능력을 제대로 갖춘 학생이 제격이라는 논리다. 반면에 이런 주장에 제동을 거는 사람들도 있다. 기존의 구닥다리 지식을 달달 외우고 있는 학생보다는, 앞으로 그 무엇도 될 수 있는 가능성 있는 학생을 가려 내는 일이 더 중요하다고 맞선다. 대학 신입생으로 그 어떤 학생을 뽑아도 상관없다는 자율론을 굳이 두 이론 중의 그 어느 하나로 연결시켜야만 한다면, 그것은 인간의 가능성을 존중하는 쪽이다. 수학능력이 우수한 수험생이 대학 신입생으로서 제격이라는 논리는 수학능력의 중요성을 전제로 한 것이고, 그것보다는 인간의 잠재력을 중요시하는 견해는 학생들을 그 무엇이든 '될 가능성의 인물' 로 간주하는 입장이다.

각기의 의견은 나름대로의 실용적 타당성이 있지만, 그중에서 수학능력중심의 학생선발은 그것이 갖고 있는 장점만큼 그 약점 역시 치명적이었다. 그동안 한국대학들의 학생선발 원칙은 전자의 원칙, 수학능력의 완성도에 충실한 것들,

말하자면 대학수학능력이라는 것을 갖춘 학생들만을 우선적으로 골라내는 일에 치중해 왔다. 자질구레한 이유를 건너뛰면서 수학능력소지자 우선론의 치명적 오류를 집약해 본다면 이렇게 된다. 앞으로도 오늘날처럼 경쟁력 없는 한국대학 교육을 만들어 가는 것이 한국대학이 가야 할 길이라면, 지금까지 해 온 관행대로 신입생을 선발하면 된다고 말해야 한다.

그 어떤 학생을 대학 신입생으로 뽑아도 상관없다는 논리는 오늘날의 고등학교 교육을 되돌아보면 더욱더 자명해진다. 조금 이론적으로 말하면, 무엇보다도 모든 인간은 배우는 동물이기 때문에 그 어떤 학생을 뽑아도 괜찮을 수밖에 없다. 게다가 한국 고등학교의 외우기 교육의 국제경쟁력을 생각하면, 그 어떤 학생들이 들어온다고 해도 대학에서 학문하지 못할 학생은 하나도 없을 것이 자명하다. 대학은 어떻게 하면 저들을 학문적 수월성에 적합한 대학생으로 거듭나게 해야 할 것인가에 골몰하는 곳이기에 더욱더 그렇다. 문제가 되는 것은 학생들이 아니라 오히려 대학교수들이 보여 주는 무(無)와 박(薄)한 배움능력뿐이다. 고등학교에서 학생들에게 쓸데없는 것을 너무 많이 외우게 하고 있어, 오히려 대학생활을 하기에 부적절한 현실이 오늘의 대학이다. 어쩌면 저들 학생들에게 필요한 것은 고등학교에서 쓸데없이 집어넣은 것을 제거해 버리게 만드는 학문적 '디 프로그래밍'일 것이다.

대학은 불가능한 것을 가능한 것으로 만들어 내려는 창의력이 지배해야 하는 지적 공동체이기 때문에 그 어떤 학생이 신입생이 된다고 하더라도 그들의 배움에는 별다른 어려움이 없다. 대학의 전공을 통해 각기 가진 꿈을 현실로 만들어 내려면 의미 있게 엉뚱한 생각과 보통을 넘나드는 사고력이 뒷받침되어야 한다. 그렇게 하기 위해서는 관습의 굴레를 벗어나야 하는데, 그렇게 하려면 고등학교 시절 강제로 머리에 집어넣은 잡동사니부터 제거해야만 한다. 잡다한 정보 부스러기보다는 인간 스스로 깊숙이 자기 자신을 돌아보는 데 도움이 되는 사상이나 고뇌에 사로잡혔던 수험생이 대학의 학문세계에 오히려 더 잘 어울릴 수가 있다.

학습지 시장의 세계화 전략

사교육의 최전선에 위치하고 있는 학습지 유형은 크게 주간과 월간으로 구분된다. 단행본으로 발행되는 학습지도 있지만, 역시 주간학습지 산업이 사교육에서는 막강한 힘을 자랑하고 있다. 주간학습지가 학습지 시장의 80% 이상을 차지하고 있기 때문이며, 이런 학습지의 대상은 그 수요층이 광범위하다. 말하자면 유아에서 고등학생까지 다양하다. 이 중에서 가장 두드러진 학습지 수요층이 초·중등학생이고, 이들의 학습을 도와주는 학습지가 양적으로나 그 종류로나 가장 많다.

학습지시장 역시 사교육의 수요와 교육환경의 변화와 더불어 상당히 바뀌었다. 1990년대 이후부터는 학습지 소비자의 욕구가 다양해졌기 때문이다. 게다가 학습지 관련 군소업체가 난립하고, 이어 학습지시장이 포화상태가 되면서 학습지 교육업체의 회원 수 성장도 약화되기 시작했다. 그럼에도 불구하고, 이들 학습지 산업은 연 5% 이내의 성장을 지속적으로 유지하고 있다. 다른 산업에 비해 상당히 안정된 성장세를 보여 주고 있다. 그만큼 한국의 학부모가 보여 주는 교육열은 안정적임을 알 수 있다. 동시에 학습지시장이 학부모에게 상당할 정도로 교육적 영향력을 발휘하고 있다는 점을 발견할 수 있다.

이 학습지시장은 연간 약 4조 원으로 추정되는 거대한 학습산업으로 자리 잡고 있다. 학습지 산업체 가운데 '빅4'로 불리는 대교, 구몬, 웅진, 재능의 4개 업체가 전체 학습지시장의 80%를 차지하고 있다. 이 학습지들은 학습산업에 선진 경영기법을 접목시켜 새로운 산업구조를 만들어 가고 있다. 그래서 생존을 위한 나름대로의 경영과 교육서비스를 향상시키기 위한 업체 간의 경쟁도 치열하다. 학습지시장에는 이미 수백 곳에 이르는 업체가 치열한 생존경쟁을 벌이고 있다. 대부분의 학습지는 기본적으로 자사의 고유제품과 노하우에 가정방문 교육기업을 가미시켜 일대일 가정방문식 학습서비스를 실행하고 있다.

이제 이들 학습산업체들은 장기고객을 확보하기 위한 새로운 전략을 구사하고 있다. 그것이 바로 유아학습시장의 개발이다. 인간의 발달단계상 0~3세 사이에 아동의 두뇌발달이 거의 완료된다는 기존의 연구 결과를 영 · 유아학습에 최대한 접목시키겠다는 교육산업전략이다. 아직은 개발단계이기는 하지만, 이들은 영 · 유아학습을 촉진하는 데 도움을 주는 다양한 학습프로그램을 내놓고 있다. 이 점은 기존 학습산업체와는 다른 모습이다. 기존의 학습산업체는 단순히 영 · 유아에게 문자습득교육, 말하자면 영어와 한글 습득에 주안점을 뒀었다. 그러나 이제는 유아들의 전인적 발달과 그것에 기초한 학습효과의 극대화를 위한 학습프로그램 개발을 서두르고 있다. 동시에 음악 · 과학 통합프로그램 등 새로운 인성발달 촉진용 학습프로그램도 개발하고 있다. 이 시장은 현실적으로 연간 1~2조 원 규모로 이뤄지고 있기 때문이다.

학습지산업체들은 온라인사업을 확대하고 있다. 말하자면, 각 학습지산업체가 보유하고 있는 교육포털사이트를 활용하여 오프라인 학습지 교재에 온라인 학습을 접목시켜 회원들에게 인터넷 서비스뿐만 아니라 교재에 없는 내용을 다양한 멀티미디어로 동시에 제공하는 온 · 오프라인 통합교육시스템을 모색하고 있다. 동시에 세계무대로 한국의 학습지를 수출하려는 노력에도 박차를 가하고 있다. 대교의 경우, 이미 1990년대 초부터 미국과 캐나다로 진출했다. 이어 중국, 동남아시아, 유럽 등 해외시장 개척에도 적극 나서고 있는 중이다. 학습지 프로그램의 현지화나 저들의 학습욕구에 부응하는 학습지개발전략이 부족하기는 하지만, 그러한 노력은 학습지산업의 국제화를 추구한다는 점에서, 세계 학습지 시장의 한국화를 위한 노력이라는 점에서 주목할 만한 새로운 학습지 경영의 혁신전략에 속한다.

한국은 교육수지 적자국

한국학생들이 외국에서 열리는 각종 경시대회에 나가서 수상자 대열을 휩쓸고는 있지만 한국의 교육현실은 어둡기만 하다. 그들이 해외에서 일등을 했던 것은 오로지 공교육의 효과가 높아서가 아니다. 부모의 교육열 때문에 그것이 가능했다. 학부모의 교육적 열정이 뒷받침되지 않았다면 우리의 아이들이 결코 선두에 설 수가 없었을 것이다. 그런 점에서 정부는 국민의 교육열에 감사해야 한다. 지금과 같은 국가의 교육, 공교육은 기업의 현실에 비유한다면 십중팔구는 특별관리기업에 속하게 될 것이다. 생존을 위한 기업들의 경쟁력에 비한다면 교육경쟁력을 위한 정부의 처방은 한참 뒤처지고만 있기 때문이다. 예를 들어, 기업의 노력은 피가 날 정도로 세계지향적이다. 이동전화기도 그렇고 자동차도 그렇다. 일반 가전제품 역시 국제시장에서는 제 값으로 팔리고 있는 수준급인데 반해, 한국의 교육에 대한 외국인의 눈길은 차갑기만 하다. 한국의 교육이 우수해서 그것을 배우려고 찾아오는 사람들은 한정되어 있을 뿐이다.

K-Pop과 한류열풍처럼 외국인이 아우성을 치며 구매하고 싶은 욕구가 일어날 정도가 되어야 경쟁력이 있다고 이야기할 수 있는데, 한국교육을 구매하고 싶은 사람은 별로 없다.

그래서 한국의 교육수지만큼은 늘 적자상태를 벗어나지 못하고 있다. 외국으로 나가는 돈이 국내로 들어오는 돈에 비해 엄청날 정도로 많기 때문이다. 이런저런 유형의 한국 유학생은 다른 나라에 비해서 높기만 하다. 한국의 학생들이 해외에서 쓴 돈은 매년 사상 최대치를 갱신하고 있다. 예를 들어, 2011년 우리나라 교육수지 적자규모는 44억 4,640만 달러에 달하고 있는 형편이다. 그만큼 한국교육은 외국인들에게는 별로 매력 있는 서비스 상품 축에 끼지 못하고 있다는 반증이다.

그것도 부족해서 사람의 건강에 비유하면, 한국교육은 몸집은 크지만 하체가 그것을 떠받치지 못하는 기형적 형태의 그것과 엇비슷하다고 볼 수도 있다. 그렇게 이야기하는 비판가들도 한둘이 아니다. 몸집은 태산같이 크지만 감성은 그의 신체발달 수준을 뒤따라가지 못하는 상황과 엇비슷하다는 것이다. 그동안 그렇게 수없이 공교육의 정상화를 이야기했는데도, 한국교육은 그런 요구에 제대로 반응할 기미를 보이고 있지 않다. 마치 식물인간처럼 이때나 저때나 소생하기만을 기다리고 있는 중이다. 매일같이 외국으로 빠져나가는 초 · 중 · 고등학생의 유학생 대열만을 봐도 그렇다.

우리나라 학부모들의 자녀교육열은 눈물겨울 정도로 열성적이다. 자녀들의 조기유학만을 보아도 그렇다. 17~18세기 유럽의 왕족이 하던 식의 조기유학과 외국어교육을 시키고 있다. 물론 그들이 조기유학을 보냈다고 모두가 성공하는 것은 아니지만 그런 것에 아랑곳하지 않는다. 가족생활에서도 성공 못지않게 실패하는 가정도 한둘이 아니지만, 그래도 그들은 조기유학을 택한다. 잘못된 조기유학 경험 때문에 아이들이 우울증이나 학습기피증에 시달리기도 한다. 가계의 적자 소식도 심심치 않게 들린다. 자녀를 미국으로 조기유학 보낸 가장이 우울증을 앓는 경우도 흔하다. 기러기 아버지의 파탄소리 역시 귀담아 둘 만한 이야기들이다. 그래도 저들은 조기유학의 길을 택한다. 그 길이 사는 길이라고 확신하며 저들은 매일같이 이 나라를 떠난다.

후진국형 경시대회

우리의 대학은 때만 되면 경시대회로 북적이곤 한다. 모든 대학마다 크고 작은 경시대회를 열고 있다. 약 240여 개의 경시대회가 방방곳곳에서 열리고 있다. 앞으로 더 늘어날 추세다. 어느 중소대학은 여름 동안 경시대회를 무려 네 개나 개최했다. 그들이 열고 있는 경시대회의 종류도 다양하다. 문예백일장, 음악콩쿠르, 미술실기대회, 디지털콘텐츠경연대회, 스포츠댄스경연대회, 여름예술학교, 패션디자인경진대회, 건축디자인캠프 등등 경시대회 눈요깃감들도 풍성하다.

물론 대학마다 나름대로 경시대회의 목적을 잘 열거해 놓고 있다. 교육적이라는 것이다. 고등학생을 대상으로 경시대회를 개최하면서 이렇게 홍보하기 마련이다. “우리 대학은 창의적이고 논리적인 사고력을 갖춘 영재들을 발굴하여, 그들의 잠재능력을 길러 줌으로써 21세기의 주역으로서 국가사회 발전 및 인류문화 창달에 기여할 인물로 기르기 위하여 전국고등학생 경시대회를 개최한다.” 고 한다. 새빨간 거짓말은 아닐 수도 있다. 그러나 거품광고임에는 틀림없다.

솔직히 말해, 대학마다 앞을 다투어 경시대회를 열고 있는 이유는 두 가지다. 수입이 괜찮은데다, 덤으로 학교 홍보효과도 크기 때문이다. 경시대회를 개최할 때 정원이 미달되거나 적자를 기록한 대학은 아직 없다. 정원이 미달될 리가 없기 때문이다. 대학마다 수험생들의 구미를 당기는 것을 부상으로 걸어 놓는 것은 기본이다. 입상자에게 경시대회 주최 대학의 수시전형 응시자격이나 특별전형 가산점, 장학금 등의 특혜를 주겠다는 미끼가 주효하다.

그러니까 우리 대학에게 경시대회가 많은 것은 모두가 빈약한 재정을 메워 보려는 장삿 속에서 나온 것이다. 이런 경시대회 유행은 후진국 대학들의 전형적인 징후다. 우리보다 앞서나가는 서구의 대학들에서는 이런 유의 경시대회는 없다. 대학진학을 위해서라면 지푸라기라도 놓치지 않으려는 수험생들과 학부모들의 약점을 파고드는 선진대학은 없다. 경시대회의 남발을 막아 보기 위해 교육부가 경시대회인증제를 도입하려고 해도 쉽지가 않은 모양이다. 경시대회를 인증하겠다는 것, 그 자체가 획일적이며 대학경시대회의 참정신을 모르기 때문이라는 것이다. 앞으로 정 안 되면 그렇게라도 해야 겠지만, 우선 대학 스스로 정신부터 차리는 것이 바른 길이다.

작지만 강한 ‘스터디 투어’

외국의 대학교육이 바뀌고 있다. 그런 것을 보여 주는 주제가 ESD(Education

for Sustainable Development), 즉 지속가능발전교육이라는 주제다. 핵심은 사회에 공헌할 수 있는 교육다운 교육이 무엇이어야 하는가에 대한 의견수렴에 있다. 우리의 이목을 집중하게 만든 주제 중의 하나가 일본 대학가에 번지고 있는 지속가능발전교육과 학생들의 스터디 투어(study tour) 프로그램이다. 대학생들의 스터디 투어 프로그램은 급격하게 전개되는 사회변화에 대학이 어떤 방식으로 대응해야 하는지를 보여 주는 일본식 교육혁신 사례다.

ESD가 대학교육과 접목될 때 그들은 대학생들의 생활방식 변화에 초점을 두었다. 기존 강의중심 ESD 수업은 이제는 더 이상 무용지물이라는 생각이 뒷받침된 '스터디 투어'는 강의를 벗어나는 것이었다. 삶에 대한 학생들의 부대낌과 정리, 그리고 깊은 사고능력 배양이 스터디 투어의 밑그림이었다. 스터디 투어는 철저한 체험학습을 강조한다. 예를 들어, 유네스코 같은 국제기관이 에코 하우스(친환경 주택) 같은 프로젝트를 구상하면, 그 일에 대학생들에게 참여 기회가 제공되고 스터디 투어가 진행된다.

스터디 투어의 구성은 투어를 하기 전에 대학생들은 갖가지 관련 주제를 구상, 프로젝트화한다. 처음에는 ESD 전문가에 의한 일반적인 오리엔테이션의 강의도 듣지만 초점은 강의에 있지 않다. 철저한 참여와 철저한 체험에 있다. 학생들은 현장연구를 통해 조사를 한 후 분야별로 나누어 조사한 내용을 작성한다. 현지조사, 친환경제품 조사, 동물의 생활환경 조사, 조류생태환경, 해안쓰레기 문제 등등에 관한 살아 있는 조사와 그에 대한 해결책을 강구한다. 물론 사후평가도 철저하게 이뤄진다.

이런 스터디 투어를 경험한 학생들의 삶에 대한 가치관이 다른 학생에 비해 크게 달라졌다는 평가는 매우 고무적이다. 투어에 참여한 이후, 아주 작게는 쇼핑을 할 때 친환경 제품을 구매한다거나 갖고 싶은 물건을 바로 사지 않고 인내하면서 그것이 친환경적인지 아닌지까지 사고할 수 있게 됐다는 변화도 나타났다.

스터디 투어는 지속가능발전의 중심에 바로 내가 서 있으며, 내가 배움의 주체로 거듭난다는 사실을 강조한다. 그들이 배움의 주체이며, 친환경 혹은 녹색혁명

친화적인 삶의 주체가 된다는 점은 바로 스터디 투어에 참여한 학생들의 성찰일기를 통해서도 잘 드러난다. 자신을 돌아보고 타인을 배려하며 사회와 대학이 어떻게 공존해야 하는지를 스스로 깨닫게 됐다는 그들의 보고는 그 어떤 지식 중심 강의에서도 제공하지 못하는 살아 있는 교육적 보고였다. 사회를 보는 가치관을 변하게 만들었고, 지금까지의 삶의 방식을 돌아보게 만들었다.

스터디 투어를 통한 작은 계기가 생각의 변화를 이끌어 내었고, 그것은 사회를 변하게 만드는 일련의 친사회적인 행동변화로 나타나기 시작했다. 스터디 투어 후 질문조사를 통해 비판적 사고가 고양됐다는 자성적 보고가 바로 그것을 입증한다. 스터디 투어가 외부로의 여행이었지만 그것은 곧 자기 자신에 대한 여행으로 발전한 셈이다.

한국의 ESD는 고등교육 측면에서 전문가 육성, 관련 과목 개설 모두 미흡한 실정이다. 무엇보다도 학습자, 교수자 모두 이와 같은 교육에 관심 밖이다. ESD의 중요성에 대한 이해를 돕고 실제적인 참여 중심의 교육과정이 필요하다. 또한 '지속가능발전'의 개념을 '환경'에만 국한하기보다는 경제와 사회문화적 관점으로 확장해 간(間)학문적인 접근을 시도해야 한다. 일상적인 삶의 현장에서 벌어지는 여러 실천과 방법을 사회변화와 대학교육의 변화에 제대로 연결시킬 수 있는 방편을 마련하는 일이 중요하다.

일본 대학에 등장한 스터디 투어는 대학생들이 경험할 수 있는 학교의 공식적인 ESD뿐만 아니라 비공식적 교육이 함께 어우러져야 함을 일깨워 주는 사례다. 스터디 투어니 체험교육이니 하는 새로운 ESD 프로그램이 실천되기 위해서는 지금처럼 획일적인 한 학기 몇 시간, 혹은 대학에 한정돼 있는 강의 위주의 교육과정 편성방법부터 달라져야 한다. ESD에서 기대되는 고차원적 사고는 불확실성의 대처와 복잡한 과제의 해결과도 연결될 수 있어야 한다. 창조적이고 비판적인 접근, 장기적인 사고, 혁신성과 대학생들의 현실 체험이 실현되기 위해서는 대학이라는 한정된 강의실에서 벗어나야만 가능하다. 그렇게 하기 위해서는 대학교육과정을 계획한다는 사람들의 머리부터 달라져야 하는 우리 현실이 안타깝다.

교단에서의 민자주의(民自主義)

어느 교장이 스스로 목숨을 끊었다. 일은 차 한 잔에서 불거져 교육에 대한 서로 다른 이해관계의 대결로 끝나 버렸다. 교단에서는 잘잘못을 따지느라고 야단들이다. 그러나 학부모들의 시선은 모두가 잘났다는 양비(兩非)론 쪽으로 기울었다. 이때다 싶어, 자살사건을 어느 한쪽으로 끌어당긴다면 모두는 양추론(兩醜論)의 덫에 걸린다. 일을 그렇게 만들지 않아야 한다. 교장의 자살에 대해 무거운 침묵이 흘러야 한다. 교단의 갈등은 대개가 학생들의 권리인 학습권을 담보한다. 이런 비극적인 일을 반추하는 깊은 모습이 필요하다.

교육붕괴부터 막아야

교장 자살사건이 어떻게 해석되건 간에 관계없이 '이 교육' 속에서 교육붕괴는 불가피하다. 천사가 내려와 시험문제를 출제해도 지금과 같은 교육체제에서는 꼴등과 일등은 점수대로 갈라질 수밖에 없기 때문이다. 게다가 학교교육 스스로 지역사회교육, 학원교육에 밀리고 있기 때문이다. 학교교육의 경쟁력이 의심받는 상황 속에서 그 어떤 참교육의 강령이 있다손 치더라도 그것에 귀를 내어줄 학부모가 아니다. 학부모들은 이렇게 말한다. 학원에서는 차별화된 수업이 가능하다고 말한다. 자녀에 대한 성의 있는 보살핌을 받을 수 있어서 학원을 선호한다는 학부모도 있다. "시험이 끝날 때마다 학원강사가 곧바로 전화를 걸어와 무슨 문제를 몇 개나 틀렸는지 물어본다. 상술인 줄은 알지만, 강사의 안테나가 항상 우리 아이에게 쏠려 있다는 생각에 기분이 나쁘지는 않다."는 대목에 이르면, 학교교육은 살아 있는 시체와 비슷하다.

엇박자 교단의 민주주의를 바로 잡으려면

교단이 민주화되어야 한다고 누구든 말한다. 우리가 민주주의를 치켜세우는 것은 민주주의가 모든 구성원의 다양성을 정치적으로 인정해 주기 때문이다. 게다가 민주주의는 사회구성원에게 권력자들의 견해와 일처리 방식에 대해 비판하게 허용하기도 한다. 그래서 그들과 저들은 서로 다른 견해와 다른 선택권을 행사할 수 있다. 그러나 민주주의는 끝내 속앓이를 숙명으로 하는 의사결정방법일 뿐이다. 민주주의는 사회구성원에게 씁쓸함과 '썩은 미소'를 키워 내는 약점을 숙명적으로 지니고 있다.

교단이 민주주의의 장소라고 해서 모두가 동등하지는 않다. 학생, 교장, 교사가 서로 동등할 리가 없다. 서로가 인격적으로 동등한 것은 사실이지만, 그들이 하는 일은 결코 동등하지 않다. 서로 다른 역할과 기능을 갖고 있기에, 서로의 일은 차별된다. 서로 다른 일을 하고는 있지만, 이들 각각은 평등해야 한다. 그래서 교단은 평등공동체이며, 모두는 배우는 사람이어야 한다. 교단이 평등공동체가 되기 위해서는 민주주의의 미숙함을 보완하는 운영의 원칙이 필요하다. 그것은 민자주의(民自主義)의 원칙일 것이다. 자율이 우선하기에 민자주의는 끊임없는 대화와 개선을 중요시한다. 큰 것, 큰 원칙, 큰 결정을 찾아내는 것이 아니라 작은 것, 작은 원칙, 작은 성과를 찾아내는 평등주의 공동체 원리에 충실해야 한다.

배움윤리 제1조: '학생을 돌보라.'

우리의 교단은 세대 간, 노동조합원과 비노동조합 교사 간의 해묵은 갈등으로 학생들의 영혼에 상처를 남기고 있다. 교직계의 긴장은 그 언제든 틈만 있으면 학교담장을 넘어 새어나오고 있다. 아이들의 마음을 남김없이 태워 버리고도 남을 듯이 학교 이곳저곳을 넘실대고 있다. 학생들을 가르치는 교사의 권리는 방해

받지 않는 교수권이고, 학생들의 배움은 그 언제든 그 어느 교통표지판처럼 비보호 학습권으로 만들어 놓으면 학부모들이 가만히 있지 않을 것이다.

교사들의 절규는 본질적으로 학생의 배움을 위한 것이어야 한다. 학생들의 학습권을 보장하기 위한 것이어야 한다. 배움의 현장에서 지켜야 할 윤리가 있다. 그것의 제1조는 '학생을 돌보라.'라는 것이다. 학생들의 배움이 그들에게 일차적인 관심이어야 하고, 동시에 그들은 학생의 정신건강보호를 위한 방패여야 한다. 이러저러한 현실 때문에 교사들이 혹여 학생들의 정신건강보호에 느슨해질 수도 있다. 그럴 경우를 대비해 교사들이 지녀야 할 제2조의 윤리는 다시 '제1조로 돌아가라.' 가 될 것이다. 그런 뜻에서 교장단의 성명이니, 전교조의 투쟁이니 하는 것이 서로의 대립을 위한 것이라면, 그것은 교직의 윤리에 어긋나며, 학습권보장을 파괴하는 일이다.

이쯤에서 교사 모두는 학생들과 같이 울어 가며 서로의 어깨에 의지하게 만드는 '울보교사' 들이 되라고 주문하고 싶다. 비록 현직교사이며 저자인 '울보선생'을 만난 적은 없지만, 그의 책을 읽는 동안 스스로 소리 없이 울며 반성했다. 가르치는 일은 학생들에게 희망을 심어 주는 일이며, 배우는 일은 성실한 삶을 가슴에 새기는 일이기에, 그 어느 학생 한 명이라도 소홀하게 대할 수는 없기 때문이다.

설혹 서구의 대학이 초 · 중 · 고등학생에게 경시대회를 연다고 해도 그것의 정신은 올림픽 정신 그대로다. 우승자에게 특별난 혜택이 없다는 것은 고대 올림픽 정신을 닮았다. 고대 올림픽 대회에서 우승자에게 상으로 준 것은 돈도 아니었고 금메달도 아니었다. 대학입시 특혜권을 준 것은 더욱더 아니었다. 우승자에게 준 것은 오로지 야생 월계관이었다. 올림피아 경기장에서 자라고 있는 월계나무 잎을 따서 만든 화관, 단 한 가지였다. 우승자가 보여 준 용기, 슬기 그리고 기예에 영예를 얹어 주었을 뿐이다. 단순함 그 자체가 올림픽의 아름다움이었다. 그것으로 그들은 세계의 문명을 새롭게 만들어 갔던 것이다. 우리 대학들이 두고 두고 고뇌해야 될 주제다.

교육혁신 난제

일본교육은 1970~1980년대만 하더라도 세계가 주목하던 수월성 교육의 상징이었다. 내로라하는 미국과 유럽 교육전문가들의 발걸음이 끊이지 않던 경쟁력 교육의 표본이었다. 일본의 교육을 보고 미국은 국가교육의 위기를 자인하기도 했다. 일본교육에도 약점이 없을 리 없었다. 일본도 재빠르게 대응했다. 획일교육이 최대의 약점이었다. 대안으로 유토리 교육을 받아들였다. 여유만만한 개인교육이 일본에게는 뉴밀레니엄을 위한 새로운 대안이었다. 30년이 지난 지금, 유토리 교육은 일본에게는 암초였다. 아이들의 학력은 경제선진국 가운데 하위권을 벗어나지 못했고, 이지메와 학교폭력이 교실을 휩쓸었다. 교사의 권위도 무너져 버렸다. 유토리 교육에 대한 국민적인 염증을 교육재생으로 풀어 보겠다는 것이 바로 일본정부의 의지다.

일본정부가 내건 구호는 직선적이다. 학력을 올리면서 인재를 기르려면 실패하는 교사를 퇴출시켜야 한다는 것이다. 대학도 교수와 학생이 놀며, 쉬며, 공짜로 공부하기 어렵게 하겠다는 것이다. 유럽의 대학개혁처럼 혈세를 낭비하지 말라는 국민적 여론에 일본정부는 국립대학교 법인화로 화답했다. 초·중등학생의 학력을 높이려면 학교에게 정신부터 차리게 하라는 것도 국민의 강력한 요구이기에, 일본은 실패한 학교는 퇴출시켜야 한다는 미국식 교육정책을 적극적으로 받아들이고 있다.

그 어떤 교육재생안을 내놓아도 끝내 교사들이 문제다. 저들이 바뀌지 않으면 교실교육의 아무것도 바꿀 수 없기 때문이다. 저들을 교정하기 위해 일본은 5년 단위 교원면허갱신제를 추진 중이다. 배우지 않는 교사는 교단에서 견디지 못하게 하겠다는 것이다. 교원임용 조건까지 엄격하게 만들었다. 교원임용 전 조건부 시용(試用)기간을 현행 1년에서 3년으로 늘렸다. 학교붕괴나 이지메를 교정하기 위해 체벌까지 허용하겠다는 것이 교육재생의 핵심사항이다.

일본의 교육재생론이 우리에게 주는 시사점은 간단하다. 저들처럼 우리 역시 뉴밀레니엄 교육병을 고치지 않으면 국가교육에 적자가 불가피하다는 경고가 그것이다. 글로벌 시대라고 하면서도 영어 하나 변변하게 구사할 수 없게 만드는 한국의 학교교육, 아무리 바꾸어도 끝내 아이들만 죽어나는 한국의 대학입시제도, 외국어 습득을 조기유학생에게 맡기는 한국의 외국어교육, 똑똑한 아이들을 외국대학으로 떠미는 한국의 평준화교육, 대학을 졸업하면 무직자로 직행시키는 한국의 대학교육. 이런 것을 갖고 국가경쟁력을 기르겠다거나 인재를 기르겠다는 발상부터 버려야 한다는 경고가 그것이다.

교직혁신, 이는 우리에게도 난제다. 교직평가의 반대에 서 있는 선봉이 전교조다. 교육의 질을 기대하려면 저들에 대한 평가는 불가피하다. 평가를 받는 것만큼 자기반성과 성장이 가능하기 때문이다. 이런 점에서 교직평가에 대한 교직단체의 자세는 낙제점을 면하기 어려운 상황이다. 평가를 받겠다고 하면서 외부평가를 배제하겠다는 발상도 그렇고, 평가결과를 인사·연봉과 연계하지 말라는 생각도 그렇기만 하다. 저들이 학부모 앞에 떳떳하게 서려면, 집단조퇴와 연가투쟁에 헌신했던 그 열성을 자신의 평가에도 제대로 보여 주어야 한다.

전교조의 동의 없이는 교육혁신의 아무것도 이뤄지지 않고 있는 현실이 안타깝다. 교육혁신위원회가 가동되고 있어도 교직단체개혁안 하나를 제대로 만들어 내지 못하고 있는 실정이니, 교원노조의 폐해를 예견하면서도 그들을 허용했던 지난 날 김대중 정부의 교육부 수장들이 칭찬 대신 욕이나 먹고 있다. 전교조의 연가투쟁에 대한 일선 교육행정가들의 미온적인 처사에도 국민의 원성이 높기만 하다. 전교조 혁파가 교육혁신의 첫걸음이라고 을러대는 학부모의 성원 아래 대선을 앞둔 정치인들의 교육부 폐지론에 큰 무게가 실리는 중이다. 교원평가든, 교장공모제든, 교원징계든 뭐든 간에 실행하려면 좀 제대로 하라는 주문이 농축된 국민적 표현일 것이다. 교육부는 왜 전교조 앞에만 서면 작아지는가, 그것이 국민에게는 의문일 뿐이다.

학생의 학습권이 교사의 노동권보다 우선

"교사들이 시위를 일삼으며 수업을 거부해 피해를 봤다."며 인천 외국어고등학교 재직 전교조 회원 교사 20명을 상대로 400여 명의 학부모 · 학생이 낸 손해배상청구소송에서 인천지방법원이 원고 일부 승소판결을 내렸다. 법원의 판결에 대해 전교조 소속교사들의 심기가 불편할 수밖에 없지만, 그들은 "학생들은 개개 교사들의 일정한 범위를 벗어난 행동으로부터 보호받아야 하고, 국가의 교육이념은 지켜져야 한다."는 재판부의 판결을 무시하기 어렵게 되었다. 저들은 판결을 받아들이거나 아니면 법적으로 대응해야 한다. 패소판결을 받아들이면, 피고인 교사들은 학생에게 1인당 50만 원씩, 학부모에게는 30만 원씩의 위자료 등등 총 5억여 원을 보상해야 한다. 위자료로 저들의 학습결손을 보상하기 싫으면 항소해서 승소해야 하지만 그러기에는 법리적으로 승산이 없는 듯하다.

이 판결은 물론 전교조 교사에게만 해당되는 것은 아니다. 학생들의 배울 수 있는 권리와 자녀를 교육시킬 수 있는 학부모의 권리가 교사의 노동권보다 우선한다는 보편적인 법리적 판결이기 때문이다. 학부모들이나 학교가 시위교사들의 입에 물릴 수 있는 강력한 재갈을 얻은 이상 그것을 허술하게 관리할 리가 없다. 교사시위에 대한 해법이 위자료 소송 쪽으로 자리를 옮기고 있기 때문에 교사들에게 교육서비스 품질 재교육부터 시켜야 할 판이다. 교육사고를 줄이기 위해서라도 정부는 교사들에게 교육서비스 고객만족 교육을 기업 이상으로 강화해야 할 처지가 되었다.

교사들은 교육사고를 처리하는 방법 면에서 의료사고를 처리하는 의사들보다 상대적으로 취약하다. 대부분의 의료사고에서 의사들이 빈번히 승소하는 것은 의료진의 뛰어난 변호능력 때문일 수도 있지만, 의료의 전문성에 대한 사회적 신뢰가 더 크기 때문에 가능하다. 의료진이 갖추고 있는 전문성에 비해 교직은 아직도 전문가로서 대우를 해달라고 조르고 있는 처지다. 교직의 전문성에 대한 사회적 신뢰가 허약하기에 교사들은 교육서비스 고객만족정신으로 더욱더 무장해야 한다.

재판부가 "학습권은 헌법상 보장된 기본권의 하나이며, 교육권은 양도할 수 없는 불가침의 인권으로서 헌법이 보장하는 기본권"이라고 규정한 이상, 정부도 머뭇거리지 말고 학생권리장전이라도 선포해야 한다. 유사한 불상사를 미연에 막기 위해서라도 그래야 한다. 저들이 머뭇거리면 학생과 학부모가 나서야 한다. 교사가 학부모를 대신한다는 군사부일체론도 변질되었고 학습권도 무참하게 유린된 지 오래되었기 때문이다. 더 놔두면 학교에는 학생 없이 교사만 남게 될 것이기에, 학생들의 학습권이 학교에서 침해되면 지체 없이 교육사고로 고발되어야 한다. 학생들을 볼모로 삼는 교사의 노동권은 헌법정신에 어긋난다는 법원의 판결이 그것의 적법성을 보장해 주고 있다.

정부와 교사는 학생들의 인권보호에 관한 외국의 유명사례를 타산지석으로 삼아야 한다. 미국의 디 모인(De Moines) 교육청을 상대로 한 틴거의 소송사건에 대한 1969년도 법원판결을 살펴보면 도움이 된다. "공립학교가 국가전제주의의 수단이 될 수는 없다. 교육행정가도 학생들에게 불필요한 권력을 행사할 수 없다. 학생은 그가 속한 곳이 그 어디라도 헌법이 보장하는 성숙한 인격체"이기 때문이다. 국가에 대해 학생들의 의무가 있는 것처럼, 국가와 교사는 학생들의 인권을 존중해야만 한다는 것이 그 당시 법원의 판결요지였다.

전교조 교사들의 노동시위에 대한 법원의 판결은 학생들에게 살아 있는 노동교육의 반면교사다. 교사들의 노동권 행사가 교실현장에서 어떻게 제한되어야 하는지를 법이 제대로 가르쳐 주었다. 학교현장에서 일어나는 교사들의 시위를 하나의 해프닝으로 용인해 주기보다는 교육서비스 침해사고로 즉시 처리되어야 한다는 것도 배우게 해 주었다.

교사들의 노동권을 살리기 위해 아이들의 교육을 죽일 수는 없다는 점만큼은 동서고금을 통해 변질된 적이 없다. 국가든, 교육이든, 그 어떤 것이든 간에 그 출발과 기원을 고려하는 사람만이 그것에 대한 명확한 견해를 가질 수 있다는 아리스토텔레스의 충고가 교사들에게도 무관하지 않다. 교육의 기원과 본질에 대한 이해가 노동권 교사들에게는 너무 낯선 것 같아서다.

교육혼돈시대와 유치원 교사의 새로운 자세

일간 신문지에 끼어 있는 유치원을 소개하는 전단광고를 보았다. 많은 생각을 하게 만든 광고지였다. 그런 광고는 누구를 위한 것일까? 이런 이야기는 아이에 관련된 이야기가 아니라, 바로 유치원 교사에 관한 이야기여야 한다는 생각이 들었다. 그 광고는 이렇게 시작했다.

'우리는 누구일까요?

꿈을 가진 어린이
상상력이 풍부한 어린이
정직한 어린이
엄마 아빠를 사랑하는 어린이
탐구력이 뛰어난 어린이
친구가 많은 어린이
용기 있는 어린이
모험을 좋아하는 어린이
표현력이 뛰어난 어린이
어느 것에나 흥미를 가지는 어린이
가슴이 뜨거운 어린이

이런 것들은 결국, 우리는 왜 유치원교육을 하는가에 대한 질문이며 대답이다. 그것은, ① Cognitive and emotional growth, ② Learning impact later on, ③ High productivity, ④ Human resource에 관한 이야기다.

현재 우리 아이들은 '빠를수록 좋다.'는 부모의 무의식적인 생각과 부모의 죄책감, 대리만족을 위해, 아이들의 능력 이상을 요구하는 읽기, 쓰기, 연산 등의 학습을 요구받고 있다. 또한 오늘날에는 자기 나이 수준의 다른 유아들보다 더 늦게 도달하는 늦되는 아이들을 받아들일 여유가 없는 것이다. 언어나 사고, 행동 측면에서 아이들은 모두 빨리 자라도록 압력을 받고 있다. 그래서 아이들은 그들 능력에 부담이 되는 많은 경험에 노출되어 스트레스에 시달리고 있다. 유아는 성인과 다른 사고를 한다. 유아들이 무엇을 알고 있는지, 그들이 어떻게 이해하는지를 찾아내고, 현재의 이해 수준을 이해해야 한다. 연속적인 발달과정에 있는 각 연령 수준에 따라 어떻게 학습하는지에 관해 아는 것들 간의 통합을 시킬 수 있어야 한다.

아이들은 늘 호기심에 가득 차 있어서 생활 속에서 놀이를 찾고, 주변 사람의 지식, 가치관, 태도, 인생관 등의 사고방식과 행동, 말투, 표정 등의 행동방식을 무조건 취득한다. 그러기에 모방과 동일시 대상으로서 교사는, 놀이에 개입하여 놀이친구가 되어 놀이모델이 되기도 한다. 교사에게는 아이들의 끊이지 않는 기발한 생각들, 즐거움, 고집스러움 등의 놀이적 성향, 놀이요소를 볼 줄 아는 예민함이 요구된다. 교사가 학급을 운영하면서 직면하게 되는 수많은 문제 상황 중에 정답이 없고 모호한 경우가 많다. 특히 영 · 유아와 관련하여 어떤 관심을 가지고 활동에 어떻게 참여할지를 예측하기 어려운 상황에서, 교사가 이러한 모호함을 불편하게 생각하고 구조화된 틀을 갖고자 할 때, 교사는 자신도 모르는 사이에 영 · 유아의 활동을 지시하고 주도하게 되는 것이다. 그래서 유아에게 조용하길 바라고, 교사가 지시한대로 움직이길 바라며, 질문이 많은 유아를 부담스러워하기도 한다. 지나친 무질서가 교육적 가치가 없고 위험스럽기도 하지만, 어느 정도의 무질서함과 소음을 허용하는 것은 질서와 고요함을 발견하고자 하는 창의적 성향을 자극할 수 있다.

유아에게 규칙을 강조하기보다 유아가 어떤 시도를 하는지 관심 있게 지켜보고, 필요에 따라 반응함으로써 유아의 결정과 선택을 가능한 존중해야 할 것이다. 교사가 계획한 자료를 유아가 다른 방식으로 활용할 때, 그 자료를 망친다고 생각하여 저지하기보다는 새로운 자료를 연결하는 창의성에 중점을 두어 이를 허용하는 교사가 되어야 한다. 유아는 이러한 창의적인 활동 속에서 자신의 능력과 흥미를 발견하고 즐거움과 자신감을 얻는다. 자신의 생각이나 느낌, 표현을 머뭇거리는 아이의 행동, 또는 표현욕구가 높은 아이들을 수용해 주고 배려하여, 유아가 편안하게 자신의 생각과 느낌을 표현할 수 있도록 여유를 갖고 기다리는 선생님이 되어야 한다. 교사가 준비한 수업 내용이 유아에게 가치 있고, 발달 수준에 맞고 철저히 준비와 계획이 된 것일지라도, 예기치 않은 상황에서 순발력 있는 판단과 다른 수업으로 대처할 수 있는 기술이 필요하다. 일방적인 지시가 아닌 다양한 놀이생활을 경험하고 재창조할 수 있도록, 아이들의 흥미를 유발할 수 있는 여건을 제공해 주어야 한다. 한 가지 사물이나 사건이 줄 수 있는 여러 상황 등을 새로운 방식으로 활용해 지식을 창조해 내며 학습할 수 있는 여건이 제공되어야 한다.

시대 변천의 맥락에서 얼마나 많은 변화가 있게 될지 예측 불허다. 이러한 사회적 특성과 더불어 앞으로의 삶을 살아가는 데 창의적 능력이 요구될 뿐 아니라, 창의적 문제해결력과 상상력이 요구되는 것이다. 창의적 사고란 유창성, 융통성, 독창성, 정교성을 의미하는 것으로 기괴함, '제멋대로', 예술적 재능, 영재성과는 다른 것으로 이해되어야 한다. 영 · 유아기의 창의성은 변화에 대한 민감성, 주변의 시선에 개의치 않는 성향, 현실성에 연연하지 않고 자유롭고 편안하게 상상의 세계에 몰입할 수 있는 특성이다.

영 · 유아의 창의성 증진을 위해, 교사는 영 · 유아의 창의적 잠재력에 대한 신념을 갖고, 개개인을 수용하는 온정적이고 따뜻한 분위기 속에서 아이들이 그들 자체로 존중받고 있다는 느낌이 들도록, 어느 정도의 장난기를 겸비한, 아이들이 좋아하는 그런 교사가 되어야 한다.

남성교사 할당제

서울시 교육청이 교직의 여성화에 제동을 걸겠다고 벼르고 있다. 일선 초등학교의 여교사 비율이 70~80% 수준에 이르렀다는 것이 그들의 문제제기다. 중학교와 고등학교의 여교사 비율은 각기 63.6%, 38.3% 정도일 뿐이다. 여초(女超) 현상이 교직계에 심해지면 학생들이 편향된 성모델을 익히게 된다는 것이다. 교직의 여성화가 학업성취에 부정적인 영향을 줄 것이라는 예단도 곁들였다. 어쨌거나 교사선발 임용 시 전체 교사 비율 중 30% 정도를 남성에게 우대하면 교직의 여성화로 야기되는 교육문제가 풀릴 것이라는 것이다. 그런 낙관론을 지원하려는 노력으로 교육청은 발 빠르게 현직 교원 및 교육전문직, 대학교수, 전문연구기관 연구원 등을 연구팀으로 만들어 '교원의 양성균형 임용에 관한 연구' 과제를 맡겼다. 저들의 교육행정과 연구 행태로 보아 남성교사 할당제의 근거가 곧 확보될 것이고, 그렇게 되면 남성교사 할당제는 조만간 전격적으로 실시될 것이다.

사정이 그렇게 급박하게 돌아간다손 치더라도, 첫째 남성교사 할당제는 교직개선정책안으로는 저급한 정책안이라는 점을 지적할 수밖에 없다. 남성교사가 교직에 들어가면 양성교육이 복원된다거나 올바른 성모델이 정립된다는 논리부터가 상식 수준을 넘지 못하고 있다. 그것은 마치 여성이 대통령으로 당선되면, 정부정책도 여성화될 것이라는 편견 같은 것을 사실로 인정하는 꼴이기 때문이다.

둘째, 교직의 여초현상 때문에 학교의 양성교육이 삐뚤어지고 있다는 논리 역시 객관성을 넘나드는 편견일 뿐이다. 양성교육의 부실함은 학교에 남성교사가 적어서 생긴 것이 아니다. 양성교육에 대한 교육과정과 활동이 부실해서 생기고 있는 교육과정의 문제다. 여초 증가를 교실교육의 현안으로 내세우는 것은 여성교사를 관리하기가 쉽지 않다는 하소연이다. 그것을 교직계의 보수적인 남성세력이 그들의 이해관계를 위해 적절하게 활용하고 있는 것일 수도 있다.

마지막으로, 어느 영역의 할당제든 할당제라는 사회정책은 사회구조적인 문제해결책으로는 그 언제나 임시방편일 뿐이다. 할당제의 효과는 항상 제한적이며 한시적일 뿐이다. 남성교사 할당제를 실시한다고 해도 양성교육문제가 쉽게 풀릴 수 있는 것이 아니기 때문이다.

교직계의 여초현상을 남성할당제라는 한시적인 정책으로 풀어 가려고 하기보다는 보다 교육학적이고도 객관적인 대안을 찾는 노력이 우선해야 한다. 남성교사 할당제 실시는 남성교사들의 사기와도 직접적으로 관련되는 정책이다. 자칫 잘못하면 남성교사들은 덤으로 교사가 된 사람들이라는 꼬리표를 갖고 다녀야 한다. 그렇게 되면 그 후유증이 교육적으로 만만치 않을 것이다. 그래서 지금과 같은 교직선발평가시험 자체가 남성 응시자에게 학문적으로 부당한 것은 아닌지, 양성정책에 어긋나고 있는 것은 아닌지부터 먼저 따져 봐야 한다. 남성 응시자들이 교직선발시험에서 여성 응시자에 비해 실패하는 비율이 높은 이유가 분명히 있을 것이다. 지금과 같은 객관식 선발시험은 편향된 양성성을 반영한다는 연구 결과는 아직도 교직선발방법에서 유효하기 때문이다.

또한 여성단체들이 제대로 제안하고 있는 것처럼 교직에 대한 유인책을 진지하게 고려해야 한다. 입직단계에서 남성교사에게 월급이나 많이 준다고 해서 남성들이 교직에 몰릴 수 있는 것만은 아니다. 그들은 빵으로만 사는 것이 아니기에 퇴직에 이르기까지의 경력개발과 사회적 지위 보전 문제를 사기업과 엇비슷하게 견줄 수 있도록 해 주어야 한다. 현실적으로 우리 교사들은 의무교육이라는 이름 아래 너무 헐값으로 근로하고 있다. 교직의 직제와 매니지먼트 양태도 다양화하는 교직운영 전반의 구조개혁도 함께해야 한다. 내친 김에 교직개혁의 장기적 목표로 학교의 민영화 방안도 함께 연구하는 작업이 병행되면 더 좋을 것이다.

위태로운 농어촌 지역 학교

농어촌 학교 교단이 한 번 더 흔들리고 있다. 이번에는 교사들의 전직문제 때문이다. 상당수의 농어촌 지역 교사들이 기회만 주어진다면 전출하겠다고 한다. 교육당국의 조사에 따르면, 교사 중 44% 정도가 수도권 전출을 희망하고 있다. 주로 경력이 5년 미만인 20~30대 젊은 교사나 가족과 떨어져 근무하는 교사들이 전직을 강력히 바라고 있다.

전직의 마음을 굳힌 교사들은 근무조건이 좋은 수도권 지역 진출을 위해 이미 오래전부터 전직대비 시험준비에 몰두하고 있다. 그들은 이제 교원임용고사에 매진하고 있다. 시험준비를 위해 학원에 등록했거나 아예 사표까지 내고 있는 실정이다. 교사가 그러니 학교수업에 파행 조짐이 없을 수 없다. 교사들이 전직준비에 심혈을 기울이는 것이 불법은 아니다. 이미 대법원이 "현직교사는 퇴직 후 2년이 지나야 타지역 임용고사에 응시할 수 있다."는 현행 조항은 '법적인 근거가 없는 권리침해'라고 판결해 놓은 것도 바로 전직준비의 정당성을 알려 주는 것이다.

사정이 그렇기는 하지만, 이 모두가 우울한 소리임에는 틀림없다. 그래서 풍요의 계절 가을에도 농어촌 지역 아이들의 가슴은 소리 없이 멍만 들고 있다. 그렇다고 근무생활여건이 좋지 않은 지역에 선생님만 그대로 남아서 아이들을 가르쳐 달라고 매달리기도 미안한 일일 뿐이다.

처우개선에 관해 당국의 웅변과 현실 간의 괴리가 큰 직업 중의 하나가 바로 교직계다. 정부가 흔히 내세우는 것은 교직이 다른 직종에 비해 대우가 좋다는 것이다. 노동 강도가 그리 높지도 않으며 실질임금 역시 교직 초임의 경우 다른 직종에 비해 그리 나쁜 것만도 아니라는 것이다. 게다가 교직은 그 자체가 돈보다는 자존심으로 살아가는 고상한 직업이라는 식의 이야기로 교사들을 달래고 있다.

이런 말은 초임교사들에게는 그저 그런대로 먹혀들어 가지만 약효는 오래 가지 못한다. 농어촌 지역에서 교직생활을 몇 년이라도 하다보면 그런 말이 모두가 감언이설처럼 들린다. 농어촌에서 교직생활을 한다는 것은 생각해 오던 것과 달리 낭만을 주거나 꿈을 주는 것이 아니라는 것을 이내 체감하기 때문이다. 희망보다는 좌절을, 꿈보다는 절망의 벽을 안겨 주는 곳이 바로 농어촌 지역 교직생활로 드러나기만 하면, 그들은 그저 그곳을 떠나고 싶을 뿐이다.

농어촌 지역 교사들의 전직을 막기 위해 교육부가 극적인 조치를 취하고 있지만 대책이 그리 효과적인 것이 아니다. 앞으로 치러질 임용고사에서 타지역 시험에 응시하는 현직교사에게는 교육대학, 사범대학 졸업자에게 주는 가산점을 부여하지 않고 면접 시 불이익을 주겠다는 것이다. 그런 조치로 농어촌 지역 교사들의 전직행렬을 막을 수는 없다. 농어촌 근무여건의 근본적인 개선과 장기적인 교원수급 계획 없이는 이 모두가 미봉책일 뿐이다. 해결책은 단순해야 한다. 그들에게 농어촌 지역의 교육을 책임지게 하려면, 그들의 노고에 합당한 대우를 해주는 수밖에는 다른 뾰족한 수는 없다.

한국교사 실력에 감탄하는 오바마 교육 참모

오바마 미국 대통령의 한국교육 칭찬은 늘 우리에게 화제다. 여러 번 반복돼서도 그렇고, 우리의 불만 대상이 바깥의 칭찬거리가 돼서도 그렇다. 오바마 대통령은 많은 나라 중에서 왜 하필 한국의 교육과 학교를 침이 마르도록 칭찬한 것일까? 그 비밀의 열쇠는 스탠퍼드 대학교의 린다 달링-해먼드(Linda Darling-Hammond) 교수다. 한국교육계에도 친숙한 그녀는 오바마 선거 캠프에서 자문단으로 활동했던 인물이다. 오바마가 당선되자 미 시사주간지 『타임』은 그녀를 교육부 장관 후보로 보도했다. 장관은 안 됐지만, 그녀는 여전히 오바마 대통령의 실질적 교육참모로서 국가 교육플랜의 아이디어를 제공하고 있다.

미국의 진보 교육학자들은 자신들의 민주주의적 교육 시스템에 대해 강한 신뢰와 애정을 갖고 있다. 그래서 여간해서는 외국 교육의 사례를 '성공'이라고 칭찬하지 않는다. 그런데 진보 교육학자인 달링-해먼드 교수가 그 금기를 깨 버렸다. 그녀는 자신의 저서에서 외국 교육의 성공사례로 핀란드, 싱가포르, 한국을 꼽았다.

그렇다면 세 나라 중에서도 왜 한국일까? 핀란드는 넓은 국토에 적은 인구가 산재(散在)하며 도시화도 많이 이루어지지 않은 나라이기 때문에 미국으로서는 참고할 나라로 꼽기가 쉽지 않았을 것이다. 싱가포르의 교육은 미국의 경제력이 우수한 도시나 학군의 모델이 될 수는 있다. 하지만 민주당 대통령이 부유층을 위해 싱가포르식 교육을 해야 한다고 말하기는 꺼림칙할 수밖에 없다. 이와 달리 뉴욕, LA, 시카고와 비슷한 규모의 대도시들과 농어촌이 함께 존재하는 한국이 선택권에 들어온 것이다.

무엇보다 그의 관심을 끈 것은 한국의 높은 대학진학률이다. 오바마 대통령이 포기하지 않는 것이 바로 미국 국민의 학력신장이다. 정보화사회에 적합한 인력으로 사회에 공헌하기 위해서는 한국의 전문대학에 해당하는 커뮤니티 칼리지(Community College) 이상의 학력을 가져야 한다는 것이 그의 지론이다. 달링-해먼드 교수는 미국 젊은층의 대학졸업률이 턱없이 낮다고 지적하였으며, 한국의 대학졸업률은 미국의 두 배 이상이라며 한국의 교육열을 부러워했다.

또한 달링-해먼드 교수는 한국 교사들의 실력이 월등하다고 칭찬했다. 한때 캘리포니아를 비롯한 많은 미국 주(州)가 교사 수를 늘리기 위해서 교사가 되는 요구조건을 낮추었는데, 한국은 오히려 자격요건을 강화시켜 우수한 교사를 확보할 수 있었다는 게 그녀의 분석이다. 미국 수학교사 중 70%만이 수학과나 수학교육학과 출신이지만, 한국은 95% 이상이 관련 전공 출신이다.

그녀는 한국이 전통적으로 지켜 온 교무실 구조가 교수-학습자료와 교육에 관한 아이디어를 나누기에 적합하고, 새내기 교사에게는 훈련장이 된다고 칭송했다. 학생들은 교실에 앉아 있고 교사들이 찾아다니는 한국 교실 시스템이 그녀에게는 교사 교육을 새롭게 바꿀 수 있는 혁신 아이디어로 활용되고 있다.

미국 대통령은 한국의 교육을 칭찬하는데, 한국 교육부는 그것을 바꾸려고 야단이다. 과연 우리 교육이 그렇게 잘못된 것인지 꼼꼼히 따져 볼 필요가 있다. 그러고 나서 국민적 합의를 모아 국가교육의 청사진을 만들어 내야 한다. 그것이 이명박 대통령이 남은 임기 동안 해 볼 수 있는 마지막 큰 일거리다.

교사의 배움력

일반적으로, 한 달에 평균 300～400쪽 정도의 교양독서를 하지 못하는 사람을 21세기의 '까막눈'이라고 부른다. 남을 가르치는 사람이 이 배움의 까막눈이 되어서는 어느 누구에게도 이롭지 못하다. 자기 전공분야에 제한된 독서 이외의 삶에 관한 이야기를 담은 책을 읽어 주는 배움에 익숙한 사람이 되어 주어야 한다. 한글을 읽지 못해서, 한자를 해독하지 못해서, 외국어를 읽지 못해서 까막눈이라고 부르는 것이 아니라, 배움을 폐기하거나 포기했기 때문에 그는 그렇게 낙인 찍히는 것이다.

이런 유의 배움에 대한 문맹, 배움에 대한 소양의 결핍은 사회적 신분이나 전문성 여부에 관계없이 흔하기 마련이다. 기업의 회장도 예외일 리가 없고, 행정관료, 대학교수, 법률가 들도 예외가 아니다. 그렇다고 해서 교사가 그 대열에 끼기에는 아이들에게 너무 미안한 일이 될 것이 분명하다. 이렇게 배움의 문맹인을 간주하고 나면, 바쁘다는 말을 입에 달고 다니며 자기 배움에 게으른 유명인사나 교사일수록 배움의 문맹일 가능성은 더욱더 높아지기만 한다. 이 배움의 문맹을 벗어나게 만드는 교육, 말하자면 '삶의 리터러시(Life literacy)', 즉 삶의 소양을 학생들 나름대로 고양할 수 있도록 교사가 앞장서야만 아이들이 비로소 교실에서 무엇 하나라도 자기들의 삶을 위해 배우게 될 것이다.

삶에 대한 소양 높은 배움을 교실에서 매일같이 실천하는 교사가 교실교육에서 우뚝 설 수 있어야 아이들도 그들을 따라 배움의 즐거움을 누릴 수 있다. 우리 아이들이 학업성취력에서는 세계적인 경쟁력을 갖고 있으나 학교사랑, 교사사랑에는 경쟁력을 상실하고 있다는 국제평가는, 끝내 우리 교사의 배움력을 진지하게 검토하고 시험해 보아야 비로소 한국교육의 현주소가 어디인지를 제대로 가늠할 수 있다는 이야기로 종결되는 것이다.

잘 가르침은 잘 배움에서

세계 최고의 교육국가를 가름하는 잣대로 국민의 문자해독률과 '평균 학교교육기간'이라는 지표가 들어간다. 교육지표로 본 '세계 최고의 나라'에는 우리나라가 들어가지만 등수는 2위다. 핀란드가 1위다. 한국 뒤에 캐나다, 싱가포르, 일본이 늘어선다. 미국은 10권에도 못 미친다.

핀란드의 교육력에 비해 2%는 부족해도, 우리에게는 믿을 만한 교사들이 있어 희망의 끈을 놓을 수 없다. 한국의 교육경쟁력에 감탄한 오바마 미국 대통령은 2011년 신년도 국정연설에서 한국의 교사들을 치켜세웠다. 국가발전의 역군이라고 지칭하며, "미국에서도 교사를 (한국)같은 수준으로 존경할 때가 됐다. 조국의 장래나 자녀들의 인생에 좀 더 다른 기여를 하고 싶다면 교사가 돼 달라."는 당부까지 했다.

역대 정부는 그런 훌륭한 교사들을 그저 다스리고 윽박지르기만 했었다. 공교육 두 배 사교육 절반의 구호를 내걸었던 이명박 정부에서도 교원정책은 실종되었다. 교사가 앉을 자리에 교육방송(EBS)이 자리를 틀고 앉아 버리게 했기 때문이다. 핀란드 정부는 교사를 부릴 줄 안다. 교사에게 "우리는 당신을 믿는다."라고 구애한다. '양질의 교육'을 담당하는 국가건설자가 바로 교사라고 치켜세운다. 핀란드 교사들은 1년 평균 10일 이상 각종 연수에 자발적으로 참여한다. 연수비용의 80%를 자비로 충당한다. 교장들도 가르친다. 주당 몇 시간씩이라도 수업에 참여하는 전통은 100년도 넘는다.

산타클로스를 핀란드 신화의 주인공으로 리바이벌한 사람도 교사였다. 산타는 아이들을 민주시민으로 만들어 내는 학교 밖 교사쯤 된다. 산타마을은 라플란드라는 작은 시골동네다. 그곳에서 산타는 구경할 수 없다. 만들어진 이야기이기 때문이다. 1920년대쯤이었다. 북극신화를 읽기 좋아하는 교직 출신 아나운서가 라디오 인기 프로그램을 진행했었다. 순록들이 뛰노는 라플란드 마을의 이런저런 풍광을 산타신화와 관련시켜 맛깔스러운 이야기로 포장했다. 이 이야기가 세계적으로 퍼져 나갔다. 조용하던 라플란드가 산타동네로 입소문을 탔다. 미국의 32대 루즈벨트 대통령 영부인 귀에도 들어갔다. 그녀는 산타마을을 방문하겠다고 제안했다. 황망해진 핀란드가 라플란드를 산타마을로 가꾸기 시작했다. 전직 교사 방송인의 이야기 솜씨로 핀란드가 세계적인 나라로 소문이 나게 된 순간이기도 했다.

공자의 말씀 중에 "학이불염 회인불권(學而不厭 誨人不倦)" 이라는 말이 있다. 배우기를 싫어하지 않고 가르치기도 게을리하지 않는다는 뜻이다. 핀란드인의 유머감각으로 이 말을 가르면, 가르치고 배우는 일에는 네 가지 유형이 가능하다. 첫 번째 유형은 잘 가르치고 잘 배우는 이, 두 번째 유형은 가르치기는 잘하지만 배우지는 않는 이, 세 번째 유형은 잘 가르치지는 않아도 제대로 배우는 이, 마지막 유형에는 잘 가르치지도 잘 배우지도 않는 이가 있다. 이들 중에서 잘 가르치지도 잘 배우지도 않는 네 번째 유형이 바로 교수라는 우스갯소리도 있지만, 세 번째 유형은 스승, 두 번째 유형은 선생, 그리고 잘 배우기도 하지만 잘 가르치기도 하는 첫 번째 유형의 사람들을 교사라고 볼 수 있다.

제대로 배우고 잘 가르치는 '교사' 들이 핀란드에서는 교실수업에 임한다. 저들은 배운다는 말을 즐겨 쓴다. 잘 배우는 일이 잘 가르치는 일이기 때문에 그럴 수밖에 없다. 핀란드 교실에서 학력결손학생은 생길 수가 없다. 학력결손자를 그대로 방치하는 것은 아이들을 향해 국가가 저지르는 범죄행위이기 때문이다. 우리처럼 '스승의 노래' 는 없지만, '읽는다' 라는 말을 입에 달고 사는 핀란드 교사들은 스스로 배우지 않으면서 가르치는 일에 나서지는 않는다. 우리 교사들에게

'국가건설자' 라는 자긍심을 갖고 교실에 임하게 해 주기만 하면, 핀란드를 제치는 일은 분초의 문제일 것이다.

시간강사, 당당한 지식근로자

대학들은 당장 신학기부터라도 시간강사들의 시간당 강의료를 대폭 인상해 주어야 한다. 그것은 시간강사들의 교원 법적 지위개선을 위한 현안과제인 「고등교육법」 개선과는 별개의 사안이다. 시간강사들 스스로 자신들의 권익향상을 외치며 국회 앞에 천막을 친 지 수 년이 지났고, 그 결과 시간강사의 처우안건이 상정되기도 했다. 시간강사들에게 4대 보험 가입 허용, 연구교수 호칭 허용을 가능하게 해 주는 교원 법적 지위 쟁취문제는 단순히 시간강사들에 대한 생존권보장의 문제만이 아니다. 대학교육의 경쟁력을 확보하기 위한 한 걸음 앞선 방법이기도 하다.

몇 년 전 스승의 날을 맞아 제자들이 이름을 새긴 필기구 한 쌍을 선물했었다. 그 필기구들은 지금도 그렇지만 당시 소위 명품 필기구에 속했었다. 제자들의 마음이 담긴 귀한 선물이라 귀하게 써야겠다는 요량으로 그것을 아끼고 또 아껴 썼었다. 그러다 보니 볼펜심을 교체하지 않은 채 지금에까지 이르게 되었다. 아무리 볼펜심을 아껴 써도 끝은 있게 마련이었다. 볼펜심을 갈아 끼워야 할 때가 되어, 해당 만년필 지점을 찾아갔다. 볼펜심을 바꿔 끼워야겠다는 요구에 점원의 대답은 의외로 간단했다. 이 볼펜에 맞는 볼펜심이 없다는 것이었다. 이미 구형이 된 볼펜이기에 그렇다는 것이었다. 한국지사에 문의해도 소용없는 일이었다. 몇 주를 기다려서라도 볼펜심을 구입하겠다고 사정했지만, 점원의 대답은 앵무새 같았다. 지사조차도 고객의 그런 개별적인 요청은 들어줄 수가 없다는 것이었다. 굳이 갈아 끼워 써야겠다면, 본사가 있는 유럽으로 가서 구해 쓰라는 것이었다. 해당 만년필 회사에 대해 수만 가지 울화가 치밀었지만, 어쩔 수 없는 일이기만 했다. 이것은 한국에 진출하고 있는 명품회사의 진면목을 보여 주는 장삿속의 한 장면이었다. 그날 이후로부터 제자들의 마음이 담겼던 볼펜은 빛 좋은 개살구처럼 책상 한구석에 뒹굴게 되었다.

오늘날 대학 시간강사들은 마치 심 없는 명품볼펜처럼 대학 이곳저곳에서 빛 좋은 개살구 신세가 되고 있다. 말이 좋아 대학강사지 지식전달자라고 보면 된다. 학위의 인플레이션 때문에 이제는 박사학위 하나 없으면 그 '강사짓'도 하기 어렵다. 골과 수를 다 빼낸 끝에 얻은 학위로 얻어 낸 빛 좋은 대학강사직이지만, 처우만큼은 일용잡급직에 버금갈 뿐이다. 대학별로 조금씩 사정이 다르기는 하지만, 한국대학의 경영은 시간강사에 크게 의존하고 있다고 보아도 결코 무리가 아니다. 국·공립대학교의 경우 평균 38.3%, 사립대학교는 36.3%에 달할 정도로 시간강사에 의존하는 형편이기 때문이다. 저들에게 들어가는 인건비는 국·공립대학교 7.1%, 사립대학교 8.3%일 뿐이다. 전임교원과 시간강사의 인건비 비중 격차는 국·공립대학교는 9배, 사립대학교는 7.7배에 이른다. 이쯤되면 국립대학교와 사립대학교를 막론하고 한국의 대학은 시간강사들을 착취하고 있다는 결론이 가능해진다. 저들이 전임교수의 강의를 분담한다는 점에서 보면, 저들의 노고를 그런 식으로 대접해서는 곤란하다.

시간강사들이 제아무리 기를 쓰고 벌어 봐도, 강의료 수입은 연간 천만 원을 겨우 넘길까 말까 한다. 그런 그들에게 그 무슨 명절 때가 되면 전임교수들에게 인사하러 오지 않는다고 윽박지르는 전임교수들도 있다고 한다. 시간강사들의 수입은 월평균 90만 원으로 전임강사의 그것에 25%를 넘어서지 못한다. 그것도 국·공립대학교의 경우 5시간, 사립대학교 4시간, 전문대학교 2시간 등 주 11시간 기준을 삼았을 때 해당하는 경우일 뿐이다.

시간강사들의 시간당 평균 강의료는 국·공립대가 평균 4만 9천 원 정도이며, 사립대학교는 3만 7천 원 정도에 머물고 있다. 전문대학의 경우 시간당 2~3만 원을 저들의 손에 쥐어 주고 학생들을 잘 가르치라고 수만 가지 요구를 하고 있다. 그러면서 대학들은 고등학교 졸업생들에게는 마치 그 무엇이나 되는 양 의젓

하게 호객행위에 열중하고 있다. 지금과 같은 시간강사의 강사료를 정하게 만든 기준이 도대체 무엇인지 알 수가 없다. 미국의 명문대학의 경우, 시간강사들의 시간당 강사료는 평균 13만 원을 넘는다. 그들은 우리처럼 전임교수의 눈치를 보며 비굴한 자세로 그들의 삶을 연명하지도 않는다. 그들은 지식근로자로서의 법적 지위를 확고하게 누리고 있다.

대학의 시간강사 중 70% 정도가 전업강사로서 30대가 97%이며 기혼자라는 점을 고려하면, 시간강사로서는 한 가정의 가장의 역할은커녕 자신의 호구지책조차 제대로 감당하기 어렵다. 그런 저들의 사정을 대학총장들이 모를 리 없는데도, 저들이 내놓는 대학의 경영합리화에는 한마디 언급도 없다. 눈만 뜨면 대학의 세계화니 경쟁력이니 하고 말하는 저들이지만, 시간강사가 겪고 있는 지식노예시장의 현실에 대해서는 지극히 눈을 내리 감고 있다. 같은 길을 걷고 있는 지식인으로서 서로 고뇌하며 저들의 문제해결에 동참해야 할 양심의 문제다. 법 제정에 기댈 일만이 아니라, 대학총장의 양식으로 저들의 처우개선부터 해 주고 볼 일이다. 자신들이 그 배고팠던 시간강사 시절을 다시 기억하기만 하면 답을 찾기는 그리 어렵지 않을 것이다.

시간강사의 비애

매 학기 대학들은 시간강사들로 붐빈다. 강사들의 열악한 처지를 바꿔 보려고 강사노조를 만들려는 기운도 있는가 보다. 공룡과 같은 대학과 맞서 보겠다는 것이다. 미안하지만, 처음부터 가당치 않은 이야기들 같다. 마치 스파르타쿠스의 한낮 꿈처럼 들릴 뿐이다. 스파르타쿠스는 로마의 노예였다. 그는 상전을 위한 노리개였고 노예였을 뿐이었다. 그가 주동이 되어 로마를 향해 반란을 일으켰다. 시답잖은 몇몇 로마병정과의 작은 전투에서 번번이 이기기도 했다. 그러나 스파르타쿠스는 마침내 거대한 로마군단에게는 무릎을 꿇었다. 용기가 부족해서 패배한 것이 아니었다. 그를 지원하는 사람들은 노예들이었기에 질 수밖에 없었다. 그들은 그저 파리목숨이었다. 원초적 패배였을 뿐이다.

오늘날의 대학강사들은 마치 대학의 노예들처럼 신음하고 있다. 하라면 하고, 나가라면 나가야 한다. 선택할 자유는 없다. 강요받을 의무만 있다. 파리목숨처럼 구차하다고 할 처지도 아니다. 연명해야 할 목숨이라 그저 상전들의 눈초리나 살필 뿐이다. 한 지방대학 강사의 울먹임이 메아리친다. 그는 이번에도 한 과목을 가르치게 되었다. 방학 전부터 통고받았던 일이다. 강의준비를 열심히 했다. 자료비도 만만치 않았다. 그렇게 개강하기 바로 이틀 전이었다. 대학 직원이 전화를 했다. 강의를 할 수 없다고 했다. 곁들인 이야기는 없었다. 강의를 할 수 없게 되었으니 그리 알라고 했다. 짧고 분명했다. 그의 눈에는 눈물이 고였다. 코흘리개 아이에게 미안해서였다. 그가 이번에 '짤린' 사연을 직원의 이야기로 말하라면 정말로 '별' 것이었다. 대학 최고 책임자가 학장에게 개강 이틀 전에 전화를 했다. 이번에는 대학평가를 잘 받아야 한다고 했다. 대학평가 관련 행정 어느 인사에게 강의를 마련해 주라고 했다. 학장에게는 고민거리였다. 시기가 너무 늦었기 때문이었다. 이미 수강신청도 끝났고, 내일이 개강일이기 때문이었다. 아이디어가 떠올랐다. 누구 하나를 잘라내고 그 강의를 청탁인사에게 주어야겠다는 묘수였다. 그렇지만 전임교수를, 설사 무능하더라도, 자를 수는 없었다. 후한이 따를 것이기 때문이었다. 그래서 무력한 강사 하나를 골랐다. 제단 위에 올리기 위해 학장은 백정처럼 일을 끝냈다. 그리고 죄 없다는 듯, 피 묻은 두 손을 씻었다.

대학 시간강사들이 생활고를 비관하고 자살을 생각한다고 한다. 그런 일이 생길 때마다 강사들의 처우를 개선하겠다는 소리도 들렸다. 국 · 공립대학교가 나서 그들을 위한 제도적 장치를 마련하겠다고 했다. 강사처우개선이 정부의 의지라고도 했다. 그런 저런 심심치 않은 소식들로 시간강사들은 마음까지 설레곤 했다. 그러나 시간이 가면 모든 것이 이내 감감해진다. 우리네 대학의 체질 탓이다. 소리가 없으면 그것마저도 잠잠해진다. 우리네 대학들의 문제풀이 방식 탓이다.

대학의 시간강사들은 우리나라 대학교육에서 감당하는 일이 너무 많다. 가르치는 교과의 내용도 그렇고 시간 수도 그렇다. 그들이 없으면 대학교육 그 자체가 성립하기 어렵다. 그만큼 우리 대학교육은 강사들에 의해 지탱되고 있다. 그들 역시 대학교원들이다. 고급인력개발의 시각에서라도 그들의 존재를 귀히 여겨야 한다. 대학이나 정부가 그들의 처우개선에 나서지 못하겠다면 이제는 입법부가 제대로 나서야 한다. 대학강사들의 신변과 생계보장을 위한 의원입법이라도 만들어야 한다. 그들의 전문능력에 합당한 최저임금제와 그들의 지위를 보장해 주는 신분보장제도를 제대로 입법화해야 한다. 단순히 제안 수준에 그치는 것이 아니라 실제로 실효를 발휘할 수 있어야 한다. 그래야 시간강사들도 마음 놓고 숨 쉴 수 있을 것이다.

박사의 질 개선방안

박사라고 번역되는 닥터(Doctor)는 라틴어로 가르치는 사람을 말한다. 닥터는 의사를 지칭하는 말도 되는데, 그때의 의미는 치료하는 사람을 지칭한다. 대학에서 가르치려면 박사학위는 필수적이고, 어지간한 지위에 있는 공직자치고 박사학위 하나쯤은 갖고 있게 마련이다. 박사학위 소지자는 전문성을 확보하고 있는 사람으로 인증해 주기 때문이다. 그래서인지 다른 나라들은 한국은 박사 공화국이라고 부러워하기도 하지만, 다른 한편에서는 가짜박사 천국, 박사 공해국이라고 비아냥거리기도 한다. 닥터라는 말은 '가르치다' 혹은 '치료하다'라는 좋은 뜻으로만 쓰이는 것이 아니다. 그 말이 고약스럽게 쓰일 때는 '거짓말쟁이', '사기치다'라는 뜻으로도 쓰이기 때문에 저들의 비아냥거림에 일리가 없는 것도 아니다.

박사학위의 질을 걱정하는 식자들의 모임이 있었다. 그들은 박사학위의 질을 관리해야 나라의 전문직이 제자리를 지킬 수 있다는 욕심에서 수만 가지 아이디어를 내놓았다. 그중 가장 강력한 안으로 박사학위 실명제가 제시되었다. 그 안 이외에 박사학위과정 설치 대학의 제한, 박사학위 갱신제도, 태박사(太博士)제도 설치안도 나왔다. 사람들의 입에 가장 많이 오르내린 안이 박사학위과정 설치 대학 제한안이었다. 국가가 인위적으로 대학을 평가하여 일정 수준의 자격을 갖추지 못하고 있으면 박사학위과정의 설치를 제한하거나 금지시키자는 안이었다. 박사학위 갱신 추진안은, 대학의 학문적 변화 추세에 학위 보유자들의 학문적 노력을 최적화하자는 뜻으로 박사학위 유효기간을 10~15년 정도로 보고, 그 주기로 갱신하게 하자는 것이다. 박사학위를 받은 후 해당 학문 영역에서 학문적인 발전을 위해 쓰임새가 높은 학술논문 한 편을 발표하지 않는 박사학위 소지자는 실질적인 박사학위 소지자가 아니라는 뜻도 담고 있다. 그런 의도에서 외국에서 받은 박사학위라고 하더라도 그것의 효력을 한국의 실정에 맞게 갱신제도로 인증하기만 하면, 박사학위에 대한 국내적 가치도 함께 높아질 수 있다. 이런 안은 현실적으로 대학교수와 같은 연구직의 경우, 입직의 평균연령이 30대 중반으로 보아 정교수가 될 때 정년심사와 함께 박사학위의 갱신을 연동하자는 발상에 속한다. 대학이 아닌 기타 행정전문직의 경우는 일정기간 이상의 재훈련의 결과를 중심으로 박사학위증 갱신 여부를 심사할 수도 있다는 것이었다. 태박사(太博士) 제도 설치안은, 지금의 박사학위과정이 허술하므로 그것보다 더 높은 고단위 박사학위과정을 설치하고 그 과정을 마친 사람에게는 박사라는 칭호보다 더 높게 보이는 태박사학위라는 것을 수여하자는 것이었다.

박사학위의 질 관리를 위한 여러 가지 제언 중에서 가장 호소력이 큰 안이 박사학위 실명제 도입안이었다. 의사면허의 질 관리 문제 역시 세계적인 쟁점인 상황 속에서, 박사학위 실명제는 그런대로 설득력이 있어 보이기도 했다. 박사학위 실명제란 학위소지자의 학문적 실적을 기록할 때마다 논문이나 발표물에 그의 학위약력을 기재하는 방법이다. 발표하는 논문마다 박사학위 수여대학과 논문명, 그리고 지도교수 이름을 명기하게 하라는 것이다. 지도교수의 이름이 알려지면 박사학위과정의 질이 어느 정도인지 손쉽게 가늠할 수도 있기 때문이다. 심지어 학위 소지자의 명함에도 의무적으로 박사학위 수여대학과 지도교수 이름을 명기하게 하자는 것이었다. 실제로 일부 학술논문 발표의 경우, 이와 엇비슷한 유형의 약력 소개가 쓰이고 있는 경우도 있다. 그러나 그 모두는 자율적으로 행할 수 있는 것이지 타율적으로 강제할 수 있는 노릇은 아니다.

한국의 박사학위제도의 허술함에 대해 저들의 괴로운 심사를 모르는 바는 아니지만, 저들이 제안한 박사학위 질 관리 방법은 너무나 이상적이다. 현재로서는 실천 가능성이 거의 없을 성싶다. 학력의 인플레이션 현상은 어제 오늘에 갑자기 생긴 것이 아니기에 더욱더 그렇다. 게다가 사회 곳곳에서 전문직에 대한 높은 수요가 있는 것도 부인할 수 없다. 다양한 전문영역은 각기 다른 전문성이 요구되지만 지금의 박사학위제도는 각 영역마다 요구되는 전문성에 대한 고려가 충분하지 않은 실정이다. 학술영역과 실무영역을 갈라서 각각의 전문성을 제고하는 조치들이 부족하다. 현 박사제도는 현장문제 해결에 대한 전문적인 고려보다는 하나같이 학술적인 전문성만을 요구한다. 학위과정의 커리큘럼 구성부터 학위논문 제출에 이르기까지 모두가 그렇다. 현장실무의 전문성을 높이려는 사람들은 현재와 같은 박사학위제도에서는 시간이나 헛되게 보내게 된다. 학술적으로 별다른 공헌 가능성이 결여된 학위논문을 쓰느라고 안간힘이나 쓰게 된다. 그들에게는 그런 유의 인위적인 학술논문 제출보다는 연구기관이나 전문기관에서 집중적인 현장연수와 선진 인턴십의 수행을 강조하는 전문업무 훈련 프로그램이 보다 더 효과적일 것이다. 그런 조건을 갖추기만 한다면 박사학위과정을 전문학술연구박사제도와 전문실무박사제도로 이원화하여 각각의 수료생들에게 서로 다른 종류의 학위를 수여하는 방안을 진지하게 고려해 볼 만하다.

월급쟁이 교수 vs. 학자 교수

대학교수에 대한 우스갯소리가 있다. 30대 교수는 대학원 수업에서 베낀 대로 가르치고, 40대 교수는 알고 있는 대로 가르치고, 50대 교수는 내키는 대로 가르치고, 60대 교수는 입에서 나오는 대로 가르친다는 소리다. 긍정과 부정이 교차하는 이야기일 수도 있다. 긍정적으로 본다면 교수가 된 후 웬만한 나이에 이르게 되면 적어도 자기 분야에서는 자기 확신이 서 있는 학문적 논리를 펴나간다는 그런 유의 이야기일 수도 있다. 그와는 반대로 교수라는 사람들은 구제불능의 존재라는 비아냥거림일 수도 있다. 교수들의 지적 수월성 역시 시큼털털한 수준 그 이상은 아니라는 자조의 비난이 여기저기서 들리고 있다. 겸임교수, 객원교수, 연구교수 들과 같은 교수직 종류가 늘어났다고 해서 학문적인 수월성이 함께 성장한 것도 아니기 때문이다.

교수로 취직하기만 하면 거의 학문을 포기하고 있다는 세간의 지적에도 그 나름대로의 근거가 충분하다. 잘 가르친다는 것과 잘 배운다는 것은 서로 다른 성질의 것이다. 잘 가르쳤기에 학생들이 잘 배우게 되는 것만도 아니다. 교수의 가르치는 방법이 뛰어나지 않아도 학생들이 잘 배웠던 경우도 흔하다. 소크라테스는 인류 역사상 큰 스승이었지만, 그가 제자들에게 잘 가르쳤거나 모범교사였다는 이야기는 없다. 존 듀이 역시 잘 가르치는 교수가 아니었다. 그의 교수방법은 낙제감이었다. 그렇지만 그들 모두는 미리 배우는 사람이었고, 먼저 생각하는 스승이었다. 그들이 우리에게 넌지시 알려 주고 있는 것은 다른 것이 아니다. 단 한 번의 가르침으로 잘 배우게 만들면 그것은 좋은 가르침도 아니고 좋은 교수법도 아니라는 점일 것이다.

교수가 학생 앞에 설 때는 지식을 자랑하거나 연기를 하려고 강단에 서지는 않는다. 가르침의 초점은 바로 학생의 배움을 모으기 위해서다. 그가 행하는 수업의 1분 1초 모두가 학생에게 온전히 바쳐져야 한다. 그렇게 자신감을 갖기 위해서는 교수가 먼저 배워야 하고 먼저 읽고 와야만 한다. 수업을 듣는 한 학생의 배움을 위해서 교수가 먼저 읽고 먼저 배워야 한다. 그래서 교수들에게 필요한 것은 가르치는 용기가 아니라 배우려는 용기일 뿐이다. 배우지 않고 가르치기만 하는 만용은 학생들에게는 정신적인 '독'이 된다.

교수 개인에 따라 지적인 수월성이나 학문적인 열정은 서로 다르다. 교수직을 월급쟁이로서의 직업인 정도로 만족하는 사람들이 있는가 하면, 학자로서의 교수로 삶을 마감하는 교수도 허다하다. 연구하고 가르치는 교수들에게서 분명한 것은 그들 스스로 읽은 것만큼 가르치게 되는 것이고, 읽은 정도로 알게 되는 것이고, 읽은 깊이만큼 생각하는 것이고, 읽은 것만큼 자신의 표현도 가능하다는 점이다. 교수들이 정년에 이르기까지 경계해야 할 것은 바로 읽음과 배움이 결여된 헛소리들일지도 모른다.

지적 사기꾼의 데카메론

역사적으로 위대한 발견이나 학문적인 업적을 세워 공을 인정받은 인물들 중에는 학자라기보다는 사기꾼에 지나지 않은 인물들이 상당히 많이 있다는 외국 학자의 주장이 있었다. 그들이 주로 활용하는 지적 사기술은 남의 자료를 모아 '요리하기(cooking)', 요것 저것 '다듬기(trimming)', 빼고 더하고 분칠하며 '장난질(hoaxing)' 하기 같은 것이라고 예증했다.

많이 듣던 이야기이긴 하지만 새롭기도 하다. 교수들이 지켜야 할 연구윤리에 대해 어느 교수들이 이렇게 토를 달았다.

- 저명교수 1: 연구윤리의 핵심은 무엇인가? 상식적으로 생각하면 한마디로 학자적 양심에 따라 자신이 연구한 그대로 결과물을 발표하는 것이다. 외국이나 국내 기관들의 연구윤리규정을 봐도 대체로 이런 상식을 토대로 하고 있다. 미국의 연구윤리국(ORI)은 책임 있는 연구를 위한 기본규칙으로 정직성(정보를 정직하게 전달하고 약속을 지킨다.), 정확성(연구 결과를 정확하게 보고하고 오차를 피하는 데 최선을 다한다.), 효율성(자원을 현명하게 사용하고 낭비하지 않는다.), 객관성(사실을 명확하게 밝히고, 부당한 편견을 피하도록 한다.)

등이다.

• 저명교수 2: 연구 부정행위는 자신의 행위가 부정행위인지 잘 모르는 경우, 또는 막연히 알고 있는 경우에 발생할 수 있다. 또한 연구윤리와 관련하여 의식이 제대로 확립되어 있지 못한 경우와 학자적 본분을 잊고 욕심에 빠질 경우에도 발생한다. 그릇된 학문적 · 사회적 풍토가 부정행위를 조장하는 원인이 되기도 하며 우리 사회에 아주 오래 전부터 이어져 내려오는, 웬만하면 그냥 넘어가는 풍토와 따지지 않고 덮어 버리는 문화, 그리고 남에게 후하게 인정을 베풀고 사는 것을 미덕으로 보는 온정주의 전통 등이 겹쳐 문제를 더욱 심화시켰다고 할 수 있다. 부정행위가 드러나도 엄격하게 처벌하지 않는 풍토 또한 원인이라 할 수 있으며 제도적 차원의 원인도 연구 부정행위의 원인이라 지적할 수 있다.

대학가는 학기말이면 학위논문심사로 분주하다. 길거리에서 나이든 학생들과 자주 마주치기 마련이다. 그런 사람 하나를 만났다. 심사용 논문을 가방 가득 든 채 인사를 해 왔다. 별다른 할 말이 없었기에 좋은 결과가 있기를 바란다고 했다. 별다른 의미가 있는 말일 수가 없다. 차라리 "심사위원들에게 대꾸하지 말고 잘 버티세요."라고 말할 것을 그랬나 보다. 평소 교수들과의 관계가 괜찮았으니 탈 없이 잘 끝냈을 것이다.

정부는 노벨상 수상에 대해 거는 기대가 크다. 일종의 강박감 속에서 노벨상 수상이 가능하다고 본 10여 명을 선발했다. 그들을 국가석학이라고 불렀다. 선발 기준은 저들의 논문에 대한 과학기술논문 색인지수(Science Citation Index: SCI) 피인용 횟수였다. 국내학회지도 수없이 많이 있지만, 그것의 질은 개운하지도 깨끗하지도 않다는 짐작 아래 거들떠 볼 수도 없었다. 어쨌거나 SCI 인용 횟수가 많을수록 지명도와 유용성이 많은 노벨상 수상 가능성이 큰 학자라는 것이었다. 노벨상이 수태되도록 하기 위해 정부는 저들과 열정적인 사랑에 빠져들었지만, 저들에게 선택된 그들 석학교수들은 국내산 박사가 아니라 외국산 박사학위 소지자들이라는 면면을 갖고 있었다. 정부가 저들과 인공수정을 하겠다는 것이다.

우리 대학가에 붓다나 공자 그리고 예수 같은 심성의 교수들이 없는 것도 아니겠지만, 일반교수들의 지적 행태를 훑어보면 모든 것이 무균질 바로 그것이라고 강변만 하기에는 낯 뜨거운 일인 것 같다. 교수생활에 이력이 붙어 있을수록 더 그럴 것이지만, "남이 하는 것은 부정이고 내가 하는 것은 사랑이라고 주장하는 것도 제대로 된 것은 아니잖아요."라고 까발리는 것은 교수에게도 금기사항이다. 돌아올 메아리는 "너나 잘 하세요."로 끝날 것이기 때문이다. 이쯤해서 작고하신 송곡(松谷) 최형섭 박사의 묘비를 읽어 보아야 할 터다. "학문에 거짓이 없어야 한다. 부귀영화에 집착해서는 안 된다. 시간에 초연한 생활연구인이 되어야 한다. 직위에 연연하지 말고, 직책에 충실해야 한다. 아는 것을 자랑하는 것이 아니라, 모르는 것을 반성해야 한다."

강의평가의 허와 실

대학마다 우수교수들에게 업적상을 주고 있다. 연구라든가 강의를 잘한 교수들에 대한 대학 나름대로의 감사표시다. 어떤 대학은 금전적 보상을, 어떤 대학은 인사고과에 그것을 반영하기도 한다. 어떤 대학은 그런 교수연구실 앞에 우수교수라는 큼직한 명패를 걸어 주기도 한다. 부질없는 짓이라고 비아냥거릴 일만은 아니다. 학생들에게 그분의 노고를 알려 주기 위한 대학 측의 노력이기 때문이다. 그 모두가 나름대로의 감사표시이기에, 받는 이들에게 그렇게 흉측하기만 한 것도 아니다.

대학들은 교수의 업적을 판단하기 위해 학생들의 교수강의평가를 활용한다. 객관적이고도 다양한 평가기준이 동원된다. 물론 '교수는 수업을 철저히 준비하였는가?'와 같은 강의에 대한 인상이 어떤지를 묻는 수준 낮은 강의평가기준도 있다. 이런 것들이 기대하는 것과는 달리 세련된 것들은 아니지만, 그래도 교수들의 강의준비를 위해 정신을 차리게 만들어 준다는 점마저 부정할 필요는 없다.

사정이 그렇기는 하지만, 대학이 제 갈 길을 제대로 가기 위해서는 교수가 잘 가르친다는 것이 무엇을 의미하는지에 대해 고뇌할 필요가 있다. 또한 학생들의 교수강의평가가 무엇을 목표로 하고 있는지에 대해서도 제대로 된 이해가 필요하다. 경쟁력 있는 명문대학일수록 교수의 강의에 대한 질적인 평가를 시도하고 있는 것은 우리에게도 도움이 된다. 그들은 교수들의 강의에 대해 우리 대학들에게서 흔하게 발견되는 그런 식의 기계적인 평가를 부단히 경계하고 있다. 강의는 교수들에게서 연구업적을 반영하는 것이며, 또 다른 연구를 위한 토대가 되는 절차라는 인식이 강하기 때문이다. 강의가 대학의 질을 결정하는 학문의 전부는 아니기 때문이다.

잘 가르친다고 평가받은 것은 경우에 따라서는 어릿광대짓과 엇비슷한 것들을 강의장에서 잘 연기했다는 것을 의미할 수도 있다. 그것을 입증하는 아주 좋은 사례가 있다. 미국의 어느 큰 대학에서 추진해 봤던 '폭스박사 강의 실험'이 그것이다. 1970년대 일이었다. 잘 가르치는 교수는 누구인지, 효과적인 강의법에서 중요한 것은 무엇인지를 연구하기 위해 대학의 연구진은 얼굴이 알려지지 않은 배우 한 명을 강사로 고용했다. 연구진은 그 배우를 강의 잘하는 교수로 날조했다. 그를 '폭스박사(Dr. Fox)' 라고 불렀다. 가공의 이력서와 장황한 저서 목록까지 만들었다. 표본 강의노트도 만들었다. 수업을 전개하는 방식이나 그 내용은 꽤나 흥미 있는 강의노트였다. 그에 비해 강의를 통해 전달하려는 알맹이는 별로 없는 우스갯소리나 담겨 있는 황당한 강의노트였다. 중간 중간 의미 있는 개념이나 이론도 가미시킨 강의노트였다. 강사의 표현력이나 제스처가 많이 들어가 재미 만점인 강의록이라 연구진 스스로도 그 폭스박사의 강의에 푹 빠져 버릴 지경이었다. 강의를 여러 차례 연습시킨 후 실제 교실강의에 투입했다. 일정 기간 동안 강의가 끝나자 청중에게 폭스박사 강의평가표를 건넸다. 그 강의평가에는 이런 항목도 끼어 있었다. "강사는 자신의 분야에 애착을 갖고 있는 것 같습니까?" 그런 질문에 대해 후한 점수가 나왔다. 심지어 응답자 가운데 한 명은 폭스박사의 저서 중 몇 권을 읽어 본 적이 있다고까지 응답했다. 있을 수 없는 거짓 보고였다.

이 폭스박사 실험이 대학인에게 분명하게 시사하는 것은 한 가지다. 학생들에게 재미있는 짓거리를 해 가면서 매혹시킬 수만 있으면 그에 대한 강의평가는 그 언제든 좋게 나온다는 사실이다. 그래서 강의평가라는 것에 크게 무게를 둘 필요가 없다는 점이었다. 대학에서 제대로 된 강의를 진행하기 위해서는 쇼나 개그가 필요한 것이 아니다. 그래서 교수강의평가에 대한 진득한 이해가 필요하다는 것이다. 강의가 제대로 되려면 교수와 학생 간의 학문적인 신뢰가 우선해야 한다. 교수에게 믿음을 가지려면 학생들은 강의 전에 그 교수의 학문적 업적에 대한 제대로 된 이해가 필요하다. 교수 개개인의 강의에 영향을 주는 학문적 분위기에 대한 사전 이해가 필요하다. 교수는 자신이 맡은 학생들의 학습 수준을 파악하고 각 학생의 현재 능력 수준에 알맞은 학업과제를 고안하려는 사람들이기 때문이다. 이렇게 교수들을 제대로 이해하려는 학생들의 열의가 있어야 교수들의 강의도 신바람이 나게 된다. 새 학기에 이런 학생들이 교실마다 가득 차기를 기대한다.

저출산 시대의 교직문화

인구감소 때문에 울상을 짓고 있는 곳이 한둘이 아니다. 정부도 아우성이고, 기업도 야단이다. 인구감소로 국가경쟁력이 떨어진다는 것이 그것이다. 인구증가는 정부의 구호대로 손쉽게 호전되지는 않을 것이다. 제아무리 멋있는 출산대책이라고 해도 출산의 당사자인 가임여성이 출산을 기피하고 있는 실정이니 어쩔 도리가 없다. 국가권력이 아무리 힘이 세다고 한들, 가임여성의 사적인 출산욕구나 내밀한 성적인 욕구에까지 침투해 들어갈 수는 없다. 이미 1960년대 이야기지만, 인도정부는 정관수술을 한 남성에게는 트랜지스터 소형 라디오 하나

씩을 선물함으로써 인구조절에 성공한 적이 있지만, 한국의 젊은 여성들은 저들과는 생각부터가 다르다. 그런 허접한 보상정책으로는 한국의 여성들에게 말의 씨가 먹혀 들어갈 리 없기 때문에 더욱더 그렇다.

그 와중에 학교교육과 교사감축문제도 끼어들게 되었다. 출산기피의 불똥이 이미 초등교원뿐만 아니라 중등교원에게까지 튀어 버렸다. 교육부가 저출산으로 초등학생이 감소하고 있기에 교원양성을 줄이기로 결정한 것이 그 신호탄이다. 내친 김에 교육부는 교육대학교와 지방 국립대학교 및 사범대학교와의 통폐합 등도 추진하기로 했다. 이것은 교육부가 감사원의 경고, 말하자면 교육당국이 저출산 실태를 감안하지 않으면서 초등학교를 너무 많이 짓고 초등교원을 과잉배출해 예산을 낭비했다는 지적을 받아들인 것이었다. 그래서 2007학년도부터 교육대학교 입학정원을 35% 감축하라는 권고를 교육부가 받아들였던 것이다. 교사가 되려는 부푼 꿈에 젖어 있는 교육대학생들에게는 분통이 터지는 일이 아닐 수 없다. 저들이 그런 교육부의 황망한 결정에 가만히 있을 리 없다. 탄원부터 극렬한 시위에 이르기까지 갖가지 시위가 벌어졌다. 교육부가 그 어느 선으로든 그들의 요구에 귀를 기울이기는 했지만 대세는 그리 호락호락하지 않았다. 지금과 같은 교원수급정책을 그대로 끌고 나가다가는 교육부 스스로 제 목숨을 재촉하는 것이나 마찬가지이기 때문에 저들은 매 맞을 준비를 이미 단단히 하고 있었던 것이다.

일부에서는 인구감소가 사회적으로 그렇게 나쁜 것만은 아니라는 의견도 있다. 긴 설명을 생략하고 단언하면, 지금과 같은 한국사회의 과잉인구환경을 고려하면 자연적인 인구감소는 오히려 다음 세대를 위해서는 다행한 일이라는 것이다. 쾌적한 사회, 살아 줄 만한 사회, 공부해 볼 만한 교실환경을 저들에게 만들어 줄 것이기 때문이다. 서비스 시설이나 문화환경의 사회적 양극화현상 같은 것을 제대로 교정, 조절해 주기만 하면 도시인구의 감소는 오히려 지속 가능한 사회를 위해 바람직하다. 학교교육환경도 예외일 수가 없다. 우리에겐 난제였던 대도시 콩나물시루 교실은 배워 볼 만한 쾌적한 학습공간으로 바뀔 수도 있기 때문이다. 그런 조짐이 곳곳에서 발견되고 있다. 현재 콩나물 교실의 대명사인 인천이나 수도권 교실의 경우 학급당 학생 수는 평균 32명 정도다. 이것은 OECD 평균인 24명보다 10명이나 더 많은 숫자이지만, 10년 전에 비해서는 상당히 개선된 모습이다. 지금과 같은 출산 속도라면, 대도시 교실은 15년도 채 가지 못해서 저들의 대열 속에 낄 것이다. 도시인구의 노령화로 몸살을 앓고 있는 각 지방자치단체가 구상하고 있는 갖가지 인구흡인대책이 효과를 거두기 시작하면 대도시 학생인구는 더욱더 감소하게 된다. 문제는 물리적인 환경이 아니라 인위적인 교육환경, 말하자면 교직의 환경이 아이들에게 더 문제가 된다.

인구감소에 의한 학교환경의 변화가 불가피하다면 교사가 우선적으로 그것에 적응해야 한다. 교사수급의 문제를 교육대학생 당사자들의 문제라는 단순한 이해관계의 틀에서 벗어나야 한다. 교사도 살고 교육도 사는 상생의 교직문화로 진화되어야 한다. 교직문화를 새로 정리해 가는 수밖에는 없을 것 같은데, 그것의 시작이 바로 교사평가제의 정착이다. 교사평가제가 정착되면 지금과 같은 교사중심의 교직문화는 한층 더 학생친화적이며 학습친화적인 교직문화로 진화할 것이다.

둘째로, 지금과 같은 교수-학습중심의 교직교육 프로그램도 그 내용을 혁신해야 한다. 인구감소가 됨으로써 교원자격증 하나로는 교육을 책임질 수 없게 되었다. 폐교나 빈 교실이 더욱더 늘어날 수밖에 없기 때문에 앞으로의 학교는 지역사회의 평생교육센터로서 그 무게중심을 옮겨야 한다. 앞으로의 교사는 지역사회의 평생교육까지 책임질 수 있어야 한다. 교사들은 지역사회의 모든 교육적 환경을 하나의 교육자본으로 만드는 일에 기여해야 한다.

인구감소로 변화될 이런저런 교육환경 변화의 추세를 감안한다면, 기계적인 교사 감축만이 유일한 대안이라고 우기는 것은 새로운 교직문화의 가능성을 죽이는 것이다. 오히려 지금과 같은 경직된 입시훈련 교직문화에서 벗어나 평생교육, 평생학습도시운동에 능동적으로 참여하는 교직문화를 위한 새로운 가능성으로 진화해야 한다. 교직문화를 새로운 평생학습 교직문화로 진화시키기 위한 교원정책은 교육부만의 문제가 되지 않는다. 문광부나 행안부, 여성부와도 맞물려 있는 쟁점사안으로 공론화하여야 한다. 교사의 직급이나 직제도 과감하게 바꿀 필요가 있다. 철밥통 증명서라고 조롱당하고 있는 교원자격증의 위력부터 수술대에 올려야 한다. 인턴제 및 계약제 교사 혹은 수습교사와 같은 폭넓은 교직제도의 도입도 불가피하다. 교실에 한 명의 교사만이 상주해야 한다는 것부터 재고해 보아야 한다. 교직문화를 새로운 사회변동에 적응하게 하기 위한 교육대학 및 사립대학의 교육과정의 개편은 불가피하다. 이 시점에서 교육대학이나 교육부 모두 교원 감축을 겨냥한 나쁜 대안을 피하는 게 목적이 아니라, '새로운 교직문화를 위한 최선의 대안'을 찾는 것에 목표를 두어야 한다.

교사, 배움을 조각하는 예술가

한국의 학교교육은 이제 국가과외 시대로 진입했다. 참여정부의 교육정책은 국가과외로 정착되기 시작했다. 국가과외가 학교교실을 장악하게 된 것은 이 나라 교육의 문제에 대한 교육행정가들의 문제인식이 한 가지로 집약되었기 때문이다. 그들에게서 한국교육의 문제는 방정식일 뿐이었다. 방정식은 이론적으로 한 가지 정답만을 요구하는 미지수가 있는 수학문제를 말한다. 그 어떤 방정식이든 그것에 만족을 주는 해답은 단 한 가지다. 그 방정식의 미지수에 해당하는 단 한 가지 답만 구하면 문제는 풀린다. 더 이상 문젯거리가 없게 된다. 답은 한 가지여야만 한다. 참여정부가 국가과외 정책을 강력하게 추진할 수 있었던 것은 한국의 학교교육 문제를 이런 방정식의 관점으로 파악했기 때문이다. 국가과외는 입시교육 문제를 풀어 보라는 방정식과 비슷하게 인식되었을 법했다. 한국교육의 문제는 사교육비 경감의 문제였고, 그 문제에 만족을 줄 수 있는 정답을 단 한 가지로 간주했던 것이다. 문제인식이 단순하면 방정식도 단순하게 구성된다. 사교육비 경감대책이 만들어지면 일단 한국교육 문제는 풀린다는 방정식이 그들을 지배했다. 교육행정가나 교육개혁 전문가, 수능방송 관계자, 지식산업 관련업자, 교사집단 들의 무의식을 지배했던 것이 바로 그 방정식이었다. 그렇지만 그들의 이해관계만큼은 제각각이었다. 그들 모두가 국가과외가 필요하다는 결론만 서로 같았을 뿐이다. 국가과외를 해도 괜찮다는 이유나 의도는 모두 제각각이었다. 정부는 정부대로, 교사집단은 교사집단대로, 방송사는 방송사대로, 지식산업체들까지도 제 나름대로 국가권력이 보증하는 국가과외 속에서 손익계산을 했었다.

교사가 바로 교육이며, 배움의 본보기여야 한다. 교사가 교재이며, 교사가 바로 배움의 열정이다. 교사가 교실에서 배움으로 작동하지 않으면 교실은 죽음의 땅(死地)일 뿐이다. 교사는 지식만을 제시하는 사람이 아니라, 배움을 익히도록 만들어 주는 조력자다. 교사는 배우는 이들과 서로 지식을 만들고, 서로 나누기도 하며, 그것을 서로 거부하고 또다시 새롭게 만들어 내면서 배움을 완성해 나가기도 한다. 그들은 창조적 지식을 그렇게 만들고, 그런 경로를 통해 공유하고 확장시켜 나간다.

또한 교사는 나무를 심는 사람이다. 교사는 아이들의 영혼을 키우는 사람들이다. 봄에 씨를 뿌리고 거름을 주고 잘 가꾸어서 가을에 풍성하게 거두어들이는 사람이다. 배움의 씨앗을 뿌리고 잘 자랄 수 있도록 살펴보고 다듬고 가꾸어 가는 사람이다. 다시 말해서, 교사가 바로 배움을 조각해 내는 예술가다. 이들 배움의 조각가들이 온전하게 자리를 잡을 때, 학생들의 학교거부증도 사라질 것이다. 그리고 그 빈자리는 배움의 열정으로 가득 찰 수 있을 것이다.

천재 물리학자인 아인슈타인은 자신이 겪었던 그 옛날 학교교육을 회상하면서 학교교육이 나아가야 할 길을 제시하곤 했다. 그는 아이들에게 그저 외우고 베끼게만 하는 학교교육을 혐오했다. 그것이 인간의 성장에 도움이 되지 않았다는 자신의 경험을 회상하곤 했기 때문이다. 과거에도 그랬고 지금도 그렇지만, 아이들에게 시험준비나 시키기 위해 이것저것 외우기만 하고 베끼도록 닦달하기만 하는 학교교육에는 희망이 없다. 아인슈타인은 이런 학교교육의 해악을 인간적으로 예방해 줄 수 있는 사람이 바로 교사라고 주장했다. 교사들이 아이들을 교실에서 버리면 교육의 미래는 암울하기만 하다. 교사들이 학생들에 존경을 받으려면 달리 특별나게 교사 스스로 해야 할 것이 따로 있는 것이 아니다. 그것은 교사 스스로가 아이들에게 보여 주고 있는 지성과 인간성, 바로 그것이기 때문이다. 원래 교육이라는 것은 아이들이 학교에서 배운 그 모든 것을 다 잊어버리고 난 연후에도 남아 있는 '그 무엇'인데, 그것은 바로 교사의 사람됨과 그의 지성(intellectual qualities)으로 집약된다. 그런 맥락에서 교사는 아이들에게 어머니인 동시에 '따듯한 심장(heart)'이어야 하며, 지성이어야만 한다. 교사가 아이들에게 푸근한 가슴처럼 아이들의 마음과 혼을 어루만지는 일이 바로 교육의 시작이라는 것은 심장과학 혹은 생물신경학의 관점으로 봐도 옳기만 하고, 교사는 본질적으로 지성인이라는 관점으로 보아도 교사에 대한 아인슈타인의 기대는 틀린 것이 없다.

국가과외를 새로운 공공교육기관으로 전면에 내세울 수밖에 없었던 여러 가지 사회적이고도 정치적인 의도, 수능방송이 한국의 교육정책으로 효력을 발휘하기 위한 정치적 조력과 그 검증과정, 이를 위한 교육학적인 인증작업이 함께 논의될 때 한국교육은 새로운 희망을 찾을 수 있다. 한국교육에서 국가과외를 정치적 개혁과제이며, 동시에 교육적 실험과제라고 봤을 때, 국가교육의 틀 안에서 국가과외의 정치적인 배경과 교육적인 활동의 성격을 논하는 기존의 교육학 관련서나 연구보고서부터 포기해야 한다.

또한 한국교육계에 팽배해 있는 이런 저런 왜곡된 시각, 다시 말해서 작은 변화로는 학교교육을 바꿀 수 없다는 '왜소기피증'과 크고 화려한 것이 좋다는 '거대망상증' 등도 경계를 해야 한다. 한국교육사에서 입시불패의 주역이었던 음지교육 학원들과 교육권력 간의 한판 승부를 그 숨겨진 비하인드 스토리와 함께 파헤쳐야 한다. 동시에 가르치는 일과 배우는 일에 힘쓰는 교사들에게 힘과 용기를 불어넣어야 한다. '교사가 바로 교육'이라는 고전적이면서도 미래지향적인 'To sir with love', 즉, '선생님에게 존경을'이라는 격려메시지를 통해 한국교육의 희망과 비전을 이야기해야 한다. 교사가 바로 서야 교육이 바로 설 수 있기 때문이다. 국가가 먼저 생각했어야 했던 것은 국가과외 속에 비춰지고 있는 배우급 강사들이 아니라, 교실에서 매일같이 살아 움직이는 교사들을 격려하며, 그들을 아이들의 영혼과 함께 어울리게 하도록 배움의 열정을 북돋우는 일이어야 했다.

스승의 날은 교직 경신의 날

스승의 날이 다가온다. 해가 갈수록 스승의 날은 어둡고 두려워진다. 교사의 권위가 땅에 떨어져 짓밟혀 온 지도 오래되었다. 이제 교사가 설 자리는 그 어디를 둘러보아도 보이지 않는다. 날이 갈수록 선생님을 바라보는 사회의 시각과 처우가 삐뚤어지고만 있다. 그저 이 사회는 교사를 향해 하루살이 막노동자처럼 일이나 하라고 닦달한다. 이 모두는 선생님에 대한 결례일 뿐이다. 이래서는 아이들에게 그 어느 교사도 희망을 불어넣기가 어렵게 된다. 선생님은 선생님으로서 존경받아야 한다. 학부모들이 먼저 이 땅의 교사들에게 믿음과 존경을 주어야 한다.

물론, 그들로부터 존경을 받을 수 있도록 교사 스스로 준비해 둬야 할 것도 있다. 가르치는 일이란 원래 자라나는 이들에게 꿈을 불어넣는 일이며, 자신의 초상화를 그려 내는 일이라 더욱더 그렇다. 그래서 학생을 가르치려는 교직에 나선 사람들일수록, 다른 그 누구보다도 먼저 배워야 한다. "아무것도 모르면서 모든 것을 안다고 생각하는 사람들 중의 그 한 명은 틀림없이 정치가가 아니면 교사다."라는 버나드 쇼의 그 옛날 입담이 아직도 사실이 되게 해서는 곤란하다.

권태로운 스승은 학생에게 위험할 뿐이다. 이런 위험을 일깨우기 위해 서양 사람들은 교사가 범할 수 있는 일곱 가지 잘못을 즐겨 꼬집어 내곤 한다. 일곱 가지 실수 중에서 세 가지 실수는 열정의 죄를 만들어 내며, 다른 세 가지 실수는 비정의 죄를 만들어 낸다. 마지막으로는 미적지근한 실수가 있는데, 이것이 만들어 내는 죄가 바로 무지다. 욕정, 탐식, 성냄과 같은 것은 열정의 실수인데, 교사들이 열정의 실수를 자주 할수록 교실수업은 엉망이 된다. 비정의 죄를 만들어 내는 탐욕과 질투, 교만은 교직사회를 갈등과 긴장에 휩싸이게 만드는 실수다. 이런 비정의 차가운 실수는 그냥 저절로 고쳐지는 것이 아니다. 교사들이 교직 초기의 정신으로 되돌아갈 때 비로소 치유될 수 있는 실수다.

비정, 열정의 실수보다 더 질이 나쁜 실수가 바로 무지와 무관심이라는 미적지근한 실수라고 했다. 이 실수를 드러내 주는 옛 이야기가 있다. 어느 날 한 승려와 늙은 스승이 산속을 걷는다. 그들은 냇가 위쪽에 있는 조그마한 오두막을 발견한다. 승려가 말한다. "저기 지혜로운 수행자가 살고 있는 것이 틀림없어요." 그러자 스승이 먼저 나서며 그를 힐난한다. "지혜로운 수행자라니 당치도 않다. 냇물에 상추 이파리가 떠내려 오는 것이 보이지 않느냐. 그것만 봐도 그는 낭비자일 뿐이로다." 그 순간 언덕에서 한 늙은 남자가 수염을 휘날리며 달려 내려온다. 내려가는 상추 이파리를 정성스레 잡는다. 그 이파리를 어린애 돌보듯 조심스럽게 잡아 올리는 그의 모습은 마치 성자 바로 그것이었다. 늙은 그 스승은 권태로운 눈으로 그를 쳐다만 볼 뿐 아무 말도 없었다.

그 늙은 스승은 권태로운 스승이다. 원래 무지와 무관심은 권태를 먹고 자란다. 무지와 무관심을 사람들은 관용이라 부르기 좋아한다. 그러나 그것은 절망을 일컫는 말일 뿐이다. 아무것도 믿지 않고, 아무것도 돌보지 않고, 아무것도 알려고 하지 않는 것이 무지다. 아무것에도 간섭하지 않고, 아무것도 즐기지 않고, 아무것도 사랑하지 않고, 아무것도 미워하지 않고, 아무것에서도 목적이 없는 것이 무관심이다. 학교를 떠날 이유도 없기 때문에 그냥 학교에 남아 있겠다는 것이 바로 권태이며 무지이고 무관심이다.

무지의 가르침은 어리석음을 범한다. 교사가 흔히 짓는 커다란 죄 하나가 바로 사람을 가르치겠다고 무조건 나서는 일이다. 옛말에 교사는 학생에게 배우는 일 이외에는 모름지기 그 어떤 것도 가르치지 않는 사람이어야 한다고 일렀던 것이다. 그런 교사일수록 옛 어른들은 진정한 스승이라고 두 손 모아 칭송했었다. "길을 떠날 때면 나는 오직 스승의 가르침만을 들고 간다네. 깃털보다도 가벼우니 힘들 것 하나도 없네. 금보다 들기 간편하니 마음대로 숨기기도 좋다네."라고 스승의 고마움을 칭송했었다.

무릇 이 땅 위의 교사라면 세상 가는 길이 어렵다는 그 어려운 길을 택해 그 길로 나서야 한다. 세상이 포기한 아이들일수록 그들의 상처난 영혼을 어루만져 줄 수 있는 사람이 바로 교사다. 모든 세상이 속되게 추구하는 그것과는 반대방향으로 걸어가면서 아이들의 영혼을 구해 내는 사람이 바로 교사다. 그런 사람을 우리는 진정으로 가르칠 용기를 가진 교사라고 칭송한다.

교사가 가르치는 아이들 모두는 천성적으로 천재들이다. 원래 천재는 죽을 때까지 어린아이의 열정으로 살아가는 비결을 갖고 있는 이들이다. 교사는 그런 천재끼 있는 학생들을 그저 그렇게 가르치거나, 그저 두려움을 만들어 내는 사람들이어서는 곤란하다. 두려움 때문에 아이들에게서 얻어 낸 존경이나 권위만큼 비열한 것은 이 세상에 그 아무것도 없다. 스승의 날은 오히려 아이들과 새롭게 배우겠다고 약속하는 교직 경신의 날과 같아야 한다.

훈련병의 마음

세상이 달라진 것만큼은 사실이다. 입영문제를 둘러싸고 양심선언이 나오고 있는 것이 신기한 먼 나라 이야기처럼 들린다. 내가 입영할 그 당시, 어느 누구도 입영에 대해 문제를 제기하지 않았다. 이 땅에서 태어났다면, 신체적으로 심각한 결손자가 아니라면 당연히 군에 가야 했다. 자기 아들을 사람으로 만들어 보기 위해 부모가 먼저 입영을 권했다.

사실 나는 학사장교를 원했다. 그것도 해병대 장교를 자원했었다. 추운 겨울 어느 날, 해병대 장교 시험을 보았다. 대방동 어느 곳에서 신체검사부터 먼저 본다고 했다. 신체검사에 합격한 사람만 장교임용 필기시험에 응할 수 있었다. 그 당시만 하더라도, 차편 사정이 좋지 않았다. 그래서 시골에 집이 있는 응시생들은 대방동 근처 여인숙에서 하룻밤을 보내고 다음날 아침에 신체검사에 응할 수밖에 없었다. 나도 저들처럼 그렇게 숙소를 잡았다. 방 값이 무척이나 저렴했다. 그래서 방도, 주인도, 분위기도 엉성하였다. 나는 방 한 칸을 두 칸으로 만든 방에 자리를 잡았다. 얇은 벽 가운데에는 60촉짜리 백열등이 양쪽 방을 비추고 있었다. 방바닥은 연탄불로 뜨거웠지만, 방 공기는 차디찼다. 웃풍이 너무 셌다. 감기 기운이 있던 차에 쌍화탕을 한 병 마신 후 초저녁잠이 들어 버렸다가, 아마 밤 11시가 넘어 깨어 버렸을 것이다. 술이 거나하게 취한 취객과 함께 잠자리를 하게 되어 그들의 거친 숨소리에 날밤을 샐 수밖에 없었다. 마지막 코고는 소리까지 셀 수 있을 정도로 그들에게 열중했었다. 그래서 열이 났다. 입맛도 썼다. 아침에 신체검사장에 나갔다. 한밤 동안 혈압이 엄청 올랐나 보다. 불합격이었다. 나는 해병대 장교 필기시험을 볼 수 없었다.

햇볕이 내리쪼아대는 7월 그 어느 날, 나는 논산 훈련병 입소 대기소에서 신체검사를 마쳤다. 모든 것에서 합격판정을 받았다. 최종합격이었다. 이제 훈련병으로 막 나아가려는 순간이었다. 모든 것이 제대로 준비되어 있었다. 호흡도 가지런했고, 구보에도 이상이 없었다. 그 며칠 사이지만, 군대밥에도 적응이 되었다. 이제 M1 장총을 들고 훈련장을 뛰기만 하면, 그야말로 육군의 무등병이 될 그런 순간이었다.

무더움을 피해 잠깐 동안 쉬고 있는 입영 대기병들에게 선착순 호출이 떨어졌다. 열심히 뛰어 나갔다. 나도 뛰고, 너도 뛰었다. 그저 꼴찌를 면할 정도의 그런 등수였다. 후미로부터 짤라진 나도, 다른 대기병도 다시 한 번 더 연병장을 뛰어 선착순으로 되돌아와야 했다. 꼴찌에서 서너 번 앞서는 순번으로 들어왔다. 죽을 맛이었다. 먼저 뛰어 들어온 대기병들은 해산명령과 함께 자기 자리로 흩어져 버렸다. 늦게 들어온 서너 명만이 차출되었다. 저만치 떨어진 곳으로 불려 나갔다. 우리만 남았다.

거의 다 지어진 듯한 건물 앞으로 걸어 들어갔다. 어쩐지 별로 좋지 않은 그런 기분이 드는 건물이었다. 건물에 대해 길게 설명하는 인솔자 일등병의 이야기에 별로 귀를 기울이지 않았다. 사람이 한 명 정도가 들어갈 수 있을 정도의 구멍이 뚫어져 있는 그곳에만 시선이 집중되었다. 새로 지은 변소 건물이었다. 이제 사용을 위해 길다란 일자형 변소 건물 주위에 나 뒹굴고 있는 판자니 뭐니 하는 것들을 치우는 일만 남아 있었다. 그것을 위한 인력으로 우리가 차출된 것이었다.

겉은 괜찮았다. 누구도 해낼 수 있는 그런 일이었다. 누군가는 구멍으로 내려가야 했다. 구덩이 아래에 널려 있는 판자 조각이나 돌멩이 부스러기를 치워 내야 했다. 누구도 원하지 않았다. 나도 내키지 않았다. 모두가 망설였다. 누군가가 벌써 그곳에다 방뇨를 해댔기 때문에 오줌냄새가 진동했다. 파리가 꼬여들지 않는 것으로 미루어보아 아직 여유는 있었다. 그렇지만 들어갈 정도로 내키는 곳은 아니었다. 머뭇거리다가 나와 그가 저들의 발길에 채였다. 우물쭈물대다 제풀에 질려 구멍 안으로 떨어져 버린 것이나 마찬가지였다.

철렁거리는 오물들이었지만, 냄새가 그렇게 독하지는 않았다. 빗물도 함께 섞여 있었다. 그렇지만 역겨웠다. 마음이 더 상했다. 판자 조각, 각목 들을 차례차례 건져 위로 올렸다. 한두 시간이 흘렀다. 오줌냄새가 나와 하나가 되었다. 나는 그것들에 취해 버렸다. 분뇨 구덩이 위로 올라왔을 때는 저녁밥을 먹을 시간이었다. 저들은 코를 막는 시늉을 해댔다. 하지만 나는 한껏 숨을 내쉴 수 있었다. 수돗가로 갔다. 닦고, 또 닦았다. 비누로 문지르고, 또 문질렀다. 머리도 시원하게 감았다. 그 손으로 양치질도 했다. 양손으로 물을 받아 시원하게 마셨다. 그리고 밥을 먹으러 내무반으로 갔다. 아무 일도 없었다. 짠지 한 조각도 그 손으로 들어 입에 넣었다. 내 옆에 있던 그 친구도 그렇게 밥을 맛있게 먹었다. 내 옆에서 판자 줍던 그에게나 나에게나 밥맛은 모두 꿀맛이었다. 그 친구의 이름을 기억해 내지 못하는 미안함이 아직도 가슴 가득하지만, 그때 훈련병의 7월은 그렇게 지나가고 있었다. 아, 그렇구나. 냄새도 때도 그렇게 닦아 내면 되는구나. 삶이 원래 그런 것이구나. 논산연병장에서 사람의 틀을 갖춘 훈련병의 마음은 그렇게 영글어 갔다.

03

섬길 臣

무엇을 섬기는가

그러므로 나에게 불명예스럽고 불경스러우며 옳지 않다고
생각하는 일을 하도록 요구하지 마십시오.
나는 나를 고발한 사람들이 신들을 믿는다고 하는 것보다
더 높은 차원에서 신들을 믿고 있기 때문입니다.
그리고 나는 여러분이나 나를 위해서
최선의 것이 되도록 재판해 줄 것을 여러분과 신에게 맡깁니다.

– 플라톤(Plato), 『소크라테스의 변명』 中에서 –

학교자율화는 교육선진화 정책

정부는 학교자율화 방안을 강력하게 실행해야 한다. 교육강국을 만들기 위한 실천 매뉴얼의 첫 장이 바로 학교자율화 정책이다. 말 나온 대로, 초·중·고등학교를 규제하던 29개 지침은 즉시 폐지하고, 법 개정이 필요한 13개 조항도 즉각 정비해서 그들이 곧바로 일할 조건을 만들어 주어야 한다. 학교자율화가 열매를 맺도록 하기 위해서는 국민으로 구성된 대통령자문 교육자율화자문위원회를 설치, 운영해야 한다. 제대로 실천하겠다며 짜인 제도와 강력한 평가제도의 도입, 정기적인 평가가 불가피하기 때문이다.

공교육이든 사교육이든 간에 불문하고 교육의 수월성은 국가가 책임질 핵심 가치다. 그동안 그것을 무시했기에 우리의 학교교육이 이처럼 붕괴된 것이다. 앞서 가는 나라치고 교육개혁 프로젝트에서 '모든 학생을 위한 수월성' 교육을 보편적인 교육정책으로 내놓지 않은 나라는 없다. 경제강국일수록 초·중·고등교육의 경쟁력을 학교자율화의 테두리 속에서 독려하고 있다. 우리나라의 경제규모를 저들과 비교해 보더라도 학교자율화 조치는 너무 늦기만 하다.

학교자율화 조치는 정부의 교육포기 정책이 아니라 교육선진화 정책이다. 공교육과 사교육 간의 협력을 강조한 대목만 보더라도 학교자율화 조치는 공교육 혁신을 위한 선진조치다. 공교육의 쓰임새를 실용화하기 위해서라도 공교육과정은 시대에 맞게 재편성되어야 한다. 일선학교들이 앞장서서 사교육의 선진화된 학습방법이나 교과내용을 벤치마킹해야 공교육이 살아남을 수 있다. 형식이나 명분보다는 실용으로 학교교육을 재무장할 때다.

교육의 권한을 교육감과 학교장에게 위임하겠다는 자율화 조치 역시 당연한 것이다. 학교자율화 조치 때문에 현실적으로 당황하고 있을 수 있는 곳은 교사가 아니라 일선 교육청일 수도 있다. 무엇을 알아서 해야 할지를 마음껏 고민해 본 적이 없기 때문이다. 교육조건이 다르기에 일부 교육감은 교원단체들의 반발에 동조하려는 낌새도 보이는 모양인데, 그것은 잘못된 셈법이다. 교권보호라는 명분을 내세워 교육감들이 학교자율화 정책에 엉거주춤하면 해당 지역의 교육은 더욱더 황폐해질 것이기 때문이다. 그동안 각 지방자치단체와 교육청이 서로 숨가쁘게 벌려 왔던 '지역 명문고 육성' 경쟁에 행여 불이익을 줄까 봐 생긴 염려에서 나온 걱정을 모르는 바는 아니지만, 그것에 매달리면 교육발전은 더욱 더디게 된다. 교육부 지침에 맞춰 공문이나 만들어 학교에 보냈던 관행을 차제에 혁신해야 한다. 권한을 받았기에 성과를 내야 하고, 성과를 냈으면 책임도 져야 한다. 그동안 교육정책 실천에 대한 국민적인 평가과정이 학교교육행정에 빠져 있었는데, 이번에는 기필코 교정해야 할 차례다. 교육감과 학교장의 리더십이 바뀌지 않으면 일선 학교교육은 결코 바뀔 수 없기 때문이다.

교육은 죽었는데 교사만 살아남으면 그게 무슨 소용이 있겠는가? 그래서 학교자율화 조치는 학교에게 교권보다 학업성취권을 앞에 두라는 국민적인 명령과 같다. 학생들이 살아야 교직의 자리가 보존되기 때문이다. 우열반 편성이나 0교시 수업 등에 대한 논쟁은 행정적으로 처리될 지엽적인 문제다. 그런 논쟁으로 학교자율화 조치를 무기력하게 만들면 아이들의 학업성취권은 보장받기 어렵다. 100점 받는 학생들이 지속적으로 100점을 받도록, 10점 받는 아이들도 100점을 받을 수 있도록 학습환경을 만들어 주라는 국민적 요구가 학교자율화 조치다. 지금처럼 10점대 학생과 100점대 학생이 뒤섞여 있는 학습환경도 따지고 보면 학교의 작품이다. 교사의 교육자율권을 박탈했기 때문에 생긴 부산물일 뿐이다. 현행 교육과정은 수학, 영어 등 일부 과목에 한해 학업성취도를 높이기 위한 수준별 이동수업을 권장하고 있지만, 그것을 있는 그대로 지키고 있는 학교는 없다. 한 명의 학생이라도 명문대학에 진학시켜 학교의 위상을 높이고자 하는 속셈들을, 양식 있는 학교장들이라면 손바닥으로 하늘 가리듯 숨길 수는 없을 것이다.

학생들의 학업성취권을 보호하려면 학업성취도가 낮은 학생들부터 새롭게 학습시키는 방법이 나와야 한다. 학업부진아들이 정말로 기댈 수밖에 없는 사람은 교사이고 학교장이다. 아인슈타인도 스티브 잡스도 한때는 모두가 학업부진아들이었다. 잘못된 교실교육 때문이었지만, 그들은 좋은 교사를 만나 숨어 있던 지력을 회복했고, 가려 있던 양심을 회복했다. 그들의 숨겨진 재능에 맞는 맞춤형 개별 학습지도를 해 줘야 한다. 학교가 저들을 꼴찌로 돌려 놓기만 했지, 저들의 숨은 재능을 제대로 평가하고 독려해 준 적은 없었다. 모든 학생이 영재이고 천재로 태어나기 때문에 모두가 나름대로 배울 수 있다. 그들을 지도하는 교사의 수업방식이 잘못되었기 때문에 저 영재들이 둔재로 변색되고 있다. 학교가 저들을 낙오자로 만들어 놓고 있다. 학교가, 교사가, 교육감이 책임지고 그동안의 불량교육을 애프터서비스 해야 한다. 학교자율화는 그것을 일선 학교가 책임지라는 주문이기에, 학교장이 교육다운 교육을 한 번 실천해 볼 수 있는 좋은 기회이기도 하다.

아이들을 위한 교육운동

교사단체들이, 교사들이 스스로 정신을 차리지 않기에 의식 있는 국민이 다시 나설 수밖에는 없을 것이다. 한편으로는 저들과 이론적으로 경쟁하고, 다른 한편으로는 교육운동으로 저들의 이해관계를 제어할 수 있는 강력한 교직단체감시단 같은 것이 나와야 한다. 한국교육운동은 이미 그 정도로까지 위기상황에 노출되어 있음에 서로가 민감해져야 한다. 이는 아이들의 학습권을 저당잡고 저들의 정치적 이해관계를 극대화하고 있는 교사단체에 대한 적절한 국민적 교정술이 필요하다는 뜻이기도 하다.

학부모운동이나 교육운동이 그 어떤 권력이든 간에 관계없이 권력의 선동대나 권력의 끄나풀이 되어 이편 혹은 저편 정권의 앞잡이가 되어서는 곤란하기 때문이다. 한국교육계를 향한 학부모들의 새로운 결집은 한국교사단체의 정치적 활동과 일부 학부모교육운동이 분별력을 상실하고 있기 때문에 자연스럽기만 하다. 동시에 그것은 한국사회의 경제와 교육이 보다 성숙해지고 합리화되면서 자

더라도 노무현 정권처럼 대학입시제도의 개혁문제와 공교육의 정상화 문제를 계층 편향적인 시각으로 다루지는 않았다. OECD 역시 이런 유의 교육개혁에 대한 한국적 현상을 걱정하며 3불정책의 한계를 지적했다.

3불정책의 노림수

역대 정부가 취해 온 수많은 대학입시개혁이 대학에게 학생선발의 자율권을 부여하기 위한 입시개혁정책이었다고 평가받기는 어렵다. 역대 정권들이 대학입시개혁안을 제안하면서 대학의 학생선발권의 보장문제를 언급하는 일에 소홀하지는 않았지만, 실제로 그들이 겨냥한 대학입시개혁의 핵심은 대학의 통제를 염두에 둔 것이었기 때문이다. 정부가 만들어 낸 입시안 중에서 대학이 각각의 사정에 따라 입시안을 골라야만 하는 입시안 선택권 보장의 입시개혁안이었다. 정부가 대학에게 학생선발권을 전면적으로 허용하지 않는 이유로 늘 앞세우던 것은, 대학입시가 한국교육의 근간을 뒤흔드는 중요한 사안임을 강조하는 일이었다. 잇대어 제시된 것은, 한국대학운영의 투명성이 학생선발권을 행사하기에는 아직도 멀었다는 논리였다. 그것을 확인이라도 해 줄 듯이 어김없이 언론을 통해 대학운영의 부정 사례 같은 것이 보도되곤 했다.

그러고 보면 역대 정권이 취했던 대학입시개혁은 교육의 정상화라는 명분 아래 정부의 대학통제라는 실리를 철저하게 추구했던 정책들이었던 셈이다. 정권이 대학을 통제할 수 있는 가장 강력한 수단으로써 학생선발권 보류를 선택할 수밖에 없었던 것은 그 나름대로 계산이 있었기 때문이다. 그 첫째는 정부 스스로 공교육에서의 실패를 그 어떻든 속으로 감추어 드러나지 않도록 해야 한다는 정치권력의 속성 때문이었고, 둘째는 현실적으로 정부가 강력하게 지원해 온 공교육의 교육력이 학부모의 교육열과 겨루기에 힘겨웠기 때문이다. 정권이 의지했던 공교육의 무기력과 그에 따른 입시훈련의 병폐는 입시학원 같은 사교육훈련업체의 증가에서 여실히 드러나곤 했다. 사교육 중에서도 악성 사교육으로 분류

할 수 있는 입시사교육의 현장을 통해 공교육의 무력감이 적나라하게 표출되곤 했다. 이런 어려운 상황에서 정권적 차원의 권력의 힘을 보여 주기 위해 선택한 교육적 처방이 바로 대학의 학생선발권 보장을 보류하는 일과 사교육시장을 최대한 교란시키는 일이었다.

참여정부는 이런 어려운 상황 속에서도 대학의 학생선발권을 속박하는 효과적인 정책을 개발했는데, 그것이 바로 3불정책이었다. 한편으로는 대학의 학생선발권을 권력의 힘으로 장악하고 다른 한편으로는 학부모의 교육열을 권력의 힘으로 폄하하면서 그것의 사회적 정당성을 얻기 위해 계층적 이해관계로 포장해 놓은 것이 바로 3불정책이었다. 교육문제를 계층적 이해관계로서 사회에 부각시킨 것은 역대 정권이 보여 준 그 어떤 노력에 비해서도 탁월한 것이었다. 그러나 3불 정책의 정당성을 이론적으로 뒷받침하는 데에는 그 어떤 정권에 비해서도 그 기반이 빈약했다.

대학 통제의 잠금장치

3불정책의 핵심은 대학에게 학생선발권을 줄 수 없다는 논리 개발에 있다. 대학이 자신들의 이해관계를 위해 개발한 학생선발도구는 그 어떤 것이라도 허용할 수 없다는 논리가 바로 본고사 불용정책이라면, 그것의 보강정책이 고등학교 등급제를 불용하는 정책이다. 본고사 불용과 고등학교 등급제 불용이라는 두 가지 정책은 교육붕괴와 고등학교 교육의 실패가 드러나지 않도록 만들기 위한 안전잠금장치이기는 했지만, 그것의 기능은 기대 이상으로 작동할 수가 없었다. 왜냐하면 교육현실은 흐르는 공기와 같아서 그 어떤 자물쇠로도 그것의 유동적 위력을 봉쇄해 놓을 수가 없었기 때문이며, 고등학교 등급제가 겨냥했던 목표는 원래 학교 간의 서열을 의도했다기보다는 고등학교 교육의 특성화나 고등학교 교육과정의 다양화를 겨냥했기 때문이다. 게다가 제아무리 공권력을 동원해서 고등학생들의 수능점수를 공개하지 않게 한다고 해도 학생들 간의 실력 차이나 학교 간의 점수 차이는 그 어떻든 간에 사회에 노출되게 마련이기에, 고등학교 등급제 불가의 원칙은 힘을 잃을 수밖에 없었다. 그 일은 어차피 입시학원이나 학부모들이 해낼 일들이었다. 그러니 대한민국의 고등학교 간에 학력차가 없다고 우기는 일 그 자체가 실없는 일이 된 것이다. 정권보호의 논리 때문에 오히려 더 강력한 재정적이거나 교육적 지원을 받아야 할 취약계층과 소외지역의 학생들이 상대적으로 더 많은 피해를 입는 결과를 초래했다.

기여입학제는 본고사 허용문제나 고등학교 등급제문제와는 문제제기의 속성이 다르지만, 대학에게 학생선발권을 자율화한다면 오히려 소외계층에게 이익이 더 많이 돌아가게 만드는 대학자율권 확대를 위한 한 부문이다. 대학을 위한 정부의 재정적 지원이나 책임을 경감시킬 수 있는 대학재정지원의 대안정책이 될 수 있다. 이런 정책은 정부가 일부 대학에게 학점제 학사학위제를 최대한 활용하게 하여 재정적 수익을 높이게 하는 식의 고등교육재정정책에 비해서는 정책적 효과성이 상당히 높은 정책이 될 것이다. 기여입학제는 대학에 대한 사회적 감시와 대학재정의 투명성을 드러나게 만드는 교육정책이 될 것이기 때문이다.

정부는 대학들에게 이런저런 명목으로 매년 수천억 원에 달하는 국민의 혈세를 지원하지만, 그런 유의 대학재정지원은 소수 대학생을 위한 것이지 모든 대학생을 위한 것이라고 말하기는 어렵다. 그것은 혈세의 낭비가 될 수도 있다. 소수 대학생을 위한 국민의 혈세가 오히려 국민교육의 완성을 위해 투자되면 보다 더 좋은 결과를 얻을 수 있다. 초·중등교육의 완성이야말로 국민의 교육경쟁력을 확보하는 토대이기 때문에, 초·중등교육의 교육환경 개선과 학력증진을 위해 투자되는 편이 교육재정적으로도 이익이 크다. 기여입학제의 가능성에 비추어 지듯이, 대학재정은 대학이 알아서 확보해야 할 대학 자체의 독립적인 일이거나, 아니면 고등교육기금 같은 것을 제도화하여 상부상조해야 될 일인지도 모른다. 아예 지방자치단체들이 지역인재개발을 위해서라도 해당 지방자치단체에 토대를 두고 있는 대학들에게 적극적으로 지원해야 될 일일 수도 있다.

교육선진국의 일반적인 추세지만, 대학 선택은 우리 국민에게도 필수가 아니라 선택사안이 될 것이다. 한국의 23~30세 청년층의 대학진학률은 세계적으로 1, 2위를 차지하고 있는데, 그만큼 대학의 실용성이 큰 것은 아니다. 대학교육의 실용성은 점점 쇠락하는데 대학의 숫자만 증가하는 것은 학력의 인플레이션을 의미한다. 학력의 인플레이션은 필연적으로 과잉교육을 야기한다. 대학재정의 투명성을 위해서라도 대학의 구조조정 역시 불가피하다. 그것이 싫다면 대학은 나름대로의 특성화 프로그램을 통해 지역인력개발을 위한 기능성 교육프로그램 개발에 주력해야 한다. 실험실습실과 같은 첨단장비의 확보가 요구되는 연구중심 대학의 역할은 차라리 국 · 공립대학에게 맡기는 일이 더 효과적일 것이다.

그런 뜻에서 대학에 진학하지 않더라도 국민 개인에게 별다른 교육적 손해가 가지 않는 중등교육의 완성이 요구된다. 모든 국민을 위한 초 · 중등교육의 완성을 위해서는 대학에게 지원되는 식의 지금과 같은 불요불급성의 재정적 지원이 재고되어야 한다. 지금과 같이 초 · 중등교육의 실패가 계속되는 한 대학은 더욱 더 증가할 것이며, 그로부터 학력의 인플레이션이 일어날 것이다. 이런 학력의 인플레이션 상황이 지속되면 대학의 경쟁력은 요원하다.

3불정책의 논리

정부가 3불정책을 고수하는 논리는 그리 이론적이지도 않다. 본고사를 풀면 국어, 영어, 수학 위주의 시험으로 고등학교 교육이 파행되고 그로부터 사교육이 한층 더 팽창된다는 것을 설명하는 것이기 때문이다. 고등학교 등급제 역시 학교 서열화를 막고, 학교들 간의 진학경쟁을 완화시키며, 학생 개개인의 능력선발원칙을 지키기 위해 취해진 합리적인 방법이라는 것이다. 기여입학제는 사회통합을 저해하는 불평등 요소라는 것이다. 이런 주장이 국민의 지지를 받기 위해서는 교육현실이 3불정책의 약점이 뭐 하나라도 사실로 나타나야 하는데, 현실은 정부의 기대와는 전혀 다르게 나타나곤 했다. 3불정책은 2002년부터 정책으로 제시되었는데, 그 당시 정부가 가장 우려했던 사교육업체에서 입시훈련을 받았던 초등학생은 83.1%, 중학생은 75.3%, 고등학생은 56.4% 정도였다. 그로부터 4년이 지난 2006년 말 그 비율은 오히려 88.2%, 78.4%, 63.1%로 더 증가하였다. 국민으로서는 입시에 대한 대비가 만만치 않았다는 증거이며, 학교교육이 더욱더 불신받고 있다는 증거이기도 하다. 이런 것은 한국교육의 현실상 어쩔 수 없는 노릇일 수밖에 없다. 왜냐하면 교실교육은 이미 입시훈련의 여파로 붕괴되어 왔기 때문이다.

정부가 그토록 간절히 바라던 고등학교 교육의 정상화, 그중에서도 학생생활기록부에 대한 국민적 공신력 역시 물거품이 될 수밖에는 없었다. 일상적인 삶살이에서는 하찮은 1, 2점의 점수 차이가 대학입시게임에서는 생존의 법칙으로 학생들의 운명을 좌우한다. 그 어떤 대학입시제도도 이것을 부인하기는 어렵다. 그래서 점수 차 경쟁은 대학입시에서 지워 낼 수 없다. 지금과 같은 방식으로 준비해 주는 고등학교의 입시훈련으로는 소기의 목적을 충족시키지 못한다는 학부모의 우려는 기우가 아니라 현실이다. 정부가 하라는 대로 그것을 순진하게 믿었다가는 손해는 학생 혹은 학부형 당사자 혼자에게 돌아가기 때문에 학부모는 어떻게든 입시훈련업체에게 도움을 청할 수밖에 없다.

정부가 수주하는 연구프로젝트에 친숙한 교육연구자들이나 교육정책자들 역시 지금과 같은 3불 중심의 입시정책은 한국교육의 경쟁력과 무관하다는 것에 공감한다. 다만, 입 밖으로 그것을 내놓고 있지 못할 뿐이다. 그런 기운은 3불정책 지지에 대한 연구보고서에서 노출되는 저들의 확신감 결여에서 확연히 드러난다.

공교육의 피해의식 극복해야

정부가 사교육문제를 해결하기 위해 늘 내세우는 전제가 있는데, 그것은 공교육은 피해자이고 사교육은 가해자라는 생각으로 집약된다. 교육정책자가 이런 논리를 3불교육정책에 반영했고, 학교장들이 그런 소리로 학부형의 교육력을 바로잡아 보려고 노력했다. 그러나 모두가 허사였다. 공교육을 피해자로 학대하는 사람들의 대부분은 사교육을 흔히 입시훈련업체와 동일한 것으로 혼용하고 있다. 한국사회에서 성공한 입시훈련업체들이 사교육을 대표하는 것은 아니다. 그들은 사교육의 대명사가 아니다. 저들은 그동안 정부의 입시정책에 의해 키워진 부산물일 뿐이다. 교육부가 저들 입시훈련업체들이 안전하게 성장할 수 있도록 지금까지 예인선 역할을 해 왔기 때문에 그렇게 성장하게 된 것이다. 교육부가 지금과 같은 입시정책을 만들어 내는 한, 입시훈련업체에게는 그 언제나 희소식이 될 뿐이다. 지금과 같은 입시제도가 계속되는 한, 저들 입시훈련업체는 절대로 한국교육현장에서 패할 수도 없고 사라질 수도 없다.

그런 저들을 향해 정부는 끊임없이 선전포고를 해 왔다. 마치 입시훈련업체들이 한국교육을 붕괴시키고 있는 것처럼 그들의 필요에 따라 저들을 마음대로 부려왔다. 사안별로 벌금도 매기고, 비난도 해 보고, 엄포도 부리고, 단속도 해 왔지만 소득은 별로 없었다. 저들을 교육붕괴의 주범으로 몰고 가 봐도 결론은 그 언제나 마찬가지였다. 판정패는 정부에게 돌아갔을 뿐이었다. 사교육은 결코 교육붕괴의 주범이 될 수가 없었기 때문이었다. 저들은 학교붕괴에 관한 한 기껏 해봐야 잡범 수준에 지나지 않는다. 이런 상황 속에서 정부가 아무리 군소 입시훈련업체를 교육붕괴의 희생양으로 만들어 가도 교육붕괴에 대한 정부의 책임은 모면할 수 없다.

교육선진국들이 초 · 중등교육에 대해 우리와는 다른 생각을 하고 있다는 것도 타산지석이 된다. 그중 한 나라인 일본의 사례도 도움이 된다. 세계적인 기업인 도요타 자동차는 영국 사학명문 '이튼칼리지(Eton College)'를 모델로 한 일본식 엘리트양성 교육기관을 설립했다. 정부도 적극적으로 지원하고 있다. 일본의 초 · 중등교육에 경쟁력을 심어 주기 위해서다. 일본 문부과학성은 주 5일제 실시 재검토, 토요수업 재개, 국어 · 영어 · 수학 등 기본과목 수업시간 연장, 독해력 향상 프로그램 도입 등 '학력 · 경쟁력 중시 교육' 대책을 발표했다. 일본 국민은 이에 대해 적극적인 지지를 보냈다. 이제부터는 일본에서도 유토리 교육은 사라지고 일제고사가 실시되며, 학생들 간의 경쟁심 고취를 위해 시험 결과도 공개된다. 이런 대책은 지난 수십 년간 일본교육을 지배해 온 '하향식 평준화'에 따른 교육의 질 저하가 국가경쟁력 저하로 이어지고 있다는 문제의식과 국민적 자각에서 비롯된 것이다. 내친 김에 교사자질을 높이기 위한 개혁안도 실행 중이다. 전국 국 · 공 · 사립 유치원 교사부터 고등학교 교사까지를 대상으로 하는 '교사면허갱신제'를 도입, 추진 중인데, 교육의 질을 높이고 학교교육의 책무성을 신장하기 위한 적절한 교육정책으로 평가되고 있다.

대학 이기주의와 경쟁력

세계 100위권 대학 중에는 미국 대학이 33곳이나 차지하고 있다. 그들 중에서도 순위가 늘 앞서 있는 하버드 대학교, 스탠퍼드 대학교, 시카고 대학교는 대학 운영의 기법조차 독자적이다. 시카고 대학교의 경우 노벨상 수상자를 77명이나 배출했지만, 그것의 재정적 토대는 록펠러 집안의 경제적 지원에서 비롯되었다. 실리콘 밸리의 주역인 스탠퍼드 대학교 역시 기업가의 헌금으로 세워진 사립대학교지만 세계적으로 경쟁력을 자랑하는 대학이다. 저들은 정부의 간섭을 받지 않는다. 이들 대학은 19세기만 하더라도 독일대학의 학문적 그늘 속에서 자신들의 정체성을 드러내는 데 모든 힘을 쏟았던 초라한 대학들이었다. 그러나 이제는 세계 학문의 중심지였던 독일의 대학들이 저 미국의 대학들을 벤치마킹하고 있다. 하버드 대학교, 시카고 대학교나 스탠퍼드 대학교가 독일대학의 모델이 된 것이다.

그것을 가능하게 해 준 힘이 바로 대학의 자율권이다. 스탠퍼드 대학교는 학생 선발권의 당위성을, 하버드 대학교는 기여입학제의 정당성을, 시카고 대학교는 고등학교 교육의 평가권을 각기 제대로 행사하였기에 저들은 다른 대학보다 앞서 있게 된 것이다. 저들은 매년 지원자 중 10% 정도를 자기 대학들의 선발기준에 의거하여 자율적으로 선발한다. 선발기준은 조건 없이 비공개가 원칙일 뿐이다. 그래도 어느 누구 하나 그것을 탓하지 않는다. 저들 대학은 그런 대학의 자율권 행사를 굳이 대학이기주의라고 부르지는 않지만, 대학경쟁력을 위해 남들이 그렇게 불러도 개의치 않는다. 오히려 대학의 경쟁력을 확보할 수 있는 대학 나름대로의 이기주의가 반듯하게 서 있어야만 대학 나름대로의 국제경쟁력을 확보할 수 있다고 믿는다.

미국에서 교육학을 공부한 학자라면 한 가지 사실을 부정하기 어렵다. 중앙정부가 대학에 불필요한 간섭을 하지 않는다는 것을 부인하지 못한다. 설령 그런 사실을 3불 지지용 정책보고서에는 인용할 수 없을 지라도 미국대학에는 3불정책의 논리가 서식할 수 없다는 점만큼은 분명하다. 저들은 대학의 교육이념과 방침대로 자율적으로 학생을 선발하고 있다. 정부의 간섭이나 통제는 원천적으로 부적절한 것으로 인식되어 있다. 그래도 저들 대학은 세계 기술력의 선두에 서 있으며 과학의 엘리트 교육에도 성공하고 있다.

교육자본 구축이 경쟁력

한국교육의 경쟁력, 말하자면 국가가 필요로 하는 인적자원을 개발하기 위해서는 공교육, 사교육을 따로 가리며, 사교육이 우월하다느니 공교육이 유일해야 한다느니 하는 식의 편견을 합리화해서는 안 된다. 공교육이든 사교육이든 그것이 국가가 필요로 하는 인적자원개발에 도움이 되는 일이라면 국가에게는 모두가 소중한 교육자본일 뿐이다. 한국교육의 발전은 학부모의 교육열에 의해 가능했던 것인데, 그것의 원천이 바로 사교육이다. 사교육은 입시훈련업체만을 지칭하는 것이 아니다. 사교육이 바로 평생학습의 토대이기 때문에 지역사회에서 배움을 촉진하는 교육환경 모두가 사교육에 속한다.

인적자원개발의 새로운 패러다임을 개발하기 위해서는 정부가 대학입시 게임에 더 이상 필요 이상으로 개입하지 않는 것이 보다 더 현명할 것이다. 그런 개입

보다는 오히려 국가인적자원개발을 위해 공교육과 사교육 모두를 하나같이 교육자본으로 끌어당기며 그것을 최대한 인재개발을 위한 자원으로 활용할 수 있는 새로운 교육정책과 프로그램이 필요하다. 대학과 중등교육의 연계를 통한 인적자원개발 교육정책 같은 것이 더 절실하다.

이런 요구는 국내기업의 요구이며, 최고경영자들의 바람이다. 그들은 3불정책 가운데 가장 시급하게 없애야 할 제도로 '대학입학 본고사 금지'를 지목하고 있다. 몇 년 전 세계경영연구원이 국내기업 CEO 97명을 대상으로 3불정책에 대해 실시한 설문조사 결과에 따르면, 조사대상자의 54%가 '3불정책을 완전폐지해야 한다.' 고 응답했다. '단계적이거나 일부 규정을 없애야 한다.' 는 의견도 40%에 달해 3불정책을 폐지해야 한다는 입장은 94%에 달했다. 국내 교육학자 42명을 대상으로 실시한 조사에서도 응답자의 88%가 3불정책을 폐지해야 한다는 견해를 제시했다. 3불정책 가운데 가장 먼저 없애야 할 제도로 CEO의 64%와 교육학자의 59%가 본고사 금지라고 응답함으로써 학생선발에 대한 대학의 자율권 보장이 시급하다는 것을 부각시켰다. 고등학교등급제에 대해서는 CEO의 82%가 변별력을 위해 필요하다고 응답했지만, 교육학자들은 절반이 조금 넘는 57%만이 고등학교등급제에 찬성 입장을 보여 CEO들과의 시각차를 드러냈다. 또 CEO들은 고등학교평준화 폐지와 교육시장 완전개방에 대해 각각 85%와 92%가 찬성한다고 밝혀 대다수 CEO는 경쟁체제 도입과 시장개방을 통해 교육의 질을 높이는 것이 필요하다고 생각하고 있는 것으로 나타났다. OECD가 한국의 교육을 걱정했다면, 그것은 아마도 한국기업의 입장을 대변하는 충정어린 충고로 받아들여야 할 것이다.

대학입시 난제를 풀려면

고려대학교가 추진한 독자적인 학생선발전형은 대학입학전형의 자율성을 보여 준 첫 행보였는데, 저들이 끝내 물러선 것은 대학자율의 한계를 보인 대목이다. 입학사정관제 도입 같은 것은 고려대학교가 보여 줬던 독자적 학생선발에 비하면 '꿩 대신 닭'이나 마찬가지다. 입학사정관제가 도입되면 고등학교 교육이 정상화돼 학생들의 창의성과 잠재력이 되살아날 것이라고 주장하는 총장들이 있는데, 그것 역시 무리이기는 마찬가지다. 반대로 입학사정관제 도입에 냉소를 짓는 교육전문가도 있는 모양이지만 그럴 필요가 없다. 공교육 정상화를 위해서라면 입학사정관제인들 무슨 문제가 있겠는가. 대학교육 전문연구집단이 제안해 왔던 그동안의 학생 선발방안에 비한다면 입학사정관제가 훨씬 참신하기는 하다.

대학이 입학사정관제 도입에 열성을 보이는 것에는 나름의 이유가 있다. 학생선발의 효율성을 높이면서 입시의 공공성을 실현하려는 의지를 실험해 볼 수 있는 기회도 되기 때문이다. 국민으로서는 각 대학들이 나서서 공교육을 정상화하겠다는 일에 굳이 반대할 이유가 없다. 심층면접만으로 학생들을 선발하겠다는 주장도 좋고, 학교장의 추천만으로 일반 고등학교 학생들을 선발하겠다는 것 모두가 좋은 일이기 때문이다. 대학의 입학사정관제 확대 움직임에는 교육부가 추진하는 대학입시정책의 영향이 크다. 이 제도를 도입하는 대학에 정부가 재정지원을 해 주겠다고 약속했기 때문이다. 대학으로서는 손해볼 것이 아무것도 없다. 그러나 입학사정관제의 기능과 역할의 한계를 꼼꼼히 계산해 보는 일은 필요하다. 한국교육이 지니고 있는 대학입시문제를 속 시원하게 해결해 줄 수 있는 신약이 아니기 때문이다. 입학사정관제는 대학의 학생선발과정을 위한 하나의 효율적인 도구이기는 하지만 선발혁신방안으로서는 함량 미달이다. 입학사정관들이 학생선발과정에서 보여 주는 역량에 따라 대학의 학생선발 내용이나 목적이 바뀌는 것은 아니다. 대학의 학생선발 목적에 따라, 입학사정관제의 기능과 역할은 언제든지 조정될 수 있다.

대학이 자율적으로 학생선발 목적과 내용을 분명히 정해야 대학입시가 직면하고 있는 문제를 해결할 수 있다. 이는 정부의 재정적 지원과는 관계없이 대학 스스로 해결해야 할 핵심과제였다. 대학은 그것을 지금까지 미뤄 왔을 뿐이다. 정부가 대학의 학생선발자율권을 억제한 것도 그 빌미가 된다. 정부가 대학의 정원을 묶어 놓고 있는 한 학생선발자율화는 요원할 뿐이다. 경쟁력 있는 미국대학들의 학생선발이 우리에게 귀감이 되는 것은 학생정원과 선발의 자율적 실천이었지, 입학사정관제 도입 같은 것이 아니었다. 미국대학의 총장들은 정부가 돈을 지원해 주지 않아도 그들 나름대로 학생정원조정과 선발원칙을 세우고, 그 원칙에 따라 우수학생을 선발해 왔다. 입학사정관제를 도입했기 때문에 대학이 심층면접이나 학교장 추천으로 학생을 뽑을 수 있는 것도 아니고, 입학사정관제 도입 때문에 입시학원이 문을 닫게 되는 것도 아니다. 입학사정관제 도입을 위한 진기한 가이드라인이 아무리 정교하게 만들어져도 대입선발은 더 이상 진화하기 어렵다.

입학사정관들이 고등학생들의 인성, 창의성, 잠재력 등을 객관적으로 평가해 신입생을 뽑아 줄 것이라고 확신하는 대학은 없다. 대학이 고등학교등급제로 학생을 선발하든, 교사의 추천서만으로 학생을 선발하든, 아니면 수능성적만으로 학생을 선발하든 관계없이 학생선발은 대학의 교육목적과 설립정신에 부합하면 될 뿐이다. 대학이 고유 권한으로 학생을 선발할 수 있어야만 대학이 제대로 설 수 있다. 대학은 환자를 받아들이는 응급센터가 아니다. 학생선발원칙을 효율적이고 공신력 있게 수행하기 위해서는 어떤 방법이든 효율적으로 활용하면 된다. 지금까지 그것을 제대로 실행해 본 적이 없을 뿐이다.

수능개선안에 거는 기대

대입선진화연구회가 교육부의 의뢰를 받아 연구 발표한 2014년 수능시험제도 개편방안의 핵심은 크게 다섯 가지다. 즉, 대학별 대입지원과정 간소화를 위한 시스템을 구축해 대입지원방식의 일원화, 대입수시전형의 단순화와 '입학사정관제' 통일화, '예비대학 프로그램(UP)'의 대입전형 활용, 2014년 수능시험부터 수능부담 완화, 마지막으로 수능시험의 2회 복수시행 등이 그것이다. 2014년부터 수능부담이 완화되게 되면, 사회·자연 탐구 등의 과목 부담은 지금의 절반 선으로 줄어들고, 언어(국어)·수리(수학)·외국어(영어) 영역은 수준별 시험으로 분화된다는 점에서 수험생의 입시부담이 개선된다.

수능개선안이 선의의 제안임에는 틀림없지만, 그 어떤 정책이든 겨냥해서 얻는 것이 있으면 반드시 그것을 해하게 만드는 것도 있게 마련이다. 혼선과 시행착오를 줄이기 위해 진지하게 고려해 둘 것이 있게 마련이다.

첫째로, 수능개선이 공교육 정상화에 기여하도록 해야 한다. 공교육의 정상화는 말 그대로 수험생들이 학교교육 성적만으로, 학교교육 평가만으로 충분히 대학에 진학할 수 있게끔 하는 것인데, 수능개선이 그것을 보장하는 데 도움이 되어야 한다. 수능개선이 단지 기회의 평등을 넘어서서 수험생들의 수학능력의 평등화에 기여해야 하는데, 그것은 수능의 성격상 불가능하다. 수능은 학생들이 대학에 입학해서 공부할 때에 요구되는 창의력, 응용력 같은 능력을 측정하는 목표로 만들어진다고 선전된다. 그렇지만 수능은 다른 한편으로는 교과서 개념에 충실한 학생들이 쉽게 풀 수 있게끔 문제를 만들어 출제한다고 하는 점에서 학력고사의 성격을 완전히 벗어났다고도 볼 수는 없다. 대학에서 필요한 학문능력을 측정하건, 혹은 고등학교 학력 수준을 평가하건 간에 이 모두는 학생이 매일같이 경험하고 있는 가정교육문화나 학교문화환경을 벗어나기가 어렵다. 수학능력의 우열은 학습환경의 차이에 의해 갈라지는데, 수능개선은 이 점에 대해서는 아무런 대안이 되지 못한다.

둘째, 수능개선에 대한 여야 정치권의 정치적 확약과 지원이 필요하다. 앞으로 권력의 로드맵이 어떻게 될지 아무도 모른다. 다음 정권에게 2회의 수능 실시가 정치적으로 부담되지 말라는 법도 없다. 1994학년도부터 도입된 최초의 수능은 대학예비고사 성격을 지녔었다. 8월과 11월 두 차례 실시되었지만 난이도 조절 실패 등으로 사회적 혼란이 심각했었다. 결국 1995학년도 수능부터는 매년 한 차례만 시험을 보는 것으로 변경됐다. 여론이 달라지면 입시정책이 바뀌는 것이 우리의 교육현실이다. 수능의 정치학이 작동하게 마련이다. 수능의 성공 유무에 따라 여론과 정권지지도에 대한 향배도 달라진다. 현재로서는 성공 유무를 판가름할 아무런 증거도 없다. 그런 수능 여론에 대한 강박감과 위험을 다음 정부가 인내해야만 한다는 정치적 논리개발이 현재로서는 전무하다. 사교육비를 줄이려면 입시에서 수능 반영 비중을 줄여야 한다는 일반론에 시달려 온 정권으로서는 수능복수응시를 정치적 부담으로 받아들일 수밖에 없다.

셋째, 수능과외가 불가피하기에 학원수능과외의 수요를 흡수하는 획기적이고 새로운 전략이 필요하다. 수능과외 수요를 흡수할 수 있는 학교학원연합 수능대처방안 같은 것이 필요하다. 과외에 대한 수요는 막는다고 막아지는 것이 아니다. 매년 홍수를 제아무리 과학적으로 예측해도, 태풍이 닥치는 여름이 오면 어느 둑은 터지고 무너지는 것과 같은 이치다. 새로운 창이 나오면 새로운 방패도 나오는 법이기 때문에, 교육방송이나 교육청이 동원하는 학파라치로서는 입시학원의 수능대비전략을 효과적으로 견제할 수 없는 노릇이다. 1차 시험에 좋은 성적을 내지 못한 학생들이 2차 시험에 목숨을 걸 것이 자명하다. 수능 역시 시험이기 때문에, 입시훈련만 제대로 받으면 성적은 한 점이라도 올라가도록 되어 있다. 미국 수능시험의 역사가 그것을 증명한다. 학생이나 학부모는 수능입시훈련에 목숨을 걸 것이 뻔하다. 수능은 어느 기준에 따라 합격, 불합격을 가르는 절대평가가 아니기 때문에 모두가 긴장할 수밖에 없다. 1차 시험을 잘 치른 학생 역시 가만히 앉아 있을 수가 없다. 사력을 다해서 준비할 것이다. 1점이라도 올려놓고 볼 일이기 때문이다.

우리나라 수능 역시 규준참조검사다. 미국의 수능고사(SAT)처럼 규준에 근거해 상대적으로 수험생의 서열을 결정하는 시험이기에 수험생들은 1점이라도 더 받아 놓고 봐야 한다. 자신의 경쟁상대인 불특정 다수의 수험생보다 유리한 위치를 선점해야 한다. 게다가 2회에 걸쳐 치른 수능점수를 표준점수체제로 점수 산출방식을 개선하게 되면, 대입합격선은 결과적으로 높아지게 된다. 그렇게 되면 입시에서 수능의 비중은 복수시행으로 변별력이 떨어질 수 있다. 대학들은 수능 비중을 낮추는 대신 대학별고사 비중을 높일 수밖에 없다. 결국 연 2회의 수능실시는 학생들에게 그리 유리할 것이 없게 되고 만다. 각 대학은 수험생들의 합격, 불합격을 끝내 상대평가로 결정하기 때문이다.

넷째, 수험생들의 정신건강보호에 철저하게 대비해야 한다. 수능자살을 막아야 한다. 수능시험을 11월 중에 15일 간격을 두고 2회 실시하는 방안은 수험생들에게 복수응시 기회를 주지만 그만큼 수험부담도 주기 마련이다. 성적이 중위권 이상이면 2번의 시험을 모두 치를 것이기에 희열 못지않게 좌절도 생기게 된다. 2번의 수능응시는 성적 향상의 기회가 아니라 심신을 피로하게 만드는 기회가 되기도 한다. 일반적으로 수능성적은 가정의 사회경제적 지위의 차이에 따라 결정되어 있다는 것이 정설이다. 학력이 사회경제적 지위에 따라 고정되어 있기에, 첫 번째 수능에서 실패한 학생이 두 번째 시험에서 기대 이상의 높은 점수를 받는다는 보장은 없다. 1, 2차 수능의 난이도가 엇비슷하다면 오히려 더욱더 그렇다. 수능의 난이도가 문제가 되는 것이 아니라 수능의 사회적 환경이 더 문제가 되는 것이다. 게다가 100만 명의 수험생 가운데 10% 미만의 학생이 2차 시험에 의해 자신의 수능성적이 10% 정도 이내로 올라가거나 떨어지는 증감효과를 갖는다면, 그런 시험의 실시는 국가적으로는 예산의 낭비가 될 뿐이기에, 학생들의 정신건강을 보호하는 일이 더 필요하다.

수능성적 공개 논란

수능시험의 정보 공개는 실보다는 득이 더 많았다. 전체 학생의 수능성적 결과가 공개된 건 처음이기에 교사도 학부모도 당황할 것이 분명했다. 성적이 하위권으로 드러난 시 · 도교육청은 학부모들의 거센 비판을 받아야만 했다. 교육감 선거에도 성적 공개와 관련된 공교육 개선이 쟁점으로 부각되어야 한다. 기초자치단체 시장 · 군수들도 공교육 개선정책방안을 내놓아야 한다.

공교육의 정상화에 속도를 붙이려면 사실 소극적인 기초자치단체 단위 성적 공개만으로는 부족하다. 학교단위 수능성적의 공개가 필요하다. 공교육의 질 개선에 원초적인 책임을 느껴야 할 사람들이 바로 단위학교별 교장과 교사들이기 때문이다. 또한 공교육 부진의 최후 책임을 국가가 걸머져야 하기 때문이다.

이번에 수능성적 자료를 1~4등급(40%)은 1그룹, 5~6등급(37%)은 2그룹, 7~9등급(23%)은 3그룹으로 나누어 공개했는데, 이런 정보공개는 궁색한 공개다. 모호한 자료는 지역 간의 교육격차를 제대로 파악할 수 없게 만들 뿐만 아니라 진학지도를 위한 현실적인 자료로도 함량이 부족하여 참고할 수가 없다. 이런 제한된 정보공개는 오히려 학부모에게 사교육기관의 입시전략과 대입정보에 의존하게 만들어 놓을 뿐이다.

학교서열화는 피한다고 해서 피할 수 있는 것이 아니다. 수능점수를 공개했기에 학교서열화가 생겨난 것도 아니다. 입시 사교육기관이나 명문대학교는 신입생들의 출신 고등학교 성적으로 만든 고등학교 서열화 목록을 자체적으로 갖고 있다. 학교서열화의 분포도는 이미 알려진 사실들이기에 흥분만 할 일이 결코 아니다. 흥분보다는 오히려 마음부터 가라앉힐 일이다. 고등학교 서열화를 교육적으로 극복할 학교교육 개선방안을 생각하는 일이 더 우선해야 한다.

고등학교별 입시경쟁은 어제 오늘의 일이 아니다. 학부모의 반발이나 대학의 의지와 관계없이 명문대학교를 향한 입시경쟁은 앞으로도 더 심화될 것이다. 대학이 고등학교 서열화 자료를 입시사정에 반영할지 말지는 그들 대학의 입시윤리에 맡길 문제다. 툭하면 선진국의 이런 저런 경쟁력을 들먹이면서도 입시문제에서만큼은 각종 이기주의를 내세워 대학의 입시경쟁력을 훼손한다고 해서 입시문제가 풀릴 일이 아니기 때문이다. 대학은 입시환자를 받아들이는 병원이 아니라, 우수학생을 양성하는 교육기관임을 인정해 줘야 한다.

지금처럼 정원으로 묶여 있는 대학입시에서는 응시생 모두를 합격시킬 길은 없다. 어차피 성적별 서열에 따라 입학의 당락이 결정되겠기에, 그것과는 상관없이 정부는 공교육환경을 전폭적으로 개량할 방안부터 마련해야 한다. 교사의 자질을 높이는 일, 학습환경을 개선하는 일은 자라나는 후세에게 국가가 해 주어야 할 교육적 책임이다. 이번의 수능점수 공개에서도 여실히 드러났지만, 학교 간 표준점수 평균차이가 최고 73점까지 벌어졌다. 시 · 도 간에는 6~14점, 시 · 군 · 구 간에는 33~56점의 차이가 나 시 · 도 학교에서 시 · 군 · 구 학교로 갈수록 점수 차이가 컸다. 평준화지역 내 학교 간에도 적게는 26점, 많게는 42점의 차이가 났다. 수능성적 상위 지역일수록 부모의 학력 수준 · 전문직 종사비율 · 경제적 수준이 높고, 특목고가 많은 사실도 드러났다. 한마디로 지역의 재정자립도가 낮은 기초자치단체일수록 교육환경도 열악하고 그들의 고등학교 성적도 수준 이하였다. 이것은 하루아침에 만들어진 결과가 아니다.

한국교육의 총체적인 부실을 보게 만든 수능점수 공개이기에, 공교육의 환경 개선은 지역별 입시경쟁과는 무관하게 추진되어야 한다. 빈말이나 허공을 떠도는 비판은 필요 없다. 공교육의 환경을 개선하는 일을 등한시했기 때문에 평준화교육이 실패했다는 경험을 되풀이하지 말아야 한다. 열악한 교육환경을 개선하는 일이 정부가 책임질 0순위 과제다. 지역별로 산재한 국 · 공립대학의 책무성도 함께 거론되어야 한다. 지역별 인재개발과 양성에 지역별 대학이 지역고등학교에게 별다른 공헌을 하지 못한다면 그것은 국민 혈세의 낭비나 마찬가지이기 때문이다. 지역별로 지역인재들을 흡수할 수 있는 특화된 전문교육이 불가능한 대학이라면 문을 닫을 수도 있다는 각오로 지역인재개발과 흡수에 나서야 한다. 정부로서는 지역사정에 따라 역차별적으로 교육재정을 투입할 수 없기에, 국회가 나서야 한다. 열악한 지역의 교육환경 개선을 위해 교육재정을 역차별적으로 활용할 수 있도록 의원입법이 나와야 한다.

아핑검 고등학교의 전인교육 교훈

사교육비가 10년 만에 처음으로 줄었다. 생계비 외에는 거의 대학입시훈련을 위해 자녀교육비로 쓰고 있는 가정도 있는 요즈음, 사교육비 경감 실적 소식은 국민적인 뉴스감이다. 정부가 전력투구한 방과 후 학교교육이 효과를 내고 있다는 징후일 수도 있다. 방과 후 학교교육은 우리 교육의 현실에서는 교육문제 해결의 새로운 가능성을 엿보게 하기에 충분하다. 교육의 본질에 충실하기 위해서는 학교교육만으로는 불충분하다. 그것을 보완하기 위한 수단이 학원교육 같은 것이었지만, 이런 사교육기관의 입시훈련은 가계를 위협하는 위험수위에까지 올라와 사회문제로까지 번졌다. 방과 후 교육은 이런 현안교육문제에 대답을 줄 수 있는 방안이기도 하다.

교육의 완성을 위해서는 흑묘백묘론적인 효과를 얻는 교육정책이 필요하다. 아이들의 전인적인 성장에 도움을 준다면 굳이 학교교육이니 사교육이니 하는 식의 엄격한 이분법적 잣대로 서로를 가를 이유가 없다. 방과 후 교육은 바로 학교교육의 약점인 사교육적 효과를 극대화하기 위한 현실적인 처방이며 흑묘백묘론적인 교육적 처방이다. 학교교육과 사교육 간의 융합으로 교육의 시너지효과를 극대화시켜 주는 교육정책이 방과 후 교육이다. 물론 학교교육과 사교육의 융합이 성공적이기 위해서는 방과 후 교육의 질적 수월성이 담보되어야 한다.

학부모들은 학교교육에 만족하거나 교육행정가들을 크게 신뢰하지 않는다. 학교교육이 아직까지 교육의 본질에 충실하다는 것을 보여 주지 못하고 있으며, 교육행정 역시 교육의 미래에 대해 확실한 청사진을 제시하지 못하고 있기 때문이다. 교육현안의 문제는 바다의 침묵을 닮았는데, 교육행정가들은 파도나 풍랑과 같은 표피나 증후문제에 매달리기 마련이다. 성공적인 항해에 골몰하는 선원들은 파도의 원인보다는 파도의 징후에만 집착하지만, 선장이 스스로 나아갈 목적지를 잃고 있으면 그의 배는 표류하게 된다. 지진, 해일, 쓰나미가 몰려오기 전에는 어김없이 그 바다와 파도는 일단 뒤로 후퇴하기 마련이다. 거대한 힘을 실어 밀어닥치기 위한 눈속임의 조짐일 뿐이다. 우리 교육현장에서도 이런 증후가 어김없이 포착되곤 한다. 전인교육을 이해하지 못하면 입시훈련을 학교교육의 목표로 오인하게 되고, 교육의 본질을 논의하기 거추장스러워하면 학교교육의 정상화는 사교육비 문제의 해결로 혼동된다. 교사의 본질을 외면하기 시작하면 교육방송이 교사로 둔갑하고, 방송의 문제집을 학교수업 교재로 대체하면 〈개그콘서트〉의 '두분토론'을 국회토론의 원형으로 바라보게 된다.

교육의 본질을 이해하기 위해서는 세상에 태어난 사람치고 배울 수 없는 사람은 없다는 생각부터 가져야 한다. 인간은 배우는 동물인데, 학생들이 학교에서 제대로 배우지 못한다면 그것은 가르치지 못하는 학교와 교사가 있기 때문이다. 사람마다 그 무엇이 될 수 있는 능력을 갖고 있기에 학생들을 경쟁의 이름으로 솎아 내려고 하기보다는 저들의 능력부터 개발시켜야 한다.

인간이 지닌 배움의 본능을 초기화하고 최적화하기 위해 가장 적절한 사람이 바로 교사다. 교사는 학교에서 그 일을 전문적으로 수행하는 전문가들이다. 그런 교사를 학교에서 대치할 수 있는 것은 아무것도 없다. 교사는 학생에게 배움의 틀을 잡아 주는 방편이기에, 교사가 먼저 배움의 바른 본이 되어야 한다. 인격의 틀을 잡아 주는 학교, 전인의 틀을 다듬겠다는 교사의 틀이 제대로 되어 있지 못하면, 그 어떤 틀도 제대로 가다듬어지기는 어려운 법이다.

인격교육과 배움의 살아 움직이는 틀거리의 외국 사례를 영국의 아핑검 고등학교에서 찾을 수 있다. 아핑검 고등학교는 1584년 영국의 아핑검이라는 시골에 세워진 기숙학교다. 인격교육의 전통이 이 학교에서는 살아 숨 쉰다. 아핑검 고등학교에서 가르치던 교사이자 교장이었던 드링 선생님이 보여 준 인격교육 때문에 그렇게 된 것이다. 그는 졸업식에서 학부모, 학생 그리고 참석했던 교육행정가에게 이렇게 요구했다. "우리 학교는 영국의 젊은이들을 훌륭하게 키워 냈습니다. 아직까지 우리 학교 출신 가운데 장관이 된 사람이 한 사람도 없고, 백만 달러 이상 돈을 번 사람이 단 한 사람도 없습니다. 이제 사회에 나가는 여러분도 이러한 아핑검의 자랑스러운 전통을 잊지 않기를 바랍니다. 남보다 더 높은 곳에 오르고자 하면 다른 사람을 딛고 일어설 생각을 먼저 하게 됩니다. 더 많은 돈을 벌기 위해 욕심을 부릴수록 행복과 참 사람의 마음에서 멀어지기 쉽습니다. '고자질하지 않는 사람, 자신에 대해 약하거나 비굴하지 않은 사람, 남의 이목을 받으려 하지 않는 사람, 배신하지 않는 사람, 남의 말을 끝까지 들어주는 사람, 공적인 일에 용기를 내는 사람' 등등, 아핑검의 교훈에 따라 평범한 영국 시민이 되어 주십시오. 평범하지만 예절 바른 사람, 평범하지만 위대한 사람이 되어 주기를 바랍니다. 그러한 여러분이 바로 명문 아핑검 스쿨의 전통이자 자랑입니다."라고 말했다. 아핑검 고등학교가 보여 주는 인격교육은 교사 한 명 한 명이 학생들에게 보여 준 그들의 품과 격, 그것을 지원했던 교육행정가들의 자긍심 때문에 실현된 것이다. 경제가 어렵더라도 나라교육의 자긍심은 인격교육의 물고에서 시작되는 법이다. 수없이 겨울이 가고 새봄이 찾아들지만 저들이 입안했던 교육정책이 전인교육이었다는 소식만큼은 아직도 동면 중이다.

사교육의 원형

인류문명의 발달과정에서 보면 인간의 교육은 사교육으로 시작했다. 이 부정하기 어려운 사교육의 역사적 흐름부터 제대로 인식해야 한다. 이 말은 과외니 학원교육이 그것의 원형이라고 이야기하는 것이 아니라, 교육의 시발점은 가정과 가족에서 연유된다는 점을 이야기한 것이다. 교육의 시작에 관한 한 어쩌면 더 먼저 꼽아야 할 것은 사람 그 자신일 것이다. 사람은 원래 배움의 존재이며 배움을 본능으로 하고 있기에 사람이라는 존재가 바로 배움과 교육의 원초적 시작일 수 있다. 원래 인간은 다른 동물과는 달리 배우는 존재, 말하자면 호모 에루디티오(*Homo Eruditio*)라고 부르는데, 이 말은 자기의 생존을 위해 무엇이든 그들에게 필요한 것을 접하고, 그것을 익히고, 그것에서 새로운 것을 만들어 가면서 자기 삶에 의미를 더욱더 기름지게 만들어 가는 존재를 뜻한다.

교육의 원형이 개인과 가정이라고 인식하면, 가정의 교육열, 말하자면 부모의 교육열이 바로 교육의 토대가 되는 것이다. 학부모의 교육열이 없었다면 우리 아이들이 국제대회에 나가서 상위권을 휩쓰는 일은 불가능한 일이다. 자식교육의 일차적 책임은 학부모에 있다. 그것을 책임지겠다는 부모의 정신적이고 물질적인 약속이 바로 교육열이다. 인류역사의 발전을 되돌아보아도 그것의 원형은 사교육에 있음을 알 수 있다. 소크라테스나 플라톤, 아리스토텔레스가 바로 사교육의 힘과 사교육의 양태를 보여 주었던 사교육자의 원형이다.

지금과 같은 학교교육은 인류기원 전의 역사가 아니라 19세기 이후의 산물이다. 산업혁명을 위해 필요한 인력을 저렴하게 양산해 내기 위해 만들어진 것이 바로 학교이고, 국가의 군사력을 증강시키기 위해 필요한 군인을 대량생산하기 위해 만들어진 것이 바로 학교교육이다. 이런 학교가 점점 진화하면서 개인에게 필요한 여러 가지 지식이나 기술을 가르쳐 준다고 해도 그것은 개인들의 배움을 위해서는 기초적인 것일 뿐이다. 사회구조상 가장 값싼 대량인력생산 훈련기제로 그 기능을 발휘하고 있는 학교교육은 인간교육에 충실할 수가 없다. 학교교육은 구조적으로 학생들을 여러 가지 명목으로 이리 가르고 저리 가르면서 선발기능을 정교하게 다듬어 갈 뿐이다. 인증, 경쟁, 선발의 기제들이 교육학 이론들의 발전과 더불어 보통 학부모들로선 손쉽게 이해하거나 비판하기 어렵게 만들고 있다. 그럼에도 불구하고 한 가지 분명한 것은, 학교는 학교의 수명이 다하는 그 순간까지도 일등의 존재를 사회적으로 알리기 위해 꼴찌들을 대량생산하고 있으며, 또한 그렇게 해야만 한다는 점이다. 교수기법개발, 평가이론개발, 시험지 개발 같은 선진 이론들도 가만히 따져보면 꼴찌들의 대량생산이 불가피하다는 것과 그것이 과학적이고 객관적이라는 것을 호도하기 위한 저들의 전술일 수도 있다.

개인의 운명은 개인이 책임져야 하고, 그들의 배움 역시 그 스스로 책임져야 할 개인적인 몫이다. 그것을 위해 부모들이 초 · 중 · 고등학교 기간 동안 자녀를 위해 보여 주고 있는 교육열은 개인적으로는 그 언제나 정당하고 타당하다. 학부모의 교육열은 정치권으로나 교육학자 집단이나 교사들로부터 결코 교육적으로 비난받아야 할 것이 아니다. 저들이 사교육을 비난하기 위해 활용하는 교육이론이나 연구 자세부터 먼저 점검해야만 한다. 그들은 그 언제든 사교육, 그중에서도 사회적 지탄의 대상이 되는 사교육비를 학교해체의 원인으로 몰고 왔을 뿐이기 때문이다. 사교육을 원인변인으로 놓고 학교교육의 해체를 결과변인으로 미리 확정해 놓고 사교육을 공교육 해체의 주범으로 몰아 왔기 때문이다. 냉철하게 생각해 보면 사교육 때문에 학교교육이 해체 지경에 이른 것이 아니라, 학교교육이 제 기능을 하지 못해 사교육의 힘을 더욱더 의미 있게 부각시켜 놓았다는 현실적인 사실을 저들은 교묘하게 이리 꼬고 저리 비틀어 놓고 모든 책임을 사교육에 덮어 씌운 것이다. 학교교육이 제대로 제 기능을 발휘하지 못했기 때문에 사교육비가 늘어난 것이라고 보는 것이 학자적인 양심에 맞는 논리이고 순리다. 국민에 대한 학교교육의 책임을 져야 하는 정권의 국민교육에 대한 책임이 결여되었기에 사교육의 중요성이 더욱더 부각된 것일 뿐이다. 사교육과 사교육비 증가 문제도 엄밀하게 구별해야 되는 것이기는 하지만 저들은 혼동해서 하나의 문제로 뒤섞어 놓았다. 저들은 필요에 따라 학부모의 교육열을 끊임없이 사회문제로 쟁점화하여 허물어져 가는 학교교육의 허약한 모습을 위장하기 위한 홍보전술의 일환으로 활용하고 있을 뿐이다.

사교육비의 문제를 학부모의 개인적인 욕심으로 몰아가는 것은 교육적 논리에서 나온 것이라기보다는 정치적인 논리에서 나온 것일 뿐이다. 실제로 사교육비가 천문학적인 액수라고 하지만, 실제로 사교육비 규모를 정확하게 파악하고 있는 자료는 그 어디에도 없는 실정이다. 정부가 가구당 연간 평균 사교육비에 전국 가구 수를 곱해 산출해 놓은 전체 사교육비는 모두가 신뢰할 만한 수치가 아니다. 그저 그들이 수치를 활용하기 위한 편의상의 통계자료일 뿐이다. 그토록 정부가 사교육비를 잡겠다고 교육방송을 활용하고 방과 후 학교프로그램을 활용하고 있지만, 정부의 추계대로 사교육비가 매년 늘고 있는 것을 보면 그 어떤 대책도 무기력했다는 것을 증거해 줄 뿐이다. 이것은 정부 스스로 호랑이가 무서워 여우에게 집을 지키라고 하는 것이나 마찬가지였을 뿐이다. 왜냐하면, 국가가 믿었던 교육방송은 국가과외산업체로 변모된 채 또 다른 사교육시장에서 주도권을 잡고 있으며, 방과 후 학교프로그램 활동 역시 공교육의 전형이라기보다는 영세한 보습학원의 양태 같은 것으로 변형된 것이기 때문이다.

가진 자와 갖지 못한 자들의 경제적 조건이 교육의 양극화현상으로 제도화되는 일은 교정되어야 하며 바로 잡아야 한다. 그 일은 가진 자들이 필요 이상으로 낭비하고 있는 사교육비를 쥐어짠다고 해서 해소되는 일이 아니다. 사교육비를 규제한다고 해서 규제될 수 있는 것이 아니고, 그들의 양심에 호소한다고 해서 그렇게 될 수 있는 것도 아니다. 사교육비를 규제하겠다는 것은 돈의 흐름을 규제하겠다는 것이고, 부모의 자식사랑을 사회적으로 비난하겠다는 것이나 마찬가지다. 그런 일은 마치, 사교육비를 규제하기 위해 가진 자들을 향해 무자식이 상팔자라고 호소하는 것이나 마찬가지이며, 대통령에게 그의 정치권력을 포기하라고 떼를 쓰는 것이나 마찬가지일 뿐이다. 그래서 사교육비의 규제정책은 호소력이나 설득력을 상실하고 있는 것이다.

교육의 양극화 문제는 사교육 때문에 생긴 부산물이 아니라 그동안 정부가 추진해 온 지난 60년 동안의 대학입시교육정책, 대학교육정책의 결과물이기에 그것에 대한 대답 역시 그들 정책 속에서 찾아야 한다. 교육양극화 문제가 방과 후 학교프로그램의 활용과 같은 시류적인 땜질로 풀릴 문제였다면 이미 오래전에 풀렸을 것이다. 교육양극화 문제는 과외의 문제도 아니며 사교육산업의 문제도 아니다. 그것은 교육정책의 문제다. 초·중등교육과 고등교육을 연계하는 연계고리의 문제다. 그것을 위해 대학교육의 체제와 내용을 대폭 혁신하는 작업이 선행되어야 한다. 말하자면 각 대학 신입생 정원의 5% 정도를 교육양극화의 대상자 층에게 할애해야 한다. 교육양극화 층에게도 대학교육이 제도적으로 가능하도록 기존의 대학에게 지역사회대학이나 초급대학을 신설하여 운영하는 것도 방법이다. 이런 역차별 고등교육정책, 말하자면 모든 이를 위한 대학교육정책의 도입은 사교육 규제와는 속성이 다른 미래지향적인 교육정책이다.

학원교육 수요 해석

경기불황에도 학원교육은 여전하다. 그렇다고 학원교육에 어두운 구석이 없다는 것은 아니다. 학원시장 역시 굴절을 겪기는 마찬가지다. 경기불황이 주요 원인이다. 경기불황이 오래 지속되자, 학부모들의 교육열에도 제동이 걸리기 시작했다. 가계재정의 어려움으로 자녀를 학원에 보내지 않는 가정이 증가하기 시작한 것이다. 2005년부터는 초 · 중 · 고등학교 학원 수강생 수가 감소세로 돌아서기 시작하는 것으로 나타났다. 그러나 이것을 보고 학원시장이나 사교육시장의 전체를 잘못 해석해서는 곤란하다. 왜냐하면 고액 보습학원이 밀집해 있는 대치동 등 강남의 학원수강 학생 수는 오히려 더욱더 성황을 이루고 있기 때문이다. 이 지역의 학원가는 이미 10만 명을 넘어선 것으로 나타나 이제는 학원업계에서도 부익부 빈익빈 현상이 나타나고 있음을 실감하게 한다.

학원수요가 줄어든 것은 국가과외, 말하자면 교육방송의 수능강의 때문에 발생한 것도 아니고, 학교교육의 입시훈련기능이 향상돼서 그런 것도 아니다. 그것은 오로지 경기불황 탓이다. 경기불황으로 향후 경기 전망이 불투명해졌기에 강북지역을 중심으로 상당수 가정이 학원비 등 자녀의 사교육비 지출을 줄여 놓았기 때문이다. 이 점은 학원가의 예측이 아니라 교육경제학자들의 분석이기에 더욱더 신빙성이 높다. 이것은 바로 학원교육의 수요에 대한 지역 간 차이를 드러내는 자료에서 확실해진다.

전체적으로 보아, 학원생 수의 일시적인 혹은 지역별 증감의 자료만을 보고 학부모들의 교육열이 식었다고 속단하는 것은 잘못일 수도 있다. 왜냐하면 서울지역은 다른 지역의 사교육열과는 성격이 정말로 다르기 때문이다. 서울지역 안에서도 사교육 선호가 다르게 나타난다는 것도 교육적으로는 의미심장한 그 무엇이 있을 수 있다. 이것이 단순한 현상, 말하자면 사교육 형태의 선호도라고 하면 커다란 문제가 아닐 수 있다. 그러나 그것이 '사교육의 불평등' 조짐을 보이는 것이라고 하면 한국교육은 공교육의 불평등에 잇대어 사교육의 불평등으로 이어지는 것이기에 한국교육의 총체적 붕괴 같은 것을 알리는 시작일 수 있다. 교육정책자들은 이렇게 새롭게 불거지는 사교육 조짐에 대해 제대로 된 해석과 논리 보강이 필요하다.

사교육, 정말로 무엇을 말해야만 하는가

그 어떤 정권이든 권력을 잡기만 하면 제일 먼저 건드리는 부분이 교육개혁이고, 그중에서도 가장 역점을 두는 교육개혁의 일감이 사교육문제 해결이다. 개인교습이니 과외니 학원이니 학습지교육산업과 같은 사교육서비스 활용에 의한 사교육비 때문에 일반 서민의 가계가 휘청거리고 있어서 이 문제만 해결하면 국민의 소원을 들어주는 것이나 마찬가지였다. 그래서 각각의 정권은 사교육과 한판 승부수를 띄우곤 했다. 사교육문제 해결을 위해 가장 강력한 조치를 취했던 정권이 바로 전두환 군사정권이었지만, 그들 역시 끝내 사교육에 백기를 들었다. 총칼의 힘으로도 사교육의 위력을 당해 낼 재간이 없었다. 그들에게는 사교육 규제의 논리를 제공하는 연구집단도 있었고 사교육을 규제할 행정기구도 있었지만 어쩔 수 없었다. 더군다나 사교육을 권력의 힘으로 제압할 수 있는 절대권력을 갖고 있었지만, 그들은 끝내 사교육에 투항해야 했다. 두 손을 들 수밖에 없도록 만든 것은 사교육 그 자체가 아니라 국민의 교육열이었다. 한국인의 교육열 앞에서는 그 어떤 권력이든 끝내 녹아 내렸다는 점은 바로 한국인의 교육열이 한국의 존재 이유라는 것을 시사한다.

모든 정권이 사교육을 교육개혁의 쟁점으로 만들어 사회문제화하려는 이유는 다음의 서너 가지로 정리할 수 있다. 무엇보다도 사교육을 학교교육문제에 대한 희생양으로 삼기가 용이한 점 때문이다. 교사자질의 문제, 학교폭력, 입시훈련 문제 등과 같은 갖가지 학교해체의 양태에 대한 국민적 비난의 화살을 사교육에게 돌리기가 언제나 용이하기 때문이다. 사교육은 그 나름대로 공교육의 그늘에 가려진 채 자기방어에 급급한 상태로 국민적인 비난과 비판에 속수무책이기는 하지만, 인동초의 끈질긴 생명력을 지녀 왔기에 국민의 교육열만 받으면 언제든 다시 활짝 봉오리를 피워 왔다. 둘째로, 고액과외, 밀실과외, 교사과외처럼 사교육 현장에서 나타나는 몇 가지 문제를 사회문제화하기만 하면 언제든지 언론이 그것에 호응해 주기 때문에, 사교육문제에 관한 한 여론조작이 손쉬웠다. 이런 사교육문제는 언론을 통해 그 언제든 사회적 사건으로 비화시키기 안성맞춤이기도 하다. 셋째로, 어떤 정치권력이든 그들은 학교교육을 완전무결하게 통제할 수 있기를 바라기 때문이다. 학교교육은 정치권력을 위한 하나의 국가기구이기에 이것을 제대로 통제하지 않고서는 정치권력을 유지하는 것이 수월하지 않기 때문이다. 학교교육을 통제하기 위해서는 그들의 존재를 유일한 교육기관으로 국민에게 인식시켜야 한다. 그런 과정에서 사교육은 국가권력의 관점으로 보나 교육의 관점으로 보나 공교육에 비해 미미하기만 한 음지교육으로 남아 있도록 해야 한다. 사교육의 존재를 현실적으로 인정한다 하더라도 그것의 정통성이나 정체성만큼은 국가권력의 입장에서 용인할 수가 없다. 그 어떻든 간에 사교육의 힘이 공교육을 능가하는 일은 국가에게는 참을 수 없는 정권적인 도전이 될 수밖에 없다. 그래서 어느 정권이든 사교육 통제를 빌미로 삼아 더욱더 공교육을 꼼짝하지 못하게 만들어 놓게 마련이다.

이런 점에서 보면, 정치권력으로부터의 교육자율은 이념적으로나 정치권력의 속성상 가능하지가 않은 이야기다. 저들보고 권력을 포기하라고 이야기하는 것이나 엇비슷하기 때문이다. 일부 학부모단체는 그들이 정치권력으로부터 교육의 자율을 얻어 낼 수 있는 것처럼 목소리를 높이고 있지만, 국가기구의 들러리에 지나지 않는다. 정치권력은 권력을 위해 자신들이 필요로 하는 들러리로서, 일부는 학부모단체를, 또 다른 일부는 교사집단을 적절한 선에서 활용하는 방식으로 줄을 세워 놓고 있다. 다양한 의견수렴 기구들이라는 것이 사실은 별것이 아니라 바로 그런 단체를 자신들의 이익을 위해 외곽에 줄 세워 놓은 것을 말한다. 교육의 자율권 행사라는 명목으로 양립시키거나 난립시켜 놓는 것이 그들의 전략인데, 학부모들은 그것을 교육의 민주화, 교육의 자율화로 받아들이곤 한다. 정치권력은 그런 것들을 그렇게 보이게 만들고 있으며, 그것이 저들의 정치적 욕망이다. 마지막으로 정치권력이 사교육을 공교육의 희생양으로 만들어 가며 학교교육을 철저하게 통제하는 것은 교육세 낭비에 대한 국민적 감각을 무디게 해야 하기 때문이다. 국민의 혈세에 대한 집행권한을 국가권력만이 유일하게 독점하기 위해 공교육의 정당성을 강조하는 것이다.

제대로 된 사교육은 사회의 민주화와 개인의 자아실현, 그리고 국가가 필요로 하는 인재육성의 원동력이기에, 이 원형을 바르게 되찾는 것이 오히려 학부모가 먼저 해야만 할 교육적 일감이다. 그 원형을 복원하기만 하면, 학원이나 과외에서만 하는 입시훈련을 사교육이라고 보는 것부터 교정되기 시작할 것이다. 지역사회 곳곳에서 교육적 기능을 발휘하는 그 모든 곳이 사교육의 자원이다. 이런 지역사회의 교육자본을 사교육의 자원으로 활용하는 노력이 곳곳에서 전개될 때 학교교육의 폭력적 행태가 교정되기 시작할 것이다. 학교교육이 유일한 교육수단이라는 생각이 불식되지 않는 한 자식의 학습권과 교육권을 포기하는 것이나 마찬가지다.

학부모의 교육열을 정치적으로 단죄하는 것은 국가가 필요로 하는 인적자원개발을 국가가 모두 떠안겠다는 것이다. 가능하지 않은 일이다. 그것은 인적자원개발의 후원 세력을 거세하는 것이나 마찬가지다. 학부모의 교육열을 거세한 국가치고 인적자원개발에 성공한 나라는 없다. 왜냐하면 학부모들의 교육열이 거세되거나 결여되면, 인재개발도 어려워지고 노동력의 질도 떨어지도록 되어 있기 때문이다. 사회 곳곳에 산재한 평생교육기구 모두가 사회의 발전과 개인의 능력개발을 위한 교육자본이다. 그런 점에서 교회, 문화센터, 도서관, 학원 등등 모두가 개인의 배움과 사회의 발전을 위한 학습도구이자 학습수단으로 충분히 활용될 수 있다. 이를 위해서는 국가가 그들의 교육적 역할과 기능을 통합할 수 있게 그들에게도 교육비를 지원해야 한다. 학교만이 국민의 세금으로 운영되어야 한다는 것도 지나간 날의 관행일 뿐이다. 국민의 세금은 교육적 기능 여부와 정도에 따라 차등적으로 활용할 수 있어야 한다. 이런 일이 바로 모든 이를 위해 국가교육이 해야 할 일이다.

사교육의 힘이 제대로 인정받게 하기 위해서뿐만 아니라 사교육이 개인의 배움을 위한 학습권으로 행사할 수 있게 하기 위해서는 학교교육이 인간의 배움에서 주인이 아니라 우리를 위한 서비스 제공자가 되도록 만들어야 한다. 설령 학교를 사회제도의 한 기구로 인정한다고 해도, 설령 학교에게 편의상 교육적 기능의 조절과 통합 그리고 원활한 운영을 위임한다고 해도, 설령 학교와 교사들에게 교육활동에 관한 어느 정도의 권한을 줄 수 있다손 치더라도 그것은 사람 나름대로 각자의 배움과 학습의 최적화를 위해 최소화되어야만 한다.

학교장이나 교사집단의 권한도 마찬가지로 적절하게 통제되어야 한다. 말하자면, 학교장은 교육청의 감시를 받아야 하는 것이 아니라 학부모의 조언을 경청해야만 하도록 만들어야 한다. 교육청의 감시라는 말 역시 교육행정의 규제를 뜻하기보다는 학교의 책무성에 대한 평가를 말해야 한다. 말하자면, 학교는 학습자들과 지역사회의 배움을 위해 무슨 일을 어느 정도로 성취해 냈는가에 대한 객관적인 평가와 그에 따른 조치를 의미하는 것이어야 한다. 교사에 대한 평가 역시 마찬가지로 점검되고 촉진되어야 한다. 이런 것을 제도적으로 해낼 수 있는 조치로서 그 어느 교육시민단체든지, 미국의 소비자연맹에서 발행하는 것과 비슷한 맥락에서, 먼저 '학교교육 소비자 보고서'를 정기적으로 발행하기 시작해야 한다.

정부나 교육행정기관의 간섭이나 도움 없이 학생, 학부모, 학교운영위원회 들의 보고와 직접 참여를 통해 얻을 수 있는 교사수업의 질, 학교장의 교육적 책무성, 교육행정기관의 행정지원 정도와 책무성, 학생들이 자신을 위해 무엇을 얼마만큼 어느 정도로 배우고 익혔는지에 대한 상세한 정보를 학부모에게 정기적으로 제공하기 시작하면 학교나 교육행정가는 지금과 같은 식의 학교해체 현실을 더 이상 그대로 방치할 수는 없게 된다. 교사의 질에 대한 평가는 학생들의 학업성취력으로 가늠해야 한다. 아이들은 무엇 하나라도 제대로 배우려고 학교에 다니는 것이지, 교사들에게 이리 채이고 저리 채이면서 저들의 노리갯감이 되기 위해 학교에 다니는 것은 결코 아니다.

그래서 학교가, 교사가, 학교장이 아이들의 배움에 교육적 책임을 지는 태도, 말하자면 학교교육의 책무성을 제대로 점검하지 않는 한 그것은 학부모 스스로 교육권을 포기하는 것이나 마찬가지다. 그 교육권을 포기하면 교사나 학교장은 아이들을 담보로 삼아 저들에게 무슨 일을 자행할지 아무도 알 수가 없다. 바로 그 교육권을 포기하면 교육을 빙자한 체벌이나 학업성취를 빌미로 학생들에 대한 꼬리표 달아 주기와 같은 인권유린의 현장은 그대로 지속될 것이다. 학교가 학생들의 배움에 책임을 지라고 학교의 교육적 책임을 제기하는 것은 마치 병원에게 의료사고에 대한 예방과 책임을 강조하는 것과 마찬가지로 교육적으로 정당하기만한 권리일 뿐이다. 환자의 의료선택권이 환자의 생명과 건강을 위해 도움이 되듯이 학부모의 교육선택권을 보장하는 일 역시 학습자의 교육권을 위해 불가피하다.

그렇게 하기 위해서 가장 먼저 손을 보아야 하는 것이 바로 교육세에 대한 국민의 감시다. 국가가 교육세를 독점적으로 거두어 그들 마음대로 낭비하는 일부터 제도적으로 경계하고 감시해야 한다. 국민의 세금은 모든 이를 위한 초·중등교육과 초급고등교육의 완성을 위해 투입하도록 해야 하며, 그 과정을 감시할 수 있는 학부모의 교육세 조정권이 보장되어야 한다. 학부모들이 자신들의 배움과 교육을 위해 교육비를 쓸 수 있게 해야 학교교육의 교육적 책임을 새롭게 점검할 수 있을 것이다. 바로 그것이 학부모의 교육열을 하나로 모아 국력의 에너지로 만드는 일의 시작이나 마찬가지다. 이제는 학부모들이 교육을 돌려받아야 하는데, 저들은 그것을 쉽사리 내줄 리가 없다. 그래서 학부모들은 그들이 국민을 대신해서 마치 주인처럼 생색을 내게 만드는 그 돈주머니부터 새지 않도록 틀어막아야 한다.

개정 「사립학교법」 재개정 감상법

「사립학교법」 재개정 논의는 정치권에서는 이미 식상한 사안인 듯하다. 그것을 정치적으로 가열시켜 줘야 할 여야 정치권들이 무표정하기 때문이다. 야당의 표정부터가 한가롭다. 여권 역시 마찬가지다. 「사립학교법」에 대한 재개정이라는 말 자체가 가당치않다는 표정이다. 그것을 다시 하려고 정치적인 출혈을 했겠느냐는 식으로 되묻고 있다. 돌아가는 정국 상황 자체도 그리 한가하지 않다. 그런 분위기는 이미 몇몇 신임장관에 대한 여야 청문회 과정에서 극명하게 감지되었다. 유시민 씨를 필두로 장관 후보 지명자들 하나하나를 향해 어쩌면 그들의 삶에서 천추의 한이 될 정도로 정치적인 굴욕과 창피를 안긴 것이 바로 그것이었다. 그런 분풀이로 일단 상황을 종료시킨 것 같았다.

여권은 「사립학교법」 개정에서 전리품을 두 가지나 쟁취했다. 그것은 사학의 감시견을 이사회에 심어 두는 일과 그것을 정치적으로 쟁점화할 수 있는 정치적 교두보를 확보한 일이다. 그 두 가지 핵심사항을 사학에게 되돌려 주면 「사립학교법」 개정은 처음부터 할 필요조차 없던 일이었다. 그 하나는 개방형 이사제 도입의 조항으로 굳혀진 바 있다. 다른 하나는 노동운동을 한 교직원의 면직권한을 재단에게 박탈해 버린 일이다. 이사회 구성상 친족 이사의 인원을 줄인다거나, 교장의 임기를 어떻게 한다거나 하는 조항들은 저들에 비해 상대적으로 비중이 높지 않다. 그런 것들은 「사립학교법」 개정이 요구될 때마다 늘 수정과 재수정이 있었던 조항들이었다. 이제 타천형 개방형 이사제 도입에 따라 재단들의 마음가짐은 그 어떻든 간에 다르게 되었다. 개별 사학에 대해 이런저런 문제가 제기될 가능성은 그만큼 더 커졌다. 타천의 이사들이 그 일을 잘 해낼 것이다. 그들은 감시견들이기 때문이다. 사안들이 제기되면 그것이 학내문제로 비화되는 것은 순식간이다. 문제들이 학내에서 노동운동으로 비화되어도 그것을 주도한 사람들은 면직대상의 논의에도 낄 수 없다. 이 모두가 개정 「사립학교법」의 정치적 위력이 드러나게 만들고 있다.

개정 「사립학교법」이 그렇다고는 하지만, 아직도 논의할 사안은 남아 있다는 것이 여권의 설명이다. 「사립학교법」 개정을 인정한 연후에 시간을 벌라는 강요다. 「사립학교법」 개정이 사학의 공공성을 지나치게 강조한 것이라면 그것을 완화시킬 방법을 시행령 제정에서 찾아보라는 것이다. 사학의 자율성을 최대한 담보해 낼 수 있는 시행령을 만들어 내보라는 정치적 주문이다. 「사립학교법」을 둘러싸고 벌어진 진기한 풍경의 하나가 바로 시행령개정위원회를 설치한 일이었다. 시행령개정위원회를 설치한 것은 정부의 법령제정 역사상 처음 있는 일이었다. 그만큼 정부가 국민의 참여를 중시한다는 징표일 수도 있다. 반대로 「사립학교법」은 여권에게 정치적으로 위급한 사항이었다는 반증이기도 하다.

「사립학교법 시행령」에는 서로 다른 정치적 견해차가 반영될 수도 있다. 그런 정치적 견해차를 최대한 반영하는 제도를 협상에 의한 규칙제정이라고 한다. 그것을 위해 시행령개정위원회는 일반적으로 사회정치적 이해관계가 다른 사회 각계각층의 인사들로 구성되는 것이 관례다. 이것도 이번의 시행령 과정에서는 이미 무의미해져 버렸다. 협상에 의한 규칙제정을 하려면 시행령개정위원회의 인적 구성이 '각계각층'의 인사들로 구성되어야 하는데, 이번의 경우는 그렇지 못했기 때문이다. 사학측이 원천적으로 참여를 거부했기 때문에 모든 것이 자연스럽게 되었다. 사학측의, 예를 들어 이제 사학의 타율성을 강조한 개정 「사립학교법」은 더욱더 저들의 뜻대로 굳힐 수 있게 되었다.

이런 상황 속에서 여권은 정치권의 면피용 줄다리기를 최대한 활용할 수 있게 되었다. 「사립학교법 시행령」 제정에서도 정치적 여유를 갖게 되었다. 그렇게 일정은 흐르고 있다. 교육부가 시행령 개정안에 대해 관계부처 협의와 입법예고를 완료한다. 절차에 따라 시행령을 공포하면 「사립학교법」과 시행령들은 정식으로 발효된다. 여당이 「사립학교법」에 대한 재개정안을 이야기하고 있지만, 그것을 향한 열정은 그 옛날과는 너무 다르다. 그러면서도 사학재단을 향해 누가 그들과 한편인지를 상기해 보라는 식이다. 앞으로도 사학편에 서 줄 정치권이 누구일지를 가슴에 새기라고 주문하고 있다. 그렇게 저들은 여권과 눈웃음을 주고받으며 정치적인 교태의 몸놀림을 계속하고 있다. 그 추웠던 빙토도 녹아드는 춘삼월의 봄은 오건만, 사학은?

학군조정의 게리맨더링

여당은 학군조정이라는 교육의 게리맨더링(자기 정당에 유리하도록 선거구를 구획하는 정책)으로 표와 부동산 안정이라는 두 가지 모두를 잡아 볼 요량이다. 현재 11개인 서울의 학군을 인근 학군끼리 묶어 5~7개로 재조정하겠다는 것이 바로 그것이다. 핵심은 강남학군을 잡으면 해결된다는 계산이다. 강남학군의 해체에 필요한 두 가지 방안 중 한 가지 선택은 불가피하다. 하나는 강남학군을 공동학군으로 만들어 원하는 학생 그 누구나 지원하게 하는 방법이고, 다른 하나는 8학군을 잘게 쪼게 인근 학군인 성동, 동작 및 강동 학군에 편입시키는 안이다. 두 안 모두가 위험하기 짝이 없다. 공동학군안을 채택하면 8학군의 위상을 확실히 만들어 놓는 일이고, 8학군을 잘게 쪼게 다른 학군에 편입시키면, 강남학군 아이들에게 숨통을 열어 놓는 꼴이기 때문이다. 내신성적에서 불이익을 받던 강남학군 아이들이 '열등학군'에 가서 1등급을 휩쓸게 될 터이니 무탈하던 인근 학군 아이들에게 절망감이나 안기게 된다.

그렇지만 여당은 그 소리에 아랑곳하지 않는다. 학군제가 교육양극화의 원인이며, 학군제를 조정하면 학생들에게 학교선택권을 보장하는 지름길이라는 맹신 때문이다. 어쨌거나 여당의 학군조정안이 논리적으로 중심을 잃지 않으려면, 우선 강남학군이 교육적으로 뛰어나다는 확실한 증거부터 확보해야 한다. 학교환경, 시설, 교사의 실력, 교재, 방과 후 자율학습시간, 교육방송 등등 그 모두가 타 학군보다 좋다고 입증해야만 한다. 이것이 사실이라면 서울시 교육감에 대한 단죄는 불가피하다. 교육감이 은밀히 8학군 학부모들과 야합했었을 것이 분명하기 때문이다. 그렇지 않고서는 유독 강남학군의 교육환경만이 우월해야만 하는 이유가 없다. 학군을 조정하면 학생들의 양극화가 해소된다는 생각 역시 맥 빠지는 소리다. 미국의 흑백 인종통합 교육정책이 실패했던 것을 연구해 보는 일로 충분하다. 수조 원의 예산만 탕진한 채 별로 얻은 것이 없었기 때문이다.

강남학군의 유명세는 학교환경이 좋아서 그렇게 된 것만은 아니다. 교육문화에 대한 강남학군 학부모의 속성이 달라서였다. 강남학군과 다른 학군 간의 실력 차이는 학교교육의 차이가 아니라 기대의 차이에서 비롯된 것이다. 학부모들의 구별되고 싶은 사회심리적인 정서가 아이들을 키우는 것이다. 교육열의 구조부터가 다르다. 비단 강남학군 학부모만이 아니다. 정권이 그 무슨 통계결과를 내밀든, 그 무엇으로 나오든, 저들은 저들대로 간다. 그들의 구별하는 교육에 사교육시장도 덩달아 화답한다. 국가가 자녀들의 운명을 책임져 주지 않는다는 것을 그들은 너무 잘 알고 있다. 그래서 사람들의 기대 차이를 학군조정안으로는 쉽사리 조절하기 어려울 수밖에 없다.

교육양극화를 쟁점화하기 위해 학군조정안을 내세운 것은 맥을 잘못 짚은 탓이다. 교육혁신방안으로써 함량 미달이다. 여당에게도 학문성 있는 학자들과 연구자들이 충원되어야 할 듯하다. 전임 한국은행 총재 같은 의식이라면 곤란하다. 그는 자리를 물러나면서 우리 경제의 양극화문제는 경제정책의 '실패' 보다는 '성공' 의 결과라고 주장했다고 한다. 무슨 의도였는지는 모르겠지만, 그런 유의 견해는 교육의 양극화 해소를 위해 도움이 될 리 없다. 교육의 평등에 대한 여당의 정치적 이념이 확실하다면, 강남학군에 비해 불리하기만 한 교육적 상황의 타학군 부모들을 위한 상향적 교육평등 재정지원정책이 필요하다. 그것의 핵심은 서민을 위한 역차별 지원의 일관성에 있다. 기대의 불평등부터 완화시켜 놓고 봐야 하기 때문이다.

욕심이 크면 좌절도 크게 뒤따라가는 법이다. 학부모들에게만 해당되는 말이 아니다. 국민 4명 중 1명은 이 나라, 이 교육에 좌절하고 있는 중이다. 할 수만 있다면 교육이민을 떠나겠단다. 학군조정의 게리맨더링으로 그들의 뒤틀린 심사를 바로 잡아 줄 수는 없을 것이다. 자식교육을 잘 시키겠다는 것은 인간에겐 원초적인 욕망이다. 그것에 어긋난 싸움을 해서 성공해 본 정치권력은 없었다. 교육결과의 평등 역시 그 어느 정권도 이뤄 낸 적이 없다. 자녀교육에 대한 부모의 바람은 원래부터 그렇게 생겨 먹었기 때문이다. 이것은 사회주의 국가에서도 어떻게 해 볼 수 없었던 난제였다. 그들 역시 자녀에 대한 부모의 교육기대감을 권력의 뜻대로 요리할 수는 없었던 모양이다.

나이스(Neis)와 네이즈(Neis)

교육의 발전을 위해 매우 좋다는 의미로 교육부는 나이스(Neis)로 부르고, 그게 무슨 망발이냐는 반발의 표시로 전교조는 네이즈(Neis)로 격하하고 있는 전국단위 교육행정정보시스템(NEIS)은 참 어려운 처지에 놓여 있다. 전교조는 이 시스템이야말로 교육의 면역결핍을 일으키는 교육의 병균이라고 단정하면서, 세 가지 본질적인 문제를 갖고 있다는 식으로 교육부를 공격한다. 말하자면, 첫째 학생들의 정보유출 가능성으로 인한 인권침해, 둘째 정보시스템의 효율성과 안정성 보장문제, 마지막으로 정보시스템 도입으로 인한 교직의 업무부담문제 등을 놓고 서로 대립각을 세우고 있다. 이런 세 가지 기본적인 문제에 대한 타협이 어느 정도 선으로 이루어지면 전교조는 굳이 NEIS의 도입을 반대하지 않을 태세지만, 그런 것을 다 들어주면 NEIS는 도입하나마나가 되겠기에, 이번에는 교육부 역시 전교조의 요구에 호락호락하지 않을 눈치다. 왜냐하면, 교육부가 추구한 대로, NEIS는 전자정부의 전자민원처리시스템과 연계, CS 환경에서 불가능했던 각종 공문서의 실시간대 발급이 가능하며, 인사급여와 재정분야 들은 각기 중앙인사위원회가 구축중인 인사정책지원시스템, 재정경제부의 국가재정정보시스템 등과 연계되는 장점이 있기 때문이다. 그렇지만 양측 기싸움의 파장은 단시일내에 끝나지 않을 것 같다. 그런 조짐 속에서 NEIS 도입을 둘러싸고 이제는 서로 다른 정치적 이해관계를 갖고 있는 교사들이 패싸움이나 주먹질을 하고 있는 판국이다. NEIS 등살로 교직사회가 거의 황폐일보에 놓여 있다.

정보시스템 도입에 관해 교육부와 전교조가 대립하는 데에는 한 가지 분명한 명분이 있다. 그것은 NEIS의 도입 찬성의견이나 반대의견 모두 학생과 학부형의 교육적 이익 때문에 그렇게 한다는 것이다. 그러나 NEIS 도입에 관한 학생과 학부형의 의견이나 이해관계는 그 어느 측에서도 보다 명확하게 반영되어 있지 않았다는 점에서 어느 쪽도 확실하게 기선을 잡기는 어렵다.

NEIS를 둘러싼 가장 큰 쟁점은, NEIS가 학생과 학부모는 물론 교사들의 세세한 개인정보를 입력·관리함으로써 이 정보가 비인가자 등 외부로 유출될 가능성에 관한 문제다. 물론 그럴 위험이 없다고 우기는 것도 무리가 따른다. 그래서 조금 지루하기는 하지만, 양측 모두는 NEIS 도입에 관해 중도적인 입장을 갖고 있는 전문가들로 하여금 여론조사를 실시하여 그 결과를 존중하는 안에 동의해 주기를 바란다. 정부는 전교조가 염려하는 정보유출을 방지하기 위해 그들과 학부모들에게 법률적 대응책을 제시해 주는 방안을 강구할 필요도 있을 것이다.

두 번째 쟁점은, 정보시스템의 효율성과 안정성 보장문제다. 프로그램 오류는 일반적으로 시스템이 개통된 후 약 6개월간 안정화 기간을 거치면서 수정된다는 사실을 고려할 때 시간이 필요한 문제로 보이지만, 트래픽 폭주는 현재의 NEIS 통신망 인프라가 취약한 데 따른 것으로써 이를 해결하는 데는 상당한 시간이 걸릴 것이다. 정보시스템의 효율성과 안정성 문제는 보다 기술적인 문제이기에, 끊임없는 보완과 개선을 요구하는 문제다. 따라서 이 문제는 기술의 향상과 시스템 활용 노하우의 개선으로 해결될 수 있을 뿐이다. 실제로 NEIS의 현장 도입을 경험해 본 교사들의 입장에 따르면, NEIS가 기존 시스템에 비해 갖고 있는 장점이 많은 것을 억지로 무시해서도 곤란하다.

마지막으로, 정보시스템의 도입에 따른 교직의 업무가중에 대한 문제제기는 교육부와 전교조가 서로 첨예하게 대립각을 이루고 있는 현실적인 이해관계다. 현실적으로 전교조 역시 NEIS를 통한 학교행정업무의 효율성 증대에 대해서 일정 부분을 인정하고 있다. 그러나 대부분의 자료입력이 교육에 전념해야 할 교사들에게 몰리면서 일선 교사들의 업무부담을 가중시킨다는 것이 전교조가 가장 염려하는 부분이다.

서로 대결해 봐야 더 이상 생길 것도 없을 성싶다. 앞으로도 이런 이해관계는 얼마든지 돌출될 수 있다. 이런 문제와 분쟁을 해결하기 위해 노동계의 노사정처럼 교직계에도 학부모, 교사, 교수, 정치권 인사 등 전문가로 구성되는 교사정위원회를 설치하여 그들의 이해관계를 조정해 줄 필요가 있다.

서울시 교육감의 고뇌에 대한 제언

국제중학교 신설을 비롯해 자립형 사립고등학교, 과학영재학교 등 우수한 학생을 위한 학교를 따로 만드는 것이 교육경쟁력을 키우기 위해 필요하다는 서울시 교육감의 소신은 교육부의 압력에 의해 물거품이 되는가 했다. 특수목적중학교의 설립을 인가할 수 있는 법적 권한이 교육감에게 있고, 그런 특수목적중학교 설립을 반대하던 전교조 출신 교육위원들도 많지 않은 좋은 조건을 갖고 있는 그였지만 더 이상 밀어붙이기는 역부족인 상황이었다. 일선 교육감들이 행사할 수 있는 특성화중학교 설립권한을 교육부가 박탈하도록 빌미를 준 장본인으로 남게 될지 어떨지가 그에게는 더 큰 고뇌인 듯했다. 그 역시 후배 교육감에게 부담을 주는 일은 극구 피하고 싶을 것이기 때문이다.

사실 교육감은 시민과의 약속을 지키기 위한 교육의 수월성 추구와 평준화 유지정책에서 조금 더 고뇌했어야 했다. 첫째는 교육감 스스로 국제중학교 같은 특수목적중학교를 설립함으로써 파생될 입시교육의 병폐에 대한 대비책을 만들어 냈어야 했지만, 그런 보완책의 마련은 서울시 교육청의 그 어느 교육정책적 제안에서도 찾아볼 수가 없었다. 특수목적고등학교의 기능에 관한 한 역대 그 어떤 교육부 장관, 그 어떤 교육감도 거짓말쟁이들의 대열에 끼게 되는데, 그들이 허용했던 특수목적고등학교들은 설립목적을 초과달성하는 방식으로 일류대학 입시훈련장으로 변신해 버렸다. 국제중학교 같은 특성화중학교 같은 것도 명문고등학교 진학을 위한 에스컬레이터가 될 가능성이 클 뿐이다. 이미 알려진 대로, 부산국제중학교의 입학률은 12대 1, 경기청심국제중학교는 21대 1이었다. 청심국제중학교는 선발시험으로 필답고사와 심층영어면접, 영어구사력과 수리력, 창의력검사까지 활용했다. 이런 선발시험들은 초등학생들조차도 입시전선으로 몰아놓기에 필요충분한 것들이다. 이미 국제중학교 특별반을 운영하는 학원이 인기절정에 있는가 하면, 해외영어연수에 돌입한 초등학생들이 증가하고 있다. 이것을 교육감이 몰랐을 리 없었기에, 특수목적중학교 설립을 평준화교육을 보완하는 선에서 고심했다는 서울시의 말은 공허하게 들린다.

둘째로 국제중학교 설립의 당위성에 관한 서울시 교육청의 논리개발이 부족했었다. 특수목적중학교란 교육부가 초등학교 영재들의 특기와 적성을 살려 글로벌 리더로 육성한다는 취지로 중학교 수준에 합당한 특수교육목적의 활동을 허용하도록 한 중학교를 말하기에, 이런 학교가 많이 세워질수록 한국은 경쟁력 있는 초·중등교육을 하고 있다는 말이 된다. 이런 특수목적중학교들은 현재 부산과 경기도에서 성공리에 운영되고 있지만 서울에서는 설립조차 불가능한 형편이었다. 서울시 교육청은 서울에서의 국제중학교 설립이 불가능하다는 교육부의 입장을 이겨 낼 수 있는 치열한 논리개발에 치중했어야 했다. 평준화정책의 기본 틀 안에서 학생의 학교선택권을 보장하고 수월성 교육을 강화해 글로벌 인재육성의 기반을 닦겠다는 것이 교육감으로서의 소신이라면, 서울시 교육청으로서는 그의 권한이나 교육적 위상에 걸맞게 한국교육에 대한 비전이 실린 초·중등교육의 청사진부터 보여 주어야 했다. 교육부로서도 서울시의 교육혁신에 대해 토를 달기 어려운 교육정책적 역량이 우선해야 했다.

서울시 교육청이 차라리 모든 초등생을 위한 영어교육의 초석을 다지는 노력을 추진했더라면 더 좋았을 것이다. 이미 214명으로 확보된 원어민 보조교사에 1배 정도를 더 뽑아 일선학교에 배치하고 초등학생들의 생활영어교육 증진프로그램 개발에 박차를 가했더라면 시민적인 격찬을 더 받았을 것이다. 서울시의 교육이라고 해도 초·중등교육은 뿌리교육이며 토대를 다지기 위한 착근의 국민교육이지 열매따기의 교육은 아니기 때문이다.

교장공모제와 차등성과급제

정부는 교장공모제를 학교현장에 도입·확산시키고 있다. 교장 자격증이 없는 교직경력 5~10년 이상인 평교사도 교장이 될 수 있다. 지금까지는 교직경력 25년 안팎의 50대가 되서야 자격증을 얻어 교장이 될 수 있었으나, 앞으로는 30~40대의 '젊은 교장'들이 교단의 전면에 나설 수 있게 된다. 잇대어 정부는 교사들에게 성과급제를 강화할 정책적 방안도 실시할 것이라고도 했다. 성과가 좋은 교사와 나쁜 교사 간의 인센티브 차이를 넓히겠다는 것이었다. 이런 방안에 대해 교직단체들이 가만히 있을 리 없다. 연공서열형의 현 교장승진제에 대수술을 가하려는 정부의 교원혁신안을 무자격 교장제라는 논리로 교장들의 울분을 끌어내고 있는 교직단체가 있는가 하면, 성과급의 차등지급은 낙후된 교사처우 방안이라는 논리로 교사들의 분기가 충천하도록 유도하는 교직단체도 있다. 모두가 정부의 기를 또 한 번 꺾어 보겠다는 의지의 표현이다.

자칫 잘못하다가는 저들이 벌릴 난장판 북새통 틈바구니 속에서 아이들만이 죽어날 판이다. 중국의 대문호 임어당 선생이 말한 것처럼, 이 세상의 그 모든 싸움이나 전쟁은 모두가 밥통을 위한 것이기에 죽어 나는 것은 그 언제나 약자들뿐이기 때문이다. 저들은 저들의 밥통을 지키기 위해 그 어떤 논리도 만들어 갈 수 있다.

교장공모제나 차등성과급제는 그동안 정부가 내놓은 학교교육혁신안 중에서 파급효과가 큰 방안에 속하기는 하지만, 기대 이상의 성공적인 효과를 위해서는 정부 스스로 숨고르기가 필요할 듯하다. 교장공모제나 교원성과급 차등지급제

방안은 학부모들도 적극적으로 지지하는 학교혁신방안들이기 때문이다. 그러니 정부는 교사이익집단을 상대로 불필요한 기싸움을 벌려 진을 뺄 이유가 없다. 저들이 교장공모제나 차등성과급제를 받아들일 수밖에 없도록 학부모들부터 설득시키는 일이 더 시급하다. 전국의 학교운영위원회만 제대로 활용해도 상당한 효과를 거둘 수 있다.

정부는 교장공모제니 차등성과급제 같은 것을 밀어붙이기보다는 교원평가제부터 완전무결하게 실천하도록 환경조성부터 해야만 할 것이다. 교육의 질을 높이기 위한 교원평가는 유치원부터 대학에 이르기까지 예외가 될 수 없다. 정부안대로 교원평가제가 실시된다고는 하지만 제대로 실시하지 않으면 정부 스스로 역풍을 초래할 수도 있다. 교원평가제가 제대로 정착되면 교사의 자질과 학교교육의 질에 대한 국민의 이해가 빨라지게 될 것이고, 그렇게 되면 교장공모제와 차등성과급제 같은 것을 실시할 분위기가 자연적으로 조성될 것이다. 교직단체들이 가장 두려워하는 부분이 바로 이런 것이기에, 정부는 더욱더 교원평가제 추진에 신중과 정확성을 기해야 할 것이다. 교원평가제 실시 후 나타날 모든 문제와 기대치 않는 경우의 수에 대한 세세한 시뮬레이션과 시나리오들부터 만들어 놓을 일이다.

교장공모제나 교원차등성과급제는 학교혁신을 위해 그 언젠가는 도입될 수밖에 없었던 학교교육혁신안이다. 사회와 경제문화가 변하면 교육문화도 변화할 수밖에는 없는 것이다. 학교가 변하려면 교장이 변해야 한다. 학생들에게 좋은 학교교육을 제공하기 위해 가장 필요한 것이 무엇인지를 밝혀 온 연구에 따르면 한 가지 결론만이 유효하다. 교장의 높은 학교리더십이 바로 그것이다. 학교장이 학교교육에 대한 책무성이 높지 않으면 그 어떤 학교교육도 실패한다. 이 점을 제대로 활용하고 있는 교육개혁안이 바로 미국 부시대통령의 '그 어떤 아이도 뒤쳐지지 않게 만들기' 위한 학교개혁안이다. 그는 학교장의 학교책무성을 학교혁신의 핵심으로 보았다. 교장이 뛰어야 아이들과 학부모들의 입가에 웃음이 번지게 된다는 결론이 드러나고 있는 중이다. 교장이 칼의 손잡이라면 교사는 칼날

일 뿐이다. 손잡이가 튼튼하면 칼날이 제멋대로 놀아날 수는 없기에, 교장의 자질부터 담금질하기 시작한 것이다. 교장공모제만이 학교혁신을 위한 만병통치약이라는 말은 아니지만, 학교장의 학교경영력이 좋은 교육을 위해 그만큼 중요하다는 것은 부인할 수 없다. 좋은 교육에 대한 학교장의 비전이 그만큼 더 학교와 아이들을 살릴 수 있는 힘이기 때문이었다.

교육감 선거

교육감은 학교의 설립 · 이전 · 존폐, 예산편성과 집행, 지방교육공무원의 인사, 교육과정 등 초 · 중 · 고등학교 교육에 관한 한 막강한 권한을 갖는다. 서울시 교육감의 경우, 10만 명의 교직원 인사권과 6조 1,000억 원의 예산을, 부산교육청은 2만 4,000여 명의 교직원 인사권과 2조 4,000억 원대 예산을 주무른다. 이들 교육감을 해당 시 · 도의 초 · 중등교육의 '교육대통령'이라고 부르기까지 한다. 교육감은 아무나 앉혀도 되는 자리는 아니기에 제대로 된 인사를 뽑아 놔야만 한다. 초 · 중 · 고등교육의 성패가 사실상 교육감에게 달려 있기 때문이다.

이런 교육감을 주민이 직접 뽑자는 것이 바로 직접선거제의 도입 취지인데도 교육감 선거에 대한 시민의 관심은 냉담하기만 하다. 홍보 부족만의 문제가 아니다. 학교운영위원이 뽑는 종전의 간접선거가 잘못돼 있었거나, 파벌싸움과 금품수수 같은 구태의연한 일 때문에 파생된 냉랭함이 아니다. 후보자들의 면면이 아파트 반장후보보다도 시민에게 친숙하지 않기 때문에 어쩔 수 없이 생기는 무관심이다.

서울의 경우 예비후보 난립, 교육정책 혼조, 조직 · 돈 대결 과열 조짐, 대표성 논란 등등 모두가 불 본 듯하다. 역대 서울시 교육감들은 교도소를 들락거렸다. 교육감 후보들에게 한국교육개혁의 뼈대가 있어야 하는데 그것이 없다는 지적은 가장 뼈아픈 대목이다. 각 후보들이 내놓은 교육개혁안들이 모두 시큼털털하다는 것이다. 후보들이 한국교육에 거는 기대는 그야말로 비전이 거세되고 관점이 삭제된 것들이라는 것이다. 모두가 거창한 교육론을 내세웠지만, 분석해 들어가면 모두가 과거교육의 가능성이나 들먹이며, 미래교육의 사실을 나열하는 것들이라는 것이다. 과거의 가능성이나 미래의 사실은 처음부터 존재할 수 없는데도 이들은 학교현장에서 그것들을 들먹이고 있기 때문에 모두가 식상하다는 것이다.

각 후보들의 입장에서는 억울하기 그지없지만, 미덥지 않다는 시민들의 냉담함을 단칼에 불식시키기는 쉽지 않다. 대안으로 어떤 것이 있을까? 일부에서는 직접선거제를 대신할 간접선거제를 도입하자는 주장도 나온다. 또 교육감을 굳이 따로 뽑을 필요 없이 동시선거에서 시 · 도지사가 지명하는 러닝메이트제도를 도입해야 한다는 의견도 나온다. 이것은 이번 곽 서울시 교육감 사건을 계기로 더욱더 논의의 탄력을 받았다. 하지만 이런 대안들은 지방교육자치에 관한 법률을 개정해야만 가능하다.

교육자치의 성패는 시민들에게 달려 있다. 교육감 직접선거를 통해 내 자녀, 손자가 어떤 교육을 받고 성장할지를 결정하는 중요한 투표이기 때문이다. 결국 교육 100년 대계가 바로 우리 손에 달린 셈이다.

대선교육공약 감상법

각 정당의 교육공약은 끝내 엇비슷해져 버리고 만다. 선거유세가 본격화되기 전에 이미 여기저기서 발표된 정당들의 교육공약을 서로 모방, 차용하고 흔들고 비틀어 놓아서 그렇게 되어 버린다. 그 어느 선거에서든 대통령이 된 후보들은 약속한 대로 교육공약을 실천해야 한다. 이번 대선에서도 형편은 마찬가지일 뿐이다.

교육정책에 전 국민의 관심이 집중되고 있는 만큼 각 후보는 선거를 앞두고 표를 의식하지 않을 수 없다. 그래서인지 표심을 겨냥한 엉터리 공약도 곳곳에서 눈에 띈다. 당시 이명박 후보의 교육공약은 고등학교 다양화, 입시자율화로 압축된다. 그러나 다양화와 자율화 과정에서 빚어질 수 있는 고등학교 서열화와 교육기회의 불평등 문제에 대해서는 대책을 내놓지 못했다. 영어교육을 위해 원어민 보조교사의 채용을 확대하고 영어를 잘하는 대학생을 활용하겠다는 내용에 대해 교육관계자들은 "교사로서 기본적인 자질을 담보할 수 없고 기존 교사들의 반발이 예상된다."면서 "전혀 현실적이지 못하다."고 지적했다. 정동영 후보는 대학입시를 폐지하겠다는 공약에서 집중적인 질타를 받았다. 학계에서는 "수능을 졸업자격시험으로 전환하고 나면 대학은 무엇으로 학생을 뽑느냐."는 비판을 제기했다. 이회창 후보의 교사 10만 명 증원에 대해 교육계는 "우수한 교사인력이 이미 사교육시장으로 이탈하고 있는데 무슨 수로 교사를 늘리느냐."라고 반문했다.

어쨌거나 2007년 당시 대선을 위한 각 당의 핵심교육공약을 간추려 이야기할 때, 교육개혁을 위한 종류와 가짓수로 본다면 한나라당이 우세했다. 그렇지만 통합신당은 한나라당에 비해 기존 교육정책의 연장선상에서 교육정책을 입안, 정리할 수 있다는 이점이 있었다. 이명박 후보가 대통령이 되면 시장경제원리에 터한 교육정책이 실천될 것이 분명했다. 대학에게 학생선발권을 줄 것이 분명하며, 중·고등학교들도 시장경제의 원리에 따라 서로 경쟁할 수밖에 없게 된다. 다양한 중·고등학교들이 설립되어 학부모들의 학교선택권이 강화될 것이 분명하다. 이에 반해 정동영 후보가 대통령이 되었다면, 노무현 정권이 이끌어 왔던 취약계층에 대한 교육정책적 배려가 지속될 것이기에 교육평준화정책도 그대로 지속되었을 것이다. 그렇게 비교된다면, 이명박 후보의 교육공약들은 교육경쟁력을 보강한다는 점에서는 강력했지만, 교육불평등문제에 대해 소극적으로 대처할 수도 있다는 약점이 드러난다. 이를 보완하기 위해서는 교육취약계층을 위한 재정적 역차별 교육정책을 적극적으로 도입할 필요가 있었다. 그에 비해 정동영 후보가 유지하려는 교육평등사회가 탄력을 받기 위해서는 교육경쟁력을 강화할 수 있는 교육의 자율화정책과 학부모 교육선택권을 심도 있게 강화해야만 했다.

당시 대선 후보가 내놓은 교육공약들은 주로 학교교육의 개혁에 관련된 것이어서 모든 국민을 위한 교육공약으로서는 상대적으로 빈한한 상태였다. 모든 국민을 위한 평생교육에 대한 교육공약이 상대적으로 빈약하다는 말이다. 한국은 다른 선진국과 같이 지식정보사회에 기초한 여가학습사회로 진행할 것이다. 여가학습사회의 실현은 경제의 활성화에도 크게 기여하는 사회로서 에지케이션(edgecation) 사회라고 한다. 이런 사회는 교육복지사회로서 유아에서 노인에 이르기까지 그들의 행복추구권을 행사하기 위한 평생교육 프로그램이 가득 찬 선진국형 사회다. 교육여가활동, 시민교육활동, 직업능력개발활동 같은 것이 동네마다 활성화되지 않고서는 교육복지사회의 실현은 불가능하다. 이제는 무엇을 학습하느냐가 중요한 사회가 아니라 어떻게 즐기면서 배우느냐가 더 중요한 사회이기에, 대통령으로서 국민에게 대접을 받으려면 그들의 교육여가를 대통령이 누리는 것처럼 만들어 주어야 한다.

대통령의 깜박이

사회적으로나 정치적으로 화제가 되었던 것이 바로 노무현 대통령의 우회전 시도였다. 노무현 대통령을 관심 있게 지켜봐 온 사람들은 이렇게 말한다. "노 대통령은 왼쪽 깜빡이를 그대로 켜둔 채 우회전을 하(려)고 한다. 그런데 뒤에 있는 사람들은 노 대통령의 왼쪽 깜빡이를 보고 여전히 좌회전을 하려(고) 한다." 혼란과 혼돈이 있을 수 있음을 감지하게 만드는 논평임에 틀림없다. 이런 파장은 그들의 교육혁신방안에도 있는 그대로 반영되었다. 김진표 장관 임명에서 그 조짐이 드러났다. 참여정부는 이념적으로는 적어도 '교육의 평등과 교육분배'를 추진하는 권력기구다.

그것을 실현하기 위해 취할 수 있는 교육정책적인 과제는 세 가지다. 대학의 평등화정책, 국민보통교육에서 교육결과의 평등화정책, 그리고 마지막은 그것을 뒷받침할 수 있는 재원의 확보 문제다. 이 세 가지 모두를 참여정부가 제 기간 동안 실현하기에는 역부족이었다. 실현 불가능한 교육평등화, 교육정의 실현의 과제들이었다. 이런 교육정책을 추진하기 위해서 참여정부가 강력하게 추진해야 할 교육정책의 방향은 선택과 집중이 아니라, 오히려 선택과 분산 그리고 조화여야 했다.

우선 정부는 대학의 평등화나 평준화를 현실적으로 실현해 내기에 역부족이었다. 대학의 평등화, 말하자면 모든 대학을 평준화시키는 고등교육정책에서 성공한 국가는 아직 유례가 없기 때문이다. 그런 의욕에 차 있던 국가들 역시 그 대안으로 모든 이를 위한 고등교육체제를 만드는 길을 택해 왔던 것을 보면, 대학의 평등화가 그리 쉬운 일이 아님을 알 수 있다.

그런 식의 대학평준화보다는 오히려 대학의 문호를 모든 국민에게 개방하는 방법을 생각해 볼 수 있다. 학제를 다선형 학제로 바꾸어 그 누구든 불평등한 교육구조에 의해 교육의 불평등을 겪게 하는 것은 교육정의 실현에 어긋난다는 것을 분명하게 드러내 볼 수 있다. 국민으로 하여금 여러 가지 교육경로를 거쳐서라도 끝내 모든 국민에게 그들이 허락하는 한 초급고등교육까지를 무상으로 받을 수 있도록 대학교육의 기회를 개방해 볼 수 있다. 예를 들어, 모든 전문대학 교육과정을 국가의 재정으로 고등교육을 받기 원하는 국민에게 그 교육이 가능하게 하는 후기 평생교육의 장으로 보편화시킬 수 있다. 이것은 교육소외계층에게 보상적 조치를 함으로써 대학교육의 기회 형평성을 실현하는 일과 같다. 게다가 이것은 앞으로 정원을 못 채워 폐교 가능성을 지닌 각급 대학을 위해서도 조기에 추진해 볼 정책이다. 그런 대학들을 지역사회주민을 위한 평생대학으로 그 개념과 제도를 바꾸어 성인의 계속교육과 보상교육 그리고 직업능력개발교육을 받게 하면 정부는 명실공히 모든 이를 위한 고등교육을 추진한 것이 된다.

둘째로, 모든 아동을 상대로 한 학교교육의 결과를 평등화하는 파격적인 교육정책을 세우는 일 역시 쉬운 일이 아니었다. 그래서 일단 교육소외계층이나 학습소외계층의 청소년을 위한 '학습결과의 평등화정책' 을 강력하게 추진할 필요가 있었다. 이런 교육혁신정책이 가능하기 위해서는 우선 교육정책자나 교사들에게 인간의 배움에 대한 철학부터 교정하고 보완해야 했다. 배우지 못하는 인간, 배울 수 없는 인간은 있을 수 없다. 모든 인간은 학습본능을 갖고 있기 때문이다. 모든 인간은 배우는 동물이기에, 그 누구든 배울 수가 있다. 그가 배우지 못하는 것은 그가 처한 환경이나 그를 교육적으로 지도했던 학교환경의 문제 때문이다. 제대로 배우도록 해 주지 못하는 학교, 제대로 배우도록 해 주지 못하는 교사들이 있을 뿐이라는 배움에 대한 철학이 교육소외계층을 위한 학습복지정책에 철저하게 반영되어 있어야 했다. 학교교육과정에 학습자들이 적응하지 못한 것을 학습자 개인의 탓으로 전가시키는 결과로 학습소외자들이 더욱더 양산될 것이라는 인간의 배움에 대한 철학이 학교교육에 확실하게 바로 서도록 해야 했다. "학교가 바로 문제의 진원이다."라는 자성이 우선하지 않는 한 학습결과의 평등화를 위한 교육정책은 그 언제나 원점에서 맴돌게 될 것이다.

이런 학습결과의 평등화를 위해서는 공교육과 사교육, 공립과 사립으로 가를 것 없이 모든 아이를 위한 국민보통교육에 매진해야 한다. 그리고 저들은 자주국방의 관점에서 조건 없이 지원해야 한다. 그래서 마지막으로, 정부가 이념적으로 면책을 면하려면 교육복지예산만큼은 확실하게 확보해야 했다. 교육평등화정책을 실현하기 위해 집권기간 동안 엄청난 규모의 교육복지예산을 투입해야만 모든 이를 위한 교육에 '올인' 할 수 있다. 교육복지예산을 GNP의 6~7% 수준, 혹은 지금의 교육예산의 두 배 수준 이상으로 확보해 놓을 수 있어야, 정부는 국민에게 칭송받는 교육대통령을 만들어 낼 수 있을 것이다. 마치 네덜란드가 추진하는 수준의 교육복지정책을 추진할 수 있어야 했다. 교육평등과 교육정의 실현을 위한 초·중등학교에서의 학습결과 평등화와 고등교육의 무상화를 추구하기 위해서는, 마약환자에게 사회복지의 일환으로 마약을 국가가 무상으로 제공해 주면서까지 사회복지정책을 강력히 추진하고 있는 네덜란드의 그 복지정책, 그것의 겉모습보다는 내용을 제대로 본받아야 했다. 그런 교육복지 하나 제대로 추진하지 못한 채 말로만 교육복지를 외치면, '참여정부'에게는 끝내 참여는 없고 정부만 존재했다는 비아냥만 남게 될 것이다.

신임 교육부 장관의 각오

신임 교육부 장관은 확실히 교육계의 내부 사정을 잘 아는 인물이어야 한다. 고질적인 우리의 교육문제에 대해서도 연구를 많이 한 인물이어야 한다. 교육부 관료들의 국민신뢰회복문제를 강조하는 대목도 그랬고, 대학입시에 대한 해법 제시와 대학육성방안에 대한 입장 제시가 가능해야 한다. 신임장관은 네티즌의 여론수렴에 관해서도 여간 비상한 것이 아니다. 이 모든 것은 정부가 기대하는 교육개혁을 위해 '참' 기수 역할을 해야 한다.

그래서 신임 교육부 장관이 취임의 자리에서 교육부 관리들에게 "나를 뺑뺑이 돌리지 말라." 고 강력하게 경고할 수 있어야 한다. 관료들의 뺑뺑이 돌리기 관행에 제물이 된 채 바지저고리로 자리를 떠난 장관들이 족히 한 둘은 넘었기 때문이다. 우리의 교육붕괴들이 바로 저들 교육부 내부 마피아들의 권력쟁탈전의 와중에 끼였던 핫바지 장관들의 무기력 때문에 생겨난 것이라면 국민은 저들에게 당장 돌팔매질이라도 해야 할 판이다.

그러나 기싸움도 너무 하면 내 몸부터 쇠잔해지게 마련이다. 수능자격고사 발언과 교육정보통합체제운영에 관한 보류발언이 나간 이후 교육계에는 이상기류도 흐른다. 바로 국립대학교 총장의 발언이 그중 하나이며, 교육관료집단의 자괴감들도 바로 그런 기류 속에 섞이고 있다. 서울대학교 총장은, "교육부가 대학의 자율성을 침범해서는 안 되니 교육부 장관이 누가 됐든 상관없이 우리의 갈 길을 갈 것"이라고 천명했다고 한다. 수능 비중을 강화하고 내신 비중을 축소하는 입시안을 추진 중인 서울대학교로서는 볼멘소리를 할 수밖에 없었을 것이다. 그러나 그 언젠가, 장관의 입시발언으로 100만 명의 수험생과 학부모들이 또 한 번 마음을 조렸다는 것만큼은 잊지 말아야 한다. 수능자격시험 전환 같은 대학입시개혁정책 제시에는 조금 더 시간을 갖고 신중해야 한다. 수능시험이 자격시험으로 격하되면, 일선 고등학교에서는 내신 뻥튀기를 할 것이고, 그러면 고등학교 교육을 신뢰할 수 없는 대학들은 학력저하를 여론에 호소하면서 본고사를 강행할 것이 뻔하기 때문이다.

현재 교직의 현안은 한두 가지가 아니다. 장관은 일선 교육행정가들과 교사들 간에 대화를 자주 가져야 한다. 교육행정정보시스템이 운영되면 일선학교들의 학사업무가 보다 편해진다는 이점도 있고, 학생과 학부모, 교사의 개인정보 유출 및 인권이 침해될 우려도 있다. 그래서 이해 당사자들 간에 보다 더 진솔한 토론도 필요하고 여론에도 귀를 기울여야 한다. 그런 와중에서도 그동안 여러 가지 기술적인 난관을 극복하면서 지식정보중심 교육체제를 만들어 온 국가적인 노력을 단숨에 물거품으로 만드는 식으로 이 일을 처리해서도 곤란하다. 네티즌에게 귀를 기울여야 하는 것은 교육을 위해서이지, 그들의 돼지털 같은 난잡한 힘에 굴복해서가 아닐 것이다. 교육부 장관 후보 두 명을 낙마시켰기 때문에 그들의 요구를 들어주어야 하는 것이 아니다. 마치 환자의 건강을 위해 보호자에게 이 이야기 저 이야기를 듣는 것은 합당하지만, 그 보호자의 의견 제시에 따라 환자의 환부를 적당히 수술해 줄 수 없는 이치와 같다. 그래서 장관은 교육에 관한 잡다한 식견과 요령보다는 교육을 전체적으로 조감할 수 있는 교육철학을 세운 후, 저들의 여론에 진중하게 눈길을 주어야 한다.

교육개혁을 지속하기 원한다면 저 저항전선들에게 공격의 빌미를 줄 이유가 없다. 교육부 내부에 마피아가 있다면, 조용히 그러나 단칼에 베어 내어 국민을 편하게 만들어야 한다. 이쯤해서 한 번 이기면 조금만 배우게 되지만, 한 번 지면 모든 것을 배울 기회를 갖는다는 각오로 공을 던져 승리를 이끈 어느 야구투수의 각오를 장관이 기억해 주었으면 하는 바람이다.

교육인사는 교육전문성으로 검증해야

교육부 장관 내정자에 대한 인사청문회가 열린다. 야당은 늘 그를 단단히 벼르고 있다. 대통령의 코드인사와 내정자 개인에 대해 정치적 혐오 그 이상의 감정을 갖고 있기에 야당의 정치적 총공세는 불가피하다. 청문회가 그런 유의 정치적 공세로만 끝나게 된다면 야당은 얻는 것보다는 잃는 것이 더 많게 된다. 내정자가 교육부 장관으로서 부적격의 유일한 이유로서 대통령의 코드인사 문제를 되뇌이는 일 같은 것은 가급적 피해야 한다. 그렇게 된다면 야당 스스로 국민이 교육부 장관 청문회에서 보고자 하는 것을 제대로 파악하지 못한 탓일 것이다. 설사 야당이 그에 대한 대통령의 지지가 소모적 코드인사에 의한 국가적 에너지 낭비라고 몰아부치는 일에 성공했다고 해도 야당은 끝내 국민에게 외면당할 것이다. 내정자가 이 지경의 교육파국을 해결해 줄 수 있는 교육혁신가라고 믿을 수만 있다면, 국민은 코드인사가 아니라 '다빈치 코드' 인사라고 하더라도 그를 반기고 볼 터다. 그래서 야당이 내정자에 대한 청문회를 정치적 공세의 난타장으로 몰고가는 일에 만족하려고 한다면 야당은 일 없는 야당신세를 면하기 어렵다. 교육은 여당이나 야당 할 것 없이 그 모두에게 정치적 실험 대상이 아니기 때문이다.

그런 점에서 교육부 수장으로서 내정자가 갖고 있는 역량과 자질 그리고 도덕성을 검증하는 인사청문회가 되어야 한다는 여당의 주문이 오히려 더 돋보인다. 그런데도 야당은 내정자가 교육부 장관에 임명될 경우 교육정책이 황폐화될 것이라는 식의 정치적 흠집 내기에 만족하려고만 한다. 야당은 그런 빈 소리보다는 그의 등장으로 인해 교육정책이 어떻게 어느 정도로 황폐화될 것인지를 국민에게 확실하게 증거해 내야 한다. 야당이 청문회 질문거리로 평준화정책, 특수목적고등학교, 자립형 사립고등학교 정책, 대학정책 같은 현안에만 매달리면 끝내 헛발질이나 하게 된다. 내정자가 이미 교육현안 쟁점에 대한 모범답안을 갖고 있을 것이기에 그것을 더 드러내게 할 필요는 없다. 현안문제에 한 번쯤은 언급해야만 한다고 해도 슬기롭게 자제하며 끝까지 내정자의 교육전문성 점검에 초점을 모아야 한다. 어쩌면 「사립학교법」 재개정 문제, 전교조 개혁 방안, 교육부 개혁방안 같은 것에 대한 그의 구체적인 실행력을 알아내야 한다. 그러한 안건이 교육혁신에 대한 국민적 열망에 더 근접하는 길이기 때문이다. 질문은 짧게, 답변은 길게 하게 함으로써 내정자 스스로 국민을 행복하게 할 수 없으면 교육부에 들어가는 일이 그에게는 파국이 될 것이라는 자기확신이 들게 만들어야 한다.

여당과 야당은 참고인으로 한국교육개발원장, 국민대학교 행정대학원장, 대일외국어고등학교 교감 등을 채택했지만, 내정자의 교육전문성에 대한 검증을 그들의 답변에 기댈 일은 아닐 듯싶다. 교육부에게 이렇게 저렇게 매어 있는 사람들에게 내정자의 전문성을 평가하라고 요구하는 것은 그들에게 고문을 가하는 것과 같다. 게다가 목숨을 연명하기 위해 청문회에서 양심을 팔아넘기는 학자들의 처참한 모습을 보게 되는 것도 교육적인 일은 아니기 때문이다.

어느 교육부 장관 내정자는 그 언젠가 지방대학 강연회에서 청와대가 하는 일은 과거의 눈이 아닌 미래의 눈으로 보면 이해가 될 것이라고 강조했었다. 그에 대한 청문회는 바로 그가 한국교육을 미래의 눈으로 볼 수 있는지 어떤지를 드러내 놓는 공론의 장이 되어야 한다. 내정자에 대한 청문회 역시 국민에게 중계가 될 것인데, 카메라의 초점은 부디 질문하는 의원과 답변하는 내정자의 눈초리에 맞추어지길 바란다. 사람이 감정을 표출하는 방법은 교묘해서 무려 400여 개가 된다고 하나 모든 것은 끝내 그 사람의 눈초리에 몰리게 된다. 위기가 닥치면 그 어떤 강심장의 인물이라고 해도 그의 몸과 의지는 따로 놀게 되는데 눈초리만큼은 그것을 피해 나갈 수 없기 때문이다.

전문지식인의 역할

지금처럼 교육 관련 연구 집단들이 매일 같이 수많은, 어쩌면 권력기구의 주문으로 만들어 내는 수많은 교육지식의 범람 속에서 학부모운동은 무기력하기만 하다. 저들의 연구물이 의도하는 것도 제대로 이해하지도, 저들과 이론적으로 겨누지도 못하는 학부모운동, 교실현장이 어떻게 돌아가는지도 모르는 학부모운동은 무의미할 수도 있다. 각계의 전문가들은 시민운동의 영향력이 계속 높아질 뿐 아니라 활동 영역도 더욱 넓어질 것으로 전망하고 있다. 『시민의 신문』이 지령 600호를 맞아 정치인, 기업인, 언론인, 공무원, 시민운동가 등 600명을 대상으로 의식조사를 실시한 결과, '시민사회단체의 영향력이 더욱 커질 것'이라는 설문에 대한 응답이 5.3점(7점 척도)으로 상당히 높게 나타났다. 응답자들은 '시민사회단체활동이 사회 모든 영역으로 확대될 것'이라는 설문에서도 5.2점을 매겼고, '시민사회단체의 활동이 우리 사회 전체를 발전시킬 것'이라는 문항의 응답도 5.0점으로 비교적 높은 점수를 받았다. 그러나 신뢰도는 기대만큼 높지 않았다. 일반시민, 정부, 기업, 언론으로 나눠 신뢰도를 추정한 결과, 일반시민(4.3점), 언론(4.1점), 정부(4.0점) 등은 중간 이상으로 신뢰할 것이라고 응답했으나 '기업이 시민단체를 신뢰할 것'이라는 설문의 응답은 3.2점에 그쳤다. 응답자들은 '시민사회단체는 부정부패가 없다.'거나 '시민사회단체는 민주적으로 운영된다.'는 설문에서도 각각 3.3점과 3.7점의 비교적 박한 점수를 주었다.

그런 현실 속에서 기존 학부모운동 단체가 저들을 위한 보조기구의 역할에라도 만족해야 한다면 인간교육의 실현은 요원할 것이다. 물론 아카데미가 이런 모든 것을 수렴해서 대화의 장으로 끌어들여야 하는지 어떤지에 대해서는 나름대로의 고뇌가 있어야 한다. 그럼에도 불구하고 인간교육을 위한 학부모운동 단체에 대한 의미 있는 물리적 지원이나 대화의 장을 마련하는 일은 아카데미가 포기할 수 없는 일감들이다.

이런 정책지향적인 인간교육운동은 교육정책전문가 지향적인 국지적인 문제제기와는 다르게, 단순히 전문적이거나 부분적인 것 그 이상이기에 국민적인 지지도가 높을 것이다. 지금과 같이 국가연구기관들만이 교육지식의 생성을 독점하는 형편에서, 보편적 지식인들의 여론몰이식 해법은 더 이상 유효하지 않을 수도 있다. 이제는 교수, 저명인사, 국회의원 혹은 교육운동에 참여해 본 경험이 있다는 학부모들의 허울 좋은 간판을 자랑하는 대중지식인은 교육지식을 만들어 내며 그것을 제대로 이해하는 일에서 뒤처지기 십상이다. 저들이 무엇인가를 만들어 낸다고는 하지만, 저들이 희망하는 것은 끝내 연금술사의 그 희망과 기대 이상은 아닌 것으로 끝난다.

자기 스스로를 대중지식인, 언론의 스타들로 자부하는 사람들이 인식하는 그런 이기주의로 위장된 허울 좋은 이타주의 가치관을 가진 사람은 시대에 뒤떨어질 수밖에 없다. 특정 분야에서 상당할 정도로 전문성을 갖고 있으며, 그 분야에서 자신의 목소리를 간직하고 있는 사람들은 주택, 병원, 정신병원, 연구소, 대학, 가족 그리고 교육 관련 분야 등등 특정한 부문에서 잘 나오려고 하지 않는 경향이 강하다. 이들의 전문화된 목소리를 보다 더 정책적인 틀 속에서 민간 주도로 결집할 필요가 있다. 이 '특수지식인들'은 대중 앞에 나서서 만병통치약과 같은 그런 처방을 내려 주는 대중지식인과는 교육적인 쟁점을 바라보는 방식이 다르다. 동시에 그런 문제에 대한 해법을 찾아내는 방식 역시 저들의 그것과는 질적으로 다르다.

언론을 통해 흔히 겉으로 자기 자신의 견해를 드러내 놓기를 좋아하는 지식인들이나 그들의 정치적인 목소리에서 분석의 양태를 발견하기는 쉽지 않다. 저들은 자신들이 최선이며 자신들만이 안다는 식으로 모든 것을 제자리에 잡아 두려고만 한다. 전문가들은 그런 유의 보편적인 이론을 만들어 내지는 않는다. 그 대신 교육의 특정 분야에서, 자기의 분야에서 사회쟁점이 되는 것을 전문적인 식견으로 깊숙하게 연구하며 그것을 통한 권력의 속성이 갖는 특성을 조목조목 분석하며 그것을 교정할 수 있는 대안을 제시하고 있다. 이 점에서 전문지식인이 할 수 있는 일은 국가권력이 쏟아내는 교육정책자료에 대한 분석의 틀과 도구를 제공하는 것으로 제한되기도 한다. 현재로서 그런 일은 성숙한 교육운동을 추구하는 과정에서 전문지식인들이 전담해 주어야 될 역할 중 하나일 수밖에 없다.

'정권 따르는 대학개혁'이 문제

대학 졸업하는 날은 공치는 날이다. 대학을 못 잊어 아직도 대학가를 서성거리는 졸업생들이 한둘이 아니다. 젊은이들에게 이 나라는 죄를 짓고 있다. 누가 뭐래도 한국대학은 그 언제든 개혁 중이어야 한다. 대학의 개혁이 인재개발의 지름길이며 국가경쟁력의 모태이기 때문이다. 우리에게 대학의 전형으로 소개되었던 일본이나 미국의 대학은 그동안 엄청난 변신을 해 왔다. 우리와 저들 대학개혁 간의 질적 차이는 대학개혁의 주도세력부터 달랐다. 저들이 대학 스스로 세계 최고의 경쟁력 있는 대학을 향해 대학개혁을 해 왔다면, 우리의 대학개혁은 정권이 주도적으로 이끌어 왔다. 그들의 요구에 맞도록 이런저런 개선에 만족해 왔었다. 그 어느 정권이든 대학개혁에 손길을 대보지 않은 정권도 없었다. 대학개혁의 방향이 정권 창출과 더불어 정치적으로 다듬어져 왔기에 한 정권이 사라지면 대학개혁마저도 물거품이 되었다.

참여정부는 대학개혁의 화두로 집중과 선택의 날을 세웠었다. 하지만 시들시들한 형편이었다. 황우석 교수팀의 논문조작 파동 때문에 그렇게 시들어 버리기 시작했다. 그들을 집중지원하던 이른바 '황금박쥐' 사단들마저도 잠적해 버렸다. 특정 학문에 대한 집중지원이 정권에 끼친 피해를 무시할 수 없었던 모양이다. 국민의 망각속도로 계산해 보면, 이때쯤 대학개혁의 화두를 또다시 만들어 내야 할 법하다. 정치권력의 속성상 어쩔 수 없는 일이다. 한때 가속도가 붙었던 대학의 평준화라는 화두도 이제는 정치적 어젠다에서 사라졌다. 교육의 양극화 해소라는 정치적 화두로 꺼져 가는 불꽃을 되살려 보고 싶은 마음이 없을 리 없다. 권력의 시계 소리가 멈추지 않고 있기에, 저들도 망설임의 미학을 아는 모양이다. 초를 읽으면서 시간과 정력을 아끼라는 소리 없는 아우성이 저들을 채찍질하기 때문이다.

대학개혁의 마지막 화두가 남아 있다면, 그것은 국제화와 산학협력과 같은 구호들이다. 외국대학의 인사들이 한국 땅을 밟으면 한두 마디씩 조언을 해 주는 단어가 바로 그것들이라 시의성마저 살아 있다. 국제화와 산학협력이 없으면 살아남기조차 힘들다는 논리가 국민적인 설득력도 갖는다. 대학은 세속과 현실과 거리를 두면서도, 결국은 세속과 현실이 원하는 것을 줘야 한다는 명분에 힘이 실린다. 대학 스스로 불량 졸업생을 '애프터서비스' 해야 한다는 목소리에 힘이 실렸었다. 대학 스스로 기업현장의 실정에 맞도록 맞춤형 교육과정으로 대학 교육과정을 완전히 바꾸어야 한다거나, 외국대학과 공동학위제를 추진해서 학생들에게 국제감각을 길러 주어야 한다는 요구도 나름대로 설득력을 지녔었다. 교실현장에서 영어강의도 늘었고, 더 앞서가는 대학들은 대학원생들의 졸업논문을 아예 영어로 쓰도록 만들어 놓기도 했다. 학생들에게 책임지는 대학이라면 그들의 욕구에 부응하도록 학생들에게 국내외 기업에 인턴십을 시키는 일에 앞장서야 한다. 취업 · 창업을 목표로 하는 학생들에게는 그들 스스로 국제적 고급인력이 될 수 있도록 대학이 적극적으로 도와주어야 한다. 그것이 학생들에 대한 대학교육의 책무성이다.

한국대학들은 그동안 나름대로 혼신을 다해 대학개혁에 박차를 가했던 것도 부인하기 어렵다. 대학을 상아탑이라고 부르며 그렇게 안주하는 대학은 한 곳도 없다. 학생들의 외국어 실력이나 취업준비능력은 매년 달라지고 있다. 저들은 1980년대 대학교 졸업생들이자 지금의 정치적 실세들인 386세대에게서는 발견할 수 없었던 새로운 능력을 갖춘 유능한 인재들이다.

그런데도 대학을 나선 저들에게는 지금 갈 곳이 없다. 10명 중 7명이 거리를 방황하고 있다. 저들은 실력이 없어서 취업의 길이 막혀 버린 것이 아니다. 일자리가 없어서다. 그들의 정치적 역량으로는 더 이상 새로운 일자리를 만들어 낼 수가 없기 때문이다. 그들 대신 저들이 신음하고 있다. 권력이 저들에게 죄를 짓고 있는 것이라고 아무리 소리 질러 봐도, 세월이 약이라고 메아리치기만 한다.

국제학부의 이상과 현실

국제기구에서 한국인이 차지하는 위치는 아직도 미약하기만 하다. 한국의 유엔 분담금 규모는 약 3,300만 달러로 세계 11위에 이른다. 일본 역시 우리의 처지와 비슷하다. 일본의 분담금은 19.5%로 미국(22%)에 이어 두 번째로 많다. 미국을 제외한 러시아, 중국, 영국, 프랑스 등 안전보장이사회 상임이사국의 부담액을 모두 합친 것보다도 많은 액수다. 일본은 국력, 국제기구에 내는 막대한 기여금을 감안하면 국제기구 진출이 상대적으로 미미한 경우다. 유엔 내 영향력은 이 국가들에 훨씬 못 미친다. 일본은 많은 돈을 내면서도 주변국의 눈치를 보기 바쁜 상황이다. 제네바의 국제기구 관계자들은 고위직에 진출한 일본인들이 그동안 자국 출신들을 무작정 감싸고돌아 타국 출신 직원들의 반발을 불러일으킨 경우가 드물지 않았다고 한다.

일본처럼 국제기구에의 한국인 진출은 하위권에 머물고 있다. 이것을 타개하려고 정부는 여러 가지 방법을 모색해 왔다. 그중 하나가 해당 부처의 공무원들을 국제기구에 파견하는 일이었다. 견문도 넓힐 겸, 외국어도 익힐 겸하는 식의 파견 관행이었다. 시대가 달라졌고 우리 공무원에게 저들 국제기구가 기대하는 것이 달라지기 시작했지만, 파견된 공무원들이 그곳에서 해 오던 일은 한결같았다. 본부가 요구하는 정보를 정리하여 그것을 번역해 주는 일, 회의 참석을 위해 들른 본부의 높은 분들의 수발들기가 주 업무였다. 그런 관행 때문에 부작용들이 하나둘씩 나타나기 시작했다. 우리 공무원을 파견받았던 국제기구에서 그들의 연장근무를 거부하기 시작했다. 거부 이유는 직설적이었다. 첫째는 서로 간의 의사소통이 어려웠고, 둘째는 제대로 하는 일이 없기에 업무상 득이 되지 않는다는 것이었다. 저들이 해당 업무에 대해서는 노련했지만 국제소양이 부족했던 것이다. 어학실력이 충분하지 못한데다 다양한 문화에 쉽게 적응하지 못하는 심리적 불안감 때문에 서로에게 득이 되지 못한 것이다.

이런저런 것을 감안하여 정부는 웬만한 대학마다 국제학부를 설치하게 했다. 재정적 지원도 아끼지 않았다. 그것의 첫 문을 이화여자대학교가 열었고, 이어 고려대학교, 연세대학교, 외국어대학교 등등이 문을 열었다. 그동안 이런저런 잡음도 그치지 않았다. 고려대학교 국제학부의 경우 총장이 '글로벌 고려대학교'를 선언하면서 교내수업의 영어 비율을 높이는 바람에 국제학부의 위상이 애매해지기 시작했다. 전임교수가 확보되지 않은 상태에서 시작하는 바람에 출범 초기 학생들이 무엇을 배우는지에 대해서도 혼란을 겪었다. 어느 국제학부의 경우, 신입생들로 외국인 학생을 끌어들이겠다는 의욕을 보였으나 기대에 못 미칠 수밖에 없었다. 국내 국제학부에 대한 매력이 없기 때문이었다. 기껏해야 정원의 20~30%에 불과한 외국인 학생비율을 50% 이상으로 끌어올리는 일이 그렇게 쉬울 수는 없었다. 국제적 지명도가 높지 않아 해외우수학생 유치가 쉽지 않았기 때문이다.

그런 우열곡절 속에서도 마침내 이화여자대학교에서 첫 졸업생을 배출했다. 이화여자대학교 국제학부 1기생은 26명이었다. 45대 1의 경쟁률을 뚫고 입학했던 수재들이었다. 해외에서 한국으로 온 역 유학생도 있었다. 입학 전, 해외거주 경험이 없는 학생은 한 명뿐이었다. 나머지 25명은 해외에서 평균 7년 이상 거주한 해외파 수재들이었다. 졸업생 25명 중 15명이 국내외 기업에서 일자리를 구했다. 나머지는 대학원 진학이나 유학준비의 길을 택했다. 국제기구에서 활약할 '국제전문인력 양성'이라는 취지와는 다소 거리가 있었다. 그것이 현실이었다. 입학 때의 기대와는 달리, 학부졸업장만으로는 국제기구에 지원서조차 내기 힘들었기 때문이다.

국제학부는 학생들에게 많은 약속을 했지만, 그들을 충족시켜 주지는 못했다. 국제학부 1회 졸업생들이 경험한 것이었다. 그들이 신입생 오리엔테이션 당시 학교 측으로부터 들었던 국제기구 인턴십 기회 제공, 국제기구가 밀집한 스위스 제네바 여행 등은 끝내 이루지 못했다. 모든 것이 말로만 이뤄질 수 있는 것은 아니었기 때문이었다. 세계적 여성 리더의 양성은, 국제기구뿐 아니라 다국적 기업

등 다른 영역에서도 가능한 것이며 국제기구 인력배출 여부에만 신경 쓰는 것은 아니라는 학교 측의 강변도 있었지만 공허하기는 마찬가지였다.

그렇다고 그들이 학부교육 동안 아무것도 배우지 않은 것은 아니었다. 모든 분야를 조금씩 두루 배울 수 있었고, 교양수업도 그들에겐 인상적이었다. 그것은 그럴 수밖에 없었다. 국제학부의 설립목적부터가 포괄적이었기 때문이었다. 말하자면, 다양하고, 다문화적, 다인종적 배경을 가진 학생들을 대상으로 창조적이고 비판적인 사고력, 민주적 시민, 글로벌 리더 양성을 위한 교육을 목표로 한다거나 효과적인 협상기술, 의사소통 숙련, 폭넓은 세계인식 등을 통해 리더 양성을 위한 프로그램을 제공한다는 것이 국제학부의 설립목적이었기 때문이었다.

지금과 같은 출신성분의 국제학부생들에게는 국어에 대한 심화학습과 한국어 교육이 더 필요할지도 모른다. 왜냐하면 그들은 한국문화에 대해 상당히 취약하기 때문이다. 보편적 지식습득과 전 과목 영어강의라는 국제학부의 특징 그 자체가 한계일 수 있음을 보여 주는 대목이다. "국제학의 모든 분야를 조금씩 두루 배울 수 있었지만, 역으로 전문성은 부족했다."며, "학창시절을 돌아보면 교양수업만 잔뜩 들었다."는 것이 졸업생들의 기억이다. 많은 학생이 심화된 지식을 익히기 위해 대학원 진학을 염두에 두고 있는 이유다. 향후 국제기구 진출을 목표로 한다고 하더라도, 한국을 대표한다는 점에서 정확한 한국어 능력이 필수적이기 때문이다. 기업취업을 원한다 해도 면접에서 정확하고 전문적인 한국어를 구사하지 못한다면 어려움을 겪기는 마찬가지다.

국제학부는 개화기에 필요했던 역관을 양성하는 교육이 아니다. 국제기구에서는 박사 이상의 학력이나 현장경험이 풍부한 사람들을 선호한다. 학부졸업장만 가지고는 어찌 해 보기가 어렵다. 게다가 보건과 노동, 정보통신, 통상, 교육 등 다양한 전문기구에서는 유엔 사무국과 달리 깊은 식견과 현장경험을 요구한다. 외국어만 잘한다고 전문직을 제대로 수행할 수 있는 것이 아니라는 것이다. 국제회의 석상에서 외국어에 능통하기는 하지만, 전문성이 없는 사람들의 이야기에 식상해하는 사람들이 한둘이 아니기 때문이다. 국내에서도 마찬가지이지만 어느 단계까지의 일들은 해당 영역에서 전문가이어야 제대로 해낼 수 있다.

그래서 포괄적인 수준의 국제학부 졸업생이나 체계적인 인턴십 경험이 없는 졸업생들은 현장에서 외면받기 십상이다. 각 분야의 국제적인 전문가들로 길러내야 하기에, 그들이야말로 복수전공이나 이중전공과 더불어 체계적인 인턴십 경험이 요구된다. 정부가 이들을 위한 인턴십 프로그램 제도화에 신경 쓰지 않으면, 이들이 국제기구에서 살아남을 확률은 낮기만 하다. 외교통상부가 매년 상반기에 연간 11만 달러를 지원받는 JPO(국제기구 초급전문가)를 선발한다. 아직은 이들 역시 소수에 지나지 않으며 분야별로 다양하게 포진하고 있는 것도 아니다. JPO제도는 파견국 정부가 비용 일체를 부담하는 조건하에 수습직원을 파견해 정규직과 동등한 조건으로 근무하도록 하는 제도다. 국제학부 인력들의 국제기구 발판을 확대할 수 있는 강력한 수단이기도 하다. 정부는 국내 행정부처별 JPO제도부터 시험삼아 활용할 필요가 있다.

학자금 대출제 이대로 둘 것인가

저소득 가구 대학생 자녀의 정부보증 학자금 대출이자를 서울시에서 지원하는, 「학자금 대출이자 지원조례」 발의를 위한 서명운동이 화제가 된 적이 있다. 조례가 통과되면 도시근로자 가구의 월 평균소득이 최고 월 500만 원까지인 저소득 가구 가운데 정부보증 학자금 대출을 받은 대학생 자녀의 이자를 서울시에서 대신 부담하게 된다. 500만 원 이상의 소득가구에 대해서도 가구당 대학생 자녀가 둘 이상 학자금 대출을 받을 경우 이자를 지원하는 내용이 조례에 담겨 있다. 다만, 그 대상을 서울에 주소지를 둔 대학생이나 대학원생으로만 한정하고 있지만, 다른 지방자치단체로 참고로 눈여겨볼 만한 가치가 충분하다.

학자금 대출제도가 대학과 학생들에게 이슈가 되고 있는 것은 무엇보다도, 첫째 대학교육에 대한 사회적 수요가 증가하고 있기 때문이다. 최근 10여 년 간

OECD 국가들의 고등교육 이수 인구비율이 많이 늘어났다. 대학교육의 혜택은 교육의 형평성 차원의 문제뿐만 아니라 고숙련 인력채용 범위 확대와 전체적인 노동경쟁력을 강화하는 수단이기에 모든 이를 위한 고등교육의 기회가 되도록 만들어야 한다.

둘째, 해마다 치솟는 대학등록금과 학자금 대출이자의 인상률을 학부모에게만 부담하게 하는 일이 옳지 못하기 때문이다. 최근 5년 동안 대학등록금 인상률은 물가의 2~4배에 달한다. 사립대학교의 경우 27.8%나 폭등했다. 세계적으로 장기화된 경제침체와 자본시장의 불안정성은 개인이 학자금을 빌리는 데 제한을 가져온다. 경제침체는 저소득층 학생뿐만 아니라 중산층에게도 대학등록금에 대한 재정적 비용 부담을 가중시킨다.

셋째, 현행의 학자금 대출제도는 학생을 금융채무 불이행자로 만들기 알맞은 제도이기 때문이다. 현재는 학생들이 정부보증학자금 대출이자를 제때 납입하지 못하면 그것이 누적돼 다음 학기 학자금 대출을 받을 수 없게 되어 있다. 정부는 이 사실을 너무나 잘 알고 있으면서도 제도를 그대로 운영하고 있다. 학자금 대출로 금융채무 불이행자(신용불량자)로 등록되면 그 기록은 금융기관에 남게 돼 신용불량청년으로 남게 된다. 우리나라 은행은 언제나 그들만의 은행이었지 우리 국민의 은행은 아니었다. 『베니스의 상인』 샤일록을 있는 그대로 닮은 곳이 지금의 은행이라고 봐도 지나친 말은 아니다. 학자금 대출이자가 시중은행 금리보다도 더 높은 것만 봐도 그렇다.

실질적으로 학생들이 대출받는 정부보증 학자금대출은 은행 측에서 위험부담을 떠맡게 되고, 이 때문에 학자금 대출 금리가 높을 수밖에 없다. 청년실업률이 높은 상황에서 학자금 대출이자 연체에 따른 금융채무불이행자 양산은 현 학자금대출제도의 개선을 시급히 요구한다.

기업에서 사원 채용 시 신용조회를 할 때 학자금 대출이자가 연체돼 금융채무 불이행자가 되면 대학생들은 신용불량자로 조회돼 취업을 금지당하게 된다. 채무불이행자가 되어 취업을 할 수 없게 되면, 학생들은 상환 기회마저 잃게 된다.

그런 그들에게는 학업기회마저 봉쇄된다. 대학원교육은 경제적인 환경이 뒷받침되는 학생만의 전유물이 되기 때문이다. 재능이 있어도 돈이 없어 국가발전에 공헌할 수 있는 기회를 차단당하는 셈이 된다. 이런 사정을 고려한다면, 서울 주민들이 발의한 「학자금 대출이자 지원조례」는 반갑기 그지 없는 일이다. 전국에서 동시다발적으로 추진돼야 할 국민적 일감이다.

「학자금지원조례」가 지방자치단체의 재정자립도 문제에 의해 당장에 실현되기 어렵다면, 우선 급한대로 기초생활수급자뿐만 아니라 중산층 학생에게도 어느 정도 정부에서 혜택을 주는 현실적인 방안을 시급하게 강구해야 한다. 학자금 지원 대상범위를 지정할 때, 가정의 소득 수준만 고려할 것이 아니라 가정 내에서 차지하는 대학생의 수, 가장의 실직 여부 등과 같은 가정 내 환경도 함께 고려해야 한다.

이런 점에서 교육평등과 공공성, 그리고 교육의 분배와 정의실현에서 뚜렷한 성과를 내지 못하는 부문인 교육소외계층에 대한 정책은 대폭적으로 보완돼야 한다. 학생들에게 고등교육 기회를 넓힘으로써 대학교육의 기회 형평성을 실현해 줄 수 있는 현실적인 분야가 대학 학자금 지원정책이라는 인식이 바로 서기를 바란다.

대학경쟁력을 위한 위험한 발상

정부가 대학경쟁력을 강화하는 일에 발을 벗고 나섰다. 이제 대학의 구조조정이 강도 높게 추진된다. 경쟁력이 떨어지는 사립대학끼리는 인수합병, 국립대학끼리는 연합대학으로 헤쳐 모이게 된다. 국민이 바라는 바다. 이런 조치들은 지금 같은 우리나라 대학의 국제경쟁력을 높이는 데 도움이 된다. 대학의 국제경쟁력을 이끌어 내기 위해 정부가 선택한 화두는 선택과 집중이다. 선택과 집중이라는 말은 기업경영진이나 대학의 CEO들도 툭하면 입에 올리는 수사학적 화두다.

국가정책을 추진할 때 정부가 선택과 집중을 고려하지 않을 수 없다. 그것은 정책 실행을 뒷받침할 소요예산이 한 푼이라도 낭비가 없도록 하기 위한 효율적인 조치가 되기 때문이다. 국민의 혈세를 의식하겠다는 정부의 자세이며, 정책의 효과를 극대화하겠다는 의지의 표현일 것이다.

정부가 국가정책 집행의 효율성만을 생각하면 선택과 집중은 당연하다. 그 당연한 것이 타당하기 위해서는 국가부문이 제대로 연결되어야 한다. 선택과 집중이 작동하기 위해서는 모든 것이 시스템으로 구축되어 있어야 한다. 그리고 정부 부처들이 이윤을 극대화하기 위한 기업과 같은 조직으로 재편되어 있어야 한다. 기업처럼 이익을 못내는 조직, 혹은 당장은 흑자지만 성장성이 뒤쳐지는 조직은 즉각 정리하고, 그 여력을 다른 사업에 집중할 수 있는 영리조직이 되어야 한다. 그것이 그렇지 않고 그 옛날처럼 비영리조직 그대로인 채 선택과 집중을 하면 엄청난 화를 초래할 뿐이다. 선택과 집중이 작동하려면 조직의 부문이 마치 자동차의 기어가 속도에 따라 자동적으로 이어지고 끊어질 수 있듯이, 모든 것이 기계적으로 연계되어 있어야 한다. 시속 200km로 달릴 수 있게 만든 자동차를 운전하는 기사가 시속 150km로 달리겠다고 정하고 가속페달을 밟는다면 차는 시속 150km의 속도를 내게 되는 이치로 정리되어 있어야 한다.

그래서 대학과 같은 비영리조직에서 CEO들의 언변으로 강변하는 선택과 집중은 대학조직에게 위험하기만 하다. 그런 위험과 경계의 메시지는 생물계에도 적용되고, 기계에서도 나타나며, 대학정책에서도 사실로 드러난 바 있다. 사람이 건강하게 사는 데에는 심장의 역할이 중요하다. 하지만 심장만을 집중적으로 보호받은 사람도 한쪽 다리를 못 쓰게 되면 그의 기능은 끝나고 만다. 사람의 신체구조가 영리조직으로 선택하고 집중할 수 있는 부품들이 아니기 때문이다. 비행기도 마찬가지다. 엔진 용량만 집중적으로 키운 비행기라고 하더라도 두 바퀴가 부실하면 대형사고나 낼 것이다. 지금의 지방대학 난맥상도 따지고 보면 선택과 집중정책의 부작용이다. 지방대학이 우후죽순으로 세워진 것은 지방대학의 설립을 재촉한 대학설립준칙주의 덕분이었다.

선택과 집중을 강조하는 정부정책에서 정책입안자 스스로 경계해야 할 것은 관료주의적 발상이다. 생각 없는 절차주의와 반성 없는 업적주의가 언변으로 포장된 정책을 만들어 내기 때문이다. 이 점에서 대학경영진의 대학발전구상이 어려울 수밖에 없는 것도 같은 현실이다. 선택은 하나를 봐주기 위해 여럿을 포기한다는 약속이며, 집중은 선택한 그 하나에게 특권을 주겠다는 선언이다. 그렇기에 포기된 것에 대한 배려 없는 선택은 위선이며, 집중받은 것의 실패에 대해 책임을 묻지 않는 것은 기만이 될 뿐이다. 대학사회라고 예외일 수가 없다.

대학에서 선택과 집중이 작동하기 위해서는 먼저 대학시스템을 균형과 발전으로 구축해 놓고 보아야 한다. 대학의 경쟁력을 세계반열에 세우려면 더욱더 기초를 다져놓고 선택과 집중을 해야 한다. 그 기초는 대학교수이며 그들의 학문력이다. 교수 존중이 우선해야 한다. 대학의 경쟁력은 교수의 학문능력일 뿐이다. 교수의 연구력을 젖혀 놓고서는 대학에서 그 어떤 선택, 그 어떤 집중의 정책도 무용하다. 세계경쟁력이 뛰어난 외국의 대학에서 일류급 교수들은 특급으로 대접받고 있다는 사실이 바로 그것을 증명한다. 대학책임자들은 외국대학에서 그것 하나라도 제대로 벤치마킹한 후, 선택과 집중을 생각해 보아야 한다.

서울대학교 법인화와 대학경쟁력 간의 상관성

총선에서 대승한 참여정부가 대학개혁에 박차를 가했던 시기가 있었다. '국·공립대학교 통합론'이 그 신호탄이었고, 그 핵심은 '서울대학교 폐지'에 있었다. 성공만 하면 월척감이었다. 예전만 하더라도 서울대학교 비판론은 그저 그랬다. 말꾼들의 빈정대기, 그 정도였다. 서울대학교마저도 그것을 싫어하지 않았다. 그들의 위용을 돋보이게 해 주었기 때문이었다. 내용마저도 서울대학교의 변죽이나 울리는 것들이었다. "간판 하나로 모든 분야를 독식하려는 서울대학교는 물러가라."든가 "서울대학교가 망해야 나라가 산다."처럼 하나같이 시답지 않은 것들이었다. 서울대학교 내부의 비판도 있었지만, 고작해서 서울대학교는 학부생을 뽑지 말라는 정도의 제안이었다. 우여곡절 끝에 서울대학교 법인화로 낙착되었다.

하지만 모든 사정이 달라졌다. 서울대학교는 2012년부터는 독립법인으로 운영되기 때문이다. 국립대학 법인 서울대학교 설립 운영에 관한 법률이 2011년 12월부터 발효됐기 때문이다. 당시 서울대학교 혐오론자들은 서울대학교의 실질적 거세를 논하고 있었다. 서울대학교에게 대놓고 자폭하라는 식이다. 한다면 하겠다는 식이었다. 위협적이고 노골적이었다. 서울대학교가 없어져야 한다는 논거들도 집대성을 이루고 있다. 프랑스 고등교육 개혁 사례도 들먹이고, 독일대학 개혁도 내세운다. 서울대학교가 필멸해야 한국대학들이 살아난다는 식이었다. 서울대학교 수준의 투자를 국 · 공립대학교 전반에 확대하면 더 많은 인재가 생겨난다는 논리도 뼈대를 갖추고 있었다. 서울대학교가 없어지면 대학입시의 경쟁이 완화된다는 식으로 학부모에게 위안도 주는 모양이다. 그 모두가 경험칙에 어긋나는 언술들이다. 뻔히 알면서도 저들은 그렇게 이야기해야만 직성이 풀린다는 표정이었다.

그런데 헛기침을 하게 만드는 국면이 한두 가지가 아니었다. 서울대학교 폐지에 대한 논의가 대학교육발전의 관점이 아니라 권력이동의 시각이기 때문이었다. 서울대학교에게 자구의 기회부터 주었어야만 했다. 서울대학교를 개혁하려고 했다면 이미 1980년대 초반에 했어야 했다. 지금 세계 어느 나라도 고등교육의 개혁을 명문대학 폐지 쪽으로 몰고 가지는 않는다. 그렇게 성공한 나라가 없다. 일본은 실험 중이지만 후회하는 쪽에 가깝다. 프랑스의 대학개혁이나 독일의 대학개혁도 옛 이야기일 뿐이다. 서울대학교 폐지론을 흘려들으면서 한국대학교육의 희생을 목도하는 느낌일 뿐이다.

모양새는 서울대학교가 꼼짝없이 당하는 형국이었다. 이 정도의 수모라도 다행이라는 식이었다. 정치권력의 게임에서 완패했기에 어쩔 수 없다는 표정이었다. 역대 정권치고 '서울대학교 폐지론'을 들고 나와 대통령으로 당선된 정권이 없었다. 정치권에서는 참여정부가 첫 번째 주자였다. 민주당 대선후보 시절인

2002년 9월, 시민단체토론회에서 개인적으로는 서울대학교를 폐지해야 한다고 했다. 여론 때문에 없애겠다는 말은 하지 않겠다고만 했었다. 민주노동당의 서울대학교 필살론도 여론을 탔다. 서울대학교 폐지가 총선공약이었다. 그들의 원내 진출과 더불어 서울대학교 폐지론에 정치적 힘도 실렸다. 이런 기류를 타고 대통령직속 교육혁신위원회가 '국립대공동학위제'를 제안했던 모양이다. 서울대학교 폐지론은 참여정부의 대학개혁정책과 어울려 모든 구색을 갖추었다. 열린우리당의 입만 열리면 서울대학교 폐지론에 속도가 붙게 되는 형국이었다.

서울대학교는 포로신세가 되었었다. 사실 서울대학교가 그렇게 약할 줄은 몰랐다. 논리보다는 고작 볼멘소리뿐이었다. 서울대학교는 미국의 작은 주립대학교보다도 훨씬 뒤떨어지는 예산과 무능력한 관료주의의 간섭 속에서도 세계 최고의 대학들과 경쟁하고 있다는 항변에는 맥이 빠졌었다. 서울대학교에 우수한 학생과 교수진이 모여 있기 때문에 그나마 명맥을 이어가고 있다는 호소는 애처롭기 그지없었다.

서울대학교를 폐지해도 한국대학의 경쟁력은 기대 이상으로 살아나지 않을 것이다. 서울대학교를 법인화시킨다고 한국대학의 질이 별안간 살아나지는 않을 것이다. 국민의 혈세로 국·공립대학교를 먹여 살리겠다는 발상 자체가 잘못되었기 때문이다. 그래서 공립대학교를 수십 번 개혁해도 헛수고다. 서울대학교를 척살하고 그 족보까지 불태워도 그 언젠가는 복원될 것이다. 잘라 내기는 일순간이지만 키워 내려면 시간이 걸린다. 그것이 자연의 법칙이다. 한국대학 교육의 문제를 서울대학교 존폐로 정리하려는 발상 그 자체가 영 그렇다. 새로 출범하는 법인으로서의 서울대학교는 그런 우려를 불식시켜 주어야 한다.

대학자율의 난관

한국교육이 살려면 교과부가 없어져야 한다는 화두가 또다시 설득력을 얻고 있다. 그에 대한 국민적 공감대도 확산되고 있다. 그것은 교과부 본연의 전문성과 정책이 한 정권의 유지를 위해 너무 희생되어 왔다는 것에 대한 국민의 알레르기적 표현일 것이다.

대학총장들의 움직임도 심상치 않다. 대학총장들이 독자적으로 대학자율추진위원회를 구성하려고 했던 것도 그런 교과부 폐지론에 무게를 실은 의사표현 중 하나다. 총장들 스스로 자신들의 협의체인 한국대학교육협의회의 조사를 통해 대학경쟁력을 떨어뜨리는 규제항목이 학사운영, 교수임용권, 대입, 재정 등 각 분야에 걸쳐 무려 150건 이상이 된다고 밝히고 있다. 내신 확대와 논술에 관한 교과부의 가이드라인은 우수학생의 선발을 가로막는 대표적인 자율권 침해 사례라고 지적했다. 저들은 당초 교과부와 공동으로 대학자율추진위원회를 발족하길 원했으나 교과부가 소극적 태도를 보이자 독자적으로 추진하겠다고 선언했다. 예전에는 꿈도 꾸기 어려웠던 발상이었다.

대학자율에 대한 총장들의 문제제기는 참여정부의 집권 초기 때와는 양상이 다르다. 이에 대해 당시 교육부는 한발 늦게 대학자율화 · 구조개혁위원회 규정에 따라 2004년도에 구성된 대학자율화추진위원회의 성과를 소개하는 식으로 대응했었다. 학사 및 학생선발, 학생정원, 교원인사, 사학 · 법인 등의 분야에 걸쳐 선정된 63개 규제완화 과제들이 「고등교육법시행령」이나 「교육공무원임용령」 개정과 대입전형기본계획 조정 등의 방법으로 대부분 해결됨에 따라 다시 2차 위원회를 별도로 운영하겠다는 느긋한 자세를 보이고는 있었지만, 그들의 심사가 편한 것 같지는 않았다. 대학총장들의 행보보다 한발 늦었다는 자괴감 같은 것이 우선 그들을 짓누르기 때문이었다. 게다가 새로운 정권을 맞아야 하는 정권교체 시기라는 부분에서 더욱더 그랬다. 주무부서 담당관들로서는 잘해 봤자 본전 그 이상이 되기가 어렵기만 했다. 잘못 처신했다가는 신변에 이상이나 초래시킬 안건들일 뿐이었다. 더 사정이 딱한 것은 대학의 본고사, 기여입학제 그리고 고등학교 등급제와 같은 3불정책에 대한 논의만은 삼가 달라는 교육부의 설득이 대학총장들에게 정치적 호소력을 잃어 가고 있었기 때문이다. 과거 한국대학교육

협의회 회장단 스스로 정부의 3불정책을 존중한다고 먼저 나섰던 것에 비해 지금은 사정이 급변했다.

정치적 상황이 그렇게 호전되고 있지는 않지만 교과부가 3불정책, 개정 「사립학교법」, 대학자율권 보장문제를 새롭게 보려는 의지만 있다면 해답은 그리 멀리서 구할 일이 아니다. 새로운 정권이 들어서고, 정치적 이념이 바뀌면 논리가 바뀔 것이고, 그로부터 실행안도 달라질 것이기 때문이다. 3불정책이나 개정 「사립학교법」 같은 것은 정권 유지적 차원에서 강조되어 온 것이지 교육적·실천적 효율성 때문에 고수되고 있는 것은 아니다. 이것은 3불정책이나 개정 「사립학교법」의 내용을 자세히 뜯어보면 쉽게 드러나는 대목이다. 그것의 정당성을 강조하기 위해 교육연구기관들을 동원했어도 그들의 작업이 객관적이거나 정권유지와 무관했다고 주장하기에는 역부족이다. 그들 역시 교육권력을 위한 보조장치에 지나지 않기 때문이다. 3불정책이나 개정 「사립학교법」 내용은 완전무결한 것이 아니라 바꾸면 바뀌고 변화시킬 수 있는 타협과 조정 가능한 내용들이었다.

한국교육정책에 대한 총괄적인 반추가 가능하려면 우선 교과부 정책입안자들 스스로 받아들일 것이 있다. 그것은 정부가 끝내 평등과 공공성에 무게중심을 두는 교육정책의 실천과 성과가 기대 이하였다는 점이다. 교과부는 그동안 정부의 수뇌부들이 그렇게도 희구하였던 모든 이를 위한 대학교육 실현에 이념적으로나 실천적으로나 성공할 수가 없었다. 국립대학 법인화나 통폐합 과정에서 드러났듯이 현 수준에서의 대학평준화정책 같은 대학교육혁신정책은 아이디어의 수준에서만 맴돌고 있다. 무엇 하나 제대로 성취하는 것 없이 모두가 시간을 끌며 그 무엇인가를 기다리기만 했었을 뿐이다. 교육혁신작업들의 강력한 추진이 어려웠던 것은 정부 스스로 무엇보다도 먼저 국민통합에 실패했기 때문이었다. 동시에 과거 교육부 장관들의 교육정책 실행에 대한 국민의 학습효과도 너무 부정적이었기 때문이었다.

대학교육의 평준화를 위한 노력은 이전에도 수없이 추진되었지만 불발에 그쳤다. 대학입시교육의 문제, 사교육의 문제를 해결하기 위해 학력과 학벌철폐의 필요성을 지속적으로 제언했지만 번번이 국민의 외면을 받았다. 문제를 풀어 내기보다는 문제에 문제를 보태는 식의 대증적 정책들이었다. 말하자면 수능, 내신, 논술 중심의 대학입시정책처럼 구조적으로 사교육비가 증가할 수밖에 없는 입시 가이드라인을 대학입시정책으로 못 박아 놓은 후, 대학에게 사교육비를 줄일 수 있는 선발방법을 자율적으로 강구하고 활용하라는 엇박자식의 정책제시였기 때문이었다. 대학입시문제와 사교육비문제를 해결하기 위해 학벌철폐를 위한 공론화도 추진되었지만 끝내 좌초당했다. 역대 교육부 수장들에게 내공이나 전문성이 부족해서가 아니었다. 그들이 제안한 대학자율화안은 끝내 대학들이 충실하게 교육부의 지시를 따라야만 그들에게 재정적인 보탬을 얻을 수 있는 그런 타율적 자율화안이었기 때문에 대학자율화 방안들이 실행력을 상실한 것이다. 그것은 참여정부에서도 마찬가지였다. 360개 대학의 1년 재정규모가 약 20조 원에 이르는데, 정부가 연구사업비 등으로 지원하는 돈은 전체 재정의 23%를 차지하는 4조 5000억 원에 이른다. 교과부는 이 규모의 대학지원금을 재갈과 고삐로 삼아 대학에게 타율적 대학자율을 요구하고 있다. 이제는 대학생의 반값 등록금으로 시달리고 있다.

과거의 교육부에서 만들어 낸 교육정책의 성공과 실패의 사례를 교과부 스스로 천천히 살펴보며 반추하는 일이 그 어느 때보다도 중요하다. 그렇게만 하면 교과부 스스로 한국교육 전반에 관한 것뿐만 아니라 대학자율화에 대한 어느 정도의 답안을 찾아낼 수도 있다. 3불정책이든, 개정 「사립학교법」 문제든, 대학의 자율화 보장문제든 간에 관계없이 교육현안들은 지금 정권에서만 유별난 것이 아니기 때문이다. 대학자율화를 위한 일정이나 큰 그림들은 이미 김영삼 정권 때에도 만들어진 적이 있다. 그 당시에도 교육부가 내세우던 논리는 점진적 · 단계적 대학자율화 추진정책이었다. 대학들의 자율화 정도가 대학별 · 지역별로 서로 다르기에 전면적인 대학자율화가 어렵다는 논리였다. 그래서 그들은 대학자율의 수준과 일정에 따라 대학의 자율을 보장하는 방안을 만들었다. 그 당시 추진하려던 대학자율방안은 학생선발에서 기여입학제의 가능성에 이르기까지 광범위한 영역에 걸친 대학자율화의 정책이었다.

대학자율화의 당위성에 관한 근거를 찾기 위해 교육정책의 옛것을 펼쳐보면 3불정책이나 개정 「사립학교법」은 국민교육의 흥망을 좌우하는 그런 절대적인 교육정책이 아니라는 것을 쉽게 알 수 있다. 국민의 문제제기가 옳은 것이라면 정부는 그들에게 귀를 기울이며 결정만큼은 신중하게 하는 것이 바람직하다. 그런 정부가 선진정부다. 새로운 정권이 들어서면 정책들이 어찌 변할지 모른다. 어제의 여당이 제2의 원내정당으로 전락한 정황 속에서 별다른 교육이념적인 확신도 없이 3불정책이나 개정 「사립학교법」을 파당적으로 고집하는 것은 교과부 스스로 운신의 폭을 크게 좁혀 놓기 십상이다.

'기누'의 우리

국민은 정부의 교육정책을 믿지 않는다. 저들이 교육당국자들을 향해 한마디씩 내뱉는 소리는 냉차고 당당하기만 하다. 그들의 옆에 서 있는 교육연구전문가들이나 교육혁신집단 모두가 덩달아 좌불안석일 수밖에 없다. 그들의 연구결과에 학부모들이 헛기침이나 해대고 있기 때문이다. 자녀의 일생이 걸린 문제들이니 학부모를 탓할 일이 아니다. 그런 중압감 속에서도 정부는 매일같이 교육혁신안을 만들어 내며 그것에 자족한다. 국민의 냉소주의를 탓할 일이 아니다. 그렇게 낙담해서는 한국교육의 미래가 불가능하기 때문이다. 심기일전하려면, 우선 축구선수 박지성의 발길질부터 참고해 보기를 권한다. 유럽에 나가 에인트호벤을 유럽 챔피언스리그 4강에 진출시키자 그의 발 사진이 웹상에 올랐다. 어느 선수의 발과 똑같았다. 수많은 상처와 굳은살 투성이였다. 신기할 것도 놀랄 것도 아무것도 없었다. 그래도 놀랄 수밖에 없었다. 평발로 세계적인 축구선수가 되었기 때문이다. 그는 차라리 축구인이라기보다는 철학자였으며 연구가였다. 발로 공을 찬 것이 아니라 인내로 그것을 차냈던 것이며, 운동장을 뛴 것이 아니라 삶을 연구해 낸 것이기 때문이다.

한국의 교육연구가들은 우선 박지성의 평발 정신부터 배워야 할 듯하다. 이 사회에 유용할 것 같은 교육정책을 외국에서 수입할 적에는 더욱더 그렇다. 서구에서 통용되는 첨단 교육정책을 한국에 적용할 그때의 상황은 그의 평발과 같은 조건일 것이기 때문이다. "외국에서 달걀을 수입하고, 끝내 그 달걀에서 생쥐나 캥거루가 나왔으면 좋겠다."라고 터무니없이 요행만을 바라서는 죽도 밥도 안 될 것이기 때문이다. 무엇이든 연구할 수 있다는 용기는 가상하지만, 그 용기가 무엇이든 만들어 내기만 하면 된다는 만용이 되어서는 곤란하다. 연구비와 권력만 뒷받침되면 여자의 자궁까지도 교육학적으로 바꾸어 놓을 수 있다는 그 욕망이 정죄되어야 아이들이 교실에서 제대로 숨을 쉴 수 있기 때문이다.

그동안 그들이 수없이 인용해 댄 외국서적이며 연구물이 이 땅의 교육을 위해서 아무런 소용도 없었다고 볼 수는 없다. 그래도 파울로 코엘료의 『연금술사』에서 물었듯이 자기 자신을 향해 성찰해야 한다. "어째서 이 많은 책이 필요한 것이죠?"라고 묻고는 그저 "몇 줄을 인용하기 위해서지."라는 말로 피식 웃어넘겨서는 곤란하다. 교육을 걱정한다는 수많은 교육연구의 보고서들이 영혼 없이 그렇게 만들어지고 사그라진다면 교육혁신은 영원히 불가능해질 것이기 때문이다.

양식과 탐구력이 있는 연구자라면 개인적인 이해관계를 위장한 채 '우리' 라는 말을 남발해서도 곤란하다. 미국의 옛 인디언들은 '우리' 라는 말을 극도로 가려써 왔다. 우리에는 '당신과 그를 지칭하기 위한 우리' 라는 말과 '당신과 그와 나를 포함하는 우리' 라는 말이 서로 다르기 때문이었다. 당신과 그만을 포함하는 각별한 관계를 지칭하는 단어는 '니넨' 이라고 한다. 반대로 나의 개인적 이해관계를 철저하게 위장시킨 우리를 '기누' 라고 부르는데, 그들은 기누라는 뜻의 '우리' 를 사용하는 사람들을 각별하게 조심했다. 상대방이 숨기고 있는 것이 무엇인지 앞뒤 전후 상황을 파악하고 상대방의 이해관계부터 알아내야만 했기 때문이다.

한국의 교육연구집단은 각기 개인적인 이해관계를 감춘 채, '기누의 우리' 를

'니넨의 우리' 로 위장해 오는 데 크게 성공해 왔다. 그들의 연구물에 '니넨' 의 혼을 제거하고 오로지 '기누'의 이해관계만 집어넣었기에, '니넨의 우리' 교육은 저들에 의해 이 험한 곳까지 끌려온 것이다. 그래서 국민이 저들을 끊임없이 의시(疑視)하고 있는 것이다.

구렁이 민주주의

대학을 선비의 고장, 지성의 전당, 민주주의의 토양이라고 부른다. 우화작가 이솝이 들었다면 놀라 자빠질 노릇이다. 그의 이야기로 꾸민다면 베스트셀러감이 될 주제가 바로 대학사회다. 동물에 빗대어 미안하지만, 대학에서 정교수쯤 되면 아마 구렁이라 불러도 민망할 것은 없다. 그쯤되면 저마다 의뭉한 표정들로 나름대로의 긴 똬리를 틀고 있는 곳이 바로 대학사회일 듯 싶다.

대학만큼 어줍잖게 절차를 만들어 놓는 곳도 이 사회에는 별로 없을 성싶다. 회의도 꽤나 자주 연다. 알고 보면 별것도 아니지만 그래도 그 모두는 먹잇감을 요리하기 위해 필요한 것들이다. 실감나는 예 하나가 있다. 어느 학과에서 신임교수를 선발하려고 부리나케 교수회의를 열었다. 잘 가르칠 사람, 열심히 연구할 사람을 뽑자고 합의했다. 응시자들의 강의능력을 검토하자고 합의도 했다. 그들의 강의 시연이 끝나면 곧바로 과 교수들이 한자리에 모여 1, 2위 후보를 가리기로 했다. 어느 교수도 이 결정에 반대하지 않았다. 정한 것은 번복하지 않기로 했다. 마침내 교수들이 둘러앉아 투표를 실시했다. 참석 교수 9명 중 6표를 받은 1위가 결정되었다. 다른 후보자는 겨우 3표를 얻어 2위가 되었다. 결격사유가 없는 한 6표를 받은 1위 후보자를 신임교수로 선발하자는 것이 그들이 약속한 민주주의적 합의였다.

그런데 심기가 불편한 구렁이 한 마리가 있었다. 어제 결정대로 하게 되면, 그가 찍어 놓았던 먹잇감을 잃게 된다. 먹이에 초를 치고 싶지 않은 구렁이였다. 구렁이 나름대로 수를 생각해 냈다. 그는 능구렁이에게 머리를 조아렸다. 인간적으로 싫어하기는 했지만, 구렁이보다는 늘 한수 위에 있어서 이번에는 어쩔 수가 없었다. 능구렁이의 이름으로 교수회의를 다시 소집해 달라고 앙청했다. 그가 그렇게 응했다. 손해날 것이 없다는 능구렁이 나름대로의 계산이 한몫했다. 다음날 꼭두새벽에 교수들이 다시 모였다. 눈꼽도 떼지 않은 채였다. 전날 결정은 어딘가가 잘못된 것이라는 것이었다. 구렁이 나름대로의 변이었다. 재투표를 해야 한다고 했다. 공포 분위기였다. 이것저것 따져보면 그 말에도 일리가 있다고 능구렁이도 거들었다. 자기 면을 세운 것이었다. 화기애애한 분위기 속에서 다시 투표했다. 딱 세 사람만이 찬성했다. 구렁이와 능구렁이 그리고 허깨비 셋이 어제 결정을 뒤바꾸는 일에 찬성했다. 계산된 찬성의 목소리였다. 그러나 이미 세 사람은 기권했고 두 사람은 반대했으며 나머지 한 사람은 아예 참석 거부로 반대, 말하자면 총원 아홉 명 중, 여섯 명 반대에 세 명 찬성이었으니 역부족이었다. 어쨌거나 세 명이 찬성했다는 근거가 만들어졌다. 그래서 전날 정한 후보자 순위가 삽시간에 뒤바뀌었다. 구렁이들의 민주주의가 승리했다. 만족한 구렁이와 능구렁이는 자세를 가다듬고 또다시 똬리를 틀며 연구실에 좌정했다.

이제 조선시대 선비 신흠(申欽)의 이야기를 들을 차례다. 선비를 일러 그는 뜻을 숭상하고, 배움을 깊이 하며, 예를 밝히고, 의리를 붙드는 사람, 청렴을 뽐내며, 부끄러움이 무엇인지를 아는 사람이라고 말했다. 그의 글을 이 시대 속에서 제대로 읽어 가기 바라는 어느 학자는 이렇게 주석을 길게 단다.

"선비란 올바른 뜻을 지니려 노력하는 자다. 그는 배움을 게을리하지 않는다. 잘못된 길을 밝혀 그 까닭을 살핀다. 그의 행동은 의로움에 바탕하며, 욕심을 부려 탐욕에 물들지 않는다. 바르지 않은 행동에는 부끄러워할 줄 안다. 그런데 세상에는 이런 사람을 만나보기 어렵다. 마음 밭은 돌보지 않고, 새로운 배움에는 관심이 없다. 하던 대로만 하고, 제게 좋은 일이면 염치(廉恥)를 불고(不顧)한다. 앞뒤도 물불도 가리지 않는다. 이런 사람은 어디서나 만날 수 있다. 소인이다."

04

믿을 信

무엇을 믿는가

'지식이란 특정 상황에서 소비자에게 강요되는 상품' 이라는
가정에 도전하지 않는다면, 교육치료자들은 학생들을 더 잘
가르친다는 미명으로 고단위 투약을 하게 되고,
학생들은 교사의 압력과 졸업장 경쟁에서 벗어나기 위해
그 약을 더욱더 과용하게 되며, 더 많은 관료는 교사인 양 가장하게 되리라.

– 이반 일리히(Ivan Illich), 『학교 없는 사회』 中에서 –

국가과외의 탄생

태어나지 않았으면 하고 바라던 단어가 지난 몇 년 동안 한국교육에 떠돌고 있다. '국가과외(國家課外)' 가 바로 그것이다. 국가가 나서서 온 국민을 과외의 온상으로 몰고 가는 현실을 한마디로 정리해 주는 단어다. 교육방송의 수능강의가 시작되면 사교육이 잡힐 것이라는 정부의 주장도 마침내 물거품이 되어 버렸다. 학부모의 사교육 바람은 증가해 버렸기 때문이다. 이것은 서울시 교육청의 통계여서 신빙성이 더하면 더했지 결코 덜한 것은 아니다. 결국, 교육방송을 통해 전국으로 실시되던 국가과외는 학교교육의 해체를 막아 보기 위한 미봉책이자 편협한 권력의지의 한 표현으로 판명되고 말았다.

학교교육은 광복 이후 정권유지의 최전선에서 가동되었던 사회제도였을 뿐, 이제 더 이상 국민과 학생을 설득할 수 있는 만병통치약이 아니라는 것도 동시에 밝혀졌다. 그래서 학교는 교실이라는 스스로의 터전에서 지쳐 쓰러지기 시작했다. 교실에서, 운동장에서, 학교 담 밖에서 학교교육이 무너진다는 아우성이 들리고 있다. 국가는 이런 교육해체의 원흉으로 과외나 학원교육 등과 같은 음지교육을 들먹이며 이들을 마녀사냥의 대상으로 올려놓기는 했지만 일이 그렇게 쉽지는 않았다. 교육해체의 근원이 그렇게 사교육에서 비롯된 것이 아니었기 때문이다. 음지교육은 학교로 대표되는 양지교육의 뒷면이었을 뿐이다. 음지와 양지는 동전의 양면처럼 서로 맞대어 생존해 나갈 뿐이다. 이것이 삶의 법칙이고 생명의 법칙이다. 교육이라고 예외일 리가 없다.

한국교육이 이렇게 엉망이 되고 있는 것은 과외 때문도 아니고 사교육 때문만도 아니다. 현실적으로 그런 단죄를 벗어날 길은 없지만, 교육해체의 주범이 사교육일 수는 없다. 엄밀히 말하면, 지금의 교육해체는 국민의 새로운 교육적 선택과 그것에 대응하는 국가교육의 미숙함 때문에 일어났다고 보는 것이 더 타당하다. 자아실현에 대한 개인의 욕구, 그것을 교육이라는 매개를 통해 실현해 보려는 국민의 선택과 열기로 지금과 같은 학교교육의 해체는 필연적일 수밖에 없었다. 시대가 바뀌고 문화가 변하고 사람들의 삶살이가 달라졌음에도 불구하고 학교는 바뀌지 않았다. 국가교육정책 역시 가짓수는 많았지만 본성은 있는 그대로였다. 학교 스스로 자기만족에 빠져 있었다. 옛날 같았으면 국민도 '그러려니' 하고 참고 기다렸을 것이다. 하지만 이제는 달라졌다. 국민이 저항할 줄을 알게 되었다. 국민 스스로 생각하고 행동할 줄 알게 되었다. 그런데도 학교는 국민의 새로운 욕구를 채워 줄 수 없었다. 학교는 그저 흘러간 유행가 가사만 읊조리고 있을 뿐이었다.

우리네 학부모들은 자녀의 미래를 국가권력이 현란하게 보여 주는 무지갯빛 '버라이어티 쇼'에 저당잡힐 수가 없었다. 그들이 분출해 내는 새로운 개인주의, 새로운 자아실현의 욕구를 정치권력이나 학교가 채워 줄 수가 없었다. 그래서 그들은 학교가 원하는 것에 아랑곳하지 않았다. 정부의 말을 곧이곧대로 들어줄 그들이 아니었다. 결국, 그들은 학교교육을 잠식하기 시작했다. 학교의 와해는 불을 보는 듯 현실로 드러나게 되었다. 그것을 막기 위한 현실책으로 국가권력은 마침내 '국가과외'를 탄생시켰다. 이를 위해 전문가들을 활용하였고, 연구기관이나 행정기구들도 가세했다. 국가과외는 그렇게 엄청난 지력과 재력 그리고 공권력으로 만들어졌다. 그것들이 서로 얽히고설킨 채 한국교육의 일선에서 가동되고 있지만, 여전히 학교교육은 붕괴되고만 있을 뿐이었다. 학교교육을 할퀴고 있는 청소년의 일탈, 말하자면 일진회 같은 것은 이미 오래전에 학교라는 토양 속에서 움트고 있었다. 지금과 같은 학교교육의 토양 속에서는 어쩔 수 없는 노릇이었다. 그렇지만 국가는 그런 것에 아랑곳하지 않고 국가과외, 말하자면 교육방송의 수능방송 같은 것을 국가정책의 성공 사례로 홍보하기 시작했다. 그렇지만 그것은 끝내 실패로 이어지고 있었다. 교육의 철학과 원리에 어긋났었기 때문이다.

교육개혁은 학교교육에 대한 올바른 시각을 갖추는 일이어야 한다. 이 세상 어느 국가도 모든 국민에게 만족을 줄 만한 교육개혁안을 마련하기는 힘들다. 그것은 마치 그 어느 국가에서도 완전무결한 사회정의를 찾아보기 어려운 것과 마찬가지다. 하지만 사회정의가 완벽하게 보장된 국가를 찾아내기 힘들다고 해서 그것을 현실로 옮기려는 노력조차 포기할 수는 없다. 그것은 국민에게서 완전한 사회정의를 기다릴 권리마저 박탈해서는 안 되기 때문이다. 학교교육도 마찬가지다. 완벽한 학교개혁안을 찾아내기가 힘들다고 해서 학교를 신뢰할 수 있도록 만드는 노력조차 게을리 해서는 안 된다. 학교를 믿을 수 있는 그 무엇으로 만들기 위해서는, 이 세상 만물이 그러하듯이 학교의 '주어(主語)'를 제대로 찾아 주어야 한다. 마치 병원에서 찾아내야 하는 주어가 건강이듯이, 학교에 서 있어야 할 주어를 다시 찾아내야 한다. 주어가 사라지거나 제몫을 하지 못할 때 사람들은 주어보다도 그 주변에서 벌어지는 수많은 작은 이야깃거리들, 즉 서술어에 보다 더 많은 관심을 갖기 마련이다. 학교가 무엇을 하고 있는지에 대해서 알려고 하기보다는 학교를 둘러싸고 어떤 일들이 벌어지고 있는지에 관련된 잡다한 이야기에 더 많은 관심을 갖게 마련이다. 지금의 국가과외는 학교의 주어를 확인하는 작업이 아니라 학교를 서술어로 만드는 작업에 지나지 않는다.

학교가 주체적인 교육기관이라면 학교교육을 상징하는 주어는 당연히 '배움'이어야 한다. 그동안 학교가 국가권력의 정신적 교화기관으로써 기능해 왔다면, 이제는 국민에게 배움을 실천하도록 도움을 주는 배움공동체의 기능을 수행해야 한다. 이를 위해서는, 학교를 통해서만 국민이 배움을 행하는 것이 아니라는 점부터 인식할 필요가 있다. 또한 학교가 배움의 공동체로 작동해야만 스쿨파시즘을 완화시킬 수 있음을 믿어야 한다. 배움의 생태계가 보존되어야 스쿨파시즘의 기운을 약화시킬 수 있기 때문이다. 스쿨파시즘의 약화는 어떤 제도나 정책에 의해서가 아니라 바로 평생에 걸쳐 계속해서 배우는 사람들에 의해서 가능하다. 그들의 배움본성, 그들의 배움력에 힘이 실려야 학교가 순화될 수 있다. 그렇게 되어야 학교 스스로 배움을 향한 공동체로 탈바꿈할 수 있다.

사교육에 대한 편견과 허구

한국교육현장에는 사교육에 관해 편견과 허구의 신화들이 가득하다. 사교육 때문에 아이들의 인성이 삐뚤어지고 있다는 것이 그 첫 번째 편견이며, 사교육의 그런저런 여파로 학교교육이 죽어 간다는 주장이 저들이 만들어 내는 마지막 허구다. 모두가 허구이며 있음직한 이야기들일 뿐이다. 솔직히 말해, 사교육이 공교육에게 독이라는 것을 입증하는 결정적인 증거를 그 어디에서도 찾아보기 어렵다. 사교육을 몰아붙이는 교육연구기관에게도 사정은 마찬가지기에 딱하기마저 하다. 물론 사교육시장에 문제가 없다고 이야기할 수는 없지만, 그렇다고 그런 단순한 몇 가지 이야깃거리로 사교육의 본질을 곡해하며 편견을 만들어 내는 것은 공교육에게 득이 되지 못한다. 그런 유의 사교육문제는 공교육현장에서도 있는 그대로 발견되는 것이기 때문이다. 그 언젠가 정부가 대대적으로 예찬했었던 국가과외, 말하자면 교육방송의 수능과외도 따지고 보면 행태만 달랐지 사교육시장의 그것과 다를 것이 하나도 없었다. 국가과외 그 자체가 입시계 사교육시장처럼 공교육의 질서와 본질을 호도해 버리기는 마찬가지였기 때문이다.

정말로 한국교육의 가능성을 찾으려고 한다면 사교육에 대한 제대로 된 이해부터 필요하다. 사교육의 본질과 효과에 대해 제대로 써 놓아야만 한다. 그것의 첫 줄은 사교육의 힘 때문에 공교육이 지금처럼이라도 살아남을 수 있었다고 서술되기 시작해야 한다. 이어 학부모의 교육열과 사교육의 조력 때문에 아이들의 인성이 이 정도라도 유지되고 있다고 수긍해야 한다. 왜냐하면 언제나 그렇듯이 사교육의 위력은 공교육의 그것을 압도해 왔기 때문이다. 한국의 학생들이 교육선진국의 또래 아이들과 지적으로 겨눌 때마다 저들이 보여 주는 발군의 실력은 사교육의 조력임을 드러내 놓곤 했다. 부모들이 자녀들에게 교육적으로 뒷받침하지 않았으면 저들은 저런 정도의 학업성취력을 드러내 보여 줄 수가 없는 것이다. 그 점은 개발도상국 아이들의 교육현장에서 있는 그대로 드러난다. 부모들의 교육열이 죽어 있으면 학교교육의 힘도 함께 죽는다는 것이 바로 그들에게서 얻을 수 있는 살아 있는 교훈들이었다.

입시계 학원교육은 그 언제나 공교육과는 견원지간(犬猿之間)이지만, 그렇다고 그 입시계 학원이 사교육의 전부는 아니다. 학원이라고 해도 그 범위는 광범위하기만 하다. 외국어 전담학원에서 예체능 지도에 이르기까지 폭이 넓고 그들이 하고 있는 일 역시 다양하기만 하다. 학습보충에서 진학지도 그리고 유학지도에 이르기까지 다양하다. 학교입시훈련과는 그 언제나 대척관계인 입시계학원들이 학교현장 위에서 맹위를 떨친다고 해도 따지고 보면 그것은 모두 공교육의 부실이 불러 온 파생품들이다. 학부모들의 교육적 욕구를 제대로 따라가지 못한 학교교육 때문에 자생적으로 등장하게 된 사교육대행기관일 뿐이다. 학교는 저들에게 힘이 부치게 되면서 저들을 의식하기 시작한 것이다. 이제 저들과 대적하기가 어려워지기에 저들이 역겹기 시작한 것이다. 수업방법에서 인성지도에 이르기까지 입시계 학원교육이 저들 학교교육의 질을 훨씬 능가하고 있는 그 자체가 위협스럽기 시작한 것이다. 학교교육이 학원들의 선진화된 첨단 디지털 학습관리방식을 따라가지도 못한다. 학교교육현장과 입시계학원 간에는 어쩔 수 없는 입시훈련방법과 질관리의 격차가 생긴 것이다. 입시훈련의 지체와 결손에 대해 학교교육이 조바심을 내기 시작한 것이다. 그래서 저들은 사교육에 대한 편견과 허구의 신화를 만들어 낸 것이다. 그만큼 공교육이 위기를 절감하고 있다는 반증이기도 하다.

사교육의 학습효과는 뛰어나다. 인지학습에 관한 한 즉각적이며 직접적이다. 사교육시장의 생리상 아이들의 학습을 일대일로 관리할 수밖에 없기 때문이다. 이제는 인성지도까지도 체계적으로 추진하고 있다. 공교육이 저들 사교육으로부터 배워야 할 차례가 되었다. 이것은 학습지 같은 사교육의 최전선에서 어김없이 드러난다. 방문식의 1:1 학습지도가 저들의 생명이다. 방문지도교사들은 학부모들의 교육수요를 정확히 알고 현장에 임한다. 그래도 경비는 저렴하다. 물가상승률을 밑도는 가격으로 국민의 기초교육력을 책임지고 있다. 그 경비로 저런 일을 해내는 저들을 보면, 지금의 공교육 교육재정은 낭비가 심한 편이다. 초·중·고등학생 한 명을 위해 일반적으로 월평균 30여만 원 정도의 공교육비가 들어간다. 학습지는 월평균 3만 원 정도지만, 학습지가 학부모나 학생들에게 제공하고 있는 배움의 효능감은 공교육보다 그 언제나 월등하다.

그래서 학부모들의 사교육 선호도는 결코 줄어들지 않을 것이다. 학부모의 교육열이 식어 가면, 그것은 한국교육의 미래에게 사망신고를 하겠다는 의사표시일 것이다. 이 점은 경제가 그 아무리 어려워도 사교육현장인 학원만은 별다른 영향을 받지 않는다는 사실에서도 확연하게 드러난다. 이런 것을 보면 교육당국은 사교육시장에 대해 필요 이상의 악의적인 처방을 삼가야 할 것이다. 공교육의 어려움을 사교육의 탓으로 몰고 가는 그 타성부터 버려야 한다. 한 나라의 교육을 발전시키기 위해서는 공교육과 사교육을 가르는 그 자체가 교육적으로 낭비가 될 뿐이다. 이제부터는 교육선진국이 발 벗고 나서고 있듯이 공교육과 사교육 간의 상생을 극대화하는 의미 있는 교육정책의 개발이 더 필요하다. 그것을 만들기 위해 우선 공교육비의 쓰임새부터 재정비하면서 재정낭비 요소를 제거해야 한다. 교실학습환경의 첨단화와 교사평가정책의 채택은 나름대로 긍정적인 효과를 줄 것이다. 동시에 지금과 같이 덩치만 큰 공교육제도, 학교제도의 분할정책 역시 진지하게 고려해 볼 때다. 덩치만 크고 낭비가 많은 제도는 효율적인 제도가 아니기 때문이다. 그런 것을 과감하게 정비하는 것을 구조조정이라고 한다. 지금 우리에게는 공교육제도의 구조조정이 필요할 때다. 그것이 학부모의 교육열을 제대로 된 사교육으로 이끌어가는 지름길이기도 하다.

공교육이 사교육의 피해자인가

교육부 장관이 크게 화가 났었던 모양이다. 언론인을 모아 놓은 자리였다. "호주의 경우 우리나라 대학 중 31개 정도만 자국 대학의 수준으로 인정한다고 하는

데, 솔직히 민족적 수치를 느낀다."고 했다. 3불정책을 반대하는 대학총장들을 향한 직격탄이었다. 한국에는 대학다운 대학이 없다는 외국학자들의 논평에 대해 교수 출신 장관으로서 심사가 편치 않아 한마디 할 수 있는 상황에서, 자괴감으로 황망하게 튀어나온 이야기를 언론들이 필요 이상의 화젯거리로 삼았던 것이다. 권력에 중독되었다는 낙인만은 피하고 싶었을 그였겠지만, 권력누수 상황이 그를 가만히 앉아 있게 놔두지를 않았다. 적당한 거리를 두고 서로 간에 요구되는 체면을 지켜 주기만 하면 되는 일인데, 그가 그 금기를 끝내 깨어 버린 것이었다. 신뢰에 큰 금이 간 파국 상황이었다. 거울은 금이 가기 전까지만 유효한 것이다. 그를 향한 대학가 총장님들의 화답 역시 고울 리가 없었다. 친절한 금자 씨가 교도소를 나오면서 뱉은 그 독백, "너나, 잘하세요."였다. 그것 잘했다 하고 국민적인 맞장구가 터진 순간이기도 했다.

교육부에 대한 국민적 냉소는 3불정책 때문에 더 불거졌다. 3불정책은 그 내용과 사정을 무엇으로 길게 설명하든 간에 관계없이 공교육의 정상화를 내세운 정치권력의 선전물이다. 이 교육난국은 3불에 대한 대학총장의 딴지걸기나 3불정책 강행과는 상관없는 한국 특유의 고질적인 것이다. 이런 상황 속에서 학교입시훈련과 대학자율에 관한 것을 정권이 더욱더 통제하고 있기에 공교육은 더욱더 의식을 잃고 있는 중이다. 지금의 입시정책과 대학정책으로는 사교육, 그중에서도 입시훈련업체들의 무질서를 제대로 제어할 수 없다는 것을 저들이 먼저 알고 있다. 게다가 공교육의 정상화를 3불정책으로 성취할 수 없다는 것도 저들이 잘 알고 있다. 새로운 교육정책개발에 한계를 느끼는 장면이다. 사교육을 중심으로 한 새로운 교육산업의 본질이나 인적자원개발에 대한 정부의 이해 역시 구태의연하기만 하기에 더욱더 그렇다.

교육산업은 교육경쟁력을 길러 줄 수 있는 3.5차의 새로운 인적자원개발을 위한 매직산업에 속하는데, 이에 대한 대책은 그 언제나 열외로 밀려나 있다. 저들의 마음은 공교육과 사교육, 네 편과 내 편으로 가르는 일에 매몰되어 있을 뿐이다. 정부 스스로 그동안 국민에게 내놓은 입시정책은 예나 지금이나 늘 입시훈련업체들을 위한 예인선 역할을 하겠다는 자임서와 같았을 뿐이다. 정부의 교육정책에 대한 이런저런 국민적 믿음은 만성적자로 기록되어 왔기에, 급기야 너부터 거듭나라는 충고를 들어야 했다.

정부 스스로 공교육은 피해자이고 사교육은 가해자라는 하소연을 그만둘 때가 되었다. 국민이 더 이상 저들의 하소연을 귀담아 듣지 않는 상황 속에서 교육정책자들 스스로 공교육은 사교육의 피해자라는 논리로 3불정책을 가다듬어 왔다는 지적에 자기부터 반성해 볼 때가 되었다. 학교장들도 같은 목소리로 학부형의 교육열을 식혀 보려고 노력했었지만 백약이 무효였을 뿐이었다. 교육부가 새로운 입시정책을 만들어 낼 때마다 공교육은 더욱더 사경을 헤매게 되었고 반대로 입시훈련시장은 표정관리하기에 분주했다. 공교육현장에는 입시대비 노하우들이 원초적으로 부족할 뿐이다. 입시훈련업체들은 그 어떤 경우에도 입시훈련기술을 개발해 낼 준비가 되어 있다. 정부가 학교에게 입시훈련을 산술적으로 향상시키면, 입시훈련 학원산업은 저들에게 새롭게 진화된 입시훈련기술을 기하급수적으로 전파해 간다. 이 모두는 공교육 사교육 가릴 것 없이 한국교육현장이 하나 같이 입시훈련에만 매몰되어 있기에 생겨난 부산물이었다. 이런 상황들이 학부모들에게 '선 사교육 후 공교육'의 내성을 길러 준 것이며, 맹모삼천지교의 교훈을 입시훈련장에서 살아 움직이게 만들어 놓은 것이다. 자녀의 실패는 자신의 실패라는 것을 온몸으로 체득한 학부모들이 입시정책의 입자만 나와도 신경을 곤두세우는 정황 앞에서 정부가 딱히 해야 될 일도 별로 없을 성싶다. 그저 말은 줄이고 귀는 더 열어 놓은 채 시간이 흐르기만을 기다릴 밖에는…….

정부가 아이들의 실패를 책임지는가

외국의 경제지들은 한국을 성공한 교육의 국가표본으로 소개하고 있다. 그들은 공교육의 공헌을 언급하면서도 그 속에서 작동하는 교육열, 말하자면 사교육의 힘을 결코 간과하고 있지 않다. 그런 한국의 교육열을 부러워하고 있음을 숨기지 않고 있다. 그런 점에서 본다면, 한국인 스스로 21세기 지식경제사회에서 경쟁력 있는 인적자원을 양성하기 위해서는 '사교육산업이 교육의 문제이며 화근' 이라는 인식부터 바꾸어야 한다. 사교육산업의 발전은 공교육의 성패에 관계없이 그 나름대로의 발전궤도를 갖고 있기 때문이다. 공교육의 실패가 사교육의 성장을 위해 크게 기여한 것처럼 인식되기는 하지만, 그것은 공교육론자들의 음해다. 공교육의 실패를 사교육에 전가시키거나 그런 방향으로 여론을 몰아감으로써 공교육론자들의 책임을 피해 보겠다는 조직적인 노력이다. 공교육의 매트릭스를 벗어나는 사교육을 통제하기 위한 술수, 그 이상은 아닐 성싶다. 그들은 흔히 사교육문제를 교육취약계층의 문제와 연결시켜 강론하는데, 그것은 사안을 잘못 잡은 단견일 뿐이다. 취약계층의 교육문제는 정치권력의 관점에서 풀어내야 할 교육정책적인 결단의 문제지, 사교육을 비난한다고 자동적으로 풀릴 사안이 아니기 때문이다.

현실적으로 자녀 한 명을 낳아 대학까지 교육하려면 평균 2억 3천여만 원이 들어간다. 지금처럼 입시과외훈련을 시키지 않는다고 해도 평균 가구당 2억여 원의 돈은 투자해야 한다. 3천여만 원이 큰돈이기는 하지만, 웬만한 가정에서 한 아이의 평생을 생각하면 혼수비는 줄이더라도 투자동기를 줄만한 액수다. 연간 평균 3백여만 원을 투자해서 거둘 수 있는 자녀교육의 성과를 생각하면 더욱더 그럴 것이다. 지금과 같은 공교육식 입시훈련에만 아이를 내맡기면, 아이는 끝내 변변한 영어 한마디, 한자 하나 제대로 쓰지 못하는 얼간이로 자랄 것이기 때문이다. 현명한 부모라면 사교육비를 그냥 입시훈련을 위한 학원비만으로 탕진하지 않을 것이 분명하다. 자녀교육에 대한 학부모의 판단이나 선택은 교육정책자들의 논리보다 그 언제나 본능적으로 한발 앞서 왔으며, 또 현명하기까지 했었다.

현안 한국교육문제, 말하자면 평준화교육, 조기유학생 증가, 교사집단 간의 반목, 학생들의 자살 등등이 그것을 대변한다. 이런 문제는 정부의 교육규제 속에서 자라온 경쟁교육의 한 징후들이기도 하다. 초등학교에서 고등학교에 이르기까지 한국의 학교교육은 대학입시를 위한 경쟁교육 그 자체다. 일부 교육학자들이 집단적으로 만들어 낸 교육정책은 대학입시를 위한 경쟁교육의 합리성을 잡다한 이론으로 이렇게 저렇게 포장해 놓은 것들이다. 대학 역시 그렇게 경쟁의 점수차 교육에서 길러진 학생들을 정해진 틀 속에서 일률적으로 걸러 내는 일에 치중해 왔다. 대학은 학생들의 성적을 가능한, 그 어떤 수단을 써서라도 객관적으로 걸러 낼 수 있음을 국민에게 보여 주려고 했다. 사회적 비난에서 벗어나야만 했기 때문이다. 저들에게는 차라리 자율보다는 타율이 더 속 편한 일이었다. 그저 교육부를 걸고 넘어지면 대학은 사회적 비난의 시선을 피할 수 있었기 때문이었다.

공교육이 정상화된다고 해도 그것은 공교육의 핵심정책인 대학입시 경쟁교육의 틀을 벗어날 길이 없다. 대학입시는 어차피 제로섬 경쟁이다. 떨어지는 학생이 있으면 붙는 학생이 있고, 네가 붙으면 내가 떨어져 주어야만 하는 비정한 경쟁이다. 제 아무리 공교육이 완벽한 입시훈련교육으로 정상화된다고 해도 대학입시경쟁에서 합격과 불합격생은 생기게 마련이다. 학생들은 그 점수차 경쟁에서 낙오되지 않기 위해 최선을 다해야 한다. 학부모가 극적인 조치를 해야 한다. 입시훈련에서의 낙오를 공교육이 정책적으로 구제하지 못하는 한, 어느 부모도 마치 초원에서 자기 새끼가 사자에게 잡아먹히는 장면을 눈뜨고 쳐다보고 있는 누우 떼처럼 자기 자식의 실패를 그냥 눈뜨고 바라볼 수는 없을 것이기 때문이다.

대통령이, 교육부 고위관료들이, 국회의원들이 자기 자식의 실패를 그렇게 놔두며 그것이 부모의 진면목이라고 설명한다고 해도 국민의 답은 뻔하다. "너나 잘하세요."라고 응수할 것이다. 저들의 냉소는 자식사랑에서 나오는 본능적인 욕구다. 국민 모두가 이 지점에서 묵과하지 말아야 할 것이 있다. 제아무리 완벽한 입시훈련기관으로써 공교육이 정상화된다고 하더라도, 아이들 모두가 제아무리 엇비슷한 정도로 실력이 뛰어났다고 하더라도, 동일한 학과에 지원한 어느 아이가 대학에 붙는 그 순간 다른 아이는 낙방한다는 점에 주목해야 한다. 한 명이 붙는 대신 다른 아이는 떨어지는 것은 그들 간의 실력 차이 때문에 그렇게 되는 것이 아니다. 합격과 불합격은 대학의 정원, 학과의 정원 때문에 그렇게 생기게 된다. 대학에게 학생선발의 자율권이 없어서 생길 수밖에 없는 대학규제의 부산물이다. 결국, 내 아이에게 보다 더 효과적인 입시훈련을 시키는 이유는 옆집 아이의 실력이 두렵기보다는 대학의 정원과 학과 정원이 더 두렵기 때문이다.

공교육이, 교육부가 내 아이의 실패에 대해 그 어떤 보상도 해주지 않는 한, 부모가 자기 자식의 성공을 위해 나설 수밖에는 없다. 이런 국민의 행렬을 그동안 교육학자들이나 정부는 치맛바람으로 몰아 저들을 공교육의 적으로까지 호도하곤 했었다. 그런 학부모들의 교육열을 인적자원의 새로운 동력으로 재활용하기보다는 비난하는 일에 더 분주했을 뿐이다. 바로 이 지점이 사교육과 공교육의 상호 보완과 발전에 관한 교육정책의 빈한함이 드러나는 대목이다.

물론 그런 치맛바람들이 사교육시장을 공교육의 발전보다 더 빠르게 성숙시킨 것도 사실이며, 그 와중에서 사교육시장의 절제되지 않은 비윤리적인 경영의 모습이 여론의 도마에 오른 것도 사실이다. 앞으로도 그런 일이 심심치 않게 사회문제로 등장할 것이지만, 그런 일들은 법적인 제제와 행정조치로 정화되어야 할 것이며, 사교육 기업인들 스스로도 공교육과의 관계 정상화를 위해 자정의 책임을 져야 할 부분이다.

『차라리 학원에 보내라』를 읽고

김영천 교수의 창의력이 돋보이는 이 책은 읽을 만하고 믿을 만하다. 단도직입적으로 말해, 왜 아이들에게 학원교육을 시켜야 하는지에 대해 확신이 서도록 만들어 주는 책이다. 김영천 교수는 교육인류학이 무엇인지, 어떻게 하는 것인지에 대해 체계적인 훈련을 받고 교육현장을 샅샅이 파헤치는 한국에서는 몇 명 안 되는 교육인류학자다. 그의 교육인류학적인 연구는 거짓말을 할 줄 모른다. 한국교육현장의 사실을 있는 그대로, 보이는 그대로 서술하기로 정평이 나 있는 그의 글을 읽으면 한국교육에 대한 해답이 발견된다.

이번에도 그는 한국 아이들 다섯 명이 직접 들려주는 학원의 삶과 그 교육활동 속에 숨겨진 진실을 진솔하게 다루고 있다. 그의 지적대로 한국의 교육계에서 얼굴 꽤나 알려져 있는 교사니 교육학자들은 학원교육이 좋다느니 혹은 나쁘다느니 하는 판단만 한다. 그것의 현실을 있는 그대로 연구하는 일에는 게으른 편이다. 학원교육의 교육열에 대해서 비판만 할 줄 알았지 실상을 알려고 하지는 않는다. 학원교육문제를 다룬다고 해도 그것은 어디까지나 공교육의 힘을 돋보이게 하려는 비난의 소재로서 다루거나, 공교육정책의 부각을 위한 비판 소재로 다뤘을 뿐이다. 사교육이나 학원교육에 대한 진지하고도 의미 있는 연구보다는 르포 형식의 텔레비전 고발 프로그램의 보조물로 끼워지곤 했다.

사교육 현실이나 학원교육에 대한 연구가 공교육에 대한 연구에 비해 소홀한 것은 학원교육연구에 대한 연구비의 지원이 인색해서만도 아니다. 그렇다고 사교육의 저력에 질릴 대로 질려 버린 교육당국이 학원의 위력을 증거해 줄 수도 있을 그런 학원연구에 대해 일종의 공포감을 느끼고 있기 때문만도 아닐 것이다. 오해받기 알맞은 편견을 가득 실어 말하자면, 그것은 한국의 교육학자들이 지적으로 게을러서 그런 것이며, 학원연구에 대한 방법론적 한계 때문에 그런 것일 수도 있다. 김영천 교수는 이번에 그런 편견을 극복하고, 학원교육의 현실을 있는 그대로 교육인류학적 원리에 충실하게 연구했다는 점에서 같은 교육학자로서 그에게 격려를 아낄 수 없다.

김영천 교수는 학원에서 살아 움직이는 교육현실을 포착한 후 그것을 토대로 공교육론자들에게 강력하게 제언한다. 학교가 학원에 비하여 더욱 우수한 교육기관이라고 주장하고 싶다면 학교교육에 몸담고 있는 교사들, 교육행정가들, 교육학자들은 학교가 학원교육에 비해 월등하다는 것을 구체적으로 보여 주기부터 해야 한다는 것이다. 실제로 김 교수는 이 연구를 통해 현실적으로 학원교육이 학교교육에 비해 부문별로 월등함을 드러내 놓고 있다. 드러난 사실을 편견으로 가필할 수는 없는 노릇이다. 학원교육이 학습자의 능력에 맞는 개별화수업, 계속적인 평가 그리고 좋은 학습자료의 개발에 앞장서 있다는 것이 사실이었다. 그런 교육과정의 쇄신과 개발을 이끌어 가는 학원은 학부모와 학생들에게 더 매력을 갖게 만들고 있다. 그래서 김 교수의 결론과 제언은 끝까지 유효한 것이다.

말하자면, 정부나 교사나 교육행정가 들은 "학원교육에 대한 기존의 부정적인 담론과 대중적인 의식에 대한 편견에서 벗어나 학원교육을 학교교육의 개선과 새로운 이론을 창조하기 위한 또 다른 의미 있는 공간으로 이해하고 수용할 수 있는 여유로움과 태도가 필요하다."는 제언도 올곧은 소리다. 학교와 학원 간의 교육적 공생과 협력에 대한 그의 제언은 아예 한국교육의 쇄신을 위한 새로운 해답의 실마리를 줄 수 있다. 그의 지적대로, "인적자원만이 생존의 유일한 방책인 우리나라에서 학생에 대한 상세한 정보를 가지고 있는 학원의 자료를 학교와 공유하고 서로 Win-Win 전략으로써 존립한다면 미래의 한국사회를 이끌어나갈 인재의 탄생을 위하여 교육자 그리고 교육정책가가 이 두 개의 훌륭한 교육기관에서 보다 많은 정보를 획득함으로써 그 학생의 다양한 영역에서의 발달과 특징을 이해하고 미래 계획을 수립하는 데 도움을 줄 것"이기 때문이다.

중국의 학력신장의 밑바탕, 사교육

한국은 중국인들의 교육열에서도 밀리고 말 것인가? '2009년 국제학업성취도 국제비교연구'(PISA, 2009)의 결과가 그럴 것이라고 말해 주고 있다. 34개 회원국과 31개 비회원국의 만 15세 학생 중 약 47만 명을 대상으로 조사한 학력검사 결과에 따르면, 중국 학생들이 단연 우수했다. 저들이 읽기와 수학, 과학 분야의 학력테스트에서 각각 1등을 차지했다. 돌풍의 주역은 중국의 3개 도시 중에서도 상하이 학생들이었다. 과학(575점), 읽기(556점) 그리고 수학(600점)에서 모두 1등을 차지했다.

중국학생들의 학력신장에 미국과 일본은 물론이고 유럽의 선진국들도 놀라고 있다. 옛 소련이 1957년 당시 세계 최초로 성공한 인공위성 스푸트니크의 충격에 버금가는 교육쇼크로 받아들이고 있다. 상하이가 국제학력테스트에 참여한 것은 이번이 처음이지만, 중국은 여세를 몰아 2019년쯤에는 중국의 10개 도시, 2029년엔 50개 도시가 세계 최고 정상의 학업성취도를 보일 것이라고 내세운다. 빈말이 아니다. 『메가트랜드 차이나』를 쓴 미래학자 존 나이스비트(John Naisbitt)는 이미 오래전에 중국의 교육을 본받으라고 경고했다. 중국인들에게 아직까지 일본은 자제력을, 한국인은 대담성을, 독일인은 정확성을, 그리고 미국인은 마케팅이 무엇인지를 가르칠 수는 있지만, 앞으로 저들은 중국에게 자녀교육하는 법은 본받아야 할 것이라는 것이다.

서울 강남의 학부모 교육열을 완패시킴으로써 세계에서 가장 공부 잘하는 도시로 급부상한 상하이 학부모의 교육열에 추동력을 달아 준 것은 세 가지였다. 첫째, 2003년에 통과된 「사교육육성법」이 그것이다. 이미 중국은 1985년에 무상고등교육을 폐기하고 실력 본위 대학진학체제를 갖추었는데, 그로부터 엘리트를 길러내는 대학이 대거 상하이에 포진하게 되었다.

둘째, 사교육의 열풍도 상하이 교육을 한 단계 더 올려놓았다. 상하이 학부모의 교육열은 한국 학부모의 교육열을 따돌리기에 충분하다. 사교육의 효과가 드러나면서 중국의 사교육에 대한 투자자들의 인기가 국제사회에서도 보통이 아니다. 중국 전역에 입시학원 체인망을 갖고 있는 쉐다교육그룹은 뉴욕증시에서 우리 돈으로 약 1,401억 원 규모의 기업공개에 성공했다. 또 다른 사교육업체인 탈(TAL)에듀케이션 역시 뉴욕증시에 상장되자 주가가 50% 정도나 폭등했다. 중국 전체 사교육 시장규모는 총 96조 원을 넘고 있는데, 그중 사교육업체들이 최신의 마케팅으로 노리고 있는 방과 후 수업의 시장규모는 약 13조 원에 달한다. 2013년에는 약 20조 원대 이상으로 성장할 것으로 전해진다. 중국 대도시 가구의 60%가 소득 중 1/3을 자녀교육에 쓰고 있는 것이 그것을 반증한다.

상하이는 중국 대도시 중에서도 사교육 전시장의 모델이 되고 있다. 상하이 학부모들은 사교육비로 가구당 평균 월 170만 원을 투자한다. 학생 1인당 80만 원 정도를 지출하는 셈이다. 영 · 유아들의 사교육도 절대적이다. 상하이 가정에서 인기 있는 유아용 사교육 중의 하나가 EMBA 스쿨이다. 어릴 때부터(Early) MBA 교육을 시킨다는 뜻인데, 아이들에게 MBA식으로 경제, 웅변, 의사소통방법을 가르치면 자신의 욕구를 분출하기 위해 어머니에게 울어대는 방법부터 달라진다는 것이다.

셋째, 사교육에 대한 중국교육관리들의 새로운 교육관이 상하이 학생들의 학력을 키워 내고 있다. 공교육도 사교육처럼만 하라는 것이 중국 고위교육자의 속내인데, 이들은 사교육의 힘을 공교육에 응용한다. 사교육을 단순하게 보지 말라는 것이 우리가 눈여겨볼 장면인데, 정부가 교육을 하려면 제대로 하라는 요구이기도 하다. 상하이에는 사교육처럼 가르치는 공교육학교가 100개나 있다. 학력중점학교인데 수월성을 담보하는 영재학교다. 교육은 그것이 공교육이든 사교육이든 간에 관계없이, 모두가 국가개발과 인재개발을 위한 교육자본이라는 교육에 대한 발상의 전환이 중국교육을 앞서 가게 만들고 있다.

조기유학, 인식과 정책 바뀌어야

국내 교육환경에 염증을 느끼고 해외학교를 찾아 떠나는 행렬이 이어지고 있다. 마치 교육 이상향을 찾아 떠나는 엑소더스의 그것과 엇비슷하다. 하향평준화만 고집하는 국내 공교육, 천문학적 액수의 사교육비, 비효율적인 영어교육방식 등 '종합교육병동'을 피해 떠나는 행렬들이다. 현행 국외유학 관리규정에서는 중학교 졸업 이상인 자의 자비유학은 제한받지 않고 있다. 초등학생과 중학생은 지역교육장이나 국제교육진흥원장으로부터 유학자격 심사를 의무적으로 받도록 하고 있지만 유명무실하기만 하다. 초 · 중 · 고등학생의 유학급증은 공교육 기능이 제대로 역할을 하지 못하는 것으로 불신을 받는 상황에서 일어나는 것이라, 그런 조항 자체가 초라할 뿐이기 때문이다. 과도한 사교육비 부담을 느낀 상당수 가정이 자녀를 외국으로 보내거나 아예 이민을 택하고 있다. 일부 외국의 경우, 한국에 머물러 생고생을 하는 것보다 오히려 이민하는 편이 경제적으로 싸게 먹히는 실정이기 때문이다.

이런 문제를 해결하기 위해 지방자치단체별로 영어마을이나 각종 영어연수프로그램을 개발하고 있다. 이런 것들이 정치적 이벤트나 교육정책의 전시용으로 쓰이는 한, 실질적으로 우리 아이들을 위한 영어교육을 위해서는 무익하다. 원론적으로 이야기하지만, 영어교육이든 외국어교육이든 그것은 공교육현장에서 제대로 수렴되어야 한다. 교사들이 이 문제를 수수방관해서도 곤란하다.

이쯤해서 우리 모두가 솔직해질 필요가 있다. 우리 교사들이 아이들을 가르치는 외국어 실력은 수준 이하라는 것을 부인하지 말아야 한다. 그들이 실력을 쌓지 않고서는 제대로 가르칠 리가 없다. 그들 스스로 자기학습에 게으르다면 국가는 과감하게 개입해야 한다. 모든 교사에게 영어부전공과 이중전공제도를 실시하는 것도 방법 중의 하나가 될 수 있다. 그들에게 생활영어 자격시험제도를 실시하는 것도 한국교육을 살리는 처방이 될 것이다. 교사의 질이 높아지면, 아이들의 교육이 좋아지면 좋아졌지 더 이상 나빠질 리는 없기 때문이다. 이것을 거부하는 교사가 있다면 제 스스로 자리를 포기해야 할지도 모른다. 앞으로의 교원자격시험이나 자격인증제도는 일정 기간을 두고 갱신이 가능하도록 유한기간인증제로 바뀌어야 한다. 체계적인 연수와 고강도 훈련만이 교직의 질을 높일 수 있기 때문이다. 물론 노력하는 저들을 위해 국가가 재정적으로 지원하는 일을 게을리 해서도 곤란하다.

한편으로, 이제는 조기유학을 국가적으로 선용하는 방법을 찾는 게 더 효과적일 것이다. 싱가포르처럼 교육당국이 나서서 조기유학을 지도해 주는 것이 국가경쟁력을 위한 효과적인 대응책이다. 조기유학 교육정책을 외국어 영재교육 프로그램, 혹은 다중문화 획득을 위한 대안학습 프로그램의 한 형태로 생각하면 편할 것이다. 그런 정도의 생각에 이르려면 국가경쟁력에 대한 교육정책당국의 관점이 세련되어야 한다. 세계화와 한국교육의 상관성에 대한 활짝 트인 안목부터

서야 한다. 저들 조기유학생들을 제대로 길러놓기만 하면 그 언젠가는 세계 이곳 저곳에서 동분서주할 귀한 한국의 인재들이라는 생각으로 지원해야 한다. 아이들이 더 다양한 곳으로 더 많이 나가, 본격적으로 저들과 섞이고 어울리면서 자기들의 역량을 드러내게 하는 조기유학정책이 필요하다.

그러나 이러한 조기교육정책이 나오기를 마냥 기다릴 수만은 없다. 현실적으로 조기유학 동안 예상하지 않은 현실문제가 불거지도록 되어 있다. 그런 것을 대비하기 위해 학부모들이 해야 할 일들이 더 많아진다. 조기유학을 해야 되는 이유와 목적부터 가족이 함께 고뇌하면서 결단해야 한다. 단기 외국어연수인지, 아니면 외국 거주와 외국대학 진학을 위한 것인지 등을 결정해야 한다. 성공하는 조기유학이 되기 위해서는 학부모부터 조기유학의 성격을 분명히 정하고 사전 현지답사부터 해야 한다. 가족의 협조가 없으면 조기유학은 실패하기 때문이다. 자녀를 홈스테이시킬 것인지, 학교기숙사에 맡길 것인지 등에 대해서도 세심하게 점검해야 한다. 한인교포가정이 전문적으로 조기유학생을 보호해 주는 곳도 늘고 있기에, 제대로 이런 곳을 선택하면 바람직한 효과를 얻을 수도 있다. 학교에 이중언어 교사가 배치되어 있는지, 혹은 백인과 유색인종의 학생비율이 어느 정도인지도 면밀히 검토해야 한다. 다중언어나 다양한 문화를 접하기 위해서는 백인 학생만이 있는 학교보다는 다양한 문화적 배경을 갖고 있는 학생들이 함께 공부하는 학교가 조기유학의 목표에 더 부합되기 때문이다. 반면에, 집중적인 영어연수가 목표라면 대도시보다는 지방의 백인 중심의 학교가 더 유리하다. 외국인들에 대한 편견이 있는 것도 사실이지만, 학부모들이 해당 학교에 자주 방문하고, 그들 학교행사에 적극적으로 도움을 주면 그런 것은 크게 걱정하지 않아도 된다. 지역주민들의 행사나 모임에 다가가면 오히려 그들은 더 도움의 손길을 보내 주기 때문이다. 조기유학을 보낼 학교에 외국학생들을 위한 전문상담교사가 배치되어 있는지를 검토하는 것도 빼놓지 말아야 한다. 조기유학 역시 대학입시 준비처럼 처음부터 끝까지 학부모의 지원과 관심의 정도에 따라 그 성패가 좌우된다는 점만큼은 잊지 말아야 한다.

유니폼의 문화에서 멀티폼의 문화로

학생들에게 교복, 말하자면 학생임을 증명하는 유니폼(uniform)은 여전히 존재한다. 집단규범, 집단의식, 집단문화의 상징이 바로 유니폼의 문화다. 학생관리주의의 아이콘이다. 빡빡머리, 빳빳하게 풀먹인 옷깃, 5개의 금색 단추가 달린 까만색 교복은 남학생의 상징이었고, 단발머리, 까만색, 세일러복, 새하얀 옷깃, A 라인 스커트 교복은 여학생의 아이콘이었다. 40~50년 전의 학생의복문화를 상징하는 학생 유니폼이다. 일제강점기 당시 일본군국주의가 남긴 상흔이 교정을 덮고 있었다. 그 당시 학생들에게 언제든지 전쟁터로 징발될 수 있도록 일제가 강요한 것이 바로 교복이라는 유니폼이었다. 이런 유니폼 만능주의가 1983년에 해금되었다.

물론 잠깐 동안의 해금이었다. 이러저런 이유 때문에 다시 유니폼이 교정을 덮어 버렸다. 말은 학생들 간의 위화감이었지만, 속내는 따로 있었다. 생활지도에 어려움이 크다는 이유 때문이었다. 하나의 틀 속에 가둬 규격화시키는 데 가장 효율적인 방법이 바로 교복이라는 유니폼이다. 학생들을 청소년 보호구역에서 격리하기 위해서는 유니폼의 방법이 제격이라는 것이다. 현상적으로는 그럴듯해도, 인권의 관점에 보면 교육의 본질에 어긋나는 소리들이다. 사실 학생들의 요구사항은 그리 강하지도 않다. 기껏해야 두 가지인데, 그 하나는 자율권 보장에 관한 것이다. 그 전제 아래, 두발과 복장 규제에 대해 학생들과 합리적 기준을 함께 만들자는 것이다. 다른 하나 역시 학생들의 자기결정권, 자기선택권의 존중으로 모아진다. 학생들이 기껏해야 머리모양이나 복장으로 자신들의 생활양식을 표현하는데, 그것을 스스로 선택할 수 있게 해달라는 것이다. 신발, 옷, 가방 등 모든 용의복장을 규제하고 있는데, 이것은 그 언제나 학생들을 옥죄는 수단이었다는 것이다.

유니폼의 문화를 고집하면 아이들의 창의력은 살아남기가 어렵다. 그래서라도 그들에게 두발규제니 복장규제와 같은 학교통제를 자율에 맡기고 멀티폼(multiform)의 문화로 나아가야 한다. 유니폼의 세계는 무채색의 세계이며 가능성을 폐기하는 세계이기에 문화적 다양성이나 새로운 가능성은 기대하기 어렵다. 세상만사를 하나의 색으로 그려 내는 세계는 정신분열증 환자의 세계이며 공포의 세계다. 무지개 일곱 가지 '빨주노초파남보'의 서로 다른 멀티폼의 색을 보면서도 '빨빨빨빨빨빨빨'의 무채색 한 가지라고 우기면 그런 사람과 더불어 살기는 서로가 어려울 뿐이다. 그래서 아이들이 무채색 교사, 교장과 더불어 가기가 힘들 뿐이다. 이런저런 것을 경험한 어느 교사의 독백에 설득력이 실린다. "학생들이 학교에 간다는 건 어차피 12년형의 판결을 받고 수감생활을 시작하는 것이나 다름없습니다. 거기서 진정으로 배우는 교과과정이란 나쁜 습관뿐입니다."

그런 무채색의 문화를 강요하는 곳이, 그것을 정당화하는 곳이 바로 유니폼의 세계다. 아이들이 그런 환경 속에서 자라면, 마치 오리처럼 무엇 하나 제대로 해내지 못하는 인물들로 커나가게 된다. 제아무리 아름다운 멀티폼이라도 끝내 유니폼으로 대체되기 때문이다. 지금까지 이 사회, 이 문화계에 그 무엇 하나라도 제대로 된 커다란 획을 그은 인물들은 대개가 바로 그런 유니폼의 세계를 거부했거나 그것에서 일탈했던 사람들이었다. 장소와 규격이 아이들의 문화를 하나처럼 규제해 놓기 때문에 유니폼의 세계에서는 유니폼의 문화만이 가능할 뿐이다. 집오리들의 문화를 보면 유니폼의 문화가 무엇인지를 직감하게 만든다. 오리는 분명히 조류(鳥類)에 속하는 생물이다. 새라고 우기기에는 무엇인가 초라하다. 독수리처럼 매섭게, 황새처럼 우아하게, 타조처럼 활달하게 다니지 못한다. 물론 할 줄 아는 것도 있다. 어정쩡하게 날갯짓도 할 줄 알며, 몇 미터 정도는 날아갈 줄도 안다. 춤도 추기는 하지만 촌스럽다. 뒤뚱거리며 달려 볼 줄도 알고, 물속에서 자맥질까지 할 줄 안다. 식성도 꽤나 좋다. 어지간한 독극물은 먹어도 끄떡 없이 살아남는다. 생명력 하나만큼은 다른 동물에 비해 꽤나 모진 새가 바로 오리다.

둘째로, 아이들이 유니폼과 규제의 문화 속에서 자라면, 획일화의 틀을 벗어날 수 없게 되기에 저들에게 멀티폼의 문화가 가능해야 한다. 교육은 학생들에게 곤충의 세계처럼 '탈바꿈'이 아니라, 인간의 성장을 약속하는 '틀바꿈'의 세계여야 한다. 탈바꿈은 생물계에서 보듯이 생물의 성장과정 가운데 겪어야 하는 짜인 변화의 과정이다. 마치 배추 애벌레가 번데기가 되어 마침내 나비로 성장하듯이, 탈바꿈은 생물의 성장과정에서 피할 수 없이 거치도록 짜여 있는 획일화된 과정이다. 탈바꿈에 비해 틀바꿈은 질적으로 다르다. 틀바꿈은 생물학적인 성장의 절차가 아니라 정신적인 성장의 요구다. 틀바꿈은 인간 스스로 자기와 자기, 자기와 타인, 자기와 환경 간의 관계에서 이전의 방식과는 전혀 다른 방식을 취하게 만드는 창조적인 과정이다. 개과천선(改過遷善)이라는 말에서 풍기듯이, 이전의 삶과는 전혀 다른 삶을 살아가는 데 필요한 삶의 나침반, 생활의 매뉴얼을 갖는 것이 틀바꿈이다. 그런 창조적인 삶이 가능하기 위해서는 틀바꿈을 위한 용트림과 용솟음, 그리고 돌파가 필요하다. 틀바꿈을 위한 돌파의 과정은 삶 전체를 틀어 거머쥐는 교육의 과정과 같다. 교육은 시시한 정보 덩어리를 입수하는 과정이 아니라 삶 전체의 방향을 전환시키는 과정이다.

왕따 문제 해결: 인성교육으로 돌아가자

"제가 일찍 철들지만 않았어도 저는 아마 여기 없었을 거예요……."

철이 들었기에 아직까지 자살하지 않았다는 왕따 희생 중학생 유서의 첫 구절이다. 왕따는 우리 교육이 안고 있는 고질적 난치병이다. 10년 전에 비해 우리 교육에 달라진 것이 없다. 왕따 수단들만 진화되었을 뿐이다. 서울시 교육청이 보고한 10년 전 왕따 사례는 약 2만 2천 건이었다. 학교생활부적응 상담건수로 설명되기는 했지만 실제 내용은 학교폭력과 집단따돌림 문제였다. 당시 왕따를 당했던 학생의 학부모들은 교육계를 강하게 불신했다. 교육행정가들의 무능력과 함께 질타했다. 위정자들을 신랄하게 비판했다. 슬픔을 달랠 수 없었던 가족들은 이민 길에 올랐다.

그로부터 10년이 지났다. 교육현장은 '하나도' 변하지 않았다. 폭력가해학생들은 학교에 남는다. 왕따를 당한 학생은 오히려 전학을 가야만 산다. 그것 역시 그때뿐이다. 교육부는 2010년도 연간 학교폭력사례를 8천여 건이라고 보고했다. 그 보고를 그대로 믿는 사람은 없다. 부담을 느낀 학교현장에서 보고를 기피한 통계였기 때문이다. 교총의 조사 결과에 다르면, 왕따를 당하고 있는 초·중·고등학교 학생이 약 30만 명(41%)에 이르고 있다고 보고한다. 사실이라면 10년 전에 비해 5배 이상 증가한 수치다.

당시에도 왕따 근절을 위한 대통령의 강한 질책이 있었다. 교육부와 교육감들이 분주했었다. 방법들이 교실현장에 넘쳐났다. 사이버 상담기관 설치, 인성교육과 윤리교육 강화, 심리상담프로그램 도입, 왕따 119설치 같은 것들도 추진되었다. 교육방법들도 첨단화되었다. 학생들의 가방도 가벼워졌다. 그렇다고 학생문화가 정상적인 것은 아니었다. 오히려 교사를 따돌림하고 교실을 해체시키는 사이버 왕따 문화는 바이러스처럼 번졌다. 학교는 거북이처럼 대응했다. 무대응과 회피만이 일선 교사가 살 길이었다. 교육행정관계자들은 급변하는 학생문화를 체감할 수 없었다. 모두가 교육경쟁력이라는 화두에만 매달렸다. 전교조 교육투쟁이니 뭐니 하는 교육현안들 때문에 모두가 지쳐 버렸다.

왕따 문제가 불거지자 묘안들이 또다시 쏟아지고 있다. 가해학생을 퇴학·전학시켜야 한다든가, 가해학생에게 '삼진아웃제'를 적용해야 한다든가, 가해학생 학부모를 소환해서 자녀와 동반교육을 해야 한다든가 등 제시된 방법들이 모두 그럴 듯하다. 다만, 일회용 처방들이다. 가해학생 학부모에게 책임을 강하게 묻자는 것이다. 문제는 책임을 져야 될 부모조차 사는 일이 힘에 겨운 사람들이라는 점이다. 가해학생과 학부모에게 책임이 없다는 말이 결코 아니다. 왕따는 학교에서 만들어지는 학생문화라는 것을 우선적으로 받아들이라는 말이다. 가해학생을 전학시키면 왕따 문화를 확산시킬 뿐이다. 문제 학생을 사회로 내치면 끝내 엄청난 사회경비를 치러야 한다.

학생의 부적응 해소 대책만으로는 왕따 문제를 해결할 수 없다. 왕따 문제가 반복적으로 우리 학교현장에서 되살아나는 것을 봐도 그렇다. 학교폭력은 학생들이 학교생활 자체에 만족하지 못하고 있기 때문에 생긴다. 저들이 학교에 다녀야 할 이유를 찾지 못하기 때문이다. 자존감을 느끼지 못하기 때문이다. 학교는 학생에 대해 무조건적으로 책임져야 한다. 초등학교는 국가의 명령으로 운영되는 의무교육기관이다. 학생을 위한 교육서비스기관이다. 학교가 가정을 대신해야 한다. 교사가 부모가 되어야 한다는 뜻이다. 학생들이 자발적으로 학교교육을 선택한 것이 아니기 때문이다. 저들을 학교가 보호해야 한다. 교사가 책임을 져야 한다. 교사가 먼저 돌봐야 될 것은 학생들의 점수가 아니다. 아이들의 정신건강을 우선적으로 돌봐야 한다. 배려교육이 우선해야 한다. 교사들의 처우와 복지가 크게 개선되어야만 하는 이유다.

교사가 아이들의 정신건강을 돌보지 못하면 교육행정가들도 함께 책임을 져야 한다. 교육부 장관도 자유로울 수 없는 일이다. 모두의 관심은 국민기초교육을 되돌아가야 한다. 토대교육이 잘못되면 국가의 인재양성은 공염불이 된다. 왕따는 학생 개인의 문제가 아니다. 핀란드 교육현장에서는 왕따가 없다. 왕따를 개인 학생의 심리적 이상 징후로만 처리해서도 곤란하다. 점수 위주 교육문화로 키워진 구조적 사회병리가 왕따 학생문화이기 때문이다.

학교: 폭력의 자물쇠이자 열쇠

학교폭력 때문에 야단들이다. 청소년들과 학교교육을 잘못된 방향에서 바라보고 있기 때문에 이런 일이 벌어질 수밖에 없다. 수백억 원의 돈을 들여 학교폭력을 예방한다고들 했지만, 알아낸 것이라고는 고작해서 폭력의 유형이 달라졌다는 것 정도였을 뿐이다. 학교마다 상담교사를 배치하면 도움이 될 줄 알았지만 상담실을 찾는 그 자체가 오히려 문제아로 낙인되는 순간이었기에 아이들이 그곳을 기피하고 있다. 옛날만 하더라도 단순폭력이나 금품갈취 같은 것이었으나 이제는 성적 · 정신적 폭력, 심지어 교사폭행 같은 것으로 복잡해지고 있다는 것도 저들의 소리다. 학교폭력에는 학생들의 불만과 불안, 소외감이 짙게 배어 있으며 단순하지 않다는 것도 저들의 견해다. 학교폭력은 여러 요인이 얽혀 있는 문제이기에 사회의 폭력문화, 학교 주변의 유해시설, 청소년의 여가활동 부족, 입시위주의 교육제도, 기성세대의 도덕적 타락 등등 모든 것을 고려해야 한다는 옛이야기나 되뇌고 있다. 이 땅에 태어나는 모든 아이는 그 순간부터 학교폭력의 먹이사슬에 묶인다는 진단이나 마찬가지다. 학교폭력이 중학교 2학년, 3학년, 초등학교 4학년 순의 빈도로 나타나기에 초등학교 때 학교폭력을 예방하라는 것도 저들의 견해인 모양인데, 모두가 학교폭력을 해결하기 위해서는 어림없는 이야기다. 학교폭력은 유치원에서부터 만들어지며 그런 폭력현상이 중 · 고등학교에 가서 절정을 이룰 뿐이다. 유치원 시절 고사리 손으로 상대방을 밀치거나 옹알거린다고 해서 그것을 그저 예쁜 짓으로 방치해 버리면 고등학교에 가서는 손가락 대신 흉기를 들도록 되어 있다.

학교폭력의 문제는 학교에서 만들어지고 있는 일이기에 그 답은 학교교육현장을 떠나서는 구할 수가 없다. 학교가 학교폭력의 자물쇠이며 열쇠다. 학교가 저들에게 입시훈련이나 시키고 있기에, 그것에 폭력적으로 대항하는 저들의 다양한 이상심리적 징후가 학교폭력현상이기 때문이다. 학교폭력은 인격교육을 가르쳐 달라는 저들의 아우성이다. 멀쩡한 당신을 가두어 놓고 매일같이 정신적으로 타박이나 해 보면 당신에게도 답이 생길 것이다. "바보, 멍청이, 꼴찌, 대학도 못갈 인간아" 하는 식으로 야유와 핀잔이나 퍼부으면 저들이 살아남기 위해 취할 일은 더 단순해진다. 바보처럼 살아가든가, 아니면 어떤 수를 써서라도 탈출해야만 한다. 탈출의 방법과 수단은 저들이 정하는 것이며 성공의 쾌감도 저들만의 것이다. 〈빠삐용〉과 〈쇼생크 탈출〉이라는 영화에서 스쳐간 장면들처럼, 그들은 어떻게라도 살기 위해 몸부림쳐야 한다. 어차피 학교를 탈출하기로 맘먹었으면 흉기를 든다 해도 저들에게 두려움이 있을 리 없다. 교사를 폭행한들 저들에게 별다른 수치감이 들 리도 없다. 저들의 탈출도구나 수단마저 교사와 학교의 지도에 따라 택하지는 않을 것이다.

학교가 해체 직전, 붕괴 직전이라고 하지만 아이들에게 하는 모습을 보면 아직도 엄살기가 강하다. 학교가 근원적으로 학생들을 위한 공간으로 거듭나기 위해서는 처절하다 싶을 정도의 학교혁신과 학교해체 노력이 필요할 수도 있다. 아이들 보고 정신 차리지 못했다고 눈 흘길 일이 아니라 교육행정가와 교사, 학교가 자신부터 되짚어 볼 일이다. 학교폭력에는 학생들의 불만과 불안, 소외감이 짙게 배어 있다고만 읊조릴 일이 아니라, 교사가 저들에게 그 언제 칭찬 한 번 제대로 해 본 적이 있는가 하고 자성부터 해야 할 일이다. 이 땅의 모든 아이가 아인슈타인의 자질을 갖고 있지만, 저들의 가능성을 죽이는 곳이 바로 지금의 학교이기 때문이다. 멍청했던 아인슈타인의 천재 끼가 활짝 피어나도록 만든 곳은 바로 학교였다. 우리의 현재 학교와 판에 박은 듯이 똑같은 독일의 입시훈련학교가 아니라 그에게 마음껏 놀며 생각하게 허용했던 자유학교였다. 학교를 불사르거나 폭파시킬 그럴 실험을 제외하고는 그 어떤 놀이도 허용했던 혁신적인 자립학교가 그를 천재로 만들어 냈다. 그 속에서 그는 고매한 인간사랑에 대한 윤리의식도 함께 익혔다. 학교폭력, 그런 일은 그 학교와는 관계없는 일이었을 뿐이다.

소년원이 대안학교의 원형인가

언젠가는 한 청년이 유흥비를 마련하기 위해 제 어버이를 살해하더니, 이제는 학교 안팎에서 학생조폭들이 판을 치고 있다. 일진회가 어른들을 모방해 만든 학생깡패집단이 바로 그것이다. 초·중·고등학생들의 80% 이상이 학생들로부터 1회 이상씩 맞아 본 적이 있다고 하소연하고 있는 처지니 학교가 신음하고 있다고 해도 과언이 아니다. 이제는 청소년 포르노가 시장에서 불티나듯 팔리고 있다. 이 사회 구석구석에서 일어나는 청소년들의 도덕적 와해에 비하면 별것도 아닐 성싶다. 토대가 튼튼하지 못해서 다리도 무너지고 상가도 와르르 내려앉았다면, 청소년들이 붕괴되는 것은 이 사회가 튼튼하지 못해서 그러는 것이다. 그것을 부추기는 것이 바로 사이버 시장, 디지털 시장이다. 어른들이 제아무리 저들의 포르노를 막으려고 해도, 저들 간에 이뤄지는 P2P 방식의 포르노 교환은 막아 낼 수가 없다.

결론은 한 가지다. 청소년문제를 제대로 풀지 않고서는 국가의 미래가 어두울 뿐이라는 결론이다. 교육부나 문화관광부가 사경을 헤매는 심정으로 청소년대책 마련에 골몰하고 있다. 급한 김에 각 부처별로 이런저런 청소년 대책을 내놓고 있지만 제대로 약발이 듣지를 않는다. 기껏해야 일본만화, 음란비디오나 탓하고 가정의 화목이나 부르짖고 있는 판이니, 그런 유의 청소년대책이 효과가 없을 것임은 너무나 뻔할 수밖에 없다. 각양각색의 전문가로 구성된 청소년문제 대책위원회가 있기는 하지만, 그들의 하는 일은 자꾸 어긋나기만 한다. 청소년들의 문제를 제대로 해결하려면 그들의 파격문화부터 제대로 이해해야 한다. 이런 청소년들의 파격문화를 제대로 이해할 수 있는 능력이야말로 바로 21세기를 주도할 대통령이 지녀야 할 자질이라고 정의한 선진국의 지도자들이 부럽기만 하다.

이제 청소년들이 할 수 없는 것이라고는 이 사회에 하나도 없다. 그들이 마음만 먹으면 포르노도 만들어 낼 수 있고, 또래의 금품을 빼앗을 수도 있다. 무조건 저지르고 싶은 그들이라 더욱더 그렇다. 돈이면 안 되는 것이 없다는 것을 알게 된 지는 이미 오래되었다. 그렇게 하고 싶은 것을 참아 내게 하는 것이 바로 교육의 힘이다. 그런데 이제는 교육의 힘이 마비될 대로 마비되어 버렸다. 우리의 청소년은 두 부류로 뚜렷하게 갈라지고 있다. 입시훈련에서 놀짬과 놀터 그리고 놀거리를 박탈당한 채 시달리고 있는 청소년들이 그들이고, 다른 한쪽에서는 일단 먼저 저질러 놓고 보는 청소년들이 바로 그들이다. 대학진학생이든 취업생이든 그들 모두가 정신건강을 상한 지는 이미 오래되었다.

문제청소년이라고 하더라도 현실적으로 성년이 될 때까지 그들이 머물러야 할 곳은 학교다. 학교는 그들에게 삶이자 놀이터다. 그런데도 학교에서 낙오하고 있는 청소년들이 한둘이 아니다. 청소년 10명 가운데 7명이 가출을 생각해 보고, 5명 중 4명이 학교를 증오하고 있다는 조사를 접하면, 청소년문제의 화근은 학교에 있음을 알 수 있다.

그런데도 어떤 학교장은 엉뚱한 생각이나 하고 있다. 문제아를 잘라내면 학교가 편하겠기에 그러려니 하는 것이다. 문제청소년을 대안학교로 보내면 문제가 저절로 풀릴 것으로 보는 교육행정가들도 한둘이 아닌 모양이다. 대안학교를 비행청소년 학교로 잘못 이해한 무지의 탓이다. 그런 식으로 이야기하면, 저들에게 대안학교는 굳이 필요하지 않다. 학교의 문제아, 혹은 사회부적응아를 모아놓고 교정교육을 시키는 곳을 대안학교라고 규정해 놓고 있다면, 한국사회는 이미 오래전부터 대안교육에 성공해 오고 있기 때문이다. 그것이 바로 소년원이고 교도소이기 때문이다.

지금과 같은 입시훈련과정을 거부하는 아이, 그것에 적응을 할 수 없는 청소년들이 머물 곳이 어느 곳일까를 묻는 일만큼 어리석은 일도 없을 성싶다. 학교에서 버림받으면 길거리에 머물면서 사람과 사람 사이를 방황하기 마련이다. 대안학교는 그런 길거리 문제청소년을 골라 내어 총집합시키는 그런 청소년 감별소나 소년원이 아니다. 문제청소년의 교도소는 더욱 아니다. 만에 하나라도 그런 식으로 대안학교를 악용했다가는 언젠가는 교도소 폭동 같은 그런 유의 청소년 폭동이 대안학교에서 일어날 것이다.

문제가 있는 청소년에게 필요한 것은 교과서나 달달 외우며 OX나 단답형 수능시험을 치르는 디지털식 학습이 아니다. 그들에게 필요한 것은 생동감 넘치는 아날로그형 교육이다. 교사의 맥박이 그들의 맥박과 하나가 될 때 그들의 마음도 열리게 된다. 대통령은 구태의연한 청소년육성대책은 집어던져 버리고, 청소년들의 가슴에 와 닿는 새로운 형태의 아날로그식 청소년문화대책을 위한 청소년문화개혁회의라도 한 번 열어 보아야 청소년들에 대한 적절한 예우를 한 것이 된다.

불법 찬조금 모금

서울시 교육청 감사 관계자들이 일선 고등학교의 불법 찬조금 모금 사실을 적발했다. 특수목적고등학교나 외국어고등학교 등 세칭 일류 사립고등학교 현장에서 '불법 찬조금' 행위를 적발했다는 것이 바로 그것이다. 사실, 불법 찬조금 모금문제는 서울시 교육청만의 문제가 아니라 전국 교육감의 문제이기도 하다. 정도의 차이는 있지만, 전국의 각 학교에는 나름대로의 학부모 모임들이 있고, 이들은 학부모를 상대로 일정액을 할당해 모금을 직접 관리 · 운영하고 있다. 학교마다 공식적인 찬조금 접수처가 설치되어 있는데도 굳이 그것을 마다하고 별도로 찬조금을 모금하고 있는 것은 불법이 틀림없다. 그래서 교육청들이 그것을 단속하는 것이다. 서울의 경우, 감사 대상 14개 학교 중에서 무려 10개 학교가 불법 찬조금을 모금한 것으로 드러났다. 학부모 1인당 모금액도 적게는 15만 원에서 많게는 75만 원씩 모금하는 등 모금액도 천차만별이었다. 이런 사실을 확인하기 어려웠다는 것이 교육청의 후일담이다. 학부모와 학교 측이 사전에 말을 맞추며 교육청 감사에 자료 제출을 거부하는 등 비협조적인 태도를 보여 주었기 때문이다.

왜 학부모들은 그렇게 버티고 있는가? 왜 학부모들은 일선 교육청의 적발에 대해 콧방귀도 뀌지 않고 있는가? 교육청의 지적에 수긍하기보다는 오히려 그들은 도대체 무엇을 잘못했냐고 항변하고 있다. 심하게는 자기 자식 제대로 교육시키려는 것이 무슨 죄냐고 되묻기도 한다. 자기 자식이 사회진출에 실패하면 일선 교육청이 무엇을 변상해 줄 것이냐고 따지기까지 한다. 사실, 그들이 모금한 돈의 지출 용도를 따져보면 그들의 항변에 이해가 가지 않는 것도 아니다. 이 더운 여름에 땀을 질질 흘리며 공부하는 자녀들을 보면, 당장이라도 냉방설비를 해 주고 싶은 심정이 들 것이다. 또 대학진학지도에 여념이 없는 교사들을 보면 그들에게 무엇이든 감사의 뜻을 표하고 싶을 만도 하다. 교사들의 유흥을 위해 과다

한 경비를 지출한 학교는 극소수라는 것이다. 대부분의 학교에서는 그런 무리한 경비지출은 없다는 것이 학부모들의 하나 같은 목소리다.

그러나 서울시 교육청은 그런 경비지출을 공식적인 회계장부의 지출이 아니라 커튼설치비, 체육대회 행사 후 회식비, 에어컨과 의자 구입비, 전기공사 비용이라고 하더라도 일반 회사 회계장부의 지출명세서가 아니면 불법이라는 것이다. 왜냐하면 그 경비들이 학부모를 상대로 걷은 불법 찬조금으로 이루어진 학교 비자금 성격의 지출이기에 문제가 된다는 것이다. 일선 교육청이 불법 찬조금 모금을 더 걱정하는 이유는 그런 실무적인 이유보다는 잘사는 학교와 못사는 학교 간의 위화감 문제 때문일 것이다. 교육청으로서는 그저 원론적인 이야기 이외에는 더 할 말도 없을 성싶다. 이런 상황에서 불법 찬조금 모금에 대해 교육청이 묘한 해법을 갖고 있을 리 없다. 적발하고 또 적발하는 식의 적발정책 이외에는 정부 역시 별다른 해법을 찾아내기도 어렵기는 마찬가지일 것이다. 불법 찬조금으로 교육받은 학생들에게 일류대학 진학 시 감점을 주는 정책을 채택하면 모를까, 당장은 뾰족한 대책이 있을 것 같지는 않다. 혹여 교육감이 되풀이하고 있는 말처럼 학교와 학부모, 사회적 여건 등이 동시에 변해야 불법 찬조금 모금이 근절될 수 있을지도 모른다. 정말로 일선 고등학교에서 불법 찬조금 모금을 누그러뜨리려면, 무엇보다도 정부의 학교재정지원정책부터 바꿔야 한다. 과감하게 역차별 지원정책을 써서 학교 간의 위화감을 줄여야 한다. 그러려면 가난한 일선학교에는 재정적 지원을 더욱더 해서 그들의 학교교육환경의 질을 높여 주는 수밖에 없다. 일선 교육청도 장학의 방식을 바꾸어야 한다. 적발과 위협의 장학에서 설득과 타협의 장학으로 장학의 경영을 바꾸어야 할 듯하다.

학부모운동의 방향

인간교육이 학교와 가정, 사회 곳곳에서 실현되기 위해서는 학부모들의 교육적 움직임이 필요하다. 학부모들의 움직임은 좁게는 학부모훈련에서 시작해서 학부모운동단체의 정치화에 이르기까지 광범위하다. 이런 학부모의 위력을 가장 먼저 인지하고 그것의 가능성을 현실로 만들어 낸 역사는 그리 길지 않다.

학부모운동과 그것에 대응하는 교원단체들의 운동들도 나름대로 수많은 시행착오를 거쳤다. 한국교육의 개혁과 혁신을 위해 그 나름대로 공도 있었고 저 나름대로의 고뇌도 있었다. 그런 부대낌의 과정을 거치면서 학부모운동은 다른 단체의 노력에 못지않게 교실교육의 개혁 가능성을 현실감 있게 이 사회에 드러내 보여 준 것도 사실이다. 교원단체의 반성어린 교육적 혁신 노력을 이끌어 내는 데 어느 정도의 성공을 한 것도 사실이다. 저들과 함께 새로운 학부모운동이 여기저기에서 교육개혁의 가지를 친 것도 사실이다.

그럼에도 불구하고, 인간교육의 실현을 위한 의미 있는, 그리고 교육적으로 전이효과(轉移效果)가 높은 학부모운동은 어디에서 볼 수 있는가라는 질문은 아직도 유효하기만 하다. 이런 문제제기는 한국교육이 필요로 하는 학부모운동은 교원단체들이 우리에게 보여 주었던 식의 또 다른 저급한 교육권력처럼 행세하는 것이어서는 곤란하다는 인식에서 나온 것이다. 학부모교육운동이 교육권력에 빌붙어서 특정 권력의 이해관계를 유지하는 데 활용되는 교육권력의 보조물로 기생해 나가서는 곤란하기 때문이다. 인간교육이 교실현장에서 실천되기 위해서는 저들의 운동이 갖추어야 할 윤리적인 자성과 원칙이 점검되어야 하는데, 그 점검은 학부모운동단체들이 해야 할 교육적인 몫이 된다. 아이들이 교실에서 제대로 배울 수 있어야 한다면, 아이들이 저들의 노리개가 될 수도 없고 아이들이 저들을 위한 인질이 될 수도 없는 노릇이다.

아이들은 저들 학부모나 교사운동을 위한 실험용 대상도 아니고, 저들의 재정적 이해관계를 위한 수단도 아니다. 교육운동을 하는 사람에게 교육운동은 그 언제 계산해 보아도 늘 개인적으로 손해가 날 수밖에 없는 일감들이다. 아이들은 교육운동의 노력으로 커 나간다는 자긍심만이 그들에게 되돌아오게 되는 그런 과제일 뿐이다.

우리의 아이들은 자기실현, 자신의 가능성을 실현하기 위해 학교로 가는 것이며, 교실에 앉아 저들을 기다리는 것이다. 그 인간교육의 이념을 포기하고서는 그 어떤 학부모운동도 온전해질 수 없다. 인간교육을 교실현장, 사회현장에 실현하기 위해서는 인간교육 실현의 학부모운동이 필요한 것이지 교육권력 시녀들의 추태가 필요한 것이 아니다. 더군다나, 학부모운동이 정치 그 어느 한편의 이익을 돕거나 그런 아류로 교육계에 등장해서도 곤란하다.

지금 사회의 한 모퉁이에서는 학부모운동단체에 대한 불신론이 그 이전보다 더 매몰차게 불거지고 있다. 그들에 대한 구조조정이 불가피하다는 논지도 여전하다. 그들에 대한 칭찬보다는 비난이 더 많은 형편이다. 교육계의 불신을 제거하고 희망의 교육공동체를 만들어 가기 위해서는 교원단체에 대한 구조조정과 그것에 빌붙어 사는 학부모운동단체에 대한 배척이 불가피하다. 그것은 그동안 무분별하게 저들의 정치적 움직임에 편승하거나 교육권력의 날개 속에서 교육계가 바라던 교육혁신보다는 몇몇 교육운동단체 지도자들의 개인적 이해관계를 추구했다는 것이다. 단체의 정치적 목적을 달성하기 위해 정치적 오염이나 확산시켜 왔다는 국민적 판단에 따른 것이다.

이런 일은 교원평가제도를 무기력하게 만드는데, 그 어떤 방식으로든 조력하고 있는 교원단체의 행동을 응징하는 학부모단체의 형식적인 반대운동을 통해서도 분명하게 드러났었다. 교원평가제 강행방침에 강력 반발하고 있는 전국교직원노동조합(전교조) 같은 경우, 그들은 처음부터 정부의 교원평가제안(案)에 합의할 의사도 없으면서 협의에 나섰던 것으로 드러났었다. 사실이 아니기를 바라지만, 교사들의 일반적인 분위기는 저들의 전략과 그리 다르지 않은 형편이다. 이런 일은 학생들의 배움권을 고려한다는 교원단체에게는 면목이 서지 않는 것이지만 현실은 그렇게 흘러가 버렸다. 저들의 그런 이해관계를 알고서도 학부모운동단체들이 그것을 지나치는 것은 아이들을 위해서 거부해야 하는 일이다. 그런 상황에서 저들은 멋있는 연출을 해내기도 했다. 그렇지만 결과는 그저 그런 정도에 머물렀을 뿐이다.

어쩌면 저들을 향한 이런 유의 단죄나 비판이 부당할 수도 있다. 억울하기 그지없는 일이다. 그렇지만 여론은 그렇게 냉혹하기만 하다. 억울하더라도 참을 수밖에 없는 노릇이다. 만약에 그런 것들이 사실로 포착된다면 학부모운동단체들의 교육적 호소나 그것을 옹호하는 정부의 중재력이나 정치적 대응력은 더 이상 믿기 어렵게 된다. 교육에 대한 한국인들의 보수적 성향을 감안할 때, 교원단체들이 그들의 정치적 야망을 줄이면서 아이들을 위한 교육혁신을 제 스스로 추구할 가능성은 크지 않기 때문에 소비자인 국민은 그렇게 염려하고 있는 것이다.

공부에 미쳐야 할 대학생이 도박에 미쳐

바다이야기. 그 무슨 인어들의 전설어린 옛 이야깃거리가 아니다. 오만 가지 이야기들이 바다에 빠져 버리면 절여지듯이 바다이야기는 정치권 못지 않게 대학가에서도 흉물스럽기 그지없다. 바다이야기는 한 꺼풀만 벗기기 시작하면 바로 대학가의 도박문화, 대학생의 도박중독에 관한 이야기일 뿐이다. 게임기 그 자체가 대학문화의 에피소드다. 그 게임기기를 만들어 내기 위해서 첨단 최신기술도 활용되고 사회이론들도 활용되었다. 게임기 이야기치고 여가이론들로 뒷받침되지 않은 것들도 별로 없다. 그 흉물이 대학가에서 나왔으니 그것의 최초 희생자 역시 대학생이다.

대학가 주변은 바다이야기로 평정된 지 이미 오래되었다. 미치지 않으면 미칠 수 없다는 엇박자 논리가 대학유흥가를 넘본 지 한두 해가 아니다. 대학생 10명 중 6~7명 정도는 바다이야기에서 익사되고 있었다. 30년 전의 선배들이 남기고 간 그 훙취와는 다르게 바다이야기의 고래사냥에 나섰기 때문이다. 오늘날 한국 대학생의 40~60%는 알게 모르게 '병적 도박증'에 시달리고 있다고 보면 된다. 이제 대학촌 주변은 도박병동처럼 휑하고 흉물스럽다. 잔돈 몇 푼 던져 1~2만 원 건지는 것에 만족한다면 그들은 오늘을 사는 대학생도 아니다. 등록금도 투자

하고 하숙비도 집어넣고 대박 기다리다 쪽박이나 차고 있다.

저들의 두뇌에 문제가 생겼기 때문이다. 도박충동을 조절하는 뇌 기능이 기능을 상실했기 때문에 저들이 그러는 것이다. 인간의 뇌는 묘하게 만들어져 있다. 만물의 영장임을 대변하는 뇌 앞부분이 묘하게도 도박충동에 민감하다. 말하자면 전두엽에는 쾌락, 충동, 자극을 담당하는 신경영역이 발달해 있는데, 이것들은 인간의 충동과 감정을 자극하는 뇌 중간 부분의 변연계와의 네트워킹이 뛰어나다. 게다가 이 변연계는 인간의 심장을 둘러싸고 있는 심장신경 등과도 연결되어 밤낮으로 자극을 전달하고 조절하도록 되어 있다. 특정 자극, 이를테면 사랑이나 대박 같은 흥분의 감정이 전달되면 쾌락물질이 분비된다. 만족, 대만족의 느낌으로 심장이 뛰고 손발이 빨라지고 환성이 터진다. 늙은이보다는 젊은이가 이성을 열성적으로 사랑하는 그런 장면을 연상해 보면 이 말이 무엇인지 설명할 필요도 없다.

강렬한 흥분과 자극은 한 번으로 끝날 수가 없다. 한 번 맛보면 더 큰 것을 즐거움으로 얻길 원한다. 더 강력한 자극을 바라기 때문에 뇌가 자기도 모르게 미쳐 버리게 된다. 미친다는 것은 뇌신경학적으로 말해 뇌에 자극을 전달하고 쾌락을 느끼도록 하는 신경물질인 도파민 같은 것의 분비가 늘어나는 대신, 충동을 조절하는 신경물질인 세로토닌 활동은 상대적으로 적어진다는 것을 말한다. 마치 자동차의 가속페달을 많이 밟으면 속도가 빨라지게 되는 대신 제동장치의 제어력이 둔해지게 되는 것처럼 사람은 욕망을 자제하고 싶어도 자기 의지대로 제어하지 못하고 중독에 빠져들게 된다.

병적 도박증에 빠지게 되면 도박에 대한 내성이 생긴다. 이전에 경험했던 정도와 엇비슷한 흥분을 얻기 위해 도박시간이 늘어난다. 도박을 하지 말아야 할 이유는 한 가지에 지나지 않지만, 도박을 해야 하는 이유는 스스로가 오만 가지로 만들어 낸다. 도박중독자들의 마음 깊숙이 의식의 왜곡현상이 자리 잡았기 때문이다. 이번엔 잃었으나 지난번의 기록이나 경험으로 보아 다음번엔 대박을 터뜨릴 가능성이 확실하게 크다는 식으로 자기최면에 빠지게 만들어 놓았기 때문이다. 이길 확률은 질 확률에 비해 그 언제나 적은 것이 도박이라는 것에 대한 생각을 놓쳐 버린 채, 정반대로 생각하기 시작하면서 '확률의 왜곡'에서 벗어나지를 못한다. 잃었을 때보다는 땄던 때를 더 기억하고자 하는 인간의 본성대로 '기억의 왜곡'에 사로잡혀 버린다. 자신이 더욱더 추해지고 있는 모습에 대해 그 어떤 자괴감도 느끼지 못하게 된다. 이것이 오늘을 살아가는 젊은 대학생들의 도박중독증이다.

잠시 빠졌을 땐 어쩔 수 없기는 하겠지만, 공부할 땐 공부하는 것도 대학생으로서 한 번쯤 해 볼 만한 일이다. 그런 용기를 갖기 바란다. 대학에 들어와서 한 번쯤 공부를 미치도록 해 보는 것도 자기 인생에 획을 긋는 일이 된다. 독서에 중독이 되어 보고 공부에 빠져 보라. 도박중독 때 생기는 그 도파민, 그 엔도르핀이 뇌 속에서 출렁거릴 것이다. 도박에 미쳐 버리면 세상이 자신을 버리지만, 공부에 미쳐 버리면 세상이 자신에게 다가오게 마련이다.

대학 교육환경의 타락

대학가 환경을 개선하지 않고는 경쟁력을 높이기는 그리 쉽지 않다. 대학가 환경이 대학경쟁력과 무관한 것처럼 보이지만 천만의 말씀들이다. 세계 유명대학의 주변을 우리의 그것과 비교해 보면 무슨 말인지 금방 알 수 있다. 서울의 대학가 환경은 학문보다는 차라리 매음질하기에 더 편리한 곳이다. 한국의 대학가를 바라보는 외국 언론의 시각이 그렇게 고정되어 있다. 사람은 뇌경색과 같은 것으로만 시달리는 것이 아니라 치질 때문에도 좌불안석하듯이, 서울의 대학가는 대학인들에게 그렇게 작동한다. 심한 말처럼 들리지만, 서울의 대학 주변은 매음굴처럼 음산하기조차 하다. 서로가 그렇게 묵인하며 즐기고 있다. 유명대학 주변일수록 더 심하다. 보통 사람들의 상상을 초월하는 일탈적인 환락, 그 모든 것이 그곳에서 숨 쉰다. 그곳에 변태의 욕망은 충만하지만, 초월을 위한 고뇌와 사색은 존재하지 않는다. 그저 취하고 그저 광란하라고 가르친다. 우리 대학 주변이 그렇게 변질되어 가는 것은 대학의 역사가 짧아서만이 아니다.

서울은 겉보기에 살기 편한 곳이다. 정치인들이나 지식인들의 분주함도 경악스럽다. 입에 오르내리는 화제들도 그럴싸하다. 학생들조차도 한 밑천 잡으려는 재테크에 열심들이다. 그것은 어쩌면 서울의 역동성일 수도 있다. 그래서 서울은 배움을 찾아나서는 대학인들에게는 짜증이 나기만 한다. 대학인들이 살아 주기에 편한 도시도 아니다. 대학인들에게 그 무슨 사회적 배려가 있는 것도 아니다. 서울 살이의 높은 생계비는 그들을 질리게 한다. 서울의 생계비용은 세계 여러 도시 가운데 16위나 될 정도로 높다. 서울은 이제 홍콩(20위) 주민보다도 더 생계비용을 강요하는 소비도시가 되어 버렸다. 생계비용이 높아질수록 대학인들에게 돌아오는 것은 허기일 뿐이다. 굳이 이런 도시에서 질 낮은 대학교육을 받는 것은 손해다. 뜻있는 자의 해외도피유학을 탓할 일도 아니다. 서울 특유의 문화가 대학 교육환경의 숨통을 틀어쥐고 있다. 서울에서는 지적인 내음을 맡아 보기도 힘들다. 지성인은 없고 선동가들만이 난무할 뿐이다. 체면도 없고 양심도 거세된 지 이미 오래되었다. 그 누구나 노블레스 오블리주를 지껄이면 그럴듯하게 보이는 형국이다. 선동은 있지만 지성과 지력은 척박하다. 하는 짓들이 '개그' 고 내보이는 모습이 '거시기' 들이다. 그래서 대학에서 지성을 찾아보기가 더욱더 힘들어지고 있을 뿐이다.

한 나라의 지적 분위기를 파악하려면 대학가부터 가 보라는 격언이 있다. 대학의 경쟁력이 대학 주변의 교육적 환경과 밀접한 관련이 있기 때문이다. 대학 주변의 교육환경 개선은 대학 홀로 해결할 수 있는 일이 아니다. 대학환경의 중요성에 대해 무지했던 대학설립자들을 탓한다고 풀릴 일도 아니다. 일들을 제대로 풀어 나가려면, 이제라도 대학가 지역주민의 이해관계를 교육적으로 중재해 줄 수 있는 서울시장의 도시행정력을 보여 주어야 한다. 대학들과 교육시설 개방을 위한 상호 계약이라도 맺어 대학의 교육환경보존의 영역을 설정해 주어야 한다. 할 수만 있다면 대학 주변을 녹지공원이나 서점문화가로 바꾸는 도시재개발계획을 세우면 좋을 것이다. 청계천을 복원했던 것처럼 대학가 환경의 문화녹지사업을 추진해야 하겠기에, 정치권력의 진지한 고뇌가 요구된다. 이런 사업을 위해 굳이 정치적 야심이 가득한 정치인의 또 다른 출현까지 기다릴 일은 아닐 성싶다.

대학 생존전략의 다변화

국내의 대학들은 대학교육시장의 개방 여부와 관계없이 나름대로의 자구책을 마련해야 한다. 국내의 소규모 대학들은 과감하게 미국대학의 분교 형태로 변신하는 방식으로 현실적인 어려움을 헤쳐나가는 방법을 고려해 볼 수 있다. 학생인구의 조류가 달라지고 있고, 그들의 학문적 선호도가 달라지고 있기 때문에 대학 개혁방법이나 전략도 파격적으로 달라져야만 한다. 학생유치가 어려운 대학들이 등록금을 인하하는 식의 자구책을 마련해도 그것은 끝내 득보다는 실이 더 많게 될 뿐이다. 이미 일본이나 미국에서도 그런 가격인하책으로 학생들을 유치하려고 해 보았으나 끝내 실패로 끝났을 뿐이었다.

다시 말해서, 미국의 경우 1990년대 후반부터는 경쟁력 없는 수많은 중 · 소대학들이 도산위기에 처했었다. 이 위기를 넘기기 위해, 대학들은 대학신입생들의 눈을 끌고자 등록금을 인하는 방식의 대학유인책을 개발했다. 동시에 소비자로서의 학생들을 위한 대학교육환경개선에 막대한 재정을 쏟아부었다. 등록금을 대폭 인하했지만, 신입생들의 증가는 기대 이상으로 늘어나지도 않았다. 그동안 대학생을 유인하기 위한 과도한 재정적 투자는 오히려 대학의 재정을 더욱더 악화시켰다. 따라서 도산위기에 처하게 된 대학들이 더 증가하기만 했다. 이런 뼈아픈 교훈이 이제 다시 우리 대학사회에도 몰아치고 있다. 대학생들의 등록금 인하의 목소리에 귀를 기울일 필요가 있음에도 불구하고, 등록금 인하가 대학 생존을 위한 효과적인 전략일 수는 없기 때문이다.

미국대학의 사례와 일본의 대학개혁사례에서 보았듯이, 그런 식의 가격조정 개혁보다는 대학사정에 맞게 전폭적인 대학구조조정과 대학교육의 효과에 대한 적극적인 홍보전략을 마련하는 편이 더 효과적일 것이다. 각 학문 분야에서 뛰어난 일류 교수진을 확보하는 상태에서 특성화를 추구하는 적극적인 대학교육의 홍보전략으로 각 대학들이 처한 현실적인 어려움을 타개해 나가야 할 것이다. 그것을 위해서는 대학의 특성화만이 살 길이 될 것이다. 대학이 그 나름대로의 대학교육의 브랜드를 만들어 내지 않고서는 그 어떤 홍보전략도 실효를 얻기는 어렵다.

앞으로 대학교육시장개방은 막는다고 막아질 것은 더 이상 아닌 것 같다. 동남아시아에 불고 있는 한류가 우리의 뜻대로 조정되지 않는 것과 마찬가지 이유 때문이다. 대학교육을 지켜야 한다는 명분론으로 별다른 전략 없이 버티다가는 끝내 모든 것을 내놓게 될 것이다. 체면치레식의 개방억제는 한국의 대학들에게 오히려 손해일 뿐이다. 차라리 대학시장개방을 통해 어떤 프로그램과 어떤 교육시설을 어느 정도로 선진화하고 있는지를 배우게 되는 기회로 활용해야 한다. 그들이 교육소비자를 위해 어느 정도로 교육의 질 관리를 하고 있는지, '교육서비스에 대한 교육자들의 책무성'이 실제로 어떻게 실현되고 있는지를 배울 필요가 있다.

저들 대학시장과 경쟁하려면 제대로 모방해야 한다. 필요하다면 경쟁력 있는 대학들의 대학운영방법을 우리 대학들의 방법으로 받아들여야 한다. 우리의 대학에 비해 앞서가는 외국대학은 앞서 갈 만한 나름대로의 방법과 수단이 있기 때문에, 필요하다면 적극적으로 그것들을 우리 것으로 만들어야 한다. 이런 것만 제대로 해낸다면, 우리에게는 현안문제인 무턱대고 밖으로 나가기만 하는 해외유학생의 60% 정도는 국내 대학시장에서 흡수할 수 있을 것이다. 그렇게 되면 연간 약 수천억 원 정도가 국내 대학으로 유입되는 효과를 가질 수도 있다. 게다가 그것을 잘 선용하기만 한다면 우리의 새로운 대학교육을 개발도상국의 대학교육시장에 역수출할 수 있는 좋은 기회도 만들 수 있다. 외국이 지금 우리나라

교육시장을 향해서 하듯이, 우리 역시 앞으로는 한국의 대학교육 프로그램을 외국에 상품화시킬 수 있는 계기를 마련할 수도 있다.

교육시장개방의 효과를 어떻게 활용하며, 그에 따른 '대학교육의 차별화' 정책을 각급 교육기관들이 어떻게 세우느냐에 따라 대학교육의 현대화가 달라질 것이다. 이것은 교육시장개방이 예찬되어야 하기 때문에 그런 것이 아니라, 오히려 교육시장개방으로 얻을 이득을 현실적으로 직시하고, 그것을 최대한 활용하기 위해서 필요한 일들이다. 대학시장개방의 효과는 대학교육을 개혁하고자 하는 사학재단이나 교육행정가가 어떤 국제적인 안목을 갖고 있느냐에 따라 달라질 것이다. 국가 차별화에 대한 수용력이 부족하면, 그 국가는 다른 국가로부터 설움을 당하게 될 것이다. 교육행정가에게 개혁력이 없다면, 그 교육은 다른 나라 교육에 늘 뒤처지게 될 것이다. 우리가 보다 더 겁내야 할 것은, 대학교육시장의 개방에 대한 외국의 압력이 아니라 오히려 변화하기를 혐오하는 일선 대학교육행정가들의 제자리 지킴에 대한 타성들이다. 그런 점에서 대학들은 그 언제나 개혁 중이어야 한다.

자기교육 꼴찌 국가

"공부는 아무나 하나?!" 이런 메시지를 강력하게 던진 것이 바로 OECD의 우리 성인교육현실에 관한 보고였다. 그들의 조사에 따르면, 한국 성인들은 고등학교나 대학을 졸업한 후 재교육을 받는 비율이 4%로서 OECD 회원국 중에서는 최하위였다. 중등교육 이수비율은 한국이 95%로서 회원국 중 가장 높은 수준이지만, 학교만 졸업하면 공부와는 영영 담을 쌓는 국민으로 낙인받기 꼭 알맞은 평가였다. 자녀교육열은 세계 최고지만, 자기교육에는 꼴찌인 국민이라는 숨은 지적에 아이들을 보기에 민망하고 부끄러울 뿐이다. 승객 대부분이 눈을 감은 채 졸기 일쑤인 우리네 전철을 타보면 더욱더 그렇다. 서구 사람들이 이런 모습을 보면 우리 국민의 야간생활에 의심을 품을 만도 하다.

물론, OECD 보고에 우리 국민이 너무 주눅들 필요는 없다. OECD 보고는 우리나 일본의 평생학습 현실을 곡해한 부분도 명백했기 때문이다. 그 자료의 허와 실은 무엇보다도, 첫째로 우리 국민의 일상적인 학습행태에 대한 오해에서 시작된다. 우리나라 성인들이 OECD가 발표한 것처럼 교육기관에서 성인교육을 받는 비율이 낮은 것은 사실이지만, 그것은 성인을 향한 대학문호의 폐쇄성 때문에 생긴 것이다. 대학은 청소년을 위한 교육기관이라는 편협한 교육정책이나 국민의 인식 때문에 대학에의 성인들의 접근이 봉쇄당한 결과일 뿐이다. 대학교육에의 참여에 비해 성인들의 일상적이고도 실제적인 평생학습활동은 오히려 활발하다. 각 시 · 도 · 군의 문화회관이나 지역사회문화센터, 학원 혹은 각종 동호회 등에서 공부하는 성인들의 학습참가율은 선진국에 비해 오히려 높은 편이다.

그렇다고 우리 국민의 학습관행에 문제가 없는 것은 아니다. 무엇보다도 우리 국민은 자기주도학습방법을 제대로 익히고 있지 못한 형편이다. 물론 어려서부터 학교가 국민에게 공부하는 방법보다는 자질구레한 지식암기교육이나 시킨 탓도 있다. 그래서 졸업 후에도 책 한 권을 제대로 읽어 내지 못하는 것도 사실이다. 국가경쟁력도 국민의 학습력에 의해 길러지는 것인데, 우리에겐 이것이 부족하다. 서구기업의 최고경영자들은 한 달 평균 1천여 쪽의 글을 읽는데, 우리의 경영자들은 그들에 비해 반 정도의 독서력을 지니고 있을 뿐이다. 물론 공부에도 방법이 있어, 책을 읽을 때는 처음부터 허겁지겁 읽지 말고 먼저 그 책이 무엇을 말하는지 그 요점부터 파악해야 한다. 그래서 결론을 먼저 훑어 본 후 서론을 읽고, 다시 결론에 들어가 관심을 끌고 있는 부분을 읽어야 하는데, 우리를 길들인 독서습관은 책은 처음부터 끝까지 읽고 볼 일이라고 윽박지르고 있다.

어쨌거나 공부는 아무나 하는 것이며, 이런 국민의 학습행태가 평생학습실현의 근간이 된다. 그러려면 정부가 마치 스웨덴 정부와 같이 자신감을 갖고 국민에게 배움의 길을 제대로 터놔야 한다. 국민의 평생학습을 국민의 기본권으로 인정하는 스웨덴은 정부 스스로 지역사회의 학습독회를 활성화하는 데 가장 앞선

나라 중의 하나다. 이들 국가는 국민이 원하면 심지어 국가를 성공적으로 전복하는 방법을 연구하겠다는 학습모임에까지 재정적 지원을 하는 형편이다. 우리가 그렇게까지 국민의 평생학습활동을 허용하기는 어렵다손 치더라도 성인들에게 평생학습을 위한 대학의 문호만큼은 활짝 열어놓아야 한다. 학습욕구가 강해지는 고령화사회를 대비해서라도 대학개방은 필수적이다. 교육대학원 같은 특수대학원들조차도 성인의 직능개발을 위한 평생학습기관으로 개방해야 한다. 평생학습 인구가 1백만 명으로 확대되면 국가의 GNP가 1%씩 증가된다는 것을 본다면, 국민평생학습기회의 확대는 불가피하다. 그렇게 하려면, 모든 이를 위한 평생학습의 사회적 분위기를 조성하는 일이 필요한데, 이를 위해 서구사회에서 전개되고 있는 것처럼 '하루 30분 학습하기 범국민학습운동'을 전개해 볼 만하다. 이런 일은 국민에게 자신감을 심어 주는 일이기도 하기에, 언론사나 문화관련 단체가 적극적으로 나설 필요가 있다.

죽인 것인가 죽은 것인가

우리 교육에서 학생들의 자살은 특정 대학생들에게만 국한된 것이 아니다. 카이스트생의 연쇄자살의 경우, 징벌적 등록금제도를 자살원인으로 꼽았지만 설득력이 약할 뿐이다. 특수목적고등학교 출신 중에서도 상위권 학생들, 2학년 때 조기졸업하고 입학하는 카이스트생은 카이스트가 어떤 곳인지 잘 알고 입학했던 모범생들이다. 국가세금이 자기들의 학비라는 것을 지나칠 정도로 의식하며 수업받는 공부벌레들이기 때문이다.

카이스트생들의 자살원인을 사적 정신질환문제로만 설명하기도 하는데, 수긍은 가도 설득력은 떨어지는 지적이었다. 자살한 학생들 중 어떤 학생은 상위성적권 학생이었음에도 불구하고 정신과치료를 받고 방 안에서만 지내는 조울증에 시달렸었던 것도 사실이었다. 그런 정신질환은 저들에게만 유별났던 것이 아니다. 세칭 이 나라 브랜드대학 신입생들의 20% 정도가 이미 각종 정신질환에 시달리고 있는 정신건강 이상자들로 드러나고 있는 실정이기 때문이다.

언론이 가장 주목했던 것이 카이스트 총장의 리더십 문제였다. 사람에 대한 존중심의 결여, 대인관계와 소통력이 미숙한 테키 너드(Techie Nerd), 과학만능주의의 전형으로까지 난도질하며 카이스트 총장 개인의 일등주의에 대한 집착과 저돌적 기질이 학생자살의 원인이었다고 집요하게 지적했지만, 그것 역시 설득력이 약하기는 마찬가지였다. 총장의 리더십 부재가 학생자살의 결정적 원인이 될 수 없는 노릇이었다. 인문학적 자유인보다는 과학적 전문기능인을 길러 내기 위한 대학으로 출발한 카이스트는 대학설립목적에 적합한 사람을 총장으로 발탁했을 뿐이었다.

한국의 대학총장들 치고 대학경쟁력 제고에 목을 매지 않는 사람도 드물기는 마찬가지다. 모두가 대학을 기업조직으로, 총장을 경영인들로 자처하는 형편이다. 저들은 대학개혁의 본보기로 기억되는 미국 시카고 대학교 허친스 총장이나 하버드 대학교 코난트 총장과는 교육을 보는 안목부터 다르다. 허친스나 코난트 등은 대학경쟁력을 위해 초 · 중등교육의 장래부터 먼저 걱정했었던 교육자들이었다. 저들은 미국대학을 개혁하기 위해서 초 · 중등교육부터 건강하게 키워야 한다고 앞장섰던 총장들이었다.

한국의 교육에는 사람은 보이지 않고 등수만 보인다. 인격보다는 점수를 존중하고 있다. 학생자살용 족쇄를 교실에서 '교육적으로' 만들어 내고 있다. 최근 6년간에도 초 · 중 · 고등학교에서 870명의 학생이 자살했다. 지난 한 해에만 150여 명의 어린 학생이 목숨을 끊었던 것이다. 중도 탈락생들 역시 부지기수다. 교육 밖에서 방치되고 있다. 지구상에서 어린아이의 자살을 방치하는 국가 치고 정신적으로 건강한 나라는 없다. 학교성적 때문에 발생되는 학생자살은 자살이 아니라 타살이라고 불러야 옳다. 이런 교육을 보고 경쟁력 있는 교육이라고 말하는 교육행정가가 있다면 얼빠진 사람일 것이다. 그저 상담교사를 배치하는 것으로 해결될 일이 결코 아니다.

우리 학교교육에 학습은 있지만 배움이 없기에 어린이 자살이 반복된다. 학습은 성적과 등수를 키우는 일이지만, 배움은 사람을 키우며 인격을 길러 내는 힘이다. 배움이란 생명을 존중하게 만드는 힘이다. 자기 마음을 다스리게 하고 자신을 치유하는 자기 단련의 힘이 배움이다. 우리 교육에 배움은 없다. 그저 잡다한 정보나 달달 외우며 그것을 답안지에 쏟아 내라고 다그치는 학습만이 횡행할 뿐이다. 저 아이가 일등하면 너는 죽게 된다고 주입하고 있다.

한국 어린이 모두가 이 나라를 위한 영재, 인재, 일등으로 태어난다. 저들을 일등과 꼴찌로 가르기만 하는 곳이 학교다. 가르기만 하면 학교는 감별소나 마찬가지일 뿐이다. 그런 교육에서는 천 명의 아이슈타인이라도 그 언제나 일등과 꼴찌로 솎아 내고 폐기될 뿐이다. 학생부가 학교가 영재와 천재를 일등과 꼴찌로 갈라 놨다는 학적 초본이 되어서는 곤란하다. 금으로 만든 그릇이 금그릇이 아니라, 금을 담는 그릇만이 금그릇인 것처럼 한국교육은 금을 담는 금그릇으로 거듭나야 한다.

한국의 대학원, 학위제조공장이 아닌가

한국사회는 가짜 외국대학 박사학위 사건에 유별난 관심을 집중시키는 사회다. 박사학위 소지자가 대단한 사람일 것이라는 편견 때문에 생기는 것들이다. 가짜박사학위 파문이라고 해도 그것은 사안에 따라 달리 이해되어야 한다. '위조박사학위' 건과 '허위박사학위' 건은 속성이 같기는 하지만 그것의 사회적 파장은 달라질 수 있는 사안이다. 신정아 씨의 경우는 전형적인 위조박사학위 사건에 속한다. 해당학교에서 발급하지도 않은 박사학위를 완전히 위조한 채 그것으로 사회적인 혜택을 받다가 문제가 된 학력위조사건이기 때문이다. 박사학위를 날조했다는 점에서 개인적인 사건으로 마무리되는 사건이 바로 위조박사학위 사건이다. 이런 사건은 비용이 많이 드는 사건도 아니다. 학위를 위조하는 개인의 학위서류위조 경비와 그런 사람을 고용하다가 문제가 된 기관의 사건처리 경비 정도로 끝나는 단순 사문서 위조 사건이다.

위조박사학위사건이든 허위박사학위사건이든, 이런 일은 무엇보다도 한국사회가 체면사회이기에 생기는 것이다. 국민이 학력상승 효과에 대해 너무 많은 것을 기대하고 있다는 반증일 수도 있다. 그것은 만화가 이현세 씨가 자신의 학력을 고졸이 아니라 대학중퇴라고 이야기해야만 했던, 그래야 어딘가 손해 보지 않고 대접받을 수 있거나 다른 이 앞에서 체면이 설 수 있었던 것 같다는 심경토로에서도 읽어 낼 수 있었다. 그래서 일부 사람은 동국대학교 신정아 씨의 학력위조사건을 학력파괴를 위한 행동의 일환으로 바라보기까지 한다. 그런 그들은 은연중에 통쾌함을 느끼기도 한다. 말하자면, 외국대학이나 국내 유명 브랜드 대학 출신이 아닌 사람들이 실력은 있지만 학력이 없음으로써 갖고 있던 불만을 이런 학위위조사건을 통해서 부분적으로나마 해소하고 있다는 느낌이 강하게 든다. 마치 가진 자의 집만을 턴 강도들의 선택적 질서파괴에 이상야릇한 쾌감 같은 것을 느끼는 그런 심리가 발동한 결과다.

신정아 씨의 위조박사학위사건에 비해 허위박사사건에 대한 이해는 교육적인 견지에서 달리 이해되어야 한다. 그것은 박사학위라는 문서 그 자체를 위조했기 때문에 문제가 되는 사건이 아니기 때문이다. 학위취득자는 학교가 요구하는 이런저런 절차, 말하자면 학교가 요구하는 박사학위 취득요건을 충족시킨 후 나름대로의 박사학위를 받았음에도 불구하고 그것이 사회적으로 문제가 되는 사건이다. 박사학위를 준 대학 자체가 학위를 발행할 만한 조건을 갖추고 있지 못했기 때문에 문제가 생긴 것이기는 하지만 속사정은 조금 다르다. 이 허위박사학위사건은 학교와 개인이 학위취득을 공모한 결과 야기된 사건이기에 그렇다. 학위취득자 개인 한 사람에 관한 단독범의 문제가 아니라, 박사학위수여를 놓고 개인, 기관이 공모한 사회적 사건이기 때문이다. 박사학위의 질 문제 같은 것은 아예 거론하지도 않는 협잡사건이다.

우선 학위발행기관 스스로 교육기관으써 최소한도의 자격이나 질을 갖추고 있지 못하다는 것이 자명하다. 학생 스스로도 학위기관을 위한 등록금이나 찬조금 기부 같은 것을 제외한 그 어떤 학술적인 학위취득의 과정을 제대로 따를 수 없다는 점이 충분히 인지된 상태에서 사전 협의된 개인과 기관 간의 공모사건이다. 학위수여기관이 요구하는 학위수여요건은 학생들이 그들의 재정적 수익보장에 대한 욕구를 충족시켜 주는 정도다. 기관을 위한 수익보장을 학생이 A+ 정도로 충족시키기만 하면 학위를 주기로 상호 약속한 것이다. 그런 점에서 허위박사들은 절대로 공짜로 학위를 받는 것은 아니며 그것이 정상적으로 보이기까지 하다.

허위박사학위사건의 혐의를 받고 있는 그 어떤 이들은 허위박사학위취득에 관한 문제제기에 대해 완강히 저항한다. 박사학위취득을 위한 수업활동이 부실하기는 했지만, 그 정도로 엉망은 아니라는 항변이 그 밑에 깔려 있다. 해당기관이 해당국가에서 인증하는 각종 인증절차를 끝내지 못한 아쉬움이 있지만, 박사학위의 질이 그런 인증 같은 것으로 보장되는 것이 아니라는 것이다. 굳이 그들의 학위취득이 문제가 된다면 자기 스스로 공부를 덜했기에 생길 수 있는 그런 심리적인 결손 같은 것이라고 항변한다. 그런 허위외국박사학위 취득자들은 국내박사학위 취득자들의 문제를 함께 거론해야 한다고 주장한다. 국내 대학원교육의 현실을 보라고, 국내학위 취득자를 함께 끌고 들어간다. 공무원 생활을 하면서 혹은 기업의 장을 하면서 국내대학에서 박사학위를 취득한 사람들의 논문내용, 지도교수 등등을 조사해 보라고 으름장을 놓기도 한다. 겉으로는 학위취득자 모두가 각종 학위취득 자격요건을 충족한 것으로 기록되지만, 그들이 취득한 박사학위 내용은 자기들을 구석으로 몰아놓고 있는 허위박사 취득과정 그 이상으로 허술하고 엉망임을 그들이 인지했기 때문일 수 있다.

아예 저들 허위 외국대학학위 사용 혐의자들은 국내박사학위 평가위원회를 정부에 설치하고 국내박사학위자들의 학위내용을 객관적으로 다시 평가해 보라고 거침없이 주장한다. 그들은 한국대학의 박사학위에 대한 질 관리 문제를 철저히 하라는 그 이상의 주문을 하고 있는 것임에 틀림없다. 국내박사학위 제조공정부터 제대로 조사하는 것이 한국사회를 개조하는 지름길이라는 것이다.

가짜학위문제가 불거질 때마다 학력보다는 실력을 존중하라, 학벌문화를 해체하라는 등 밤낮 듣는 소리가 나오곤 하지만 그런 논리로는 가짜학위문제를 해결할 수 없을 성싶다. 문제를 풀 수 있는 해법 중의 하나는 학위발행과 학위에 대한 질 관리를 '체계적으로' 실행하는 것이다. 정부가 학위수여기관의 학위발행 자격을 과별로, 혹은 대학별로 인증해 주는 것이다. 일정 기준을 충족시키지 못하는 학과들에게는 학위발행을 억제시키고 학위발행 기간도 10년 단위로 제한, 재인증하는 제도를 채택하면 허위학위문제와 대학원교육의 질 관리 문제는 어느 정도 해결될 수 있다. 마지막 방법은 학위를 받았다고 해도 그것의 최종 질 관리를 검증하는 국가기구의 인증을 받게 하는 일이다. 말하자면, 위조박사학위 취득자로 구박받고 있는 사람들이 요구하는 것처럼 박사학위평가위원회를 정부에 설치하고 모든 국내외 박사학위의 질을 재평가해 주는 인증제도를 도입하는 것이다. 그렇게 되면 박사학위의 질만큼은 좋아질 뿐만 아니라, 박사학위과정이나 심사과정도 상당히 개선할 수 있을 것이다.

그렇게 하면 박사학위 질 관리는 어느 정도 되겠지만, 박사학위가 그렇게 대수로운 것이 아니라는 사회적 인식, 마치 소가 닭 쳐다보듯 박사학위 소지자를 대수롭지 않게 인식하는 분위기를 번지게 만드는 일이 더 중요할 성싶다.

교육대학원의 평가

이 세계에는 수많은 대학이 있지만, 교육과 연구활동에서 경쟁력이 가장 우수한 대학으로 하버드 대학교를 꼽는다. 대학원도 마찬가지다. 하버드 대학원도 세계 10위권 안에 드는 명예를 누린다. 하버드에는 우리처럼 특수대학원은 없다. 그저 대학원만이 있다. 교육대학원, 경영대학원, 정책대학원 등등 수많은 대학원이 있지만, 그 대학원을 특수대학원이라고 부르지도 않는다. 다만, 대학원을 운영하는 방식만이 특수하고 운영방식이 특별하다. 수월성을 향한 대학원 운영방식이 유별나다.

그런 대학원들 중에서도 교육대학원이 가장 역사가 길다. 그러나 그들이 하는 일은 꽤나 젊다. 그리고 전문적이다. 교사의 재교육도 그렇고 교수들의 연구능력도 뛰어나다. 교직 재훈련기관으로서뿐만 아니라 교육개혁연구의 기관으로서 손색이 없다. 그들 대학원교육의 생명력에 심지를 돋우는 방법을 특수하게 개발해 내기에 그런 것이 가능하다.

저들에 비해 한국 대학원교육의 유형은 꽤나 복잡하다. 본대학원, 전문대학원, 특수대학원이라는 용어 구별도 그렇다. 야간강의를 하는 대학원은 특수대학원, 주간강의를 하면 전문대학원으로 가르는 모양이다. 그중에서도 설치의 역사가 깊은 교육대학원의 위치는 특수하기 그지없다. 교사의 질 관리 문제가 제기되기만 하면 부실교육의 대명사로 지적받는 곳이 바로 교육대학원이다. 교육대학원의 설치 수는 엄청나지만, 교육의 질은 그렇지가 않다. 4년제 대학치고 교육대학원 없는 대학은 거의 없지만, 대학원 중에서 가장 처지는 곳이 교육대학원이다. 교육대학원 운영방식도 고립되어 있다. 교육대학원의 모든 것은 유독 교육부의 교원정책과에서 관장한다. 그래서 다른 대학원들과는 달리 교육대학원은 그들의 정원이나 대학원 운영에서 호환성도 없다. 정원규제부터 학사운영에 이르기까지 교원정책과가 주관한다. 교육대학원과 다른 대학원 운영 간의 호환성을 높이는 길이 현재로서는 막혀 있기만 하다.

교육대학원의 질을 높이기 위해 평가가 한창이다. 평가 그 자체에 대해 불편한 심기를 드러내는 사람도 있지만, 기관평가는 강화되어야 한다. 불필요한 잡음을 잠재우기 위해서라도 평가는 제대로 해야 한다. 평가가 있어야 제대로 된 관리가 가능해질 것이며, 평가받는 만큼 각 대학원들도 발전할 수 있기 때문이다. 평가철이 되면 각 교육대학원은 평가준비에 전력을 기울인다. 문제는 국가평가만 있지, 평가에 따른 국가지원이 없다는 점이다. 제제할 줄만 알았지 후원할 줄은 모른다. 그러니 각 대학원들의 평가준비과정을 보면 모두 가관이다. 춘향이가 억지

춤추듯 평가항목에 따라 있는 서류들은 꿰어 맞추고, 없는 서류들은 만들어 내는 모양이다. 양적인 평가지표에 짜맞추기만큼은 실패하고 싶지 않아서다. 대학원 요람도 바꾸고 강의계획서도 정비하는 등등 최선을 다하고 있다.

그래서 겉모양의 양적인 지표를 조사하는 것만으로는 불충분하다. 각 교육대학원들이 만들어 낸 서류나 검토하는 일로서는 미약할 뿐이다. 제대로 된 질적인 평가로 각 기관들을 제대로 평가할 수 있어야 한다. 교육대학원 교육이 실제로 강의실 현장에서 어떻게 진행되고 있는지를 평가할 수 없으면 제대로 된 판단은 나오지 않기 때문이다. 평가자들의 주관성이 개입된다고 염려하겠지만, 어느 정도는 각오해야 한다. 물론 실사에 나서는 평가자들의 전문성이나 자질도 제대로 확보되어야 한다.

하버드 교육대학원의 평가는 이 점에서 우리와 다르다. 전문적인 식견을 가지고 있는 사람들을 현장에 내보내야 한다. 잡음과 불평은 줄여 놓고 봐야 한다. 앞으로는 교육대학원들마다 자체평가를 위해서라도 한 가지 일을 더 준비해 둬야 한다. 각 대학원 스스로 앞장서서 모든 교수의 강의현장을 생생하게 찍어 내야 한다. 그것을 입증하는 비디오 영상자료를 준비해야 한다. 경비를 문제 삼을 때는 이미 지났다. 전국평가대비를 위해서가 아니다. 자체 교육대학원 교육의 질을 한 단계 더 높이기 위한 내부 평가용으로 그렇게 해 두어야 한다.

박사학위 망신

대학가가 '가짜' 박사학위 제조 소식에 발목을 잡혀 버렸다. 가짜학위 소지자들의 입으로만 회자되던 것이 검찰의 개입으로 사실로 드러났다. 연구비는 학위과정생이 내고 논문은 다른 사람이 써 주는 식으로 박사학위를 제조했다. 현직 대학총장이 '가짜박사' 학위를 알선하고, 학위취득자는 해당 대학에 출석 한 번 하지 않았다. 그래도 대학의 학사일정에 의거해 학위가 합법적으로 수여되었다.

이 역시 사건에 관련된 자들은 그저 재수가 없었을 뿐이라고 한탄하기조차 했단다. 끝내 관련 대학총장들이 자성의 뜻으로 머리를 숙였지만 세간은 조롱으로 응수했다. 앞으로도 가짜박사들이 이곳저곳에서 만들어질 것이라고 의심했기 때문이다. 대학별로 사정은 다르겠지만, 박사제조공정의 관행이 일거에 청산될 리가 없을 것 같았기 때문이다.

가짜박사들은 크게는 두 부류로 나눠질 수 있을 성싶다. 속칭 '짜가' 박사학위가 그것의 하나인데, 이것이 바로 진짜 허위박사에 속한다. 이들은 박사학위를 위조하거나 날조한 채 박사들로 행세하는 사람들이다. 이들은 위조학위증으로 박사라고 자신을 사칭하는 부류다. 이들은 학문과는 아무런 관련도 없는 그야말로 사기꾼들이다.

이 허위박사들과는 다르게 또 다른 유형의 가짜박사인 '짝퉁' 박사들도 있다. 이들이 바로 가짜박사들이다. 이 짝퉁박사들은 대학의 속성이나 학문의 필요성을 알고 있다. 박사학위취득의 필요성을 절감하고 있기에 이들은 급한 대로 무인가 대학에서 학위를 받았거나 해당 학문 영역에서 적절한 절차를 거치지 않은 채 학위를 취득한 자들이다. 해외에서 취득한 박사학위 소지자를 조사해 보았더니 30% 정도가 짝퉁박사였다. 외국박사학위 취득 논문 1,818편을 조사했더니 그중 한글로 작성된 논문이 10% 정도에 이르렀는데 모두가 짝퉁이다. 이러저러한 경로를 통해 학위를 취득했지만, 그 무엇인가가 늘 켕기는 속내를 감출 수 없는 사람들이 이 가짜학위 소지자들이다. 이들에게서 박사학위가 갖는 매력이나 위력은 대단하다. 박사학위의 효력을 최대한 직업적으로 써 먹는 사람들이 바로 이 짝퉁박사들이기 때문이다. 이들은 어느 정도의 직업적 기술도 소유한 사람들이기에 상업적 이익을 위해 박사학위의 위력을 최대한 활용한다. 그래서 이 짝퉁박사들의 사회적 피해도 무시하기 어렵다.

가짜박사를 사회에서 뿌리 뽑겠다고 이제는 인권위원회까지 발 벗고 나섰다. 교육부의 박사관리능력만 바라볼 수는 없다는 눈치였다. '가짜' 박사학위문제는 교육적인 사안이 아니라 인권보호의 문제라고 간주한 것이다. 정부 스스로 박사학위에 대한 인식 자체를 달리한 것이다. 그들이 내세운 박사학위 관리의 핵심은 박사학위 국가인증관리시스템의 구축에 있었다. 박사학위인증관리시스템 구축안이란 것도 사실은 별난 것이 아니다. 지금까지는 한국연구재단에 등록할 때 주소, 성명, 외국대학명, 논문 등 기초자료만 제출해 왔으나, 앞으로는 학위인가 여부, 학위과정, 수학내용, 학위논문언어, 외국체류기간 등도 신고해야 한다든가, 한국연구재단에 등록돼 있지 않은 대학이나 기관에서 학위를 받으면 해당 학교의 인가등록사항도 제출해야 한다는 것이 뼈대를 이루고 있기 때문이다. 이들 안은 정규 학위 여부에 대한 심사를 강화해 사실상의 박사학위 '인증효과'를 이루겠다는 것이다. 이를 위해 국가별 대학학위의 구체적인 정보 · 자료수집체계를 구축하고, 학위소지자를 채용하려는 대학 등 각 기관에 정보제공 기능을 확대하기로 했다. 확인 요청이 오면 한국연구재단 내에 해당 학문 전문가 및 해당 학교 출신자 등으로 심의위원회를 구성, 정규 학위 여부를 심의 · 통보해 주는 일을 강화하겠다는 것이다. 그 밖에 거짓 신고자의 인적사항, 학위과정 및 내용을 인터넷에 공개해 피해를 예방하고, 과태료를 부과하는 등의 행정제재 도입도 검토하기로 했다. 이런 제안으로 박사학위를 인권보호의 차원에서 관리하기에는 역부족일 것이 틀림없다. 그런 제안이라도 있는 편이 나을 것 같기는 하지만, 박사학위의 질 관리를 위한 혁신적인 장치로는 미흡하다.

가짜박사들을 난무하게 만드는 이 사회의 학력병을 제어하고, 사람의 가치를 학위증으로 매김질하는 학력지상주의를 인권보호의 관점에서 조절하기 위해서는 조금 더 혁신적인 박사학위 인증방안이 필요하다. 조금 성급하기는 하지만 박사학위증 유효기간제도를 도입하면 박사학위인증관리가 손쉬워질 듯하다. 자동차면허증 갱신제도처럼 박사학위 소지자들은 박사학위의 효력을 주기적으로 갱신해야만 하기 때문이다. 학력병이 창궐하다보니 어느새 박사학위는 명예를 상징한다기보다는 전문적인 기술이나 자격을 의미하는 정도로 변질되어 버렸다. 그래서 학위자격 갱신제도를 두는 것이 사회적으로 그리 큰 문제가 될 것 같지도 않다. 어차피 학위를 보유하고 있는 자들만의 문제이기 때문이다. 지금과 같은 대학의 박사학위 제조공정을 보면 이제 대학에서의 박사제조는 알사탕 만드는 것과 별다른 차이가 날 것 같지 않기 때문에 더욱더 그런 생각이 들 뿐이다.

박사학위는 계속 배우겠다는 징표

우리네 대학가가 가짜박사 제조공장이라는 비난 속에서 벗어나지를 못하고 있다. 지금 이 나라, 이 사회, 이 대학사회에서 문제가 되는 것은 가짜박사만이 아니다. 오히려 더 문제가 되는 것은 학위취득 후 박사, 그리고 그것을 근거로 전문가가 된 사람들의 나태한 학문 행위다. 박사가 학문에서 그 무슨 절대적인 증표가 되는 양 그 학위로 지적 유희를 일삼고 있는 사람들의 행태가 더 문제가 된다. 물론 열심히 읽고 생각하고, 새로운 지식을 만들어 내는 박사학위소지자들도 있기는 하지만, 그들은 숫자상 그리 많지 않다.

박사학위를 받은 사람들은 모름지기 중국 조나라에 기창이라는 사람의 자세를 음미해 볼 필요가 있다. 기창은 그 시대 활의 명인이었다. 천하제일의 명인이 되기 위해 그는 온갖 노력을 다했다. 마침내 명인이 되었다. 그런데 명인이 된 그 후부터 그는 아예 활을 잡지 않았다. 그가 잊은 것은 활쏘기가 아니라 명궁에 대한 사소한 집착이었던 것이다. 명궁이라는 명예를 극복하기 위해 활을 잊었다. 그것은 활쏘기라는 기술의 끝을 말하는 것이 아니었다. 명인으로서의 새로운 시작을 약속하겠다는 것이었다. 명궁이라는 오만함을 넘어서기 위해서는 자신의 잘남부터 먼저 극복해야만 했다. 그제야 활쏘기는 그에게 하나의 선(禪)처럼 다가왔다. 몸은 움직이지 않았으나 의식의 마디마디는 그 모든 곳을 집중했다. 모든 것이 과녁이었고 모든 것이 배움의 시작이었다. 전문가가 된다는 것은 배움의 열정을 내면화한다는 것, 바로 그것이었다.

박사라는 학위는 한 분야의 전문가인 동시에 그 분야에서 요구되는 첨단지식을 만들어 낼 수 있는 사람에게 수여하는 명예다. 모든 것을 배웠다거나 모든 것을 안다는 것을 인증해 주는 그런 보증수표가 아니다. 오히려 그 반대다. 더 많이 더 새롭게 읽어 내는 일을 하겠다는 약속의 표시가 박사학위다. 그래서 박사는 모름지기 읽는 사람이어야 하며, 치열하게 읽는 사람이며, 열정적으로 사고해야 하는 사람이다. 그것을 하나의 지식으로 만들어 내기 위해 열심히 글쓰기에 임해야 하는 사람이다. 그런데도 박사학위를 취득하면 그들에게서 그런 배움에의 열정을 찾아보기 어려운 것이 요즘 대학가의 행태다. 학생들 보고 공부 못한다고 나무라고 꾸짖을 일이 아닐 성싶다.

이 점은 그들의 독서 행태를 보면 더욱더 분명해진다. 전공분야의 서적 한두 권 정도를 읽는 일 이외에는 거의 독서가 없는 형편이다. 교수 스스로 학생들에게 가장 많이 하는 이야기가 바로 배우라는 말이며 읽으라는 말인데, 실제로 가장 읽지 않는 사람이 바로 그들이고, 가장 새로운 배움에 게으른 사람이 바로 그들인 것이다. 그저 박사학위를 취득하면, 그들 모두가 모든 것을 아는 채, 배움을 포기하고 있으며 독서를 끊고 있는 것이다. 독서와 마음의 관계는 마치 몸과 운동의 관계나 마찬가지다. 그래서 박사학위자라는 전문가들이 글 읽기를 포기한다면 그것은 학문에서 마음을 포기한 것이나 마찬가지다. 그런 사람들이 많은 곳에서 새로운 학문의 가능성은 불가능하다.

어느 작은 책모임에서 박사, 교수에게 간단한 질문이 날아 들어왔다. 펄펄 끓는 가마솥에 쌀 한두 톨을 집어넣으면 무엇이 되겠는가라는 화두였다. 죽도 밥도 되지 않을 것이 뻔했다. 그 질문은 바로 박사들의 지적 게으름을 질타하는 순간이었다. 일 년에 고작해서 평균 100쪽 미만의 글이나 읽는 교수들이 그게 어디 박사가 할 짓이냐는 힐문이었다. 죽도 밥도 아닌 이 땅 위의 박사를 위해 괴테는 이미 오래전에 이렇게 말했다. "나는 책을 읽는 방법을 배우기 위해 80년이라는 세월을 바쳤지만, 아직까지도 잘 배웠다고 말할 수 없다. 그런데 당신들은……." 모름지기 박사학위소지자라고 한다면, 배움에 대한 괴테의 그 양심선언을 학문하는 이정표로 삼을 수 있어야 한다.

학문발전의 장벽

우리 대학에는 여러 개의 고질적인 장벽이 학문발전을 가로막고 있다. 빈약한 연구지원 현실이 그 하나다. 우리나라 대학의 연구비를 전부 합쳐도 외국대학 하나와 비교가 창피할 정도로 빈약하다. 미국 연구중심대학들의 위력은 연구비 지원 능력에서 드러난다. 미국의 각 대학은 우리 대학 전체의 연구비보다 훨씬 많은 연구재원을 갖고 있다. 그러니 우리 교수들의 연구실적 역시 빈약하다고 탓만 할 것도 못 된다. 연구는 말로만, 구호로만 하는 것이 아니다. 하버드 대학교가 세계대학별 논문의 발표 수에서 단연 일등인데, 한국의 대학총장들은 그들의 재정지원 자세부터 본받아야 한다. 물론, 교수들 간에는 개인차가 있지만, 어쨌거나 우리 대학의 연구경쟁력이 허술하다는 점만큼은 부인할 수 없다.

교수들의 무기력한 연구의욕이 학문발전을 한 번 더 가로막고 있다. 대학사회에서 독버섯과 같은 정실주의가 바로 그런 무기력을 키운다. 불공정한 인사행정이나 비판문화의 상실이 그로부터 나온다. 정실주의의 관행은 대학마다 유행하고 있는 겸임교수직에도 작용하고 있다. 그들에게 객관적인 연구능력의 공증절차가 체계적으로 생략된다. 편한 자세의 이 사람 저 사람들이 선심성으로 객원교수로 들어서면 그때부터는 그만이다. 그런 관행이 불길처럼 치솟고 있지만, 그들의 연구력은 대학의 학문발전에 크게 보탬이 되지 못한다.

대학에서 연구가 제대로 되려면 대학의 학과가 살아 움직여야 하는데, 이것 역시 제대로 소생하기가 무척이나 어렵다. 대학의 학문문화가 제대로 되려면 학과 단위의 작은 토론이 매일 같이 꿈틀거려야 한다. 이런 과 중심의 토론문화는 총장이 다그친다고 이뤄지는 것이 아니다. 학과 교수들이 소 닭 보듯 서로서로에게 웃기기나 하는 그런 관행부터 바로잡아야 한다. 게다가 과마다 학문적인 산맥도 서로 끊겨 있다. 제자, 후배 교수가 스승이나 선배 교수의 학문적 견해에 토를 다는 것도 결례가 되고, 후학의 연구결과에 초를 치는 것도 윗사람이 할 일은 아니라는 것이다. 그곳에서 격한 토론만큼은 삼가하더라도 선후배들이 서로 서로 읽어 주는 풍경만큼은 정겹게 남아 있어야 할 터인데도 실정은 그저 그렇기만 하다.

한 가지 또 다른 복병이 학문의 발전을 가로막고 있다. 교수들의 지적재산권 보호문제다. 우리 대학은 지적재산권 보호 영역에서도 꽤나 비껴나 있다. 그래서 창의력 있는 학자들의 지력이 매일 같이 그 누군가에 의해 탈취당하고 있다. 표절해 놓고 보기, 남의 연구결과를 적당히 손질해서 자기 것으로 만들기와 복제하기에 의해 무참하게 훼손당하고 있다. 표절하기와 같은 지성적으로 부당한 일은 풀잎에 붙어서 새순을 갉아먹는 송충이 짓거리다. 이런 지적 재산권 절도행위에 대해 그저 너그럽기만 한 정서도 우리네 대학학문 풍토다. 선진국의 대학일수록 대학교수의 지적재산권 보호에 가장 앞서 있다. 타인의 연구결과를 존중해야 한다는 대학교수의 개인적인 양심이나 개별적인 연구윤리를 믿어 보려는 노력은 조건 없이 선행해야 한다. 그러나 법적 · 행정적으로 지적재산권을 보호하는 제도가 대학에서도 우선해야 한다. 깨진 종지에 꿀을 담아 보려고 제아무리 노력해도, 꿀은 새어 버릴 수밖에 없기 때문이다.

대학개방은 평생교육 실현의 관점에서

21세기 고등교육에서 화두가 되는 것은 고등교육의 평생교육 실현이다. 모든 이를 위한 고등평생교육의 보편화는 대학과 같은 고등교육기관의 활동이 평생학습사회 실현의 주요 수단임을 요구한다. 모든 이를 위한 고등교육의 보편화가 한 사회에서 요구되는 지식경영과 생산적인 인력개발의 토대가 된다는 것은 세계정상회의에서도 분명히 확인되었다. 지식을 만들어 내는 인력자본으로서의 인간은 지식사회를 성장시켜 나가는 핵심요인이다. 그래서 각국마다 인력의 질을 향상시키려는 교육체제의 개혁을 추진해 오고 있다. 그중에서도 고등교육체제의 개혁은 모든 이를 위한 평생교육 실현의 핵심과제가 된다. 왜냐하면 고등교육기관들은 인력의 질을 향상시키는 최고의 교육훈련기관으로써 그 기능을 발휘해 왔기 때문이다.

평생교육과 고등교육 간의 긴밀한 연대에 대한 요구는 사회환경의 발 빠른 여건 변화에서 비롯되었다. 그 여건 변화의 화두는 모든 이를 위한 '학습사회'의 실현과 지식경영사회의 실현으로 시작한다. 이 말은 교육을 더 이상 미래의 삶을 준비하는 과정으로 국한시킬 것이 아니라, 평생학습이 현재의 삶을 위한 필요충분조건인 동시에 모든 이를 위한 복지경영사회의 조건임을 표현해 내는 강력한 서두어다. 인간의 삶의 질을 향상시키고 현재의 삶을 풍요롭게 하기 위한 필요조건으로서의 학습은 학습자에게 기본적으로 네 가지 일에 도움을 주는 문화적인 활동이어야 한다.

이 세상에서 만족스러운 삶을 살기 위해서 모든 국민은 최소한 알기 위한 학습, 행동으로 옮기기 위한 학습, 더불어 살기 위한 학습, 그리고 생존하기 위한 학습이 필요하다. 이런 주장은 21세기를 위한 국제교육위원회에서 결정된 것인데, 이 위원회가 주장한 '일생에 걸친 학습'의 중요성에 대한 평생교육적인 인식은 1999년 함부르크에서 열린 제5차 세계성인교육대회의 논의 주제로 이어졌다. 위원회의 보고서인 「학습: 내면의 보물」과 함부르크 세계성인교육선언에서 제시된 강령인 '모든 성인을 위한 평생학습의 실현' 에 대한 요구는 직장과 가정 그리고 지역공동체뿐만 아니라 고등교육현장에서 무엇을 해야 하는지를 일깨우는 정책적 과제들이다. 이 과제는 우리에게도 예외가 아니다. 우리의 경우 고등교육에 대한 평생교육의 요구는 2013년 정도가 되면 성인인구의 40%에 이를 것으로 예측되고 있지만, 현실적으로 우리나라 성인의 평생교육 참여율은 아주 저조하다. OECD 국가 가운데 가장 낮은 5.4% 정도에 지나지 않는다. 이것은 고등학교만 졸업하면 국민의 학습은 거의 끝나며, 그로부터 우리의 국민학습력은 국제경쟁력을 상실하고 있다는 증거이기도 하다.

평생학습사회는 배움을 본성적으로 추구하는 사람, 말하자면 호모 에루디티오(*Homo Eruditio*)들로 구성되는 사회다. 평생학습사회는 계층이나 성별, 연령,

직업, 졸업장 등에 제한받지 않고 모든 이가 자유로이 배움을 주고받을 수 있는 사회를 의미한다. 학습사회의 이런 특성에 따라 교육 시기의 항상성과 계속성, 교육장소의 광범위성과 무정형성, 교육내용 및 프로그램의 다양성과 다원성, 교육방법의 다양성과 입체성, 교육대상의 전체성과 평등성 같은 말은 학습사회를 실현하는 데 활용되는 중요한 개념이 되었고, 이런 개념은 세계 각국이 평생교육의 의미와 기능을 바꾸어 놓은 주제어다.

각국이 모든 이를 위한 열린 고등교육을 실현하겠다는 것은 결국 국민이 참여하는 평생교육의 질을 고등교육 수준으로 향상시키겠다는 노력을 보여 주는 것이다. 실제로 일터에서, 지역사회에서 혹은 가정에서 성인들이 필요로 하는 평생학습의 내용은 기초적인 내용부터 고등교육의 수준에서 요구되는 전문지식이나 기술에 이르기까지 다양하다. 평생교육의 입장에서 대학의 변화는 대학의 개방화로 집약된다. 고등교육의 개방화는 대학의 문을 연다는 뜻도 있지만, 반대로 대학의 규모가 '긍정적'인 입장에서 축소된다는 뜻도 함께 갖고 있다. 대학의 개방화가 가속화되면, 지금과 같은 거대 캠퍼스는 20~30년 안에 사라지게 되며, 미니대학이 들어서게 된다. 그런 미니대학들은 지역주민의 평생학습을 위한 지역특성화 대학으로 자리를 잡게 된다. 대학의 개방화는 말하자면, 대학교육이 이제는 더 이상 소수를 위한 교육의 장소가 아니라, 모든 이를 위한 지역공동체의 학습터이자 교육활동임을 드러내 보이는 상징이다.

물론, 지금과 같은 식의 대학 개방화를 제대로 이해하기 위해서는 대학의 개방화에 대한 분명한 이해가 필요하다. 그것은 무엇보다도 대학의 개방화가 모든 나라에서 획일적이거나 혹은 단선적인 방향으로 움직이지 않는다는 점에 대한 인식이다. 대학의 개방화와 대학교육 부문에서 서비스 영역의 확대와 지식사회로의 전환은 사회의 문화적 변화와 학습자들의 평생학습에 대한 욕구와 관련이 깊다. 학습자들의 평생학습 요구는 단순하게 새로운 지식추구와는 달리, 자아실현을 위한 학습력 향상과 삶의 질을 향상하기 위한 직능개발로 집약된다. 여러 나라가 처한 대학문제를 평생교육의 관점에서 단순하게 요약할 때마다 드러나는 점은 사회적 불안정이 오히려 대학의 개방을 억제시킨다는 점이다. 사회적인 불안이 상대적으로 격심한 대부분의 동유럽 대학들은 대학의 개방보다는 전통적인 엘리트를 위한 폐쇄적인 가치로 회귀하는 결과를 보여 주고 있다. 그러나 대부분의 나라에서는 보다 빠른 속도로 대학의 개방을 평생교육 실현의 관점에서 추구하고 있다.

싱가포르의 대학시장개방 성공 경험

시카고 대학교, 존스홉킨스 대학교, 조지아 공과대학교, 코넬 대학교, 뮌헨 공과대학교, 와세다 대학교, 사우스웨일스 대학교 등의 유명 대학교의 분교가 즐비한 곳이 바로 싱가포르다. 이 외국대학들과 그들의 자국대학을 치열하게 경쟁하게 만드는 곳도 싱가포르라는 도시국가다. 싱가포르는 아시아권의 고등교육 강국으로 손꼽힌다. 아시아권에서는 3위를 차지하고 있다. 싱가포르국립대학교(NUS)는『더 타임즈』순위에서도 미국의 존스홉킨스 대학교나 UCLA를 제치면서 22위를 차지했었다. 싱가포르국립대학교에는 1,700여 명의 교수가 연구하고 있다. 그중 절반은 외국인 교수들로 채워져 있다. 일반 직원들 역시 영어 구사에서 불편함이 전혀 없다. 아시아권의 유학생들을 그들의 대학에 유치하기 위한 적극적인 전략적 조처 중의 하나일 뿐이다. 그 외국인 교수들 가운데에는 한국인 교수도 30여 명이나 된다. 한국의 유학생이 10여 명인 데 비해 그들을 가르치는 한국인 교수가 3배가 더 많은 셈이다. 그 누구든 교수로 임용된 후부터는 매년마다 엄격한 업적평가를 받는다. 평가결과는 연봉과 차등지급보너스 액수를 결정하는 기준으로 활용된다.

승진대상 교수들의 논문과 연구업적 등에 대한 평가는 싱가포르 내 교수들에게 맡기지 않는다. 외국의 우수대학 동일 전공 교수들이 싱가포르국립대학 교수들의 업적을 평가한다. 그 결과가 교수들의 승진, 승봉과 처우개선에 반영된다.

이 대학은 외국대학의 분교에서 행하고 있는 대학혁신 사례와 기법활용에 대해 적극적으로 벤치마킹함으로써 저들 대학경쟁력의 자원으로 활용하는 데 성공한 나라로 평가되고 있다. 외국대학의 성공 사례를 자국의 대학혁신을 위해 최대한 활용하고 응용한 모범적인 국가다. 싱가포르의 대학교육시장개방은 오히려 그들의 경쟁력을 키워 놓는 데 크게 이바지했다.

이제 동남아시아 대학 졸업생들로서 세계 유명대학에서 공부하고 싶은 사람은 굳이 미국이나 영국으로 유학가려고 하지 않는다. 유학경비로 보거나 지리적으로 보아도 싱가포르가 훨씬 더 유리하다. 이미 한국인들도 싱가포르로 유학을 떠나고 있는 중이다. 싱가포르에 가면 미국이나 영국의 유명대학에서 행하는 그 교육을 그대로 배울 수 있기 때문이다. 외국의 유명대학 교수진들이 정기적으로 싱가포르 분교대학에 출장을 와서 강의도 하며, 그곳에서 공부하면 미국 · 영국의 대학들과 동등한 학위를 받기 때문이다.

싱가포르라는 나라는 인구가 500만 명도 채 안 되는 도시국가지만, 동남아시아에서는 최고의 교육경쟁력을 갖고 있는 나라다. 싱가포르의 생존전략은 모든 국민을 엘리트화하는 일이다. 그들이 가진 것이라고는 인력밖에 없기 때문이다. 국민의 엘리트화 전략에서 눈여겨볼 만한 것이 바로 25% 교육이다. 초등학교 학생 때부터 지적 능력이 뛰어난 25%를 조기선발하여 엘리트교육을 받게 한다. 그들은 유학을 엘리트 교육을 위한 국가교육정책의 근간으로 삼고 있기에, 싱가포르 고등학교 졸업생 중 50%는 미국에서 가장 경쟁력 있는 유명대학에 진학하고 있다. 미국의 경우, 유학생들을 태평양 연안에 위치한 유명대학부터 시작하여 대서양 연안의 유명대학에 이르기까지 골고루 분산 · 배치한다. 영국과 유럽의 유명대학에도 보낸다. 인재교육의 다변화를 추구한다. 유학정책의 효율화도 눈에 띈다. 외국인이 약 80만 명인데, 이 중 10%가 유학생이나 연수생들이다. 이들의 경제개발을 위한 유발효과는 연간 40억 달러에 이르고 있다. 무공해, 고부가, 지식축적산업으로 국가경쟁력을 기르고 있는 나라가 바로 싱가포르다.

싱가포르의 교육시장 개방정책이 한국에도 의미 있는 일이 될 수 있다면, 한국의 대학이나 정부가 참고로 해야 할 대학개방전략의 사례는 일본의 그것이 아니라 싱가포르의 대학혁신 사례들이다. 정부는 무엇보다도 먼저 외국의 유명대학이 한국 대학시장에 흥미를 갖도록 적극적으로 홍보해야 한다. 그들이 한국의 분교설치에 실마리를 찾도록 재정적이고 경제적인 혜택을 주는 전략이 필요하다. 그들의 분교는 가능하면 휴전선을 중심으로 한 수도권 일원에 분산적으로 설치할 필요가 있다. 그렇게 되기만 하면 한국은 남북통일에 대한 교육적 기대효과와 대학교육시장의 허브효과라는 두 가지 효과를 얻을 수 있다.

아시아 각국의 학생들에게 유학가치를 높여 주기 위해서는 외국유명대학의 분교 유치에 대한 고단위 처방이 불가피하다. 최고의 가격으로 최고의 외국대학 프로그램이 한국에 들어오도록 해야 한다. 설치된 분교에서는 외국대학의 유명교수들이 일정 기간 이상 동안 체류하면서 연구하고 강의하도록 하는 계약체결 같은 것이 필요하다. 이 모든 것을 체계적으로 관리하기 위해서는, 정부단위의 외국대학시장개방위원회 같은 것을 설치 · 운영하여 대학시장개방을 국가경쟁력 향상의 기회로 만들어 가야 한다.

대학은 평생학습의 장

고등교육의 대중화를 평생교육의 한 방안으로 간주하는 나라 중에서도 선두에 서 있는 나라로 영국이나 일본을 꼽을 수 있다. 영국정부는 1998년부터 지식기반경제 건설을 위한 대학교육의 평생교육화를 강력하게 추구하고 있다. 지식경제 속에서 고등교육의 평생교육 실현은 모든 이를 위한 직업능력개발교육의 현실화로 집약된다는 것이 기본 입장이다. 그래서 영국정부는 모든 이를 위한 평생교육의 실현이 생산성 있는 경제정책의 근간이라는 관점을 대학교육정책으로 삼고 있다. 대학에서의 학습을 개인뿐만 아니라 국가 전체의 번영을 여는 열쇠로 간주하고, 평생교육의 실현을 위해 집중적인 투자를 시도하고 있다. 인간자본의 질 향상을 위한 평생교육에의 국가적인 투자는 21세기 세계적인 지식기반경제에서 성공을 담보하는 기초가 될 것이기에 영국은 평생교육을 국가발전의 비전으로 삼았다.

영국은 인적자원개발과 관리를 위한 중점 방안으로 성인을 위한 고등교육기회 확대를 여섯 가지 정책으로 확정했다. 첫째, 50만 명에 이르는 교육취약계층의 성인들에게 모든 이를 위한 직능개발과 고등교육기회를 추가로 제공한다. 둘째, 학습과 일터와의 실용적인 연계강화를 위해 산업체에 산업대학을 설립하여 운영함으로써 산업근로자들이 고등교육의 학습자가 되어 자기실현을 위한 학습을 최대한 촉진시킨다. 셋째, 성인학습자들에게 개별학습 계좌를 설치 · 운영한다. 이를 위해 100만 학습계좌 설립투자를 지원하기 위하여 5,000만 파운드를 배정한다. 넷째, 청소년들의 인적자원을 생산성 있는 노동자원으로 만들기 위한 교육투자를 확대한다. 그래서 고등학교는 청소년에게 종결교육기관이 아니라 고등교육을 위한 하나의 중간교육제도로 활용되어야 하며, 청소년의 인적자원의 생산성을 높이는 중간 교육이어야 한다. 다섯째, 성인들이 문자를 쓰고 읽고 이해할 수 있는 기초문활력을 향상시킬 수 있도록 매년 50만 명 이상의 성인에게 기초교육을 무상으로 지원한다. 여섯째, 국가적 차원에서 누구나 쉽게 이해할 수 있는 자격인증체제를 확립한다는 것이 영국이 취한 평생교육지원정책이었다.

이런 것을 본받아 우리나라 대학이 평생교육의 실현을 위해 취할 수 있는 정책은 다음과 같을 수 있다. 첫째, 고등교육기관과 산업현장의 사내대학, 혹은 다른 형태의 평생교육기관과의 공조관계를 형성하는 것이 필요하다. 우리나라 고등교육제도에서, 사내대학과 대학교는 각각 다른 형식의 고등교육으로 별개로 분류되어 있다. 이를 일원화하여 사내대학과 대학이 상호 과목을 교환하여 이수할 수 있게 하는 제도적 장치가 필요하다. 대학은 산업현장의 실무를 학생들에게 익힐 수 있게 하는 기회를 허용하고, 산업체는 대학기관의 인적자원을 기업의 교육을 위해 활용하는 이점이 있다. 이런 형태의 성공적인 사례로 삼성전자 첨단기술연구소와 성균관대학교, 과학기술대학의 학점 교류 같은 것을 들 수 있다.

둘째, 기업의 고등교육을 위한 대학에의 매칭펀드제도의 도입이 필요하다. 산업체는 대학에 사원들의 교육을 위한 학습과정을 의뢰할 수 있어, 현재 실시되는 산업체위탁교육을 대학에도 확산시키고 있다. 산업체는 대학에 사원들의 학습을 의뢰하고 대학은 사원들의 교육을 실시하면, 기업체와 대학의 교육공조관계로 기업이 학습에 필요한 재원을 대학과 매칭펀드로도 할 수 있다. 매칭펀드는 대학이 평생학습사회의 새로운 교육과정을 만들 수 있는 교육내용의 개혁을 촉진시킨다.

셋째, 고등교육기관에서의 주말학습이나 단기학습의 활성화가 필요하다. 이를 위한 모든 고등교육은 학습자들의 참여를 극대화하기 위해 다양한 학제로 제시될 수밖에 없다. 주말학습과 단기학습이 바로 그런 예인데, 주말학습은 사실 유별난 것이 아니다. 토요일과 일요일 등 주말과 공휴일을 활용하여 전개하는 학기수업일 뿐이다. 이런 형태의 학습은 미국의 대학에서는 일반적인 수업 형태다. 직장을 가진 학습자들의 고등교육욕구를 평생교육 차원에서 충족시키는 중요한 기제가 바로 주말학습이다. 또한 일부 전공의 경우, 휴가를 활용하는 학습을 개설하고 있다. 한 학기 14주 수업의 경우 3학점인 과목은 총 42시간의 수업으로 진행된다. 42시간의 수업을 1일 8시간씩 약 5회에 걸친 주말수업으로 진행한다. 휴가를 이용한 단기학습의 경우도 같은 방식으로 운영되고 있다. 주말학습과 휴가를 이용한 단기학습은 고등교육의 평생교육적 접근가능성을 증진시킨다.

넷째, 대학 특수대학원의 평생교육기능이 활성화되어야 한다. 대학의 특수대학원과 지역사회의 여러 평생교육기관들 간의 연계는 열린 고등평생교육기회를 확대하는 데 결정적으로 기여할 것이다. 경영대학원, 법무대학원, 행정대학원, 산업대학원 혹은 교육대학원 들이 지역사회의 성인을 위한 각종 평생교육프로그램을 개설하면, 그것은 대학의 각종 교육자원의 활용성을 지역사회에서 증진시키는 것과 같다. 이를 위해서는 특수대학원들이 마치 지역사회의 평생학습센터나 학습자들의 학습장애를 진단하고 치료해 주는 평생학습클리닉(Community learning centers/Learning clinics)의 기능을 발휘해야 한다.

전철 사고(思考)

나는 오늘도 전철 속에서 책읽기를 즐긴다. 나에게는 전철이 독서실이다. 이렇게 말하자면 사람들은 역겨워한다. 공부와 독서는 학교에서, 연구실에서 하는 것이라고 일침을 놓듯, 책을 읽고 있는 나를 역겨워한다. 물론, 나라고 해서 전철에서 졸지 않는 것은 아니다. 어떤 때 어떤 책은 그저 쳐다보기만 하고, 어떤 책은 들여다보기도 한다. 그리고 어떤 책은 읽어 간다. 그렇지만 나는 전철에서는 오히려 쳐다보는 책보다는 읽어 보는 책을 읽어 내는 일이 더 즐겁다. 종점 근처의 역에 살고 있어 자리 잡기도 편해 전철에서의 내 책읽기는 더욱더 안성맞춤이다. 올해 들어 그렇게 저렇게 즐긴 책들은 어림잡아 한 100권은 됨직도 하지만, 자신 없는 글 읽기들이라 그저 그랬을 뿐이었다.

그런데 오늘 아침에는 정말로 내 글읽기에 사고가 터져 버렸다. 오늘 아침의 전철 속 책읽기는 그냥 손쉽게 넘어갈 수가 없게 되어 버렸다. "예술은 유혹이지 강간이 아니다."라는 수전 손택(Susan Sontag)의 글귀를 읽는 순간 뇌기능의 작용을 정지당하는 그런 고문이 바로 그것의 시작이었다. 그 순간부터 그녀의 책 한쪽, 한 장을 더 이상 손쉽게 넘겨 놓기가 어려웠다. 그 언제나 부족하기만한 전철 속 나의 아침 졸음을 헤집고 들어선 수전의 절규는 경복궁역을 지나 독립문역에 내릴 때까지 나를 초주검으로 몰아넣어 버렸다. 예술은 유혹이지 강간이 아니라는 그녀의 작가정신은 우리 예술계에는 너무 가혹하다. 온통 강간판이기에 그렇다는 것만은 아니다. 사실을 까발리면 이 좁은 문화계 이곳 저곳에서 예술을 맴돌며 매일 같이 벌어지고 있는 것은 폭행의 연속이다. 고상하기 그지없는 한국의 파우스트들이 모두가 에피스토멜레스의 꼬임에 넘어갔기 때문이다. 그 악마가 하는 일이란 고상한 이들에게 영혼을 팔게 만들어 놓는 일이다.

예술을 유혹으로부터 꼬여 내어 강간으로 만들어 내는 우리의 현대판 악마, 에피스토멜레스들은 권력(power), 치부(possession) 그리고 명성(prestige)으로 둔갑을 하고 여기저기를 돌아다닌다. 유혹의 권능을 갖는 예술에 이 3P의 에피스토멜레스가 접선되면 예술은 어이없이 유혹을 유린해 버리며, 강간으로 변질한다. 우리 사회에서 이쪽 저쪽으로 갈라 내어 벌리고 있는 논쟁의 속내는 끝내 비평이라는 기치를 내건 권력의 싸움들 결코 그 이상이 아니다. 한동안 한 신문의 지면에 빌붙어 피와 고름을 짜 내던 이문열 씨의 문인정신에 대한 공방도 그것의 다름은 아니었다. 갖가지 예술지의 비평과 비판란을 통해 드러나는 예술인, 영상인들의 작가정신에 대한 그 나름대로의 따끔한 지적들도 예외일 리가 없다.

예술에서 특권이라는 것은 그리 달갑지 않은 것이다. 특권이 예술에 붙기만 하면 예외 없이 썩은 냄새를 피우기 마련이다. 특권은 원래 권력에게 추파를 던지는 요부(妖婦)와 같기에, 예술에 권력이 실리면, 치부는 눈웃음을 치며 예술의 영혼을 갉아먹기 시작한다. 명성 역시 예술을 권력에 팔아넘기는 촉매제일 뿐이다. 명성은 예술가에 한 번이면 족하다. 그것이 그 예술가의 영혼을 살리는 일이다. 한 번 얻은 명성에 일단 자기도 모르는 사이에 때가 끼기 시작하면 그 때부터 예술가의 명성은 그에게 족쇄일 뿐이다. 족쇄를 찬 명성은 권력에게 영혼을 기탁한다. 권력에 동참하기 위해 그 어떤 짓이라도 망설이지 않는다. 이런 짓거리를 우리는 '한다' 하는 수많은 이 시대 작가정신에서도 읽어 낼 수 있었고, '난다' 하는 수많은 예술가의 목소리를 통해서 섞여 나오고도 있다. 그래서 권력에 빌붙은 예술가들은 그 언젠가는 독약(poison)을 마시게 되고, 치부에 매달린 예술가들은 평생 감옥(prison)살이로부터 자유롭지 못하게 된다. 파우스트의 마지막 장에서 메피스토펠레스는 이렇게 중얼거리며 사라진다.

"그런데 어찌된 일이냐? 그들은 다 어디로 가 버렸다는 말이냐? 내게 담보로 잡혀 있던 고상한 혼을 슬그머니 빼돌린 이가 누구냐? 나에게 말려들어간 그동안의 어리석음이란 확실히 이만저만이 아니었구나."

이것을 음미하게 만든 곳은 학교가 아니라 바로 전철 속이었다. 전철은 나에겐 귀한 배움터이기에 나는 오늘도 전철을 버리지 못한다.

05

펼칠 伸

무엇을 펼치는가

성장의 제1조건은 미성숙(immaturity)이다.
미성숙이 성장의 가능성을 의미한다고 할 때,
훗날 생기게 될 힘이 결여되어 있음을 가리키는 것이 아니라,
현재 적극적으로 존재하는 세력, 즉 발달하는 능력을
표현하고 있는 것이다.

– 존 듀이(John Dewey), 『민주주의와 교육』 中에서 –

인적자원개발의 줄기세포

인적자원개발이라는 개념은 평생교육이라는 개념보다 우선하는 종자개념인가, 아니면 그 반대인가 하는 것에 대한 개념적 논쟁은 「인적자원개발법」이 통과된 후에도 여전히 가라앉지 않고 있다. 첫 단추를 잘못 끼기 시작하면 후속되는 것들이 무엇인가 어긋나게 될 터이니 신중을 기하라는 학자들의 염려일 수 있다. 이런 논쟁은 법안의 내용을 둘러싼 핵심개념에 대한 학적인 토론들이 법령입안 전에 빈약했었기에 불거질 수밖에 없는 일이다. 어쨌든 「인적자원개발법」 제정에 민감했던 관료들일수록 평생교육, 직업능력개발, 그리고 인적자원개발 간의 개념적 차이를 가르는 일에 민감한 모양이다. 그들의 판단에 따르면, 인적자원개발은 인적자원의 양성 · 활용 · 배분 및 사회자본 구축을 포함하는 포괄적 개념이고(예: 「인적자원개발법」 제2조 제2호), 평생교육은 「평생교육법」 제2조에서 명시한 대로 "학교의 정규 교육과정을 제외한 학력보완교육, 성인기초문자해득교육, 직업능력향상교육, 인문교양교육, 문화예술교육, 시민참여교육 등을 포함하는 모든 형태의 조직적인 교육활동"을 지칭하며, 직업능력개발은 근로자의 직무수행능력의 습득 · 향상을 위한 훈련(예: 「근로자직업능력개발법」 제2조)을 지칭하고 있다.

세 가지 법에 의해 서로 다르게 규정되고 있는 핵심개념은 표현상으로는 이질적인 것으로 보이지만, 내용상으로는 하나의 개념을 다르게 표현하고 있다는 점에서 이념상 다를 것이 하나도 없다. 세 가지 법 모두가 인간의 배움본능, 말하자면 호모 에루디티오(*Homo Eruditio*)의 힘에 의지하고 있다는 것이 바로 그것이다. 각 법이 서로 다른 감각으로 인적자원의 양성, 활용 그리고 배분을 다루든, 혹은 학교교육을 제외한 형태의 조직적인 평생교육활동을 다루든, 아니면 근로자의 수행능력향상을 위한 훈련을 강조하든 간에 각 법의 핵심요소는 상호 포용적이다. 각 법은 국가발전을 위해 인간의 잠재력을 최대한 실현시키도록 도와주는 것을 목표로 삼고 있기 때문에 서로가 모태법, 말하자면 「교육기본법」에서 파생된 세포줄기일 뿐이다.

인간의 힘을 사회적으로, 동시에 개인적인 능력으로 전환하고자 하는 인간능력 실현의 목표를 달성하기 위해 각 법은 서로 다른 방법을 예시함으로써 각각의 법률적 성격을 다르게 드러내 놓고 있다. 「근로자직업능력개발법」은 훈련의 중요성을, 「인적자원개발법」은 개발의 긴급성을, 그리고 「평생교육법」은 교육이라는 방법과 수단의 우선성을 서로 다른 농도로 강조하고 있다. 말하자면, 「근로자직업능력개발법」은 인적자원의 가치를 단기간의 훈련으로 실현시키겠다는 것을 강조한다면, 「인적자원개발법」은 그것을 조금 중기간의 범위에서 실현해 보이겠다는 것이고, 「평생교육법」은 인간의 잠재력을 충분히 장시간을 두고 실현시킬 수 있다고 강조함으로써 각기의 전략이 서로 다르다는 점을 보여 준다. 전략들이 서로 다르기에 취급하는 내용도 각기 다르고 지원정책에도 차이가 나는 것은 있을 수 있지만, 인간의 잠재력이 그 어느 한 가지 지원책으로만 실현될 수 있다고 우기는 것은 아니다. 이 점은 미국의 교육법령의 경우도 마찬가지다.

미국은 이미 1998년에 「인적자원투자개발법(Workforce Investment Act)」을 통과시켰지만, 이 법 때문에 「성인교육법」이나 그와 관련된 법의 내용이 사장되거나 위축되고 있지는 않다. 미국의 「인적자원투자개발법」은 성인들이 가까운 곳에서 쉽게 취업 관련 정보와 훈련 정보를 입수한 후 적절한 교육과 훈련을 받을 수 있도록 체제적 지원과 재정적 지원, 프로그램의 지원을 실제적으로 해결해 준다는 점에서 「성인교육법」의 미진함을 보완해 주기도 한다. 정부의 노동시장 혹은 직업훈련시장이나 인적자원훈련에의 개입은 당연한 것이지만 그들의 개입 방법이나 개입 정도는 서로 다르기에 어떤 법령이 다른 법령보다 어느 정도 더 우월적인지를 판가름하기는 쉽지 않다. 미국 정부는 노동이나 기술 혹은 인적자원 재료와 같은 생산요소시장에는 거의 개입하지 않지만 제품시장에는 강력하게 개입하는 경향을 보여 주기에, 미국의 교육성은 「인적자원투자개발법」이나 「성인교육법」 모두의 구속 아래 행정적 지원을 수행할 뿐이다.

아무리 잘된 법령이라고 하더라도 수행하는 동안 실패하는 경우가 흔하기 마련이다. 실패는 두려운 것이 아니다. 철학이 단단하고 목표가 분명하며 추진 동력이 충분하면 과정상의 실패는 새로운 추진의 평가자료로 쓰일 수 있기 때문이다. 다만, 그간의 실패를 호도하기 위해 거창한 볼거리들로 만들어 낸 정책이라면 그것의 실패는 끝내 국민의 지탄을 피하기 어렵다는 것이 정책학자들의 견해다. 아무리 능력 있는 관료들이나 기업조직이라도 그 예전에 보여 주었던 멍청한 일을 답습하는 경우가 흔하다는 것을 애플사의 CEO이며 창의력의 귀재인 스티브 잡스(Steve Jobs)도 보여 주었다. 그의 경험으로부터 우리가 무엇을 경계해야 하는지도 한수 배우게 만들었다. 그의 실패 경험에 따르면, 첫째 관료들이나 조직의 수장들이 재임 시 '획기적' 성과를 달성하여 업적을 치장하려고 하거나 승진을 위한 출세 압력에 시달릴 때에 그런 일이 빈번하게 일어난다고 알려 주고 있다. 흔하게는 그동안 얻었던 작은 성과나 리더십에 대해 과신하면 그런 멍청한 일을 반복하게 마련이라는 지적 역시 날카롭기만 하다. 게다가 조직 내 구성원들에게 탁월한 리더십을 발휘하기보다는 내부 긴장과 갈등이 지속적으로 야기되는 나머지 현안문제를 손쉽게 해결하기 위해 외부전문가들에게 과도하게 의존하거나 아웃소싱을 과도하게 추진할 때에도 흔히 과거에 저질렀던 과오를 멍청하게 반복하게 마련이라고 경고하고 있다.

인간의 배움력과 배움에너지

교육자본론은 배움에너지 불변원칙을 근거로 한다. 인간의 배움력은 활용하면 활용할수록 더욱더 새로운 배움의 힘을 생산해 내기에, 물리학에서 말하는 열역학의 법칙으로는 그것의 힘을 제대로 설명할 수 없다. 배움의 법칙은 물리학에서 통용되는 열역학(熱力學) 제1, 제2법칙의 효용성을 정면으로 거부한다. 왜냐하면 이 세상의 물질이 갖고 있는 에너지는 항상 일정한데 그것을 변형하면 그

에너지의 힘을 감소시키는 엔트로피가 증가한다는 열역학 제1, 제2법칙의 적용을 무기력하게 만들어 놓기 때문이다.

열역학에서는 제1법칙을 흔히 에너지 보존법칙으로 부른다. 이 법칙에 따르면, 에너지는 창조되거나 소멸되지 않고 단지 다른 형태로 바뀌기만 한다. 이어 열역학 제2법칙에 따르면, 이 세상의 그 어떤 에너지든 간에 그것이 다른 것으로 변환될 때 그 에너지는 자유롭게 변환될 수 있지만 그때마다 반드시 에너지가 갖고 있었던 능력은 사라진다. 이때 다시는 새로운 일로 변환시킬 수 없는 양이 엔트로피다. 에너지를 변환시킬 때마다 엔트로피가 발생한다. 그 결과, 엔트로피의 총량은 증가하게 되며 에너지의 가치는 점점 줄어들게 된다. 이 열역학 제1, 제2법칙에 따르면 이 세상, 이 우주에 있는 전체 에너지의 양은 그대로 일정하지만, 그 힘의 변형이 일어나면 엔트로피의 증가 때문에 그 에너지의 가치는 점점 줄어들게 된다. 예를 들어, 자동차는 휘발유를 태워서 움직이는 기계다. 자동차에서 발생하는 휘발유 연소과정은 단순하다. 자동차가 소비하는 휘발유의 에너지 총량에는 변화가 없다. 그 대신 태워진 휘발유는 탄산가스, 물, 그 밖의 기체 등으로 변환된다. 공기 속으로 흩어져 버릴 것은 공기 속으로, 땅으로 스며들 것은 땅으로 스며들게 된다. 그렇게 되면 자동차가 일단 소비한 휘발유의 힘은 되돌려 다시 쓸 수가 없다. 이미 태워 버린 휘발유의 에너지를 다시 새롭게 복원시켜 그것을 다시 태워 또 다시 탄산가스, 물, 그 밖에 다른 배기기체를 얻을 수 없다. 또 이미 태워 버린 휘발유의 힘을 이용하여 자동차를 더 앞으로 나아가게 할 수도 없다. 여기서 이미 써 버린 에너지, 활용이 가능하지 않은 에너지, 다시는 쓸 수 없는 상태의 에너지를 엔트로피라고 한다.

인간의 배움력과 그것이 갖고 있는 배움의 에너지 총량은 무한정이며, 그것을 제아무리 소모한다고 해도 그 배움의 에너지는 절대로 고갈되지 않으며 그로부터 엔트로피가 증가하지도 않는다. 인간이 갖고 있는 배움의 에너지는 물리적 현상과는 달리 오히려 쓰면 쓸수록 더욱더 새로운 배움의 에너지가 생성되도록 되어 있다. 그것은 이 세상의 모든 사물이 그 형태가 똑같지 않고 서로 다르며 각기

서로 다른 에너지를 갖고 있듯이, 인간 역시 서로 다른 배움의 에너지와 그것에 기초한 배움력을 갖고 있다. 이 세상의 각 물질이 서로 다른 형태의 모습을 지니고 있듯이 사람 역시 서로 다른 배움을 위한 실현 가능성을 갖고 있다. 그것은 모든 사물이 각각의 개체적인 에너지를 갖고 있는 것처럼 사람 역시 각각 서로 다른 배움의 가능성을 실현해 주는 에너지를 갖고 있기 때문이다. 둘째로, 각 물질의 개체별 에너지가 고정됨이 없이 서로 다르게 변형된 상태로 머물러 있는 것은 그것 나름대로의 에너지 변환이 있기에 그런 것처럼, 사람 역시 각각의 배움력이 고정됨이 없이 제각기 변형된 상태로의 배움을 위한 에너지의 변환이 있기 때문이다.

교육자본-사회자본-인간자본의 상관성

한국의 주요 대기업이 신입사원 교육을 위해 1명당 평균 157만 원을 투자하고 있다. 주로 합숙훈련(42.2%)이 교육의 주종을 이룬다. 그들에게 '팀워크 및 협동심(32.9%)' '창의력 및 진취적 사고(27.4%)' 프로그램이 투입된다. 경우에 따라 야간 행군도 하고 지옥훈련도 한다. 미국의 그것에 비해 교육의 호들갑이 너무 심하다. 게다가 어떤 효과가 있을지는 아무도 자신이 없다. 그런데도 왜 기업들은 신입사원을 위해 저토록 엄청난 경비를 쓰고 있는가? 질문 자체가 너무 쉽다. 대답도 쉬울 것이다. 그런 기대가 이미 인적자원개발(Human Resources Development: HRD)를 위해 잘못된 것이다. 한동안 광고에서 요란했던 문구처럼, "니들이 게 맛을 알아?"라는 되물음이 HRD 현장에도 그대로 와 닿는다.

인적자원개발의 뜻이 무엇인지 아는 것처럼 행세하는 전문가들이 수없이 많다. 그런 유의 박사학위소지자도 부지기수다. 그런 유의 내용을 부추기는 책들도 마찬가지로 널려 있다. 그런데도 실제로 저들은 HRD의 참맛은 알지 못한다. 인적자원에 대한 이해의 철학적 토대와 기초가 허약하기 때문이다. HRD 현장에 인간이 빠져 있고 배움이 생략되어 있다. 저들 전문가들일수록 인간이 무엇인지, 인간의 배움이 무엇인지를 제대로 알고 있지 못하다. 그래서는 HRD 전문가로 자처하기 어렵다. 인적자원의 개발가로 행세하기 위해서는 우선 인간자본, 교육자본 그리고 사회자본 간의 상관성에 대해 제대로 이해해야 한다.

HRD는 교육자본의 축적 위에서 가능하다. 인간자본은 인간이 가지고 있거나 개발 가능한 능력을 총칭하는 것이다. 그에 비해 교육자본은 인간자본이 그것의 효력을 드러낼 수 있게 만들어 내도록 조력하는 환경조건 같은 것이다. 교육자본을 갖추고 있지 못하면 인간자본의 개발은 용이하지 않다. 예를 들어, 1950~1960년대 우리나라에서 인재양성이 어려웠던 것은 인재를 개발할 수 있는 환경을 제대로 갖추고 있지 못했기 때문이다. 지금 우리나라의 교육자본은 그 당시의 교육자본의 총량에 비해 엄청나게 풍부하다. 그럼에도 불구하고, 그 당시에 비해 아직도 쓰임새 높은 인간자본의 축적이 어렵다. 그럴 만한 이유가 있다. 그 첫째는 인적자원개발의 전략이 예전에 비해 더욱더 진화하지 못했기 때문이다. 인간의 배움에 대한 무지가 오히려 더 깊어졌기 때문이다. 그것이 아니라면 HRD를 위한 교육자본의 활용 방법의 비효율성 때문일 것이다. 이 두 가지 문제는 세계 각국의 기업이 직면한 공통적인 현상이다. 개발도상국가의 기업일수록 HRD의 전략 부재에 어려움을 겪고 있는 데 반해, OECD 회원국인 미국, 영국, 일본과 같은 선진국의 기업은 교육자본의 축적이나 그 활용의 비효율성에 전전긍긍하고 있다는 차이가 있을 뿐이다.

교육자본이 충분히 축적되고 그것의 활용이 효율적이면 HRD에는 가속도가 붙기 마련이다. 각 개인마다 고유하게 갖고 있는 그 유별난 재능, 그 개별적인 가능성, 그 개인적인 역량을 독특하게 발휘하게 하면서도 다른 한편으로는 그것을 하나로 모아 전체의 이익을 위한 시너지 효과를 내도록 인간자본에 교육자본을 접목시키는 궁리와 방법이 바로 HRD의 핵심이기 때문이다. 사람들이 지니고 있는 개별적인 에너지의 최적화된 가공을 위해 개인이 가장 선호하는 방법이 바로 교육이나 훈련 같은 것이기에, 인간자본의 가능성이나 질은 교육자본의 품질이나 총량에 따라 달라진다. 그런 점에서 모든 교육활동은 인간자본의 질을 높이기 위한 교육자본의 총량의 구성요소다. 인간의 교육이나 배움은 그 어디에서든 일어나는 것이며, 그렇게 작동할 때 그것은 교육자본으로써 그 누구에게나 그의 HRD를 위해 도움이 된다.

물론, 교육활동이 모든 이를 위한 교육으로 쓰이게 함으로써 교육자본의 활용을 촉진하고, 다른 한편으로는 그것의 총량을 늘린다고 해도 그것이 곧장 인간자본에 직접적인 효과를 주는 것은 아니다. 다시 말해서, 교육자본과 인간자본 간의 직접적인 인과관계가 아무런 조건 없이 성립되는 것이 아니다. 교육자본이 곧바로 인간자본의 원인이라는 식으로 교육자본과 인간자본 간의 인과적인 관계에 관한 그런 주장이 가능하기 위해서는, 교육자본과 인간자본을 중간에서 적절하게 매개해 주는 장치가 만들어져 있어야 한다. 그런 매개체가 결여되어 있으면, 아무리 좋은 교육자본이라고 하더라도, 아무리 교육자본의 총량이 풍부하더라도 인간자본의 질은 그것에 걸맞게 좋아질 수 있는 것이 아니다. 이것은 마치 원자폭탄의 폭발원리가 완벽하다고 하더라도 만들어진 원자폭탄이라는 체제 속에 장전되어 있는 우라늄에 핵분열을 시킬 수 있는 기폭장치가 작동하지 않으면 그 원자폭탄은 고철일 뿐인 것처럼 말이다. 원자폭탄이 위력을 발휘하기 위해서는 기폭제가 필요하고, 마찬가지로 수력발전기에서 전기가 생산되기 위해서는 수차에 달린 터빈이 작동해야 한다. 이런 것을 원자폭탄이나 전기생산을 위한 매개체라고 부를 수 있다. 이것은 교육자본이 인간자본의 질을 높이는 과정에서도 마찬가지로 적용된다. 교육자본과 인간자본을 매개하는 요인이 바로 사회자본이다. HRD에서 사회자본이라는 것은 개인에 대한 믿음, 제도에 대한 신뢰, 개인능력에 대한 기대 같은 사회심리학적 요인을 일컫는다. 믿음과 신뢰가 결여되면 그 어떤 생산성도 물거품이 되기 때문이다.

학습(Learning)과 배움(Erudition)

서양의 인력개발은 기본적으로 학습과 훈련 중심적이다. 그들의 기업교육현장에서는 학습이라는 말이 핵심개념으로 작동한다. HRD 전문가라고 하면 그 누구든지 학습의 중요성을 이야기하며, 그것의 체계화를 주장한다. 그러나 학습이 정말로 무엇을 의미하는지는 제각각이다. 학습심리학을 배웠다는 전문가들이 더욱더 그렇다. 학습이 무엇인지를 제대로 정의하지 못하는 전문가도 많기만 하다. 정의를 한다고 해도 그들의 이해 수준은 단순하다. 그저 일반론에 그칠 뿐이다. 말하자면, "연습, 훈련이나 경험의 결과로 생기는 비교적 지속적인 유기체의 행동변화"라는 수준의 이해 정도를 벗어나지 못할 뿐이다.

심지어 말장난으로 생계를 이어가는 일부 인력개발전문가들은 우스꽝스럽기마저 하다. 학습을 "살아가기 위해 생계를 버는 행위"라고 정의하기도 한다. 'Learning' 이라는 말은 'Living for Earning' 을 줄인 단어(L+earning)라는 것이다. 그럴듯한 뜻풀이로 사람들을 웃길 수는 있지만, 그로부터 기업교육의 HRD 이론은 멍이나 들게 된다. 이런 우스갯소리가 현장에서는 의외로 설득력을 갖는 것이 바로 우리 기업의 인력개발현장이다.

이런 식으로 학습이라는 개념이 오명을 받게 되는 이유는, 학습이라는 개념을 이야기할 때 교수라는 개념을 동시에 상정하기 때문이다. 기업현장에서는 학습과 교수가 쌍을 이루는 개념으로 소개되고 있는 것도 사실이다. 학습은 교수, 즉 가르침이라는 것을 전제하기에 학습이라는 말은 훈련현장, 가르침의 당위성을 갖는다는 것이다. 이것이 바로 미국식 교수-학습이론의 기본 토대다. 서양의 HRD는 가르침이 있기에 비로소 학습이 제대로 작동한다는 전제를 벗어나 본 적이 없다. 그래서 인적자원개발 프로그램은 바로 교수-학습이론을 기본으로 받아들이고 있다. 그것을 산업교육현장에 응용학 교수-학습체계의 논리가 바로 교수체제개발론(Instructional System Development: ISD)이다.

기업교육의 HRD가 이론적으로 더욱더 성숙하기 위해서는 학습을 그렇게 정의하기보다는 차라리 인지과학자들의 견해를 받아들이는 것이 더 도움이 된다. 학습이란 뇌신경의 활성화 혹은 뇌신경과 뇌신경의 접합을 강화하는 과정과 활동이라고 정리하는 편이 보다 더 과학적이다. 뇌신경과학자들의 정의는 학습을 굳이 인간적인 측면으로 한정하지 않는다. 학습에 대한 이해가 일반론에 머무는 교수-학습론자들보다는 더 간결하다는 특징이 있다. 교수-학습론자들의 학습개념에는 인간에 대한 주체적인 이해가 결여되어 있기 때문이다. 그럼에도 불구하고 뇌신경과학자들은 학습개념의 파악에서 인간을 학습의 주체로 상정하지 않기 때문에 학습의 의미가 반감된다는 약점을 지닌다.

이런 약점을 극복하고 보다 더 의미 있는 HRD 패러다임을 개발하기 위해서는 학습이라는 개념보다는 '배움(Erudition)'이라는 개념을 기업교육현장에 응용할 필요가 있다. 배움이라는 개념은 동양적인 우리의 생각, 우리의 의식에 밀접하게 연결되어 있기 때문이다. 학습이라는 개념과 배움이라는 개념을 구분해서 기업교육현장에 활용하면 인력개발의 모습이 달라진다. 배움이라는 개념은 학습이라는 개념보다 사상적으로 우선하는 상위개념이기 때문이다. 배움은 학습의 사상이나 철학을 말한다. 그에 비해 학습은 배움을 위한 하나의 수단이거나 하나의 방법일 뿐이다.

학습이라는 말은 영어권의 개념인 '러닝(learning)'을 그냥 학습이라고 번역한 것이지만, 그 학습이라는 말이 우리의 정서를 정확히 대변하는 것은 아니다. 실제로, 영어권에는 '러닝'이라는 단어 하나만이 유일하지만, 동양에서는 인간의 배움을 지칭하는 단어로 '배움과 학습'이라는 두 단어를 서로 다르게 활용하고 있다. 서양에서는 배움과 학습이라는 두 단어의 차이를 가르지 않지만, 동양에서 두 단어 간의 차이는 상당히 철학적이며 사상적이다. 예를 들어, 영어권에서는 "강아지가 장애물넘기를 학습했다."와 "두 살배기 어린애가 엄마에게 뽀뽀하는 것을 배웠다."라고 이야기할 때 모두 'Learn'이라는 단어를 공통적으로 쓰게 된다. 동양권에서는 배움의 상태와 조건에 따라 서로 다르게 '학습했다'라는 말과

'배웠다' 라는 말을 갈라서 활용한다. 이런 점은 고대 인도사회에서는 더욱더 뚜렷하게 나타났다. 인도에는 수많은 방언이 있는데, 그 방언들에는 놀랍게도 영어권에서 상용하는 단어인 가르침, 즉 'teach' 혹은 'teaching' 에 해당되는 단어가 존재하지 않는다. 그들에게는 오로지 배움만이 우선하고 있다. 서로 배우는 것이 서로 가르치는 것일 수 있기 때문에 그것이 가능했는지도 모른다. 결국, 미국 기업교육현장에서 통용되고 있는 학습이라는 말은 일반적으로 기업현장에서 필요한 정보나 지식을 가르치는 활동을 지칭할 뿐이다. 그에 비해 동양에서 상용하는 배움은, 단순한 지식이 아니라 삶의 전반에 걸친 깨우침을 지칭하는 것이다. 그래서 동양의 HRD는 인간의 각성에 관한 것이다. 말하자면, 삶에 대한 깨우침, 그리고 기업과 직원 간의 제대로 된 관계 설정에 필요한 직원의 치유능력을 향상하기 위한 노력인 것이다.

미래지향적 인적자원개발 방법론

매년 미국에서 열리는 미국교육훈련협회(ASTD) 연차대회에는 약 500여 명의 한국 인적자원개발(HRD) 전문가들이 참석해 왔다. 미국 내 기업에서 일하는 미국인 HRD 전문가들에 뒤를 이어 많이 참여한 나라가 바로 한국이다. 이런 대규모의 참관은 우리 사회가 집단적으로 갖고 있는 HRD 분야에 대한 적극적 관심을 대변하는 것이기도 하지만, 반면에 우리에게는 늘 한 가지가 생략된 외국 HRD 전문가들이라는 저들의 인식을 확인하게 만든다. 한국인들이 ASTD로부터 인적자원개발의 흐름을 선도해 나갈 만한 지식과 정보를 가져오는 것인지에 대한 자성을 늘 생략한 채 그런 모임에 관성적으로 참여하고 있다는 우리의 자성도 없지는 않다는 점에서 제대로 된 기업의 CEO라면 HRD 책임자에게 투자 대비 수익률에 대한 계산을 해 보라고 재빠르게 주문할 법한 장면이기도 하다.

이런 한국인의 집단 소망의 방향성에 대한 성찰적 물음은, ASTD 측이 제시하는 핵심주제와 우리 참가자들이 높은 관심을 보이는 중요 분야들 간의 서로 다른 교감에서 비롯된다. 우리가 그저 ASTD 측이 제시하는 핫 이슈, 분야의 수가 많았던 주제들, 그리고 '대가' 들의 발표 내용에만 주목한다면 인적자원 분야의 컨설턴트들이 근본적으로 중요시하는 주도적 흐름은 파악할 수 없게 되기에, 이런 질문은 한국의 HRD가 나아갈 방향을 바로 잡기 위해서라도 필요하다. 사실, 연차대회의 주최 측이 제시하였던 중요 분야들에는 서구의 참가자들이 많이 몰리지 않았다. 몇 년 전만 해도 유명세를 탔던 일부 HRD 대가들의 분야는 외면당하기도 했다. 수적으로 많았던 평가 관련 분야에서도 참가자들은 식상하기 일쑤였다. 그저 그렇고 그런 재탕, 삼탕의 진부한 내용들이었다. 그러나 우리 한국 참가자들은 그런 분야에 가득하게 자리를 채웠다.

서구의 참가자들은 협력(collaboration), 비공식적 학습방법(informal methods) 그리고 재능(talent) 등과 관련된 분야에 높은 관심을 보였다. 미래지향적인 내용이 담긴 분야에는 시작하기도 훨씬 전부터 좌석이 모두 선점되어 들어가기조차 어려웠는데, 이 중 가장 먼저 눈에 띄었던 것은 바로 협력에 대한 관심이었다. HRD 현장에서 요구되는 협력에 대한 관심은 단순히 개인의 집합체로서의 집단수행에 대해 갖는 관심 그 이상의 주제였다. 개인과 개인, 집단과 집단, 팀과 팀이 서로의 성장에 긍정적인 영향을 끼칠 수 있는 방법을 모색하고 조직이 인적자원의 심리적 · 사회적 요소를 협력이라는 틀 안에서 체계적으로 관리하려는 경향을 찾고자 하는 욕망의 표현이었다. 이러한 체계적인 관리를 통해 전체로서의 조직이 높은 '지능'을 보유하게 되고 변화하는 환경에 필수적인 '재능' 의 요소를 결합시킬 수 있기 때문이다.

교수공학 측면에서도 이러닝(e-learning)과 같은 학습매체에 대한 서구인들의 관심은 사그라지기 시작하였음을 확인할 수 있었다. 어차피 교수공학은 개인의 학습활동을 돕기 위한 방법이며 수단 그 이상은 아니었기 때문이었다. 교수공학, 한때는 교수체제개발(Instructional System Development: ISD)로 주목을 받았던 교수-학습방법에는 칭찬보다는 오히려 비판과 문제점의 지적이 더 돋보였다. 저들은 그런 교수공학보다는 다양한 학습방법에 대한 관심을 보였다. 더 나아가 형식적인 교수활동이나 교수-학습체계에 대한 논의보다는 비공식적 학습, 코칭이나 멘터링, 컨설팅 같은 중재활동에 대한 제안이 더 많은 인기를 끌었다. 참가자들은 게임과 놀이, 비공식적 대화, 이야기하기와 같은 새로운 방식에 눈을 돌리고 이를 직접 배우기 위해 시간과 노력을 아끼지 않았다. 이러한 비공식적 방법들에 대한 저들의 선호는 협력의 패러다임과 그 맥락을 함께하는 자연스러운 현상이었다. 사회적인 관계를 강화하고 그 안에서의 상호작용을 촉진시킴으로써 기업 내부의 협력을 강화할 수 있는 방법들은 형식적이라기보다는 비형식적이거나 무형식적이었기 때문이다.

사람들은 인적자원개발과 관련하여 조직이 재능 있는 인재들을 어떻게 선발하여 육성하고 관리할 것인가에 대한 논의에 초점을 맞추었다. 조직에서 필요한 인재를 육성하고 관리하는 방식으로서의 재능관리는 2000년대 초반에 큰 관심을 모았던 역량중심교육체제를 더욱 정교화하고 활력을 불어넣는 '오래된 새 길' 처럼 소개되었다. 이러한 재능에 대한 관심 역시 몇 년 전 리더십이나 영업기술처럼 개인이 가진 재능에 초점을 맞추었던 것과는 달리 이제는 조직이 보유한 집단적 재능을 어떻게 관리할 것인가에 논의가 집중되었다.

협력, 비공식학습 그리고 인간의 재능이라는 세 가지 주제를 묶는 중심은 바로 인간의 배움이었다. 인간의 배움에 관한 이해가 바로 미래적 관심사였다. 그 증거는 참가자들 스스로 이미 과거에 유효했던 이론과 방법을 과감히 외면하고, 근거리 미래에 직접 활용할 수 있을 것으로 기대되는 방식과 지침에 적극적으로 귀기울였다는 사실에서 잘 드러났다. 인간이 배운다는 것이 도대체 무엇을 의미하는 것이고, 그것이 어떻게 가능한 것이며, 그것을 가능하게 했을 때 기업이 얻는 성과는 어느 정도의 폭발적인 효과를 갖는지 등등에 관한 강한 관심이 ASTD 강사들의 말 속에서 강하게 배어 나왔다. 인간의 배움에 대한 철저한 이론과 사상적인 토대가 없으면 HRD는 성공할 수 없다는 현장적 성찰의 시간이었다. 수많은 학습방법은 왔다가는 금방 사라지는 유행이었으며 낭비였다는 것을 너무나 뼈아프게 경험했기 때문에 나타난 자성의 요구들이기도 했다. 인적자원은 유행의 방법으로 개발되는 것이 아니라, 인간의 배움본능에 대한 토대에 기초한 제대로 된 이론적 이해와 실천으로 개발된다는 것의 새로운 확인이었다.

이 회의의 연단에 섰던 석학들이 하나 같이 내세웠던 것은 기업이 HRD에 성공하려면 이런저런 유행적인 교수-학습활동을 막대한 비용을 들여가며 활용하라는 것이 아니라, 저렴한 경비로 최대의 효과를 내는 방법을 찾으라는 것이었다. 그 해답이 바로 인간에 대한 이해 그 자체에 있다는 것이었다. 그 어느 강사도 말은 하지 않았지만, 인간은 배우는 동물, 말하자면 인간은 호모 에루디티오라는 것에 주목하는 일이 가장 경제적인 HRD의 방법론이라는 것이었다. 인간의 배움에 대한 이해, 말하자면 인간의 배움으로 되돌아가라는 것이 바로 미래지향적인 HRD의 방법론이었다.

HRD의 생산성 문제

HRD 이론과 실천 프로그램이 한국의 기업교육현장에서 본격적으로 작동하고 있다. 일본과 미국기업의 인적자원개발 프로그램을 모방하기 시작한 지 20년만의 모습이다. HRD를 위한 전문가들의 수도 늘었다. 컨설턴트들도 이제는 수입을 올리기 시작했고, 그들의 프로그램도 다양해졌다. 외국에서 유행하는 프로그램이라고 하더라도 3~4개월만 지나면 한국기업의 현장에서도 어김없이 등장하고 있다.

그런데도 한국기업의 인력개발 프로그램이 어느 정도의 질 관리를 하고 있는지에 대해서는 불명확하다. 미국기업이나 일본기업의 인력개발체계와 경쟁을 할 수 있는 처지도 아닐 성싶다. HRD 프로그램들이 실제로 어느 정도의 성과를 갖고 있는지도 미지수다. 한국기업의 높은 이윤 증가나 생산성을 보고 그것이 HRD 프로그램의 성과 때문이라고 이야기하기도 어렵다. HRD 프로그램의 형태나 모습과는 달리 속사정이 우울하기마저 하다. 상황이 어려워도 HRD 담당자들은 우길 수밖에 없다. 갖가지 훈련이 상당한 효과가 있기에 기업의 생산성이 올라가고 있다고 주장해야만 한다. 기업의 생산성이 HRD 프로그램의 성과라고 주장하지 않으면 인력개발 프로그램 그 자체의 존립 근거가 사라지기 때문이다. 그들은 HRD 프로그램 수, 시간, 참여 인원, 혹은 프로그램에의 참여나 활동에 대한 태도 같은 것과 기업의 생산성 간의 상관성을 어떻게든 연관시킬 수밖에는 없다.

HRD의 평가나 성과에 대해 제대로 된 지식을 갖고 있는 CEO가 있는 기업이라면 그들은 현재의 HRD 활동과 그것의 성과를 그리 쉽게 용납할 수 없다. 그럴 수밖에 없는 조짐들이 여기저기서 발견되기 때문이다. 기업들이 제아무리 인력개발 프로그램을 현장에 투입해도, 젊은 사원들의 이직률은 줄어들지 않고 있다는 것도 그 이유 중의 하나다. 신입사원의 경우 입사 1년 사이에 발생하는 이직률은 약 40%에 이르고 있다. 중견사원이라고 해도 그들이 한 직장에서 일할 수 있는 연한은 평균 5년 정도에 지나지 않는다. 직장에 대한 사원들의 충성도가 바뀌었고, 사원에 대한 기업의 관점이 급격하게 바뀐 이유도 있지만, 보다 본질적인 것은 성과 없는 기업의 HRD 활동에서 찾아야 한다. 기업마다 사원들의 경력개발을 강조하고 있지만, 늘어나는 것은 퇴직 후 컨설턴트뿐이다.

이 말은 여러 의미를 담고 있을 수 있다. 말하자면 인력개발 프로그램의 수나 활동이 많다고 HRD의 성과가 늘어나는 것도 아니며, HRD 전문가들이 많다고 해서 인력개발의 효과가 개선되는 것도 아님을 시사해 줄 수도 있다. 성과와 현실적인 검증이 없는 인력개발 프로그램이 기업현장에 난무하면 할수록 기업의 생산성은 떨어진다는 것을 보여 주는 것일 수도 있다. 지금의 기업현장에는 제대로 된 연구와 성과 검증으로 뒷받침되지 않은 각양각색의 프로그램이 많다는 이야기가 될 수도 있다.

사실, 지금처럼 이것저것 검증 없는 HRD 프로그램을 투망질하듯이 기업현장에 투입하면 한국기업의 인력개발의 체계화는 요원해질 뿐이다. 한국기업 현장에서도 HRD 프로그램들이 하나의 'HRD學'으로 자리 잡기 위해서는 아직도 개발도상국 인력개발시장에서 커다란 영향력을 행사하고 있는 미국식 HRD 프로그램의 한계와 문제점을 진지하게 검토해야 한다. 이미 북유럽이나 일본기업의 인력개발 프로그램들은 미국식 HRD 패러다임을 벗어나기 시작했다. 동양권에서는 인도와 싱가포르가 그 영향권을 벗어나려고 안간힘을 쓰고 있다. 실제로 미국기업들 사이에서도 미국식 HRD 프로그램의 이론적 한계를 인식하고 HRD 프로그램의 구조조정에 들어가고 있는 중이다. 한국의 인력개발 관계자들에게는, 그 무슨 인력개발의 메카로 여겨지는 ASTD 연차대회만 하더라도 이제는 커다란 주목거리가 되고 있지 못하다. 유럽에서 앞서 가는 많은 기업인에게는 별로 매력이 없어져 버린 오래된 HRD 연차대회가 바로 ASTD다. 저들 유럽이나 인도의 HRD 시장이나 사정과는 달리 우리 기업현장에서 활용하고 있는 인력개발의 패러다임이나 활동은 아직도 미국식 인력개발 패러다임에 짓눌려 있기만 하다. 인력개발이론의 수입원을 미국시장으로 삼고 있기에, 저들 HRD의 한계를 그대로 이식당하고 있는 중이다. 한국기업의 HRD의 경쟁력 역시 저들의 인력개발 현장의 그늘에 가려져 있을 수밖에 없다.

서구식 HRD 프로그램의 한계

현재의 서구식 HRD의 효용은 선진 아시아권에서는 거의 끝나가고 있다. 인도나 싱가포르에서도 제 나름대로 각 국민의 정신적인 풍토에 적응되는 HRD 프로그램을 개발・운용하고 있다. 한국의 기업현장에서도 이미 이런 조짐이 드러나고 있다. 대기업들이 앞을 다투어 도입해 보았던 소위 교육공학식 ISD 프로그램이나 단편적인 미국 경영식 유행성 프로그램을 도입해 보았다. 그것에 의해 한국기업의 HRD가 전에 비해 더 나아진 것이 없음이 밝혀지고 있다. 그저 시행착오였으며 낭비라고 보는 것이 더 타당했다. 말하기 좋아 선진평가기법을 도입한다고 했지만, 실제로 그것을 체계적으로 적용하는 기업도 없다. 실제로 실행하기가 그리 쉽지 않기 때문이다. 물론 그런 프로그램의 투입으로 고객서비스 부문이나 마케팅 부문이 전에 비해 약간 향상된 것을 제외하면 기업의 생산성이 전반적으로 만족할 수준까지 올랐거나, 내부 고객의 관점에서 기업 인력의 능력이나 질이 향상되었다고 이야기할 수는 없었다.

솔직하게 이야기하면, 그동안 한국기업 HRD 현장에 도입했던 각종 미국식 HRD 프로그램은 그저 인력개발과 생산성 향상을 위장한 기업의 낭비에 지나지 않았다는 평가가 오히려 더 합당하다. 제아무리 서구형 선진 HRD 프로그램으로 직원을 훈련해도, 그들의 70% 정도가 월요병에 시달리고 있으며, 회사는 지겨워하는 조직원들을 길러 낼 뿐이다. 틈만 있으면 다른 곳으로 떠나려고 할 뿐이다. 전직률 역시 20% 이상을 넘나들고 있다. 그런 깊은 성찰 없는 미국식 HRD 프로그램은 기대한 성과보다는 오히려 직원들을 내부 불만자로 만들어 놓고 있는 것이다.

그것은 미국식 HRD 훈련 프로그램이 서구인의 행동변화에 적합하도록 만들었기 때문만은 아니다. 혹은 서구의 HRD 프로그램이 학생들을 주요 고객으로 삼는 학교교육과정의 훈련방식을 취하고 있기 때문만도 아니다. 그것은 사원들이 그런 유의 검증되지 않은 HRD 프로그램에 너무 지나치게 노출되어 있어 이제는 그런 프로그램 스스로 고원효과(高原效果)를 내고 있기 때문이다. 그래서 아무리 새로운 프로그램을 투입하고 다그쳐도 투입효과는 더 이상 오르지 않고 그저 미약하기만 할 수밖에 없다. 서구식 처방대로 HRD 프로그램을 온라인(on-line)으로 실시해도 그렇고, 오프라인(off-line)으로 투입해도 실패와 실망의 결과는 그전처럼 나오게 되어 있다. 둘을 혼합해 활용해도 효과는 그렇게 오르지 않는다. 이제는 HRD 훈련피로가 저들에게 쌓여 가고 있기 때문이다. 모두가 훈련피로증후군에 시달리고 있다. 훈련생들이 그저 닭장의 새처럼, 실험실의 동물처럼 검증되지 않은 서구식 HRD 프로그램의 실험대상으로 전락하고 있기 때문이다. HRD를 수행하는 인력개발부서 요원들도 마찬가지다. 이제 저들에게는 오히려 그들의 정신건강에 적합한 '치유의 HRD' 원리와 그것을 실천하는 프로그램의 개발과 도입이 필요하다.

기존의 학교형 HRD 프로그램처럼 기업현장에서 개미처럼 일하는 성인들의 감성과 지력 그리고 수행력의 구조를 외면하면 그 어떤 HRD 프로그램도 실패할 수밖에 없다. 그런 식의 훈련과 가르침의 당위성을 강조하는 서구형 HRD 프로그램은 성인들의 배움력과 창조력 그리고 가변력을 외면했기에, 한국기업의 HRD는 지쳐 있을 뿐이다. 효과가 있다손 치더라도 그것은 반짝효과에 그칠 뿐이다. 그 어떤 교육프로그램이 도입될 때에는 그것이 적용되는 대상에 대한 교육학적 원리와 심리적인 토대가 뒷받침되어야 하는데, 기존의 프로그램은 그것을 철저히 외면했기에 실패는 이미 예견되었다. 실제로 그런 학교중심적 · 강사중심적 · 행동변화중심적인 HRD 프로그램에 대해 불만을 가진 회사원의 경우 그저 1% 정도만이 실제로 불만을 제기하고 나머지 99%는 불만이 가득한 채로 업무에 임할 뿐이다. 이 말은 기업에서 내부고객 중 어떤 불만이 있는 것으로 표출되면 그와 같은 불만을 가진 직원은 다시 평균 8명 정도에게 그와 같은 불만을 연계한다. 그렇게 되면 2시간 안에 회사 전체가 HRD 프로그램에 대해 불만을 갖게 되는 것이다.

이제는 직원들의 잠재력을 기업의 생산성에 효과적으로 연결하기 위해, 가르치고 훈련하는 식의 서구식 훈련중심 · 강사중심 HRD 프로그램보다는 직원들의 잠재력을 자기 스스로 수행하도록 만드는 개별적인 자기주도적 직원중심 한국형 HRD 프로그램을 개발해서 기업현장에 활용해야 한다. 인간은 본질적으로 배우는 동물이며 그런 잠재력을 갖고 태어나기에, 그것을 기업현장에서 자기실현을 통한 기업이윤창출로 연결할 수 있는 새로운 HRD 프로그램이 도입되어야 한다. 그것이 바로 직원 스스로 접하고 익히며 현장에서 만들고 응용하도록 도와주는 '배움학의 HRD' 다. 배움학의 HRD는 기존의 서구식 행동변화중심의 기계적인 HRD 프로그램이 한국기업의 HRD 현장에 뿌려 놓았던 폐악을 씻어 줄 수 있다.

치료에서 치유의 HRD 패러다임으로

한국기업교육현장에서 활용되고 있는 주류 교수-학습이론은 교수체제개발(ISD) 모형이다. 이 ISD가 주도적으로 활용되는 것은 그 이론을 공부하고 귀국한 전문가들이 현장에 많은 탓도 있지만, 보다 현실적인 이유는 다른 곳에 있다. ISD가 저렴한 경비로 사원들을 교육 또는 훈련하는 데 도움을 주는 교수-학습이론이기 때문이다. ISD는 그 이론적인 출발부터가 집체적인 교육훈련을 겨냥하고 있다. 원래 미 육군의 대규모 병력을 집단적으로 훈련시키기 위한 교수-학습 모형으로 활용된 것이 ISD였다. 짧은 시간 내에 많은 사람을 경제적으로 훈련하고 가르치기 위한 방법으로 ISD가 활용되었다. 이 교수체제개발이 강조하는 것은 효과적인 교수-학습설계를 위해 요구되는 다섯 단계 간의 체계적인 연계다. 말하자면, 교수-학습의 분석, 설계, 개발, 구안 그리고 통제가 중요하다. 이런 과정에서 중요한 것이 바로 '체제'라는 개념이다. 체제라고 번역되는 시스템은 요소와 요소 간의 관계를 의미한다. 그러니까 ISD에서 중요한 것은 교수-학습을 촉진하는 요인 간의 원활한 관계맺음이다. 수많은 형태의 평가방식 역시 이런 ISD 형식에 끼워 맞아 들어가게 만든 하나의 부품적인 것이다.

큰 체제를 구성하는 작은 체제 간의 원활한 관계맺음이 잘 되었을 때 그것을 '전이'라고 한다. 이것은 마치 자동차의 자동 '기어'와 같이 이것과 저것이 잘 연결되도록 만든 시스템이다. 예를 들어, 일정한 속도가 가해지면 자동적으로 아랫단의 톱니가 윗단의 톱니로 연결되어 자동차가 무리 없이 원하는 속도대로 앞으로 나가는 것은 바로 자동차를 구성하는 시스템이 원활하게 작동하기 때문이다. 사람들이 인력개발 교수-학습체제를 말하는 것은, 산업교육현장을 마치 자동차나 비행기의 그런 기계적인 작동체제로 상정하는 것이다. 이미 그 전제부터가 교수-학습전략을 잘못된 방향으로 이끌어 가게 된다.

교수-학습체제는 자동차처럼 기계적인 부품의 회로와 같이 작동하기가 어렵다. 기업교육현장은 살아 움직이는 인간들이 배우는 곳이다. 그곳에는 교육내용과 사람 간의 살아 움직이는 엇박자 상호작용이 끊임없이 발생한다. 제아무리 ISD 모형에 따라 교육 프로그램상의 도달목표가 정확하게 진술되어 있다고 하더라도 조화와 부조화는 상황에 따라 다르다. 학습자들의 욕구는 그것을 통해 각자가 추구하는 이해관계가 서로 다르기 때문이다. ISD 체계에 따라 정해진 목표라고 하더라도 학습자 개개인의 욕구를 충족시켜 줄 수는 없다. 기업교육현장에서 요구하는 배움에 대한 이해와 효과는 학습자의 수, 학습자의 이해에 따라 달라질 수밖에 없다. ISD에서 학습자에게 학습효과를 극대화하기 위해 다면평가를 실시한다고 하더라도 결과는 마찬가지다. 학습자들은 고정된 기계가 아니라 상황에 맞추어 변하는 인간이기 때문에 어쩔 수 없다. 학습자 개개인은 교수-학습체제가 기대하는 그런 기계적인 존재가 아니지만, 교수-학습체제에서 요구하는 것은 하나의 목표달성을 위한 표준화된 학습자이기에 둘 사이의 엇박자는 불가피하다.

HRD 현장에 있는 학습자들은 배움의 개별화, 배움의 선호도가 뚜렷한 존재들이기에, ISD는 그들의 욕구를 그 언제나 빗나가게 된다. 가르치는 사람, 가르쳐야 할 교육 프로그램, 그리고 배우는 사람 간에는 늘 부조화가 생기게 된다. 말하자면, HRD 프로그램을 현장에 투입하기는 했지만, 무슨 성과가 있는지에 대해 충분한 자료를 제시하기가 어렵다. 학습자들이 배우기는 배웠지만, 학습자 스스로 무엇이, 어느 정도로 자기의 현업 증진에 도움을 줄 수 있는지에 대해 확신도 서지 않는다. 그저 교육 프로그램을 수행했을 뿐이다.

결론적으로 한국의 HRD가 새로운 도약을 하기 위해서는 HRD의 패러다임을 바꾸는 일을 주도적으로 실행해야 한다. 말하자면, 치료의 HRD나 기업교육으로부터 치유의 기업교육이나 HRD로 그 패러다임을 바꿔야 한국기업교육의 도약이 가능하게 될 것이다. 한국기업교육과 HRD가 미국이나 일본과 경쟁하기 위해서는 최소한 세 가지 새로운 교정작업이 불가피하다.

우선, 기업교육과 HRD의 목적을 치료의 기능에서 치유의 기능으로 그 비전의 감각부터 교정하는 일에 착수해야 한다. 치료(治療)는 기업현장에서 일하고 있는 사원들에게 문제가 있다는 전제로 프로그램을 개발하는 HRD 방식이다. 외부 전문가가 문제를 안고 있는 사원들의 문제를 고쳐 주어야 한다는 방식이다. 이에 반해 치유의 HRD는 사원 내부의 힘을 기대하며 그것이 발현되는 것을 촉진시키는 개념이다. 치유(治癒)는 인간의 내적인 힘과 배움에 대한 개인의 힘을 믿으며 인간의 가치를 존중한다. 인간은 스스로 배우는 동물인 호모 에루디티오로 태어나기에, 모든 사람은 그들 스스로 하나의 개별적인 학습인간이다. 나름대로 명품의 가치를 드러내 보이도록 배우며 또 배울 수 있는 가능성의 존재다. 그들의 가치가 현장에서 존중되며, 그것을 개인 학습자 스스로 인지하고 동기화하여, 현장에 작동하도록 배움의 동기가 가동했을 때 그들은 연못의 오리와는 달리 창공을 훨훨 날 수 있는 백조와 같은 힘을 낼 수 있다. 기업이 생산성을 향상시키기 위해서는 바로 사원 스스로 갖고 있는 잠재력을 겉으로 드러낼 수 있도록 그들 스스로 치유력을 길러 주어야 한다. 그런 치유력을 복원한 사람들이 바로 기업현장이 필요로 하는 인재들이다.

그런 인재들은 그 누가 시키지 않아도 스스로 자기의 배움에 철저한 사람들이다. 배우는 즐거움과 기쁨을 즐기며 그것을 매일 같이 자기와 조직에게 도움이 되도록 만들어 가는 사람들이다. 배우는 즐거움은 개인의 능력에서 시작하는 것이 아니라 일상의 실천과 실행(performance)에서 시작한다. 무엇을 배울 수 있다는 막연한 능력에서 시작하는 것이 아니라, 하나라도 작업현장의 개선을 위해 실행하는 것이 자기라는 존재를 확인하는 방법으로 활용한다.

이제는 바로 기업교육현장이 평생교육과 HRD 그리고 디지털 학습기제의 결합으로 '에지케이션(Edgecation)'의 시대가 되었다. 이런 개념은 지금과 같은 학교 형식의 교육현장에서 활용되는 학습이나 교육과는 질적으로 다른 혁신적인 개념이다. 배움의 속도와 배움의 형태 그리고 배움의 방식 그 자체가 학교라는 공간의 제약에서 벗어나기에, 배움의 성과 역시 학습자 개인의 교육적 필요에 따라 개별화되게 되었다. 평생학습사회, 평생학습기업의 가능성을 확장해 놓은 에

지케이션의 확대가 HRD의 방향을 바꾸고 있다. 이제 학습자들은 단순히 지식을 찾아나서는 정보 항해사들로 존재하는 것이 아니라, 지식의 쓰임새를 각자 자기의 욕구와 기업조직의 욕구에 합당하도록 끊임없이 개조력(reformatting)을 기업현장에서 활용하는 지혜 소유자로 자기의 가치를 높이고 있다. 그런 인간의 가치를 인정하고 그것을 조직의 생산성에 활용하는 기업이 바로 일등기업이며 앞으로도 살아남을 수 있는 기업이다.

배움형 임금피크제

인간이 갖고 있는 배움의 본능을 극대화하는 인적자원개발의 원리를 기업에서는 배움학의 HRD 원리라고 한다. 이 배움학의 HRD 모형을 기업의 구조조정 전략에도 응용해 볼 수 있다. 그것은 배움형 임금피크제로 정리할 수 있을 것이다. 이것을 이해하기 위해 우선 배움이라는 말과 학습이라는 말의 개념적 차이를 다시 제대로 짚어 보고 이해할 필요가 있다.

배움이라는 단어와 학습이라는 개념은 의미가 서로 엇비슷한 것 같지만 실제로는 다른 개념이다. 보기에 별로 다르지 않을 것 같은 그런 의미 차이는 그것으로 문제를 풀어갈 때에는 엄청난 차이를 보이게 된다. 그 차이는 문명발전에 기여할 수 있는 침팬지와 인간의 유전자가 보여 줄 수 있는 가능성의 차이와 같다. 고등동물인 인간과 침팬지는 유전자상 98%를 공유하고 있다. 얼핏 보면 서로가 엇비슷하다. 별 차이가 없을 것 같은 유전자의 차이지만 바로 그 2%의 다름이 끝내 침팬지를 침팬지에 머물게 만든다. 침팬지에게 제아무리 언어를 가르쳐 봐도 그들이 평생 얻는 단어 획득 수는 2세 유아의 어휘력을 결코 넘어서지 못한다. '2%의 차이'가 짐승과 인간이 서로 다른 운명을 갖게 한 것이다. 학습이라는 개념 역시 배움이라는 개념에 비해 2%가 서로 다르게 구별되는 개념이다. 학습이 배움이라는 말에 비해 모양은 엇비슷해도 학습은 배움의 본질에 도달할 수 없는 하부개념일 뿐이다.

침팬지와 인간의 배움력을 서로 엇비슷하다고 견줄 때 야기될 수밖에 없는 그 곤혹감이 한국의 HRD 현장에서도 그대로 드러나고 있다. 각 기업들이 제아무리 기업조직의 학습화, 학습조직의 최적화라는 이름으로 조직원에게 갖가지 훈련, 학습 프로그램을 투입해 보아도 성과는 기대수준을 밑돌기 십상이다. 설사 선진 기업들이 균형성과표(BSC)니 경영관리기법이니 핵심성과지표(KPI)니, 혹은 그것을 통괄하는 ROI 평가기법과 같은 HRD 기법을 활용하여 HRD의 효율화를 꾀해도 결과는 그리 신통치 않다. 각 기업들이 조직원에게 결핍되어 있다고 판단되는 역량을 보충하고 치료해 내려고 노력하고 있지만, 결과는 그렇게 기대 이하일 뿐이다. 그럴 수밖에 없는 이유가 있다. 그것은 인간의 배움과 학습 간의 의미를 제대로 파악하지도 못한 채, 동시에 그것 간의 개념적 차이를 제대로 인지하지 못한 채 인적자원개발을 하고 있기 때문이다. 그것은 마치 암세포가 온몸에 퍼진 채 그 일시적 증후가 피부발진으로 나타난 것을 관찰하고, 그 부위에 머큐롬이나 항생제 연고를 투여해서 치료해 보려고 노력했던 것이나 마찬가지일 수 있다. 몸 안에 뿌리를 내린 병원균을 치유하지 않고 단순히 겉 상처에 투약하기만 하면서 병이 온전히 낫기를 기원한 것이나 마찬가지다.

앞서 나가는 기업조직은 그 나름대로 앞서 나가는 이유가 있는데, 그 이유는 공무원 사회에서도 마찬가지고, 대학 사회에서도 마찬가지며, 가정에서도 마찬가지다. 그것은 사람들이 배우는 것을 조직에서나 자기의 삶에서도 충실하게 실천하고 있다는 점이다. 앞서 나가는 조직일수록 배움이 중요하다는 점에 착안하여 학습조직 같은 것, 평생학습조직 같은 것을 만들어 놓고 있다. 그런 학습조직이 현실적으로 조직원의 복지활동에 연결되지 않으면 그것의 효력은 그 언제나 전시용으로 머물게 된다. 지금처럼 중고령자의 구조조정에 몰입하고 있는 기업 현장에서는 더욱더 학습조직이니 평생학습이니 하는 것을 실제로 그들의 삶에 연결하는 일을 개발해 내야 한다. 중고령자의 배움력을 기업현장에서 최적화할 수 있는 방법이 바로 배움형 임금피크제다.

현실적으로 우리나라 300인 이상 대기업에서 일어나고 있는 정년의 평균연령은 56.8세인데, 국민연금수급 개시연령인 60세에 미치지 못하고 있다. 2013년부터는 사정이 달라진다. 국민연금수급 개시연령이 가시화되기 때문이다. 2033년에는 65세부터 국민연금이 지급된다는 점을 고려하면 중고령자의 활용에 대한 새로운 정책은 지금부터 가시화되어야 한다. 중고령자의 효율적 활용문제는 개인의 안정과 기업경쟁력과 직결되어 있기에, '고용유지를 통한 성장'의 대안으로 중고령자의 역량을 기업생산성에 최대화시킬 수 있는 배움형 임금피크제 도입을 고려해 보아야 한다. 배움형 임금피크제의 도입은 인적자원개발과 보존의 관점에서, 직원들의 핵심역량을 드러내게 하는 치유의 관점에서, 동시에 배움학의 관점에서 기업의 생산성을 위해 기업을 능동적인 학습조직의 장, 액션러닝의 장으로 만들어 놓게 된다.

HRD와 보존형 임금피크제 도입은 구조조정이나 연공급제의 문제점을 완화할 수 있는 보수체계이며, 동시에 개인의 생산 창조력을 기업현장에 성공적으로 이식시킬 수 있는 핵심역량의 전이제도로 쓰일 수 있다. 보다 더 구체적으로는 2013년 이전까지 300인 이상의 기업들은 60세까지의 '배움형 정년보장 임금피크제모델', 2013년부터는 '배움형 고용연장 임금피크제모델' 같은 것을 HRD와 보존의 관점에서 응용할 수 있을 것이다. 정년보장형과 고용연장형 임금피크제는 일단 고용보장, 말하자면 정년보장이나 정년퇴직 후 고용연장 같은 것을 전제로 임금을 조정하는 고용제도다. 정년보장형 임금피크제는 기업이 단체협약이나 취업규칙으로 정한 정년을 보장하는 것을 전제로 임금을 조정하게 되며, 고용연장형 임금피크제는 현행 정년을 일정기간 연장하는 대신 그 기간만큼 임금을 조정하는 것이 원칙이다.

이런 배움형 임금피크제가 도입되면 중고령자들이 갖고 있는 핵심역량이 기업의 생산성을 위해 재활용될 수 있다. 인간의 능력은 생물학적으로는 용불용설의 원리에 따라, 활용하지 않으면 더욱더 무용지물이 되기 마련이다. 동시에, 인간의 배움에는 수확 체증의 법칙이 적용되기에, 인간은 배우면 배울수록 더욱더 조직과 개인의 핵심역량을 증가시키며, 그로부터 조직의 생산성 증가에 기여한다. 이런 것을 염두에 두어야 기존의 학습조직이니 평생학습이니 하는 것들이 제 의미를 갖게 될 것이다. 그것의 시작은 인간의 배움력을 존중하는 조직에서 가능하다.

경영서적들의 맹점

요즘 기업들은 블루오션의 창출에 열광하고 있다. 레드오션을 피하고 블루오션을 선택하라는 경영서적들이 큰 인기를 끌고 있다. 그런 책들을 읽으면 블루오션에 대한 무궁무진한 아이디어가 나올 것이며, 그로부터 기업의 새로운 가능성이 발견될 것이라는 기대감 때문이다. 구조조정에 성공했다는 기업들의 CEO일수록 더 열성적으로 블루오션을 찾아나서는 독서경영을 권장하고 있다. 한편으로는 블루오션을 창출하라고 독려하며, 다른 한편으로는 매일 같이 명퇴자를 생산해 내고 있다. 이윤창출을 위해 모두가 편집증 환자처럼 일해야 한다고 다그치기도 한다.

그 누구든 각종 경영서적을 읽고 나서도 한 가지 점을 제대로 깨닫지 못했다면 그것은 헛 읽은 것이나 마찬가지다. 블루오션이든 레드오션이든 간에 관계없이 모두가 오션이라는 사실과 그 어떤 오션에든 깊숙이 들어가면 참변을 당하도록 되어 있다는 점이다. 그 어떤 경영서적도 이 세상에는 공짜가 없다는 점을 강조하는 것으로 끝을 맺을 수밖에 없다. 모두가 경영을 이해하기 위해 읽어 두면 좋을 책일 수는 있지만 그런 책은 삶의 지표를 세우기 위해 큰 도움을 줄 수 있는 책은 아니다. 유행성이 강한 책일수록 인간의 됨됨이에 대해 진지하고도 깊게 고뇌하도록 만들어 주지는 못한다.

그런 점에서는 먼저 피해야 할 책이 바로 그런 경영서적들일 수도 있다. 저들이 적극적으로 추천하는 각종 경영서적은 시간이 바뀌면 그 기법이나 내용도 달라지는 일회성 아이디어들로 가득 차 있을 뿐이다. 시간이라는 흐름과 결을 따라 이렇게 저렇게 변용시킨 경영 아이디어의 차용서들이기 때문이다. 저들이 주장하는 기법은 객관성보다는 몇 가지 사례와 주관적 견해로 가득하다. 취미로 읽어야 할 책은 끝내 취미로 남는 것이기에, 그런 책을 삶의 지표를 위한 서적이라고 선뜻 권장하기가 어렵다.

인간의 두뇌 속 정보량을 비트로 환산하면 엄청나기만 하다. 약 100조에 해당하는 10의 14제곱 비트나 된다. 세계에서 가장 큰 도서관이 가질 수 있는 장서의 수인 약 2천만 권의 책을 가득 채울 수 있는 정보의 분량이다. 그런 정보는 일단 뇌에서 매우 불충분한 상태로 출발하여 대단히 복잡한 것으로 발전한다. 이런 뇌를 제대로 쓸 때 사람들은 자기 나름대로의 삶의 질과 인간에 대한 품격을 높이게 된다.

인간의 두뇌력이 발달하도록 만들어 주는 것이 배움이다. 그것은 물체를 보기 위해 필요한 기본적 신경회로는 유전자 정보로 완성되지만, 물체를 보는 기능은 배움을 통해 얻는 것과 같은 이치다. 이런 배움의 속도나 효율성을 높여 주는 수단이 바로 학습방법이다. 학습은 인간의 배움을 위한 하나의 단순한 도구일 뿐이다. 어떤 방법이나 수단을 택하는가는 개인적인 선택에 따라 다르지만, 어떤 선택을 하느냐에 따라 삶의 질이 달라진다. 예를 들어, 인간됨을 배우기 위해 책이라는 수단을 택할 수 있다. 이때 인간이 되는 것은 배움을 의미하며, 그것을 위해 책을 선택한다는 것은 독서법을 지칭한다. 이것은 마치 예수와 붓다의 믿음을 배우기 위해 성경과 불경을 학습하는 이치와 같다. 이때 중요한 것은 예수나 석가에 대한 배움이 성경이나 불경과 같은 학습법보다 우선해야 한다. 인간이 무엇인지를 알기 위해 도박이라는 방법을 활용할 수도 있다. 도박학습법이 인간이란 존재가 무슨 동물인지를 알게 해 주기는 하겠지만, 그 학습법은 끝내 그 당사자 개인에게는 파괴적일 뿐이다.

이런저런 것을 고려해 보면, 현명한 CEO들이 사원들에게 권할 일은 그리 많지 않을 성싶다. 불필요한 일에 더 이상 그들의 머리를 혹사시키지 말라는 말이 더 도움이 된다. 현명하지 못한 보스(Boss)들 때문에 죽어 나는 것은 직원들뿐이기 때문이다. 그들 최고경영자들은 더 이상 미국 직장인들이 보스를 야유하기 위해 역순으로 즐겨 읽을 때처럼 "Double S.O.B"가 되지는 말아야 한다.

인간능력과 HRD 전문가의 역할

사람은 각기 나름대로의 개별적인 가능성을 갖고 있다. 무엇을 새롭게 만들어낼 수 있는 가능성, 무엇을 독창적으로 표현해 낼 수 있는 가능성, 무엇을 유별나게 잘 해낼 수 있는 가능성 등등 온갖 가능성을 갖고 있다. 그런 각각의 유별난 고유의 가능성을 교육심리학자들은 인간의 다중지능이라고 부르기도 한다. 다중지능론에 따르면, 인간의 능력은 언어적 지능, 논리수학적 지능, 음악적 능력, 신체운동적 지능, 공간적 지능, 대인관계 지능, 자기이해 지능, 자연탐구 지능, 실존적 지능 등등으로 갈라질 수 있다. 그 밖에 또 다른 인간의 능력이 있을 수 있는데, 그런 것을 또 다른 용어로 그 얼마든지 새롭게 명명할 수도 있다. 이런 다중지능론은 그 옛날처럼 사람들은 아이큐(IQ)라고 부르는 일반지능과 같은 단일한 능력이 아니라 다수의 능력이 인간의 지능을 구성하고 있으며, 그 다양한 능력의 중요성은 서로서로가 엇비슷함을 드러내고 있다. 결국, 인간의 능력에 대한 다중지능론은 기존의 지능점수가 함축하고 있는 의미보다 넓은 시각에서 인간의 잠재적 능력을 이해하도록 만들어 준 것이다.

사람이란 다중지능 중 그 어느 한 가지의 역량은 갖고 있기 마련이다. 각 나름대로 각기의 재능 가능성을 현실적으로 구현해 놓는 것을 자아실현이라고 부른다. 모든 사람은 자아실현을 위한 개인적인 가능성과 역량을 가진 독립적인 존재다. 인간의 자아실현 가능성은 개인의 지문 차이만큼 서로 다르다. 이 세상에 태어나는 사람은 유전인자(DNA)의 구성 배열로 보아 동일한 사람은 존재하지 않는다. 쌍둥이 형제 자매로 태어나도 그들은 유전인자상으로는 서로 다르다. 그래서 이 세상에 태어나는 인간은 생물학적으로는 온전히 서로 다른 존재이며, 개별적인 존재이기에, 그 누구든 '최초의 인간' 일 수밖에 없다.

인간은 그 누구나 최초의 인간으로 태어나고 최초의 인간으로 죽어 가기 때문에 물이나 철, 다른 생물과는 그 속성이 근본적으로 다르다. 댐 안에 고여 있는 물은 한 번 써 버려도 다시 모아 터빈을 돌리면 전기를 다시 발생시킬 수 있다. 먼저 쓴 물이나 나중에 쓸 물은 어차피 그 속성이 같으며, 터빈 역시 속성이 똑같은 철로 만들어 쓰면 되기 때문이다. 사람은 저들과 같은 물이나 철과 같은 물질과는 속성이 완전히 다르다. 사람들은 겉모습으로는 모두가 엇비슷한 사람이라는 모습을 하고 있지만, 그들의 개별적인 능력이나 역량은 엄청나게 다르다. 예를 들어, 제아무리 서로 다른 곳에서 퍼온 물이라고 하더라도 그 물의 총량을 100리터 모아 최대한 활용함으로써 생산해 낼 수 있는 전기량은 그 언제나 일정하다. 그에 비해 한 사람당 각각 드러내 보일 수 있는 힘은 저들 물의 총량과는 본질적으로 다르다. 서로 다른 사람 100명을 모아 그들의 힘으로 만들어 낼 수 있는 전기의 총량도 다르고, 그것을 활용하는 힘들도 다르다. 그것은 각 개인이 가진 개별적인 지능이 다르고, 그것을 가지고 무엇인가 만들어 낼 수 있는 역량이 다르고, 무엇으로 변화하게 될 개별적 가능성부터가 서로 다르기 때문이다.

따라서 사람의 힘을 활용하는 사람일수록, HRD 전문가라고 자부하는 사람일수록 '기업의 배움학' 의 전문가가 되어야 한다. 그 어떤 사람이든 그들이 사람으로 태어난 이상, 모든 사람은 동일한 존재라는 생각부터 버려야 기업의 배움학을 시작할 수 있다. 사람은 사람으로 태어났기에 서로 다른 재능, 서로 다른 아이디어, 서로 다른 가능성, 서로 다른 역량을 가질 수밖에 없다. 기업은 그런 사람들의 힘을 최대한 활용하는 일터다. 개인의 서로 다른 능력이 기업의 생산성에 도움이 되도록 하기 위해서는 지금처럼 소나 말을 부리는 식의 HRD를 가지고는 그 언제나 후진국 기업교육의 신세를 벗어나기 어렵다. 기업마다 인적자원의 개발이 제대로 되려면, 바로 인간의 능력, 인간의 가능성, 인간의 쓰임새에 대한 관점의 전환이 분명해야 한다. HRD 전문가란 바로 그것을 모아 기업의 생산성을 위한 시너지로 전환시키는 일을 직업적으로 행하는 사람들이기에, 인간자본, 교육자본에 대한 기업의 배움학적 관점을 세우는 사람들이다.

창조계급

『Creative Class: 창조적 변화를 주도하는 사람들』은 국가를 경영하겠다고 나서는 사람들이나 기업의 총수, 혹은 대학의 총장에 이르기까지 경영 CEO들에게 필독서가 되어야 한다. 이 책은 국가나 조직을 살리는 원동력이 바로 창조계급인데, 이들을 제대로 육성하고 경영하는 사람들이야말로 조직을 제대로 경영할 능력이 있는 사람들이라고 넌지시 알려 주고 있다. 이 책은 현실적으로 창조계급을 제대로 활용하고 있는 미국의 지식경제에 주목하고 있다. 연구개발에서 영화산업, 음악, 영상, 신문, 예술, 미술산업에 이르기까지 이 지구상에서 나타나는 창조산업의 규모는 약 300조 원에 이른다. 이 중 40% 이상을 차지하고 있는 나라가 바로 미국이다. 물론 미국은 지식경제를 기반으로 하는 창조산업에 성공한 나라이기도 하지만, 그런 성공은 끝없는 실패의 경험을 바탕으로 이뤄진 것이다. 바로 그런 과정에서 창조계급을 어떤 식으로 경영함으로써 창조산업에 성공해 왔는지의 노하우를 익히는 것이 우리에게 있어서 중요하다.

'창조계급(Creative Class)'이라는 말은 그리 이해하기가 어려운 말이 아니다. 계급이라는 말에 껄끄러운 감이 있을 수는 있으나, 그냥 집단, 팀, 동아리, 비슷비슷한 일을 즐겨하는 사람들의 모임 정도로 이해하면, 창조계급이란 경제활동 중 특히 창조적 일에 종사하는 사람들을 말하는 것뿐이다. 이런 창조계급에는 컴퓨터 프로그래머, 음악가, 예술가, 과학자, 교사, 연예인, 디자이너, 건축가 등과 같이 무엇을 새롭게 만들어 내려고 노력하는 '순수 창조의 핵'과 같은 전문직 종사자들이 우선적으로 속하게 된다. 동시에 관리직, 사업경영 및 재정운영직, 법률직, 금융직, 건강관리직, 국가공공부문의 관리직 등 지식집약형 산업에 종사하는 응용과 적용의 '창조적 전문가' 역시 창조계급에 속한다. '창조적 전문가'들은 그들의 일에 더욱 창조성을 발휘함으로써 '순수 창조의 핵' 으로 이동할 수 있는 넓은 가능성을 갖고 있다. 결국, 창조계급은 특수한 계층이 아니라 모든 사람에게 공통으로 해당되기도 한다. 자신의 일에서 창조성을 발휘하여 경제적 이윤을 추구하고 있다면 그 역시 창조계급에 속할 수 있기 때문이다.

이들 창조계급은 미국의 경우, 노동인구의 30%가 넘는 4,000만 명에 달하고 있다. 이들은 지식경제와 여가문화시장에서 이미 가장 영향력 있는 사회계층으로 자리 잡고 있다. 그들은 직장문화를 변화시키고 있으며, 경직된 수직적 조직사회를 수평적 관계로 완화시키고 있다. 이들의 직무형식도 다양하다. 이들은 기본적으로 억눌림을 혐오한다. 이들을 잘못 통제하면 그들은 수증기처럼 사라지고 모래알처럼 흩어진다. 이들은 하나의 기업으로 빨려 들어가려고 하는 하루살이 불나방의 속성보다는 여유 있는 직장, 창조적 마을, 창조적 도시를 찾아 그들의 발길을 돌리는 여행객의 속성을 지니고 있다. 이들은 새로운 도시문화 형성의 주역이 되고 있다. 그들은 넥타이와 검정구두, 신사복으로 무장하기보다는 간편한 복장, 자유로운 시간관리, 다양한 여가활동, 그리고 자신의 가치관과 독자성을 드러내 주는 공동체로의 자발적 참여를 통해 남들과는 차별화되는 일상을 살고 있다.

창조계급의 일상적 업무와 생산성은 미국 안의 기업, 도시, 국가경제에도 심각한 파급효과를 끼치고 있다. 미국 내 도시들이 지니고 있는 창조성의 지수와 하이테크 산업의 발전지수를 비교했을 경우, 창조성의 지수가 높은 샌프란시스코, 시애틀과 같은 도시가 주로 하이테크 산업의 발전지수가 높았다. 또한 창조성이 높은 도시는 대개가 사회변화와 지식경제의 혁신성, 다양성, 문화적 관용 등에서 높은 지수를 나타내고 있었는데, 이런 도시중심의 하이테크 산업은 창조계급에 의해서 주도되고 있었기 때문이었다. 이 점에서는 대학도 예외가 아니었다. 대학의 공동체 분위기 역시 창조산업의 발전에 결정적이었다. 지식경제에 성공하는 대학들은 그 나름대로의 이유가 충분히 있었던 것이다.

이들 창조계급의 무한한 생산가능성과 창의성을 북돋우기 위해서는 조금 특별한 처방이 필요한데, 그것은 '잡 스컵팅(job sculpting)' 관리기법이다. 창조계급에 속한 그들 스스로 그들의 업무와 일을 마치 조각하듯이 작품화해 내도록 만들어 주는 일이다. 어차피, 창조적인 일은 반복될 수도 없을 뿐더러, 머릿속에서 일어나는 창조적인 일을 감시할 수도, 끄집어 낼 수도 없기 때문에 그들에게 창조적인 작업을 예술화하여 현장에 드러내도록 만들어 주는 일이 필요하다. 이런 일에 실패하는 기업의 총수나 대학의 총장, 혹은 관료는 지식경제산업에서는 낙오될 수밖에 없다.

카네기 멜론 대학의 지역경제개발학 교수인 리처드 플로리다의 역작인 『창조적 계급』이라는 책은 미국 경제사회에 대한 깊이 있는 성찰을 통해 창조적 계급, 창조적 자본, 그리고 창조적 경제라는 새로운 개념 간의 상관성을 제시함으로써 우리 사회의 발전방향 설정에도 매우 유용한 패러다임으로 쓰이게 도와주고 있다.

기업경영의 문맹

새 학기 강의가 시작되었다. 4학년 학생들과 졸업생들이 찾아왔다. 진로에 대해 고민하는 그들이었다. 꿈은 있었지만 욕심은 사라진 그들이었다. 그들은 나라를 향해 볼멘소리도 거침없이 해댔다. 저들에게 일자리를 마련해 주지 못하는 정부를 무능하다고도 했다. 그런 그들에게 배부른 소리를 해줬다. 성현의 말씀을 가슴에 새기라고 했다. 성현이 이르기를, 강물을 역행하는 배처럼 꾸준히 공부를 해야 배움이 후퇴하지 않는다고 했다. 그 어디에 있든 자기계발을 위해 노력하고 게으르지 말아야 사람의 모습을 되찾을 수 있다는 말씀이었다. 한술 더 떠 그들에게 이야기했다. 아무리 월급이 좋다고 하더라도 삼성전자 같은 곳은 재고하라고 했다. 삼성전자에 대한 나의 무의식이었다. 설령, 들어간다 하더라도 임원이 되는 일은 피하라고도 했다. 오히려 대기업의 임원을 삶의 반면교사로 삼으라고도 일렀다.

요즘 대기업의 임원들이 번다하게 대학 이곳저곳으로 나들이를 한다. 문제도 제기하고 나름대로 해결책도 내놓는다. 대개 결론은 대학에게 경쟁력을 가지라는 것으로 끝난다. 귀 기울여야 할 이야기다. 한참 그들의 말에 열중하다보면 또 다른 결론에 도달한다. 아무래도 경쟁력을 갖추어야 될 사람은 그들이었다. 그들 CEO의 경쟁력이 갖추어져야 우리 아이들도 살고 나라도 제대로 숨 쉴 수 있을 것 같았다. 저들의 이야기를 곱씹어 들으면 그들의 배움이 어느 정도인지에 대해 '거시기'를 확실하게 포착할 수도 있었다. 그 거시기는 아무래도 그들의 지력, 어쩌면 지적 소양(intellectual literacy)을 말해 주는 것이었다. 저들에게 필요한 것은 소양보다는 속도경영이었다. 마음의 여유를 늘리고 정서의 여백을 넓히라는 주문은 끝내 사치일 뿐이었다.

화살이 삼성전자로 던져지기는 했으나, 그것은 취업 이야기를 하다 보니 그저 튀어나온 말이다. 꿈을 키우기 위해서는 대기업만을 택하는 것을 피하라는 속내에서 나온 말이었다. 덩치 큰 회사에서 임원이 되려면 그들의 정신건강은 해칠 각오를 해야만 한다는 뜻에서였다. 임원으로 오르기 위해 저들이 빼놓은 쓸개와 배알을 생각하니 저절로 튀어나온 소리였다. 모두가 의아해했다. 그런 대기업에 입사를 하지 못해 안달인 그들이었다. 제대로 살려면 그런 곳을 피하라고 하니까 이상할 뿐이었을 것이다. 게다가 삼성전자 같은 대기업의 임원이 되면 엄청난 월급을 받게 되는데 그것을 피하라니 더욱더 혼란스러웠던 것 같다. 아예 이해가 되지 않는다는 눈치를 보였다. 그들이 옳았을 것이다. 나에게 이유를 물었다. 나는 대답했다. 무지해지기로 작정했다면, 정신없이 살려고 했다면 그렇게 하라고 넌지시 말했다.

저들 임원들에게는 '정말로' 시간도 없고 여백도 없는 것 같다. 전문기술과 지식을 배울 시간이 없다는 것이 아니라, 지적인 소양을 넓힐 짬이 없는 것 같았다. 지적 소양을 넓히는 주문은 이미 그들에게 부질없는 것이었다. 그들의 삶이 그렇게 짜여 있는데 도리가 없을 것이었다. 대기업에서 임원이 된다는 말은 높아진다는 것이 아니라 추락한다는 것 바로 그것과 엇비슷해지는 것이었다. 그들 스스로 그들의 삶을 쳇바퀴 속에 갇혀 있는 다람쥐처럼 만들어 간다는 것이었다. 한 예로 어느 대기업 임원의 하루일과를 보면, 아 저런 삶도 있구나 하는 비명이 나올 듯했다. 눈을 뜨면 그의 삶은 이렇게 시작할 수밖에 없었다. 5시 30분에 일어나서 11시 30분 정도에 잠자리를 청할 때까지 그들의 생각은 오로지 업무 이외의 것은 생각해 볼 수가 없다. 그런 일정과 그런 삶이 365일 반복된다. 그들의 삶에서 지적 소양을 넓히는 배움이란 끝내 지루하다. 그들을 매일 같이 반기는 것은 결재서류, 회의서류, 업무보고서 들이다. 그들의 배움은 오만 가지 정보로 가득 찬 신문의 몇 쪽 속에 갇혀 버리기 일쑤다.

용기를 낸다고 해도 서너 쪽의 교양서에 주말을 저당 잡힐 뿐이다. 이것이 바로 그들의 경쟁력을 키우는 소양이라면 모두가 큰일 날 일이다. 토플러는 그런 임원들을 일컬어 기업경영의 '문맹'이라고 불렀다. 지위가 무엇이든 권력이 어떻든 간에 그들은 학맹(學盲)이며 학치(學癡)들로 분류된다. 배움을 거부하며 자기실현에도 역행하기에 기업문화의 경쟁력은 끝내 추락한다. 그들에게 학위가 없어서 하는 말이 아니며, 저들에게 경영술이 없어서 그러는 것도 아니다. 그들에게 전문지식이 없어서 학치라고 말하는 것은 더욱더 아니다. 오히려 정반대일 뿐이다. 학위와 자격증, 경력에 기댄 채, 새로 배우기를 기만하기 때문에 그렇게 불리는 것이다. 오래전에 배웠던 것을 잊지 않고 되뇌고만 있어서 학치가 된다. 잊어 먹은 것을 다시 배우지 않아서 그들은 학맹이 된다. 대학에서 그래도 사람답게 살라고 배웠던 아이들이 저들처럼 학맹이나 되지 않았으면 하는 마음에서 그들에게 또다시 훈계를 하고 말았다.

불치하문(不恥下問)의 CEO 경영

"변화를 놓치는 것이 가장 위험하다." "우리는 실패를 통해서 배운다." 마이크로소프트(MS)의 빌 게이츠(Bill Gates) 회장이 55세의 나이로 경영일선에서 물러나면서 남긴 말이지만, 미국에서 열린 ASTD 연차대회에서도 마찬가지로 확인된 주제다. 빌 게이츠는 자신이 한 말을 그대로 실천에 옮겼다. 그동안 불려 왔던 'IT 황제'에서 '자선사업황제'로의 변화를 선언한 것이다. 빌 게이츠가 전 세계인의 주목을 받는 이유는 그가 세계적인 갑부이기도 하겠지만, 무엇보다도 스스로 변화를 만들어 내는 창조적 CEO였기 때문이다.

그가 앞서가는 CEO였다는 점은 사회기부도 다 때가 있음을 제대로 알아차렸다는 데에서 확인된다. 사람에 대해 배우고, 사회에 대해 배우고, 부하직원에 대해 제대로 배우는 CEO만이 사회기부의 용처와 시기를 제대로 알기 마련이다. 마지못해 욕먹으며 응하는 사회적 환원은 결코 자긍심을 보장받는 사회환원이 되기 어렵다. 그 어떤 CEO도 지금 이 시대가 변화의 시대라고 이야기하고는 있지만, 스스로 그 변화에 능동적으로 대처한 적은 별로 없는 것 같다. 앞서 가는 변화를 자기 것으로 다스리기 위해서는 사회에 대해 배우고, CEO의 능력에 대해 새롭게 배워야 한다.

배움은 그리 어려운 것이 아니다. 그저 자신을 낮추어 묻기를 부끄러워하지 않는 '불치하문(不恥下問)'의 마음가짐과 '항상 그 자리에서 본질을 생각하는 거경궁리(居敬窮理)'의 자세가 배우는 자세다. 사회를 위해 무엇을 해야 할지 부사장이나 상무에게 물어야 될 일이 아니다. 그들에게 바른 대답을 바란다는 것은 개구리에게 염불을 외우라고 하는 것보다 더 어불성설이기 때문이다. 그저 쉬는 어느 날 길거리에 나서서 지나가는 시민에게 묻거나, 화장실을 청소하는 아주머니에게 공손하게 물어보기만 해도 자기가 현재 하고 있는 일이 제대로 된 것인지 아닌지를 진솔하게 대답해 줄 것이기 때문이다.

그저 공자처럼 불치하문만 하면 답은 저절로 나오게 되어 있다. 공자 스스로 구멍 아홉 있는 구슬에 실을 꿰려고 했지만 결국은 실패하다가 문득 바느질을 하는 아낙네에게 그 방법을 물어보고서야 구슬에 실을 꿸 수 있었다는 공자천주(孔子穿珠)에서 알 수 있듯이, 공자는 배우는 일에서는 나이의 많고 적음이나 신분의 높고 낮음에 관계하지 않고 자신보다 못한 사람에게 묻는 것을 부끄럽게 여기지 않았다. 질문을 통해서 문제에 대한 새로운 해답을 찾을 수 있다면 그 무엇이든지 좋다는 '조문도석사가의(朝聞道夕死可矣)' 하는 배움의 자세가 오늘의 CEO에게도 여전히 옳기만 하다.

또한 퇴계(退溪)와 율곡(栗谷)의 문답에서도 볼 수 있듯이, 언제나 항상 그 자리에 머물러 내면의 세계를 분별하고, 그 본질을 골똘히 생각하여 외면의 세계를 파악하는 수양법인 거경궁리도 필요하다. 그저 밥을 먹을 때는 밥 먹는 생각만 하고, 걸을 때는 걷는 데 집중하고, 책을 읽을 때는 책 읽는 데 푹 빠지면 된다. 번 돈을 사회에 기부하려면, 그것의 정치적 용처에는 신경 쓸 이유가 없다. 그저 봉사하는 마음 그것만 가지고 하면 될 일이다. 칙센트미하이(Csikszentmihalyi)가 이야기하는 몰입이나 불교에서 말하는 삼매(三昧)가 사회기부에도 그대로 적용되어 사회환원에도 삼매의 정신이 필요함을 알려 준다. 주일무적(主一無適)하여 사회봉사에 마음을 집중함으로써 잡념을 버리고 어느 한 곳에 푹 빠지는 경지, 마치 궁사가 활을 쏘면서 자신도 모르는 사이에 화살이 쏴지는 그런 경험의 축적으로 사회를 위해 환원하면 그 언제라도 칭송받을 일만 남아 있게 된다.

조직구성원들의 창의성을 높이기 위해 CEO가 해야 할 최우선 과제는 무엇보다도 구성원들의 독창적이고 창의적인 사고를 조직의 성과와 연계하는 작업일 것이다. 그렇게 하기 위해서는 CEO 스스로 먼저 배워야 한다. 조직문화의 관점에서 말하면, CEO일수록 훈련이 적은 사람이고, 말은 제일 많은 사람이다. 초임 직원일수록 연간 100여 시간 이상의 직무훈련을 받으면서 최신기법을 익히고 있는 데 반해, CEO일수록 연간 10여 시간의 훈련체험도 없는 형편이다.

평생 배움의 시대에 생존, 성장, 발전할 수 있는 기업인들이라면 모두가 다르게 생각할 줄 알아야 한다. 다르게 생각한다는 것은 항상 남들과 다른 시각에서 남들과 다르게 먼저 변화한다는 것을 말한다. 회사가 금과옥조처럼 이야기하는 전통적인 기업경영과 그것에 따른 관행적인 조직문화를 새롭게 바꾸는 기업인이 먼저 배우는 기업인이다. 다시 말해서 자신들이 지켜 온 전통을 적으로, 그들이 그동안 의지해 온 조직문화의 관행을 적으로 간주하고 새롭게 바꾸는 사람들이 앞서 배우는 기업인들이다. 그래서 전통적이라는 말은 전통을 지키라는 말이 아니라 전통을 적으로 간주하라는 말이고, 관행적이라는 말은 관행을 그대로 답습하라는 말이 아니라 그것을 적으로 여기라는 말로 해석하는 기업인이야 말로 새롭게 배우는 용기 있는 기업인이다.

진정한 기업가

삼성 이건희 회장 일가가 짓고 있는 사저가 사회문제로 불거졌다. 이 주택단지는 세계 최대 부자 중 한 사람인 마이크로소프트 빌 게이츠 회장의 저택을 짓기 위해 들인 비용보다도 더 많은 돈이 들어갔다. 이 사실은 이 회장가가 스스로 밝힌 것이 아니다. 전말은 고소사건으로 알려졌다. 이 회장의 사저가 들어설 대지 건넌 편에 이미 자리 잡고 있던 또 다른 대기업 농심의 신춘호 씨의 고소가 그 시발이기도 했다. 대학생들도 삼성 이 회장 일가의 주택문제에 대해 관심을 보이고 있다. 대기업인이 어떤 집에 살고 있는지, 그들의 삶이 어떤지에 대해 알려진 것이 없었기에 생길 수 있는 당연한 호기심이다. 그때부터 이건희 회장의 타운에 대해 이러쿵저러쿵 하는 소리들도 함께 번지기 시작했다. 그래도 그는 행운의 기업가다. 어느 독자의 글만 보아도 알 수 있다. 옛날과는 많이 달라졌다. 그는 이렇게 썼다.

> 성공자의 집이 화려한 것은 당연하지 않나요. 그보다 더 좋으면 어때요. 대한민

국 1등 기업회장이고 이런 분 10명만 있으면 우리 국민 세금 한 푼도 안 내도 되는데. 이 회장님 같은 분이 돈이 필요할까요. 대한민국을 세계일등 국가를 만드는 것이 회장님의 꿈이 아닐까요. 이 회장님에게 대한민국 국민은 격려와 칭찬뿐이라고 생각됩니다.

기업이 내는 세금의 쓰임새가 그 어떻든 간에 관계없이 이런 독자가 있다는 그것 자체가 이건희 회장에게는 복이다.

기업가가 정당하게 번 돈을 당당하게 쓰는 것은 비난받을 일이 아니다. 지금 사회는 원시경제사회가 아니고 고도로 발달된 자본주의사회이기에 더욱더 그렇다. 원시경제에서는 개인이 공동체보다 더 두드러지게 사는 경우는 없다. 족장의 집이라고 해서 부족원의 집보다 더 웅대해야 하는 법이 없다. 모두가 함께 살아야 한다는 것이 공동체 모두의 몫이기 때문이다. 원시사회, 원시경제에서는 부족 모두가 함께 굶게 되는 경우가 있을 수는 있지만, 어떤 개인 혼자만 굶어 죽는 일은 있을 수가 없다. 이 부족원들이 행하는 경제적 행위와 교환은 상행위라기보다는 부족을 하나로 묶어 두는 사회적 유대활동일 뿐이다. 그것을 지금말로 증여라고 하고, 그 증여가 바로 부족을 구하는 경제적 행위의 토대가 된다. 이 증여를 모르고 어느 개인이 혼자서만 이익을 독차지하려고 할 때 공동체는 무너지게 된다. 지금의 이 사회는 그런 부족국가의 사회도 아니고 원시경제사회도 아니기에, 모든 기업가가 그런 증여만을 생각하며 기업을 운영할 수는 없다. 그래서 그런 원시사회에서 통용되는 식의 증여활동을 하는 기업가를 보고 사람들은 멋있는 사람 혹은 무모한 기업인으로 부르곤 한다.

그러나 그런 기업가를 무모한 사람이라고 부르는 일은 부당하다. 그들은 이 사회에 목탁이 되는 멋쟁이들이기 때문이다. 그들은 부를 재산으로 보기보다는 경(敬)으로 바라보는 사람들이다. 사회에 대해 그들의 재산을 과시하기보다는 사회를 어려워하며 사회를 두려워하기 때문이다. 그들은 재산을 누리는 것으로 보기보다는 사회에 대한 배려로 보는 기업인들이다. 그런 사람들을 꼽으라면 당연히 증권가의 대부인 워렌 버핏이 그 명단에 들어가야 한다. 그는 46조 원을 갖고 있는 빌 게이츠보다 약 5조 원이 적은 41조 원을 갖고 있는 기업인이다. 그는 돈의 위력보다는 돈의 쓰임새를 알고 있다. 그 역시 빌 게이츠 못지않게, 자기의 재력에 걸맞은 저택에 살고 있다. 사실 버핏의 저택은 시가로는 한 5억 원 정도의 저택일 뿐이지만, 그의 식솔이나 주택이 위치한 장소로 보아서는 큰 저택임에 틀림없다고 보는 것이 버핏의 입장이다.

그는 미국인들에게 깊은 존경과 신뢰를 얻고 있는 기업인이다. 그 스스로 자기의 모국인 미국에게 빚지는 법을 넌지시 가르쳐 주었기 때문에 그들은 그런 예우를 받고 있다. 뭐하나 제대로 조직되어 있지 않은 미국이라는 사회이기는 하지만, 그 사회로 하여금 개인의 노력에 경외하도록 만드는 법을 가르쳐 준 기업인이 바로 그였다. 그는 돈을 버는 기업가였지만, 미국사회를 위해 필요한 교육의 정신은 바로 남을 위한 봉사에 있다는 것을 온몸으로 보여 주었다. 그는 공식석상에서 이렇게 말했다. 그가 죽으면 그의 모든 재산 중 1%만 아내인 수전 버핏에게 남겨 주고, 나머지 재산의 99%는 자녀들이 아닌 사회에 증여한다고. 위대한 결정이었다. 불행하게도 수전 버핏은 그것을 받기도 전에 이승을 먼저 떠나가 버렸다. 그러면서 그녀 역시 모든 재산을 사회에 증여했다. 버핏에 질세라 사회 이곳저곳에 조건 없는 기부를 하고 있는 게이츠는 그전만 하더라도 보통의 기업가적인 정신의 소유자였다. 사회사업가인 지금의 부인을 만나기 전까지는 기부라는 단어 자체를 이해할 수 없었던 졸부에 지나지 않았다. 그녀가 게이츠가에 들어선 후부터 게이츠는 위대한 기부가로 변신했다.

그들은 이 시대를 멋있게 살아가는 사람들이다. 기업인이 갈 길이 무엇인지, 삶의 향기가 무엇인지를 사람들에게 넌지시 가르쳐 주고 있는 살아 있는 재신(財神)들이다. 그들은 참으로 어려운 결정을 할 수 있었기에 그런 멋있는 일을 해냈던 것이다. 그들이 행했던 가장 어려운 일은 기부를 하겠다는 그 결심이 아니었다. 가장 힘들었던 일은 따로 있었다. 그들의 주위를 맴돌며 이윤증식을 강변하던 측근 참모들을 따돌리는 일이 그야말로 가장 어려운 결단이었다.

인간을 인간으로 이해해야……

한국의 HRD가 더욱더 발전하기 위해서는 여러 가지 점을 진지하게 연구해야 한다. HRD의 목적, 그것을 뒷받침하는 이론과 실천 프로그램, 지원체계 등 각 부문에서 아직까지도 나름대로 체계를 갖추고 있지 못하다. 무엇보다 HRD의 목적이 치료중심적이다. 다시 말해서, 직원은 기업의 이윤이나 생산성을 향상시키기 위해 부적절한 지식이나 기술을 갖고 입사한다고 보고 있다. HRD를 통해서 그것을 교정해 주지 않으면 기업의 생산성이 향상되지 않는다는 것이다. 그것을 교정해 주기 위해 각 기업이 실행하는 HRD 프로그램은 대개가 능력개발 지향적일 수밖에 없다. 개개인에게 기업의 이윤추구 요구에 효율적으로 대처할 수 있는 지식과 능력(competence)을 길러 주는 데 힘을 쏟고 있다. 기업의 생산성 향상에 도움이 될 것이라고 판단되는 여러 가지 지식을 집단적이고 집합적으로 가르치는 일에 힘을 집중시키고 있다. 능력개발과 관련된 잡다한 정보에 기업현장에서 요구되는 부가가치를 가미시킨 그런 지식을 집단훈련의 방법으로 사원들에게 집중한다. 대량집체교육중심, 훈련중심, 능력개발중심인 한국기업교육현장에서 가장 영향력을 행사하는 교수-학습이론이 바로 ISD 개발방식이다.

한국의 기업교육이 일본이나 미국의 HRD 그것과 경쟁하기 위해서는 몇 가지 진지하게 근본적인 관점에서 다시 생각해 보아야 한다. 그것의 출발점은 인간에 대한 바른 이해에서 시작한다. 이어 인간의 배움이 무엇을 의미하는지, 그리고 기업교육현장에 약방문처럼 되뇌고 있는 학습체제가 무엇을 의미하며, 어떻게 작동하는지에 대해 보다 본질적인 이해가 필요하다. 이런 이해들은 한국기업교육과 HRD의 토대를 제대로 쌓기 위해 필요한 기초적인 이론적 토대 개념일 뿐이다.

기업교육과 HRD 프로그램을 제대로 작동하기 위해서는, 첫째 사람에 대한 제대로 된 관점부터 세우는 일이 필요하다. 그것의 시작은 '사람은 사람이다.' 라는 바른 관점이어야 한다. 이런 관점은 그동안 경영학자들이나 미국식 인력개발론자들이 주장해 온 것과 상반되는 주장이다. 그들은 습관적으로 이렇게 이야기한다. 사람은 자원이 아니라 자산이라고 주장한다. 사람을 자원으로 보는 것을 극복하고, 사람을 바로 기업의 자산으로 보아야 한다는 것이 그들이 주장하는 HRD의 핵심이다.

인간을 자원으로 보거나 혹은 자산으로 간주하는 두 개의 주장이 질적으로 다른 것 같지만, 원론적으로 두 개의 주장은 결국 같은 내용에 지나지 않는다. 두 주장은 하나 같이 사원은 기업의 자원이든 자산이든 간에 관계없이 기업의 이윤을 위한 도구이며 방법이라는 점을 강조하고 있기 때문이다. 한 사람이 어느 회사에 입사했을 때 그 사람은 사원이 되는 즉시 그 기업의 자산으로 편입되는 것이다. 그렇게 사원이 기업의 자산으로 편입된다면 그 사람은 끝내 기업을 위한 장치이며 도구일 뿐이다.

이런 생각이 바로 문제의 시작이며 사원에게 피로감을 쌓아 주는 출발점이다. 인력개발 프로그램은 사원이 기업의 자산이라는 오랜 전통을 갖고 있다. 사원을 기업의 자산으로 만들어 주는 공정과정이 인력개발 프로그램이라고 보았기 때문에, 사원들은 인력개발 프로그램에 의해 여러 가지 자산 형태로 조작당할 수밖에 없었다. 바로 HRD 프로그램 그 자체가 사원들의 정신건강을 해치기 시작하는 근원으로 활용되었다.

이렇게 사람을 기업의 자산이라고 보는 관점은 인간이 이성적인 존재, 경제적 · 합리적 존재라고 강조하고 있는 논리다. 이런 논리가 그 언제나 학문적으로 지지받는 것은 아니다. 실제로 2002년도의 노벨경제학상은 놀랍게도 그런 논리를 거부한 심리학자에게 돌아갔다. 경제학에 대한 깊은 지식이 없는 심리학자 캐러먼이 노벨경제학상을 수상한 이유는 단순했다. 인간의 경제활동과 인간본성 간의 상관성을 정확히 밝혀 인간의 비이성적 소비활동에 관련된 이론을 체계화하였기 때문이다. 그의 연구에 따르면, 인간은 전통적인 경제학자들이 말하듯이 자신의 이익만을 위해 냉철하게 합리적으로 추구하는 '경제적인 동물'이 아니다. 인간은 제대로 된 정보도 없이 직관적이나 감정에 좌우된 채 주먹구구식의 의사결정을 감행하는 '너무나 인간적인 경제적 동물'일 뿐이었다. 인간은 완벽한 경제지식으로 소비행위를 하는 그런 경제인이 아니었다. 그들은 이러저러한 환경 속에서 취득한 경제적인 정보를 어떻게든 상황에 맞도록 최대한 활용하려는 비이성적인 경제적 동물일 뿐이다. 인간은 수많은 편견과 오류, 감정을 가진 채 경제생활을 현명하게 하려고 노력할 뿐이다. 인간은 마치 금의 소재에 대한 정확한 정보도 없이 서너 개의 단서를 갖고 바위와 땅을 파들어 가는 광부와 같다는 것이 그의 이론적 줄기였다. 일상적인 경제생활에서 보여 주는 인간의 비합리적인 의사결정을 설명하는 기대이론(Prospect Theory)을 도입하여 '인간의 경제적 행태'를 보다 논리적으로 설명해 주었다는 이유 때문에 그에게 노벨상이 돌아갔다. 캐러먼의 기대이론에 따르면, 인간은 경제적 합리성에 관한 한 끝내 쥐들이 보여 주는 합리적인 성향보다도 더 취약하기 그지없는 감성과 뒤틀림의 존재일 뿐이다.

이런 것을 보면 인간은 인간으로 이해하는 편이 HRD의 발전을 위해 보다 더 타당하다. 이 점을 미국 기업현장에서 강하게 드러내 보였던 사람이 바로 GE의 잭 웰치 회장이다. 자기 스스로 자기의 운명을 제어하지 못하면 남이 나의 운명을 통제할 것이기에 자기 스스로 선택하고 결단하라고 부추긴 사람이 바로 그였다. 그는 그것을 근거로 역대기업의 CEO 중에서는 가장 잔인하게 대규모의 구조조정에 성공한 신화적인 인물이 되었다. 자기 운명을 인간답게 자기 스스로 관리하지 못한 기업의 자산을 가차 없이 정리했던 것이다. 자기 자신의 미래를 자기 스스로 책임지지 못하는 사람이라면 기업이 교육을 한들 소용이 없다는 것을 확신했던 그였다.

러닝 3.0 시대의 인적자원과 평생학습 과제

신문과 잡지 그리고 사람들이 단 1분이라도 머무르는 곳이면 5명 중 3명 정도는 손에 들고 있는 것이 스마트기기다. 스마트기기의 진화에 따라 기업에서 추구하는 러닝의 혁신적 발전문제도 새롭게 부각되기 시작했다. 새로운 인적자원의 발전을 위해 러닝 3.0의 과제가 새로 생긴 셈이다.

이제는 직장인이 출퇴근시간을 통해서도 자기계발을 할 수 있도록 구성한 애플리케이션이 소개되기 시작하고 있다. 이것은 러닝 3.0 프로그램이 기업 이윤창출의 극대화에도 보탬이 되기 때문이다. 기업에서 사원들에게 스마트기기를 보급하지 않아야 할 이유가 없어진 것이다. 이제는 기업들이 직원의 업무를 소셜공간에 올리기 시작했다. 언제, 어디서든 1~2시간 내로 업무를 해결해 내면 되기 때문이다. 이로부터 사원들에게는 한정된 직장공간이 필요 없게 된 셈이다.

러닝 3.0의 부각은 바로 유비쿼터스적 접근성과 개인별 맞춤성이 사용자에게 크게 주어졌음을 의미한다. 이것을 가능하게 만든 직접적인 원인은 스마트기기의 보급 및 수요의 급증이다. 스마트기기의 발전과 보급을 통해 개인이 원하면 언제든지, 어느 장소에서든지 원하는 그 무엇을 찾고 알아볼 수 있게 되었기 때문이다. 이런 스마트기기의 진화로 인해 러닝 3.0의 평생학습시대가 기업마다 직장마다 열린 것처럼 보인다.

사실 스마트기기는 기존 휴대전화보다 단순해 보이는 구성이다. 스마트기기 중 스마트폰이나 태플릿 PC를 보면 회사종별로 조금은 다르지만 한 가지 공통점이 있다. 대부분 버튼은 딱 한 개뿐이라는 공통점이다. 손바닥만한 화면에는 아무것도 없다. 기기는 발전되었다고 하는데 정작 구성은 더 단순하다. 이유는, 이 단순함 안에 사용자의 요구가 최대한 포용될 수 있다는 데 있다. 그 가능성에 있다. 애플리케이션을 원하는 만큼 끌어놓고 그것을 통해 단순한 기기를 얼마든지 복잡하고 다양하게 사용할 수 있다는 것이다. 이처럼 누가, 어떻게, 무슨 필요성에 의해 쓰느냐에 따라 버튼 한 개짜리 단순한 기기는 예술적 기기로도, 공학적 기기로도, 학습적 기기, 혹은 오락적 기기로도 모습을 달리한다.

러닝 3.0의 조건에서는 사용자가 주체가 되어, 스마트기기를 갖가지 용도로 변신시킬 수 있다는 것이 중점인데, 기업에서는 오히려 스마트기기를 중점사항으로 간주한다. 스마트기기를 통해 직원들인 사용자를 변화시킬 수 있다고 생각했기 때문이다. 기업이 그런 관점을 취하기 위해서는 먼저, 스마트기기를 쥐고 있는 "사람이 중심이 아니라 스마트기기가 중심이라면, 과연 그 스마트기기는 스스로를 다양하게 변신시킬 수 있을까?" 혹은 "사람은 그 스마트기기에 맞춰 변화될 수 있을까?"에 대한 대답부터 먼저 해야 한다.

유비쿼터스적 접근성과 개인별 맞춤성을 가장 극도로 높이고자 한 것은 바로 그것을 그렇게 만들기를 원하는 사람들이다. 기업도 마찬가지다. 스마트기기가 대세인 것은, 스마트기기 자체의 발전도 있고 유행에 대한 사람들의 인식도 있겠지만, 그것을 필요로 하고 그것을 쓸모 있다고 생각하는 사람들이 있기 때문에 가능한 것이다.

그렇기 때문에 기업에서 스마트기기를 줬다는 이유로 자기계발을 하라는 것은 또 다른 업무에 지나지 않는다. 기업이 주체지 사원이 주체가 아니기 때문이다. 기업의 입장에서라면 기업에 고용되어 급료를 받는 직원이니까 직원의 사적 시간 및 모든 사용 가능한 시간을 기업의 업무에 쓰게 하는 것이 이득이겠지만, 언제, 어디서나 업무에 시달려야 하는 직원의 입장에서라면 사정은 크게 달라질 것이다. 마치 기업 입장에서는 일찍 일어나는 새가 먼저 벌레를 먹는다는 내용을 보인 것이라면, 직원의 입장에서는 일찍 일어나는 벌레가 가장 먼저 죽임을 당한다는 것과 같은 입장일 것이다.

기업에서의 인적자원은 지금까지도 기업중심, 고용자중심이었다. 기기의 발전이나 분위기가 변환되는 상황에서도 기업 입장에서라면, 기업에 고용되어 급료를 받는 직원이니까 직원의 사적 시간 및 모든 시간을 기업의 업무에 쓰게 하는 것이 이득인 것으로 생각해 왔다. 그러나 이제는 스마트기기와 자기주도학습 간의 관계를 기업생산성의 관점에서 재고해야 한다. 러닝 3.0의 시대에서 주목해야 할 것은 바로 학습자들의 자기주도학습에 대한 평생학습적 요구다. 기업이라는 조직 안에서 일찍 일어나는 새로서 함께 벌레를 찾아나서는 입장을 만들어 주는 것이 기업이 해야 할 일이다. 기업은 직원이 학습의 주체가 되는 진정한 3.0의 시대를 열어 나가도록 도와주어야 한다. 기업의 입장이란 끝내 기업의 구성원의 입장 그것과 다를 것이 없어야 한다. 구성원의 입장으로 러닝 3.0을 활용할 때 스마트기기의 진화는 새로운 인적자원, 새로운 평생학습시대의 수단으로써 제대로 된 쓰임새를 갖게 될 것이다.

중소기업의 성과중심 HRD

인적자원개발 영역에서 성과중심 패러다임이 확산되고 있다. 성과중심 패러다임은 조직의 실질적인 문제해결과 성과 향상을 핵심으로 하는 관점이다. 이러한 변화는 기업교육의 초점을 분명히 해 주고, 그에 따라 필요한 수단과 방법을 폭넓은 범위에서 선택해 활용할 수 있도록 유도하고 있다. 기존의 교육훈련방식을 답습하는 것으로는 조직구성원의 실질적인 성과 향상에 기여할 수 없다는 의식이 자연스러워지고 있는 것이다. 공식적 · 형식적 교육훈련뿐만 아니라 비공식적 · 무형식적인 수단을 교육적으로 활용해 조직의 성과에 기여할 수 있는, 한마디로 다양한 수단을 교육자본화(教育資本化)할 수 있는 기업교육이 요청되고 있는 것이다. 성과중심 패러다임으로의 전환은 그동안 대기업에 비해 기업교육의 필요성에 대한 요구가 낮고 그 수혜가 열악하다고 조사되어 온 중소기업이 오히려 전략적으로 교육수단 및 방법을 선택해 적시적재에 활용함으로써 그 효과를 높일 수 있는 가능성을 증대시킨다.

2000년대 초반만 하더라도 상당수의 중소기업이 교육훈련은 업무와 별도로 이루어지는 것이며, 오히려 실제 업무에 차질을 주는 것이라는 인식이 강했던 것 같다. 중소기업청이 2001년에 실시한 '중소기업 인력실태조사'에 따르면, 교육을 실시하지 않는 중소기업의 70%가 별도의 교육이 필요 없다고 응답했고, 두 번째로 많은 10.5%가 교육을 실시하면 조업차질이 우려된다고 그 이유를 밝혔다. 사업장 규모나 직종과는 상관없이 수렴된 응답이었다. 시간이 흘러 2005년에 중소기업협동조합중앙회가 실시한 '중소제조업 인적자원 실태조사'의 결과는 전에 비해 중소기업에서 교육훈련의 필요성과 중요성에 대한 인식은 높아진 편이지만, 실제 시행되는 교육훈련은 전반적으로 부진하다고 언급하였다. 아울러 직종에 관계없이 일련의 교육훈련이 생산성 향상을 가져온다는 점을 강조하기도 했다. 그러나 교육훈련을 통한 기능의 습득과 숙련도를 높이는 데 걸리는 오랜 시간, 그나마 그러한 구성원들의 잦은 이직, 기존 인력의 고령화, 젊은 인력의 취업기피를 문제시하면서 이직을 방지하고 원할한 기능 승계를 위한 중소기업만의 맞춤형 인재양성 프로그램 구축을 시급한 과제로 제안했다.

2007년에 발표된 대한상공회의소의 '중소기업 인적자원개발 활성화 방안'에 따르면, 2006년 기준으로 기업규모가 작을수록 직업능력개발 참여율이 저조하고, 또한 선진국에 비해 중소기업의 교육훈련투자도 부진한 것으로 조사됐다. 보고서는 노동비용대비 교육훈련비 비중이 우리나라는 선진국(EU 15개국)의 24.0~65.4% 수준에 머물러 있다고 밝혔다. 그 원인으로는 중소기업의 만성적인 인력난과 교육훈련 공백에 따른 생산차질 부담, 교육훈련 참여인원의 대체인력 투입 관련 인건비 증가 등이 제시되었다.

중소기업에서 시간이 지남에 따라 교육의 필요성과 중요성에 대한 인식이 높아진 것은 사실이다. 하지만 주목해야 할 점은 '어떤' 기업교육에 대한 필요성과 중요성에 대한 인식이 높아졌는가 하는 것이다. 실제 현장직무와 무관하거나 교육에 드는 직·간접적인 비용이 높다거나 성과에 직접적인 영향을 미치지 않는 등의 비효율적·비효과적인 교육훈련은 그 어떤 것이라도 고려할 여력도, 가치도 없다는 것이 중소기업의 변함없는 여건과 입장이다. 이에 따라 일련의 요구조사를 거쳐 비용효과적이라고 판단된 이러닝과 현장중심 맞춤형의 온·오프 블렌

디드러닝 과정, 그리고 중소기업만의 특징을 기회 또는 장점으로 활용하여 대내적으로는 학습조직을, 대외적으로는 대기업 및 지역주체와의 원활한 네트워킹을 구축하기 위해 직접 발로 뛰어야 하는 중소기업 CEO를 대상으로 한 교육과정이 정부의 인력-재정 지원정책과 아울러 도입되고 있는 추세다.

이렇듯 극도로 효율적 · 효과적인 교육을 요구하는 중소기업의 경우를 살펴보았을 때, 기업교육의 성과중심 패러다임으로의 이행을 보다 선명하게 확인할 수 있다. 비용도 사람도 부족하고 창의적인 아이디어 한두 개가 비교우위를 유지하고 생존할 수 있게 하는 주요 수단이 되며, 그때 그때 매출액과 이익에 따라 온 조직 구석구석이 쉽게 영향받는 중소기업에게서, 실제 효과가 없는 형식적이고 거품성의 교육훈련은 교육자본이 될 수 없는 것이다. 구성원의 뇌가 실제로 작동하며 배우게 해야 교육자본이라 할 수 있는 것이다. 배운 것을 현장에서 적용하고 응용할 줄 알아야 배운 것이며, 이미 배운 것을 바탕으로 스스로 끊임없이 생각해 새로운 의미와 함께 실물을 만들고, 또 배워 가면서 다른 구성원도 쉽게 배울 수 있게 하여 구성원 한두 명이 이직한다 해도 흔들리지 않는 조직을 구축하는 데 기여할 줄 알아야 효과적으로 배운 것이라 할 수 있다.

강조하건데, 아무리 기막힌 것을 늘어놓아도 스스로 배워야 배운 것이다. 이때 배움은 자기의 중심에 서는 것을 뜻한다. 한마디로 성과지향적 패러다임에서 최대의 효과를 낸 교육과정 또는 수단은 그러한 배움을 가능하게 한 교육자본이 될 것이다.

제3세대 사교육기업 CEO

앞으로는 그 옛날처럼 사교육시장의 무질서가 그리 심하지 않을 것이다. 그것은 사교육기업과 사교육산업시장에서 세대교체가 일어나고 있기 때문이다. 지난 1960~1970년대 사교육시장에 참여한 사람들은 주로 생계형, 호구지책형 사교육 제1세대 업자들이었다. 그들 중에는 학원몰이배라는 비난을 받을 만한 사람도 있었지만, 지금 사교육기업의 CEO들은 다르다. 그들은 제3세대 사교육기업 벤처인들로 성장해 왔기 때문이다.

사교육기업 1세대나 아직도 사교육시장에서 나름대로의 위세를 부리고 있는 1980~1990년대의 2세대 사교육기업인들에게 사교육에 대한 전문적인 지식이나 경영이 충분했었다고 평가하기는 그리 쉽지 않다. 그저 그들은 당시 사회조건 속에서 생계형 사업의 입장에서 공교육의 붕괴에 따라 이익을 최대한 챙겼던 사람들일 수도 있다. 그들 스스로 사교육기업의 윤리경영에서, 혹은 교육적 기업의 비전이 허약했던 것을 숨길 처지도 아닐 성싶다. 복잡한 정치적 틈바구니 속에서 사교육이라는 것을 최대한 활용하여 정치권이나 교육행정관리들과 최대한의 공생을 염두에 두기 바빴던 사람들이라고 평가할 수도 있다.

지금의 3세대 사교육기업 세대들은 그들의 선배들과는 달리 사교육경영에서 전문적인 훈련을 받은 사람들이다. 저들은 신생 교육산업의 새로운 가능성을 찾아나서는 벤처인들로 자처한다. 물론 그들이 사교육 서비스산업의 인적자원으로 가동할 수 있는 전문적인 훈련을 더 받아야 하는 것도 사실이다. 그러나 상당수의 사교육서비스 종사자들이 교사자격증을 소유하고 있거나, 그 이상의 전문적인 훈련을 받고 있다는 점만큼은 받아들여야 한다. 교육학적 관점에서 사교육기업과 HRD의 역동성을 체계적으로 탐구하고 있는 사교육기업 CEO들도 늘고 있다. 사교육기업 CEO들과 타기업 CEO들 간의 전문동호회활동이나 인맥구축에도 상당할 정도로 활발하다. 그들끼리 활용하는 현금 동원 능력도 뛰어나며, 사업규모도 연간 수조 원에 이른다. 사교육기업들 간의 컨소시엄이나 사교육기업을 위한 전문변호사, 전문 컨설턴트의 등장도 눈에 띄게 늘어나고 있다. 그들은 사교육기업을 새로운 HRD 산업의 관점에서 최신의 경영기업으로 운영하고 있다. 선진국의 사교육시장에 대한 동향에 대한 발 빠른 견학이나 벤치마킹도 일반기업 못지않게 활발하다. 일부 CEO의 경우, 그들의 외국어 구사능력은 외국 본토박이 그 이상을 능가하기도 한다. 전반적으로 제3세대 사교육기업 CEO들이 사교육기업 분야에서는 상당할 정도로 전문적인 교육을 받았다는 점에서 한국의 사교육기업들의 수준을 질적으로 높여 놓은 것이 사실이다.

이런 점을 고려하면, 앞으로의 사교육기업들의 발전속도는 학교의 발전속도보다 훨씬 빠를 것이며, 그들의 교육적 성장은 항상 공교육을 주눅 들게 만들어 놓을지 모른다. 그것은 학교장의 경영능력이나 교사의 교실관리능력의 한계 때문에 그렇게 되는 것만은 아니다. 그것은 공교육을 바라보고 있는 학부모의 눈과 그들의 선택, 교육소비자의 교육소비 성향 때문에 자연스럽게 나타날 수밖에 없는 것이다.

사교육 서비스산업에 대한 기존 교육계와 교육정책자의 부정적인 인식부터 바뀌어야 한다. 한국교육의 정상화는 사교육비의 절감에 의해 이뤄질 수 있는 사안이 아니다. 한국교육의 정상화는 사교육비 절감과 무관한 사안일 수 있다. 생각을 바꾸면, 한국교육의 발전은 사교육비의 증가와 사교육산업의 발전으로 가능하다는 관점이 가능하다. 이 점은 선진국의 교육경쟁력을 눈여겨보면 단박에 알 수 있는 일이다. 학부모들의 교육열, 말하자면 사교육에 대한 욕망을 제대로 관리만 한다면 사교육은 지식경제사회의 HRD를 위한 새로운 지렛대가 될 수 있다.

초등교육에서 고등학교 교육에 이르기까지 일관된 입시지도훈련의 공교육정책이 바뀌지 않는 한 앞으로도 지금과 같은 교육해체는 불가피하다. 사교육을 입시훈련으로 몰아가는 교육정책이 교육정상화를 어렵게 만들고 있다. 사교육에 대한 오해는 한국이 안고 있는 교육문제를 풀어 가려는 교육정책자의 '배제의 논리' 들이다. 자신들과 다른 소수의 탁견을 견제함으로써 자신들의 금전적 · 정치적 이득을 최대한 추구해 보려는 그들의 비학문적인 노력이었다. 배제의 논리 속에서 가장 많은 수난을 당한 교육 서비스산업이 바로 사교육기업이었다. 그들은 툭하면 '학원은 교육비리의 온상이다. 사교육은 신고로 해결될 수 있다. 학원 관계자들은 범죄자다.' 등과 같은 논리로 사교육 서비스산업을 통제하면 그것이 통했었다. 그러나 이제는 그런 공포에 좌불안석할 사교육이 아니다. 사교육이 여러 면에서 그만큼 체계를 갖추고 있는 것이다.

사교육기업을 한국교육의 희생양으로 몰아붙이는 배제의 교육정책은 국가경쟁력 제고를 위한 HRD의 해법이 될 수는 없다. 그것보다는 새로운 지도력, 말하자면 사교육산업과 공교육산업 간의 공존과 협력부재를 교정하는 '융화의 리더십'이 필요하다. 공교육은 교육산업의 한 부분이며, 공교육산업과 사교육산업 간의 협업이 교육의 질을 높일 수 있으며, 사교육산업을 전체 교육산업의 발전과 성장의 틀 속에서 바라볼 때 교육문제 해결을 위한 새로운 해법 창출이 가능하다. 그래서 사교육산업과 공교육산업을 이어주는 교육산업의 융화모델이 필요하다. 사교육산업과 공교육산업 간의 융합과 상생을 위한 새로운 교육혁신모델이 나오면, 지식산업사회의 성격을 가장 잘 반영하는 평생교육 차원의 새로운 교육산업을 공교육의 협력자로 받아들이지 않을 수 없을 것이다.

그런 점에서 사교육학의 정립이 필요하다. 사교육기업의 CEO들은 사교육학의 정립을 위해 정신적 · 물질적으로 기여해야 한다. 사교육학의 체계가 정리되어야 사교육산업의 현장응용모델의 진화와 이론화가 가능하기 때문이다. 사교육학의 이론적 뒷받침 없이 중구난방으로 성장하려고만 하는 사교육기업은 앞으로도 교육계를 방랑하는 집시신세를 면하기 어렵게 되어 있다.

서구식 성과주의의 문제

한국의 기업은 상당한 수준의 인력개발체제를 갖추고 있다. 이제는 중소기업도 인력개발부서를 갖고 있다. 기업의 CEO들 역시 HRD에 대해 상당한 식견을 갖고 있다. 기업의 인력개발훈련이 기업생산성과 이윤창출에 도움이 되기 때문이다. 일본의 어느 잡지사는 삼성전자의 성공비결을 세 가지로, 말하자면 리더십, 인재투자 그리고 속도경영이라고 지목했다. 회사에 위기가 닥칠 때마다 삼성전자는 그 상황에 맞게 '변하자, 버리자, 준비하자' 등과 같은 메시지를 하나의 인력개발 프로그램으로 만들어 모든 사원을 훈련했으며, 인력개발 프로그램을 통해 사원들에게 회사의 요구와 메시지를 알기 쉽게 전한 것이 바로 삼성전자의 저력이라는 것이었다. 결국, 삼성전자의 인력개발 전략과 프로그램이 기업의 생산성과 성과를 올려 준 것이다. 일본의 기업 역시 그 나름대로 훌륭한 인력개발 훈련체계가 있지만, 이제는 저들의 그것을 흉내 낼 삼성전자가 아님을 확실하게 알게 되었다. 한국기업의 HRD 전략이나 프로그램이 한국화될 때 비로소 효력을 낼 수 있다는 것도 보여 준 것이다.

한국의 기업들도 각기 사정은 조금씩 다르지만, 서구식 기업교육을 그들의 성과주의와 연계시켜 운영하고 있다. 미국기업식 HRD 방법을 한국의 기업현장에 차용하고 있다. 그런 서구식 기업교육방법이 초기에는 상당한 성과를 낸 것도 사실이고 나름대로 효율성이 있는 것도 사실이다. 사정이 그렇기는 하지만 한국기업은 냉철하게 경계해야 할 것도 있다. 그것은 일본기업이 보여 준 서구선진기법의 실패 사례에서 잘 드러난다. 일본기업 역시 그들의 기업교육을 일본화하는 데 성공했다. 그런 상황 속에서 일본기업은 더욱더 성과를 내기 위해 그것에 서구식 성과주의를 접목했었다.

그러나 이상하게도 지금의 일본기업은 서구식 경영기법의 정착에 어려움을 겪고 있다. 지난 10년 간 앞 다투어 도입했던 성과주의 인사제도가 뿌리를 내리지 못한 채 시행착오만 하고 있다. 일본기업의 약 70%가 이미 미국식 성과주의를 도입했는데, 일본식 기업문화는 변하지 않은 상태에서 서양식 인사제도가 효과를 가져올 리 만무했다. 그러다 보니, 회사마다 이상한 일이 생기기 시작했다. 모로 가도 서울만 가면 된다는 식이었다. 생산성을 높여 목표를 달성하기보다는 아예 처음부터 목표를 낮게 잡으려는 풍조가 팽배해지고 있다. 직원들은 일보다는 '자기포장'에 더 신경을 쓰고 있는 형편이다. 일부 기업의 임원은 보수가 줄어든 것을 만회하기 위해 아예 위험한 거래를 하기도 했다. 그 바람에 회사에 더 큰 손실을 입혔다. 게다가 타이어 메이커인 브리지스톤은 직원들을 분발시키기 위해 승진 대상자를 상위 25%로 한정하는 조치를 내리자 보통사원들의 근무의

욕은 오히려 낮아지고 말았다. 형식상으론 성과주의지만 실제로는 상사와의 인간관계와 '연줄'이 성과주의의 이면에서 작용했다. 이런 식의 서구식 성과주의가 일본에서 실패하게 된 것은 성과주의가 개인주의를 지나치게 강조했으며, 업적이나 결과를 단지 숫자만으로 판단하는 형식적인 평가중심 성과주의가 팽배했기 때문이다. 요약하면, 서구식 성과주의가 생태적으로 일본기업의 풍토에 맞지 않았기 때문에 서구식 성과주의는 일본에서 맥을 추지 못했다. 한국의 기업 역시 이 점에서 예외가 아니다.

추락하는 위대한 기업

위대한 기업은 덩치로 생존하는 기업이 아니라 영혼으로 살아가는 기업이다. 서로가 배우며 서로가 즐기고 서로가 성장하는 기업이 위대한 기업이다. 커다란 덩치를 키웠지만, 자질구레한 이윤창출에는 악착같이 연연하지 않는 기업이 위대한 기업이다. 자식에게 제산상속세를 아끼기 위해, 비자금을 만들기 위해 직원을 착취하는 기업은 그 기업의 덩치가 제아무리 크더라도 악령의 기업일 뿐이다. 덩치가 큰 재벌이라고 해서 위대한 기업이 되는 것은 아니다.

몸집은 크지만 영혼은 악마의 그것과 다를 것 없는 대기업을 우리나라에서도 그 얼마든지 집어 낼 수 있다. 우리 주변에서 지탄을 받고 있는 몇몇 재벌기업 회장의 면면을 생각하기만 해도 금방 그런 기업의 이름이 드러난다. 우리나라에서는 전과 경력이 없는 대기업 회장을 찾아내기가 민망할 뿐이다. 그렇게 하고도 법망에서 풀려나는 것을 보면, 그 이유야 어떻든 간에 법조계의 치부인지도 모른다. 미국의 법조계 같았으면, 분식회계로 악명이 높았던 엔론의 회장에게 내린 법원의 명령을 보더라도, 우리 대기업이 벌린 정보조작이나 분식회계, 천문학적인 숫자의 불법비자금 마련을 위해 주주와 국민을 우롱한 기업대표에게는 종신형을 선고했을 것이다. 악령으로 움직이는 기업일수록 경영논리도 복잡하고 경영전략도 치밀하다. 회장의 철학이 허약하니까 밑에 있는 사람들이 난해하고 복잡한 전략을 만들어 올리는 것이다. 모두가 선진경영술로 치장된 것들이지만 그것을 지배하는 영혼만큼은 부패한 그대로다. 그런 기업일수록 하는 일이 보기에는 위대한 것 같지만 모두가 궤변이고 모두가 한탕주의를 위장해 놓은 달변 그 이상은 아니다.

짐 콜린스 교수는 그렇게라도 성공한 위대한 기업이 이제는 다시 평범한 기업으로 추락하고 있다고 경계한다. 그런 징후가 한국기업 이곳저곳에서 발견되고 있다고도 경고했다. 콜린스 교수는 그렇게 추락하는 대기업의 징후를 아주 단순하게 '애프터서비스' 라는 고객봉사의 허점에서 찾아내고 있다. 애프터서비스는 제품활용에 대한 고객의 어려움을 기업 차원에서 도와주는 대고객만족서비스다. 알고 보면 그것은 기업이 소비자에게 부리는 얄은 수의 농간이고, 선진 경영술로 위장된 사기이며, 일종의 직무유기라는 것이다. 왜냐하면 일단 제품을 만들어 내면 그것 자체로 끝나는 완제품, 결정제품이어야만 하는데도 기업이 그것을 제대로 해내지 못했기 때문이다. 완제품에 대한 책임이 기업에 있는데도 애프터서비스는 고객만족경영이라는 위장술로 완제품 제조의 원칙을 의도적으로 어기고 있는 것이기 때문이다. 기업이 애프터서비스를 강화하는 것은 소비자에게는 불필요한 시간과 열정을 더욱더 강요하는 미완제품 판매 마케팅의 한 아류라는 것이 콜린스 교수의 냉혹한 진단이다.

위대한 기업이 평범한 기업으로 추락하는 두 번째 징후는, CEO들이 실패와 실력을 구별하지 못하는 기업 내부에서 자생적으로 솟아난다. 위대한 기업이 되기 위해서는 양질의 인력이 필요하기 마련이다. 모든 것은 그들의 머리에서 그들의 행동으로 나오기 때문이다. 그런 사람들은 조직이 계속적으로 위대한 기업으로 남기 위해 꾸준히 노력한다. 그런 노력이 위험을 감수하는 도약이 아니라 그저 무엇인가 하고 있다는 것을 보여 주는 단순한 증표라고 한다면 그 어떤 노력도 위대한 기업을 향한 실력이라고 말할 수 없다. 어쩌면 그것은 실패자의 마음가짐이며 실패자의 행보를 위장하고 있는 것이다.

콜린스 교수는 실력과 실패를 설명하기 위해 암벽타기를 예로 든다. 등산가가 암벽을 오를 때에 위로 올라가기 위해서는 현재 자기가 발을 대고 있는 지지대에서 일단 발을 떼어 놓아야 한다. 그럴 경우 순간적인 미끄러짐이나 삽시간에 일어나는 위험천만의 추락이라는 떨어짐(fallure)은 불가피하다. 암벽 위로 올라가려면 그런 미끄러짐과 떨어짐은 자연적인 것이다. 생명을 담보로 하는 떨어짐은 도약을 위해 불가피하다. 그것이 두려워 그냥 그 자리에 머물러 있거나 발을 떼지 않으면 안전하기는 하다. 하지만 결코 위로는 올라갈 수 없다. 아무리 기다리며 힘을 주고 있더라도 그것은 제자리에 붙어 있는 바로 그것이다. 그것이 바로 실패(failure)의 상징이다. 위대한 기업은 바로 그런 미끄러짐과 떨어짐이라는 실력경영으로 도약을 지속하는 기업이다.

실력경영은 사람에 대한 믿음과 배움에 의해 가능하다. 직원의 능력, 직원의 배움력을 믿지 않는 기업에서는 그 어느 누구도 떨어짐이라는 실력을 드러내 놓기 위해 발을 떼어 놓으려고 하지 않기 때문이다. 누구든지 자기부터 먼저 살려고 하는 생명의 존재이기에 어느 누구도 위대해지려고 하지 않기 때문이다. 그래서 위대한 기업에서 다시 평범한 기업으로 추락하는 기업은 안전함만을 강조하는 창의적인 발상을 강요하면서 그 자리에 머물게 함으로써 배움을 폐기하게 만드는 기업이다. 이런 기업에는 직원에게 아이디어가 없는 것도 아니고 마케팅이 빈약한 것도 아니다. 오히려 정반대다. 문제는 그들이 만들어 내놓은 제품이 제아무리 완제품이라고도 해도, 제아무리 마케팅에 심혈을 기울인다고 해도 그들이 만들어 내놓는 제품은 불완전제품이며 불완전 서비스 수준을 벗어나지 못한다. 왜냐하면 시대에 뒤떨어졌기 때문에 고객들로부터 애프터서비스를 받아야만 하는 기업이기 때문이다.

미라이공업의 창조경영과 배움

일본에서 중소기업으로서 상당히 성공하는 기업이 미라이공업이다. 야마다 회장에게는 사람 냄새 풍기는 인력개발의 경영철학이 있다. 사원에게 일하고 싶은, 있어 주고 싶은, 생각하고 싶은 회사를 만들어 주는 것이 그의 경영철학이다. 사원들 스스로 배우고 싶은 학습조직을 만들어 주어야 한다는 생각으로 골몰하는 야마다 회장의 인력개발 철학은 대기업의 훈련이나 연수와는 달리 사람에 대한 믿음의 철학으로 만들어져 있다. 미라이공업에는 정년 70세, 연간 휴일 140일, 사원이 전원 정규직, 육아휴직 3년의 경영원칙이 있다. 그의 경영철학은 노는 것이 일하는 것이고, 일하는 것이 배우는 것이며, 배우는 것이 살아가는 것으로 집약된다. 그는 회사의 모든 직원을 배우는 동물인 호모 에루디티오로 생각하고 골드컬러로 대접한다. 그렇게 직원을 놀게 하는데도 미라이공업은 망하기보다는 그 어느 중소기업보다 높은 생산성과 기업이윤을 자랑한다.

사회를 위한 그의 기여 경영도 다른 대기업인에게 귀감이 된다. 한국의 대기업인들이 종종 보여 주고 있는 행동과는 거리가 멀기만 하다. 그는 회사를 아들에게 넘겨 주려고 머리 좋은 회계사를 고용한 적도 없다. 검찰이나 언론인을 관리해 본 적도 없다. 휠체어를 타고 다 죽어 가는 환자 시늉으로 교도소에서 풀려나 본 적도 없다. 사람을 좋아하고 사람을 믿는 야마다 회장의 경영철학을 감성철학이라고 부르지만, 정작 그 스스로는 그렇게 불러본 적이 없다. 출판사가 그에 관계된 책을 팔기 위해 만들어 낸 제목이 유행이 되었을 뿐이다. 그는 연극인 출신이다. 그는 삶도 경영도 연출로 바라본다. 누구나 맡은 배역을 최고로 해내면 연극은 성공적이다. 인연을 맺은 연극공연단체를 위해 매년 상당한 액수의 운영비를 기부하고 있는 삶과 예술을 제대로 아는 평범한 노인일 뿐이다.

그래도 그 노인 밑에서 미라이공업은 놀면서도 경상수익률 15%라는 높은 수익을 자랑한다. 직원 모두가 자신의 배역에 최선을 다하는 실력자들이다. 승진을 그 무슨 360도 평가라고 하는 평가방법으로 가리지도 않는다. 필요하다면 승진 대상자 쪽지를 선풍기로 돌려 멀리나간 순으로 승진시킨다. 그래도 사원 간에 군말이 없다. 어느 사람이 승진해도 미라이공업의 생산성은 높아지기만 한다. 직원들의 경험과 좋은 생각을 정말로 존중하기 때문에 그들은 최선을 다해서 일한다. 그들은 타사와 똑같은 물건은 복사하지도 만들지도 않는다. 다른 곳에는 없는 상품을 만든다. 16,000 종류의 상품을 만들어 내지만 다른 회사와 같은 상품은 없을 정도로 차별화하고 있다. 다른 회사와 똑같은 상품을 만드는 것은 지는 것이기에 그런 것은 처음부터 생각하지 않는다. 다른 회사가 내놓아서 잘 팔리는 물건이라도 똑같이 만들지 않는 것을 원칙으로 한다. 이것이 미라이공업의 생명마케팅이다. 생명은 구차한 모방으로 이어질 수 있는 것이 아니라 각자적인 기질, 각자적인 생존력을 더 드러냄으로써 이어갈 수 있다는 논리다.

연간 140일을 노는 미라이 직원 783명은 나머지 220여 일 동안 고강도로 일한다. 자신들이 알아서 하는 회사에 대한 충성심이다. 그들이 살기 위해서 다른 회사와 경쟁하는 자신들의 차별화 전략이다. 일본이 야마다에게 열광하는 것은 일본이 지킬 것과 버릴 것을 명확히 보여 줬기 때문이다. 미라이제품의 90%는 특허제품이다. 그것도 사원들의 자발적 아이디어로 만든 상품들이다. 회사는 사원들에게 아이디어를 제안하도록 하고, 제안만 하면 일단 500엔을 지급한다. 제품에 적용되면 최고 3만 엔까지 지급받는다.

미라이공업은 직원들 간의 상호 배움을 생활화하고 있다. 곳곳에 야마다 회장의 배움철학이 가득하다. '늘 생각하라. 생각하고 생각하라.' 라는 표어가 계단에도 화장실에도 식당에도 붙어 있다. 서로가 생각하면 서로가 말하게 되어 있고 서로가 말하면 서로가 배우게 되어 있기 때문이다. 배움을 생활화하는 HRD가 생산에 연결될 때에 생산성은 오르게 되어 있기 때문이다. 그는 말한다. "경영자는 전략을 명령할 뿐이야. 전술을 명령하지 않아. 현장이 가장 현장을 잘 아는 법이지. 무지한 상사가 말하면 뭐 하나?" 미라이공업은 회의가 거의 없는 기업이지만, 사원들은 각자의 머릿속에서 늘 생각하며 자기주도적인 회의를 한다. 자기주도적인 회의를 매일 같이 하는 사람들이 바로 미라이공업의 생산성을 위한 핵심 역량을 매일 같이 발휘하는 직원들이다.

기부자의 영광

정몽구 현대자동차그룹 회장이 저소득층 인재육성을 위해 5,000억 원의 개인 사재를 기부하기로 했다. 이를 바탕으로 저소득층 우수인재 발굴 육성 전문 프로그램 운영, 문화 · 예술 · 체육 분야 저소득층 우수인재를 양성하고, 사회적으로 소외된 국가유공자 자녀의 교육을 지원하고, 미래 첨단 분야 과학영재 발굴 및 육성 등에 활용할 계획임을 밝혔다. 원로배우 신영균 씨도 한국영화 발전을 위해 이미 500억 원 상당의 개인 재산을 기부했다. 그의 기부금은 한국영화계의 발전을 위해 값지게 쓰일 것이다.

기부활동에서 기업의 역할이 절대적인 상황에서 이런 개인의 순수기부는 사회적인 파급효과가 크다. 국내 주요 기업이 매출액의 약 0.1%를 기부하고 있지만, 앞으로는 기업가들의 개인적 순수기부활동이 더 늘어날 것이다. 고령사회로의 진입과 더불어 자녀 없는 초고령 재산가들 역시 증가하는 추세를 봐도 그렇기만 하다.

기업의 이해관계가 개입되는 기업적 자선활동이 증가하기보다는 개인 기부활동이 더 늘어야겠기에 이제는 저들의 기부는 공돈이라는 생각을 넘어서는 국가 차원의 기부 유인정책이 필요하다. 개인재산가의 순수기부를 활성화하기 위해 선진국들은 개인기부에 더 많은 세제의 혜택을 주고 있다. 우리나라의 경우 개인에게는 기부 시 20%의 소득공제가 적용되지만, 프랑스 같은 나라는 가히 파격적이다. 개인기부의 세액공제를 기부금의 60% 정도로 정하고 있기 때문이다. 미약한 세액공제정책이 기부를 가로막는 결정요인이라고 단정할 수는 없지만, 그렇다고 그 요인을 무시해서도 곤란하다.

대기업 재산가들 중심의 기업기부가 증가한다고 해서 공정사회로 나아가는 길이 자동적으로 열리지는 않는다. 개인기부가 일상화될 때 공정사회에 대한 사회의 기대감이 높아지게 되어 있다. 사람들이 기부할 때마다 그 기부는 정부에게 복지과제를 던지는 것이나 마찬가지다. 복지정책 입안의 주체는 정부이기 때문에, 정부는 기부와 나눔을 공정사회와 연결시키기 위해서라도 재산가들이 기부할 때 그것은 자기 재산을 지키는 우회적인 방법이라는 심리를 갖게 해 줘야 한다.

기부선진국들은 기부자가 기부를 한 후에도 현금 흐름을 확보할 수 있게 도와줄 수 있는 방법을 활용한다. 말하자면, 기부하면 소득세도 공제받고 일정 금액을 받을 수 있는 방법인 기부금소득공제, 기부자가 자선단체에 돈을 기부하면 자선단체는 기부자에게 평생 동안 정기적으로 고정적인 액수를 지불하는 자선기부연금, 자선기부연금과 마찬가지로 경기 변동에 관계없이 계약 당시에 확정된 지급액과 횟수에 따라 수입을 보장하는 자선기부거치연금, 기부자가 사망하기 전까지 또는 일정기간 동안 수입을 보장받기 위해 자신의 재산을 신탁하는 자선잔여신탁 같은 것을 활성화하고 있는 중이다. 각각의 기부제도는 기부 성격에 따라 과세, 비과세가 결정되기에 조세형평성에도 어긋나지 않는다.

부자들 역시 따뜻한 심장을 갖고 있는 사람들이다. 그들도 삶의 궁극적 의미를 찾으며, 고상한 삶의 목표도 추구한다. 그들도 유쾌하게, 건강하게 살려고 한다. 자기의 재산도 현명하게 쓰고 싶어 하며, 기부 역시 전략적으로 하려고 한다. 정부는 일찍이 영국 처칠 수상의 이야기처럼 자기 스스로 얻는 것으로 매일을 살지만 끝내는 남을 위해 자기 재산을 남기며 그들의 영혼을 지킬 수 있는 부자가 되도록 저들을 순수기부행위자로 유인해야 한다.

부자들이 사회에 자기 자산을 기부할 때마다 그것은 정부에게 책임을 안겨 주는 것이다. 기부자들에게 자신의 목적에 적합한 계획을 선택하도록 도움을 주는 기부정책을 마련해 주는 것은 정부의 몫이다. 부자들로 하여금 기부를 함으로써 정신적으로는 더 부자가 되었다는 뿌듯함을 갖게 해 주는 것이 중요하다. 제대로 된 부자들은 기부로 자기 자산을 악용하지 않을 것이다. 기부라는 이름으로 절세하려는 얕은 수를 부린다는 사회적 비난이 거세지자 빌 게이츠 재단은 그들의 회계를 공개했다. 회계상 나타난 결과는 비판과는 거리가 멀었다. 게이츠 부부가 1994년부터 2006년까지 재단에 기부한 금액은 총 260억 달러였는데, 그 기간 동안의 절세율은 기부액의 8%였을 뿐이었기 때문이다.

교육기부와 기업 마케팅

"칠레광부 구리광산 매몰 69일만에 구조, 한국학생 국·영·수 매몰 4,380일! 이들을 구조하려면?" 어느 교육단체가 정부에게 건넨 질문이었다. 2014년도부터 시작될 정부의 수능개편안이 잘못되었다는 문제제기였는데, 학습기부가 답이라고 어느 고등학생 네티즌은 야유로 응답했다. 국·영·수 입시를 일대일 맞춤형으로 학습자선해 주면 수능문제는 해결된다는 뜻이었다.

교육계에서 말하는 교육기부란 주로 교육단체가 청소년의 결손학습을 보완해 주는 활동, 방과 후 학교 프로그램, 직업체험 기회 제공 같은 것을 말한다. 기업들이 일선 학교 교사들에게 베푸는 활동도 학습자선, 학습기부라고 볼 수 있지만, 기업들이 전개해 온 친사회적인 활동은 새삼스럽지 않다. 기업 마케팅의 수단들이었기 때문이다.

우리의 경제 규모나 사회발전의 수준상 기업이 해야 할 교육기부는 1940년대의 상록수식 학습자선 수준은 넘어서야만 한다. 현재 지방자치단체마다 직면하고 있는 학력의 불평등은 국가가 나서서 해결해야 할 사회문제이지 기업의 학습자선에 의해 풀릴 문제가 아니기 때문이다. 기업은 카네기재단, 록펠러재단이 보여 주었던 식의 교육기부 정도는 해야 한다. 친사회적인 기업으로서의 가치를 돋보이게 할 교육기부는 일반적인 학습자선활동을 넘어서야 한다. 학습자선은 학생들이 교실현장에서 직면한 학습문제를 해결해 주는 데 초점을 맞춘 일시적인 도움인 데 반해, 교육기부는 젊은이들의 미래를 위한 교육적 대안을 제공하는 교육혁신활동이 되어야 하기 때문이다. 연말마다 길거리에 등장하는 자선냄비의 활동과는 그 성격이 같은 것은 아니지만, 학교 안팎에서 전개되는 학습기부나 학습자선은 학생들에게 입시준비를 위한 일시적인 도움에 그치게 마련이다. 교육기부는 도서관짓기, 학교짓기, 학교재정지원, 기업 보유시설의 학습자원화 같은 교육과정의 혁신을 위한 교육적인 박애활동이다. 미국의 경우, 이런 교육기부는 연간 40조 원에 이르고 있다.

기업의 교육기부는 한 나라의 교육혁신을 촉진시킬 수 있다. 젊은이들에게 이 세상을 살아볼 만한 세상으로 바꾸어 주기 위한 교육적인 박애의 노력이 교육기부이기 때문이다. 물론 기업이 박애의 명분을 내건다고 해도 비윤리적인 것은 피해야 한다. 최근 소셜네트워크 서비스 기업인 페이스북은 세계 1위의 웹사이트 점유율에 걸맞은 통큰 교육기부를 해서 언론의 주목을 받았다. 주커버그 회장은 아무런 연고가 없는 뉴어크 시의 공교육 시스템 개선을 위해 1억 달러를 기부했다. 이 금액은 뉴어크 시 연간 교육예산의 15%에 해당하는 큰 액수였다. 그러나 그것은 공짜 점심이 아니었기에 오히려 언론에게 호된 비판을 받았다. 페이스북의 탄생을 비판적으로 다룬 영화 〈소셜네트워크〉의 여파를 최소화하기 위한 맞불작전으로서의 기부였기 때문이다. 뉴욕영화제 개막작으로 선보인 〈소셜네트워크〉는 주커버그 회장 스스로 회사를 세우기 위해 절친한 친구의 아이디어를 도용하는 것을 핵심주제로 삼고 있었다.

기업들은 마케팅에 실패하면 죽은 것이나 마찬가지기에, 저들에게는 윤리보다는 이윤이 크게 보인다. 이윤을 위한 것이라면 '모호하다(murky)'와 '마케팅(marketing)'을 합쳐 만든 '머케팅(murketing)' 기법이라도 마다하지 않는다. 기업선전용 이미지는 남기지 않지만 끝내 그 어딘가에 기업마케팅을 슬그머니 깔아놓는 일을 불사한다. 소비자가 어떻게든 그 기업의 이윤 증대에 도움이 되도록 유도하기 위해 소비자의 소비욕망을 자극한다. 기부라고 하지만 음흉한 기업 마케팅인 셈이다. 저들의 머케팅 기부 때문에 기부문화가 오염되어서는 곤란하다.

교육기부는 모두가 살아갈 만한 신뢰사회를 만들어 주는 것이어야지, 기업 하나만 저 홀로 살아남으려는 욕심의 방편이 되어서는 곤란하다.

기업의 사회적 책임과 기부문화

얼마 전 일이지만, '200억 원 장학사업에 증여세와 가산금 140억 원을 내라는 세금폭탄은 부당하다.'는 법원 판결이 있었다. 좋은 일하려다가 세금폭탄을 맞은 한 기부가는 증여세를 철회해 달라고 세무당국과 감사원에 심사청구를 했다. 그러나 세무당국은 물론 감사원마저도 아랑곳하지 않았다. 장학활동을 위한 기부행위는 인정하지만 현행법상 증여세 부과는 적법하다고 기부자를 압박했다. 법원은 행정적으로 면박을 당하기만 하던 기부자에게 손을 들어 주었다. 그럼에도 불구하고 세무당국은 법원 판결에 대해 항소할 움직임을 보이고 있다. 이를 보는 시민의 시선이 고울 리가 없는데도 말이다. 자기 재산을 사회에 환원하려면 정부와 법적 소송을 벌여야 하는 상황에서 기부문화가 뿌리를 내리기는 어렵다. 기부를 가장한 탈법행위에 정부가 눈을 감아야 한다는 이야기가 아니라, 기업인들에게 나눔경영을 장려하려면 정부부터 상생정신을 지녀야 한다는 뜻이다.

세계 최고 부자인 빌 게이츠는 창조적 자본주의의 핵심은 사회적 환원과 나눔경영에 있다고 강조한다. "21세기 자본주의는 서비스에 대한 대가를 지불할 능력이 있는 사람을 위해서가 아니라 시장 혜택을 받지 못하는 사람들의 삶을 개선하기 위해 새로 태어나야 한다."는 것이다. 창조적 자본주의의 핵심이 사회적 환원이라는 뜻이다. 창조적 자본주의란 기업의 이윤추구를 부정하지 않으면서 사회적 책임을 함께 강조하는 자본주의 정신을 말한다. "기업순위는 사회적 환원 정도에 따라 달라져야 한다."고 빌 게이츠는 주장한다.

기업의 사회적 책임을 상징적으로 드러내 주는 사업 중 하나가 장학사업이다.

고등교육이 기업기부금으로 성장한다고 해도 과언이 아니다. 대학발전을 위한 기업의 기부는 중요하다. 하버드 대학교는 연평균 300억 달러 정도 기부금을 받는다. 그 기부금에 힘입어 하버드 대학교는 연평균 소득이 일정 기준에 미달하는 가정의 자녀에게 수입 10%만을 등록금으로 내도록 했다. 연간 200억 달러를 기부 받는 스탠퍼드 대학교 역시 연소득 9,000만 원 이하인 가정 자녀들에게 등록금을 면제해 주기로 결정해 30%에 달하는 재학생들이 등록금을 내지 않았다.

우리에겐 그림의 떡 같은 이야기다. 우리나라 250여 기업은 사회공헌활동을 위해 연간 2조 원 이상을 쓰고 있다. 기업별 사회공헌비용이 어림잡아 100억 원대로 진입한 것이다. 하지만 스위스 국제경영개발원(IMD)은 우리나라 기업경영진의 사회적 책임과 나눔경영실적을 그리 후하게 평가해 주지 않고 있다. 조사 대상 60개국 가운데 한국기업을 중간 정도로 평가하고 있을 뿐이다. 싱가포르(9위), 대만(17위), 일본(24위) 등의 기업에 비해 사회공헌도가 낮다고 판단한다. 우리 기업이 벌이는 사회공헌활동에는 '기업의 기부'와 '기업가 기부' 간에 경계가 불분명한 것이 사실이다.

국내 사회복지공동모금액 중 약 70%는 기업기부금으로 충당된다. 개인기부금은 아직도 20% 내외일 뿐이다. 기업기부보다는 기업인 개인기부가 더 많은 비중을 차지해야 한다. 기업소유주라 하더라도 개인자산이나 개인수입으로 기부를 해야 나눔경영이라는 창조적 자본주의의 위력도 강력해질 수 있다. 기업재산이나 수입으로 기부하는 것 역시 사회적 환원이기는 하지만, 그것은 어디까지나 간접기부일 뿐이다. 기부액수가 많고 적음은 문제가 되지 않는다. 기업인 스스로 자기 재산을 사회에 환원함으로써 나눔과 상생에 참여하겠다는 의지만 있으면 되는 일이기 때문이다.

박애자본주의와 기부

옛 사람들이 말하길, 개처럼 벌어 정승처럼 쓰라고 했는데, 이 속담은 돈을 벌 때에는 궂은 일 마다하지 말고 벌지만 번 돈을 쓸 때에는 사회적으로 어엿하게 쓰라는 뜻이다. 용재(用財)의 어려움을 말하는 이 속담은 부자들의 행태에 관한 네 가지 경우의 수를 보여 준다. 첫 번째 경우는 개처럼 벌어 정승처럼 쓰는 부자, 두 번째는 개처럼 벌어 개처럼 쓰는 부자, 세 번째는 정승처럼 벌어 개처럼 쓰는 부자, 마지막으로 정승처럼 벌어 정승처럼 쓰는 부자다.

개처럼 벌어 정승처럼 쓰는 부자들은 흔히 세간의 감탄을 자아내는 경우다. 때로는 사람들의 눈시울을 뜨겁게 만들기도 하고, 진한 감동을 주기 충분한 경우가 많다. 세간의 눈살을 찌푸리게 만드는 경우가 개처럼 번 부자들이 개처럼 쓰는 경우다. 개처럼 번 부자들이 정승처럼 쓰지 못하고 개처럼 낭비하는 사례들은 졸부열전에서 흔히 발견된다. 정승처럼 벌어 개처럼 쓰는 부자의 경우는 끝내 세간의 눈살이나 찌푸리게 만들어 놓는 경우다. 정승처럼 벌어 정승처럼 쓰는 경우가 우리의 관심사에 속한다. 이런 부자들은 축재의 사표가 되어야 하지만, 그런 부자들일수록 사회적으로 존경받기보다는 의심의 눈길부터 먼저 받게 마련이다. 현실적으로 정승처럼 벌기가 쉬운 일이 아니어서 그렇다.

빌 게이츠 회장은 세계 최고의 부자다. 워렌 버핏 역시 게이츠 다음 가는 부자인데, 이들은 '기부약속운동'을 시작했다. 억만장자들을 대상으로 생전 또는 사망 시 개인 재산의 최소한 절반을 기부하겠다고 선언하자는 운동이 기부운동이다. 이 운동에 이미 40여 명의 재산가들이 동참하기로 약조했다. 자기 자산의 절반 이상을 기부하자는 기부운동에 대해 유럽의 일부 부자들은 코웃음치고 있다고들 한다. 사회복지 지출은 정부에 있는 것이지 부자 개인에게 있는 것이 아니라는 이유 때문이라는 것이다. 독일 부자 중의 한 사람인 크래머는 미국식 기부운동에 대한 거부의 논리를 세웠는데, 미국의 부자들이 기부의 대가로 막대한 돈을 세금으로 내지 않는다는 이유에서였다. 그의 주장도 결국은 정승처럼 벌어 정승처럼 쓰는 일이 그렇게 쉬운 일이 아님을 한 번 더 확인하게 만든다. 크래머의 반발 역시 부자들일수록 끝내 장삿속을 버리지 못하고 있다는 이야기에 지나지 않는다. 기부는 세금공제 여부에 따라 선택해야 하는 셈의 문제가 아니라, 사회에 대한 기부자의 배려와 열정의 문제이기 때문에 기부금의 사용에 대한 활용이나 규제는 사회적 동의 아래 더욱더 투명해질 필요가 있다. 기부금 활용의 진정성에 관한 안전잠금장치를 제도화하면 우리나라처럼 사회보장제도가 취약한 경우에 기부는 사회발전에 크게 기여할 것이다.

부자들의 기부행위는 박애자본주의를 열어 가는 사례다. 기부는 단순한 선심행위가 아니라 자본가의 의무로 받아들이는 자본주의가 박애자본주의의 실천이다. 박애자본가들은 '동정심 많은 구두쇠' 들이다. "그들은 순진하지 않고, 돈 낭비를 싫어하고, 관리의 간접비용을 줄이려고 노력하고, 철저하게 이윤을 평가한다."는 클린턴 전 미국 대통령의 말처럼 박애민주주의 부자들은 기부를 새로운 투자로 본다. 저 갑부들의 기부를 '경제적 착취를 박애주의라는 가면으로 숨기려는 의도'라고 비판할 수도 있지만 저들을 그렇게 꼬집기보다는 격려하면서 사회를 위해 저들의 부를 정승처럼 쓰도록 격려하는 것이 더 옳다. 승자만을 위한 자본주의에서 모두를 위한 자본주의로 더 나아가는 길이 있다면 그것을 굳이 마다할 일이 아니다. 한 사람은 사냥감이고 다른 사람은 사냥꾼으로 사는 사회는 결코 착한 사회가 될 수 없기 때문이다. 기업가들에게 정승처럼 벌어 정승처럼 쓰게 만드는 일을 관습화시키는 일이 바로 기부이기에 그것은 마다할 일이 아니다.

치유의 HRD 프로그램

경제사정이 좋아지지 않는 상황이 오더라도 기업경영의 환경변화와 관련된

HRD의 큰 기조는 핵심인재개발과 구조조정의 양대 축에 의해 결정될 수밖에 없다. 경기가 기대한 것 이상으로 좋아지지 않는 상황이라면 기업 내부의 요구에 의해 대대적인 구조조정은 불가피할 것이며, 비정년 고용제도 같은 것이 관행으로 자리 잡게 될 것이다. 이런 기업경영의 변화에 합당한 새로운 HRD 전략에 관한 정보와 새로운 기술을 이해하지 못하면 HRD 전문가로서 생존하기가 어려운 것처럼 인식되겠지만, 평소 HRD 관련 이론을 접해 본 사람들은 그런 것에 크게 걱정할 것은 없다. HRD의 조류를 만들어 내는 기본 원리가 있기 때문이다.

제아무리 새로운 HRD 기술과 전략이 나왔다고 해도 그것은 다섯 가지 내용 중의 하나를 조금 더 시류에 맞게 진화시킨 것에 지나지 않는다. 그중 첫 번째 조류가 바로 인재개발을 위한 핵심역량과 핵심기술에 관한 것이다. 두 번째 조류는 새로운 유형의 학습조직과 학습환경 구축에 관한 것이다. 세 번째 조류는 성과중심의 교육 프로그램 개발에 관한 것이다. 네 번째 조류는 이러닝의 개선에 관한 여러 가지 기술전략개발이며, 마지막 조류는 평가기술의 진화에 관한 것이다. 이런 다섯 가지 핵심조류가 HRD 시장을 사로잡고 있는 여러 가지 저술과 발표를 통해 개별적으로 공개되고 있다.

아무리 새로운 HRD 지식과 기술이 개발되어 기업현장에 적용된다 해도, 현재처럼 직장인들에게 엄청난 정보와 기술을 여과 없이 제공하는 식의 프로그램은 크게 효과를 내지 못할 것이다. 새로운 기술이나 정보가 현업에 응용되면 당연히 효과와 성과가 더 나타나야만 되는 것인데, 효과보다는 불만이 더 가중되고 있다. HRD 기술이나 정보가 현장에 응용될수록 오히려 스트레스만 더 가중된다는 볼멘소리도 들린다. 이것은 기업의 CEO나 HRD가 강조하는 인재경영과 핵심인재개발이 쓸모가 없어서 생기는 불평이나 불만 같은 것이 아니다. 그것은 핵심인재개발의 의욕과 기업에 대한 조직원들이 바라고 있는 것 간의 불일치와 괴리감에 의해 발생한 불안감 때문에 생긴 것이다. 이런 불만과 긴장이 지속되는 한, 기업에서의 생산성이나 인재개발의 의욕은 항상 불발에 끝나 버리고 만다. 이런 것을 교정하기 위해 선진기업들이 한결같이 학습조직 같은 것을 운영해 보았지만 그런 학습활동에 놀랍게도 학습자가 빠져 있기에 학습조직의 효과는 기대 이하였음을 확인하였기 때문이다. 그래서 선진기업들, 말하자면 IBM, AT&T, GE 등과 같은 기업들은 소리를 내지 않으며 직원들의 스트레스 관리 HRD 프로그램 개발에 새로운 관심을 보이기 시작했다.

그들이 개발하고 있는 스트레스 관리 HRD 프로그램, 말하자면 치유의 HRD 프로그램들은 결코 새로운 것이 아니다. 그렇다고 무시할 수도 없는 기업경영의 인재관리 과제다. 그들은 이런 프로그램을 '오래된 새 길의 인재개발 프로그램'이라고 부르고 있다. 기존의 HRD 프로그램을 치료중심, 말하자면 직원의 현업상의 문제를 전문가들이 찾아다니며 코치도 하고 교정도 해 주는 방식으로는 더 이상 새로운 인재를 개발할 수 없다는 각성에서 나온 새로운 HRD 전략이다. 기업의 생산성이 오르려면, 핵심역량들이 현업에서 길러지기 위해서 치유의 HRD, 말하자면 자기 스스로 배우며 자기 스스로 업무 개선에 빠져 버리게 만드는 HRD 프로그램의 개발이 필요하다는 것이다.

이미 오래전에 GE의 잭 웰치 회장이 말했지만, 자기 운명은 자기가 책임지는 자세가 회사원들에게 내면화되지 않고서는 그 어떤 핵심역량이나 핵심인재의 개발도 불가능하다. 이 점은 우리 기업이나 우리 HRD에서도 예외일 리가 없다. 매일 자리에 연연하거나 불안해해서는 그 어떤 핵심역량도 개발되기 어렵다. 생산성도 더 이상 올라갈 수가 없을 것이다.

현실적으로 우리나라 직장인들은 그 누구보다도 이런 불안에 시달리고 있다. HSBC 은행이 전 세계 21개국 성인 22,000명을 대상으로 은퇴시점을 알아보았다. 한국인들은 자신의 적절한 은퇴시기로 남성 64세, 여성 62세를 희망하고 있는 것으로 나타났지만, 다른 나라 사람들은 남성 60세, 여성 56세라고 말했던 것으로 보아 우리나라 사람들은 저들보다 훨씬 더 오래 일하고 싶음을 알 수 있다. 실제로 한국 남성은 평균 57.4세, 여성의 경우 평균 57.1세에 은퇴하고 있는 것을 보아도 은퇴에 대한 우리나라 직장인들의 기대치와 현실 간에는 상당한 괴리가 나타나고 있다. 이것이 바로 기업의 생산성을 떨어뜨리는 주요 이유이며, 이것이 바로 핵심인재의 개발을 방해하는 중요 요소다. 이것을 체계적으로 현업에서 해결하기 위해서는 지금과 같은 수많은 정보와 기교 그리고 도표 덩어리로 구성된 치료중심의 HRD를 벗어나, 직장인 각자에게 배움의 힘과 배움의 기쁨을 되돌려 주는 치유의 HRD 프로그램 개발에 눈을 돌려야 한다.

그들이 그렇게 정보중심, 지식중심, 전달중심의 치료식 HRD 프로그램으로부터 직장인의 배움과 자기학습활동을 촉진하는 치유의 HRD 프로그램으로 전환하려는 데는 이유가 있다. 스트레스로 시달리는 직장인일수록 저들의 뇌는 광기로 가득 차게 된다. 그들은 넥타이를 맨 원숭이가 아니라 멀쩡한 사람들이기 때문이다. 그들은 동물과는 달리 명철한 이성, 말하자면 뇌가 시키는 대로 움직인다. 인간의 감정을 조정하는 뇌의 부위가 바로 변연계인데, 변연계는 멀쩡한 사람들의 마음속에서 내면의 광기라는 감정을 드러내곤 한다.

이런 것이 직장현업에서도 가능함을 설명해 주는 중요한 개념으로 '쾌감의 자극역'이란 개념을 들 수 있다. 그것은 뇌의 화학작용이 우리에게 쾌감을 체험하도록 허용하기 시작하는 수준을 말한다. 쾌감의 자극역이 낮은 사람은 쾌감을 끌어내기가 손쉽지만, 쾌감의 자극역이 높으면 똑같은 상황에서라도 쾌감을 끌어내기가 상대적으로 어렵기에 알코올이나 마약 같은 인공적 대체물에 의존하게 된다. 보통사람보다 쾌감과 열정의 단계가 높아지면 그들은 낙관주의자가 된다. 세상 모든 것이 다 근사하게 느껴지기 시작하며 다른 사람들은 자기처럼 왜 그렇게 느끼지 못하는지 도무지 이해할 수 없다. 쾌감을 강화하기 위해 인공적인 대체물을 사용할 필요 없이 늘 도취상태에 머문다. 쾌감과 열정이 최고 단계에 이르는 사람은 그야말로 미치광이처럼 홍분과 열정의 정도가 광기의 수준에 이른다. 모든 것이 그들에게는 쾌감과 열정의 대상이 된다. 꺼릴 것도 주저할 것도 없이 열정과 쾌감을 찾아 나선다.

기업의 생산성을 높여 주는 것은 직장인이 모두 갖고 있는 이런 쾌감의 자극역이다. 쾌감의 자극역은 인위적인 HRD 프로그램에 의해 생기는 것이 아니다. 이 쾌감과 몰입의 자극역은 인간 스스로의 내면에 있는 생산의 원동력이기에, 자기 스스로 끄집어내고, 자기 스스로 다스리고, 자기 스스로 관리해야 하는 그런 것이다. 이것을 현업의 생산성 향상을 위해 관리하게 만드는 것이 바로 직장인들이 지니고 있는 배움력, 말하자면 배움의 힘이다. 배움의 힘은 자기 스스로 만들어 낼 때 엄청난 생산력으로 전환되는 것이다. 이 배움력은 마치 원자탄의 핵분열물질인 플루토늄 239나 우라늄 235 같은 원자핵의 기능을 발휘한다. 기업의 운명은 직장인들이 각자 갖고 있는 이 배움력의 폭발, 말하자면 기업의 생산성 증가 물질인 배움의 본능과 배움력을 어떻게 격발시킬 수 있는지 그 방법을 각 기업의 환경에 맞도록 어떤 식으로 개발하느냐에 달려 있다.

배움은 인재강국의 지름길

우리나라에서 평생학습 참여율은 OECD 국가 중 상당히 낮은 편이다. 이것은 평생학습 참여율의 정의를 다시 한 번 자세히 알아볼 필요가 있음을 주지한다. 낮은 평생학습 참여율은 인재강국으로 나아가는 데 재고의 여지가 있다는 사실을 보여 준다. 앞으로도 이런 통계가 평생학습의 일상화를 위해 많은 기업에서도 끊임없이 회자될 것이다. 그리고 인재개발과 인적자원이 무엇인지 등에 대한 끊임없는 이야기들이 화제에 오를 것임은 분명하다.

이를 달란트(talent)에 비유해 예를 들어 보자. 우리에게 필요한 달란트는 어떤 것인가? 그 달란트는 뺑뺑 돌리면 자동적으로 나오는 것이 아니다. 만약 그러한 이치로 생각한다면 한국은 이미 인재강국이 아닌 인재천국이 되었을지도 모를 일이다. 우리가 필요로 하는 인재는 짐 콜린스 혹은 톰 피터스 같은 사람들이다. 물론 한국에도 크레이지(crazy)한 달란트는 많다. 하지만 창의적(creative)인 달란트가 있는지는 의문이다. 이를테면 스컹크 같은 인재, 즉 관료주의에서 벗어나 자유로운 사고 가운데 혁신을 도모하는 인재가 필요하다. 짐 콜린스식으로 말하자면 위험을 뛰어넘을 수 있는 인재가 필요하다는 말이다.

실제로 교육계뿐만 아니라 다른 영역에서도 언급했듯이 평생교육, 학습기업 등과 관련한 캐치프레이즈가 끊임없이 나올 것이다. 그러나 유능한 인재만 있다고 해서 평생학습의 생활화가 이뤄지지 않는다. 개인적인 견해로 볼 때, 평생학습이 일상화되기 위해서는 배움이라는 미싱 포인트(missing point)가 빠져서는 안 된다. 우리나라에는 몇 명의 인재가 있을까? 물론 통계를 통해 알 수 있지만 그것은 단지 통계일 뿐이며, 그 항목을 본다고 하더라도 한국의 인재 수를 정확히 명시할 수 없고 또한 비교할 수 없다. 그렇다면 스스로에게 질문을 던져 보자. "당신은 인재인가?" 대답은 그럴 수도 혹은 아닐 수도 있다. 자신이 인재인지 아닌지에 대한 대답의 결과와는 무관하게 기본적으로 인재는 있다고 확신한다. 왜냐하면 우리는 배우기 때문이다.

이쯤에서 우리는 배움이라는 요소를 고려해야 한다. 배움은 소위 훈련이나 학습과 다르다. 물론 훈련이나 학습만으로도 HRD는 할 수 있다. 하지만 인력(人力)은 개발할 수 있을지 몰라도 인물(人物)까지는 만들 수 없다. 여기서 인력은 필요에 따라 쓸 수 있는 사람을 뜻하며, 인물은 그 인력들 가운데 조금 더 가치 있는 사람을 뜻한다. 훈련과 학습만으로 한국은 인재강국이 될 수 없다. 인물에서 한 발 앞설 수 있다면 이는 인재가 될 수 있는 길을 여는 것이다. 인재(人材)란 어느 한 가지 기술에 숙련되거나 지식을 습득하는 것을 포함하면서 그보다 더 크고 높은 수준으로 어떤 환경, 어떤 내용이더라도 쓰임새 있게 활용하거나 다른 이들과는 차별적인 창의적 발상을 낼 수 있는 사람, 한마디로 '의미 있는 생각을 만들어 내는 사람'으로 정의할 수 있다.

생각이라는 것은 화학식으로도 도식화할 수 있는 것으로서 새로운 것, 신기한 것, 그리고 호기심 등을 따라 찾아갈 때에 뇌에서 자동적으로 분비되는 도파민이라는 신경전달물질, 또는 그것의 작용이라고 설명할 수 있다. 도파민은 항상 나오는 것이 아니며 시기적절하게 나와야 한다. 뭔가 만들어 낸 인재나 그런 부류의 사람들은 오히려 도파민이 적정선보다 조금 낮게 나오면서 끊임없이 새로운 호기심을 충족시킨다는 연구결과가 있다. 니코틴이나 알코올은 다른 화학물질을 통해 뇌 속 도파민의 수준을 높인다. 하지만 도파민은 다른 신경전달물질과 마찬가지로 일정한 수준을 유지해야 정상이다.

결국 생각은 뇌의 작용이다. 그 뇌가 그저 많은 생각을 하게 되면 배움과 관계가 없다. 하지만 그것을 의미 있는 생각으로 만들면 배움이 되며, 이는 새로운 것을 만들어 내는 힘이 되기도 한다. 한 예로 베토벤이 만졌던 음표와 지나가는 사람이 만지는 음표는 똑같은 음표다. 둘 다 똑같은 음표를 접하고 만졌지만 지나가는 사람이 음표를 배열하면 소음이 되고 베토벤이 배열을 하면 교향곡이 탄생할 수 있는 것이다. 만드는 의미의 수준과 방식이 다를 수밖에 없기 때문이다. 이와 마찬가지로 아무리 평생교육, 기막힌 HRD 전략과 기법을 말해도 결국 조직구성원 한 명 한 명의 뇌가 작동하지 않으면 그건 무용지물이다. 제아무리 좋은 정책, 화려한 도식과 도표를 내어놓아도 결국 뇌를 움직이게 해야 한다는 것이다.

인재는 배움을 즐기는 자다. 똑똑한 사람일수록, 앞서 가는 사람일수록 싫어하는 문장이 있다. 바로 "I don' t know"다. 하지만 이 문장을 혐오하고 기피하는 사람은 배움에서도 끝이다. 모른다는 것을 제 스스로가 인정해야 채워 넣어야 할 것을 명확히 알게 되고, 그것을 채워 넣으려고 노력해야 결국 채워 넣지 않겠는가! 이러한 것을 위해 배움이 있어야 한다는 것이다. 1년에 120~150권가량의 책을 읽는 작업은 어쩌면 많은 분량이라고 생각할 수 있지만 마음만 먹으면 할 수 있다. 이때 그 마음에는 배우는 기쁨(joy)을 갖고 있어야 한다. 기쁨이 연속적으로 계속되면 그때는 엔조이(enjoy)가 된다. 즐길 수 있다는 것이다. 이러한 마음가짐을 가지고 있는 사람이 많아야 한다. 많은 사람이 마음만 먹으면 능히 가능하다고 생각한다. 모든 이, 특히 기업구성원들에게 하루에 3만 자 정도의 독서가 필요하다. 쪽수로 치면 약 40쪽 정도의 분량이다. 그 3만 자 속에 있는 정보와 지식을 매일 쌓다 보면 한 달에 최소한 50권 정도의 책을 읽을 수 있을 것이며, 가히 인재라고 불릴 수 있을 것이다.

우리나라에 인재가 드문 이유 역시 전체인구의 1/4이 1년에 단 한 권의 책을 읽지 않는다는 사실과 무관하지 않다. 인재강국으로 나아가려면, 자신이 모르는 것을 앞으로 배워야 할 것으로 기대하면서 즐겁게 배움을 'enjoy' 할 수 있는 그런 인재를 양성할 수 있는 배움의 HRD가 정착되어야 한다.

독서와 상생의 지혜

책은 지식의 상징이다. 유대인은 책을 어떤 물건보다도 소중히 여긴다. "여행을 하면서 지금까지 읽어 보지 못한 책을 만나게 되면 반드시 그 책을 사가지고 고향에 돌아가라."고 말할 정도다. 또한 1736년 라트비아의 유대인 거리에서는 만약 책을 빌려 달라고 해서 빌려 주지 않는 사람에게는 벌금을 물게 하는 조례가 정해졌다. 그만큼 책을 사랑했고 책을 통해 지식을 전하는 것을 즐겨했다. 이러한 유대인들의 지혜에 대한 욕구가 『탈무드』를 통해서 지금껏 전해져 오고 있다.

하지만 유대인들은 단순한 지식, 그것보다는 삶을 살아가는 데 필요한 지혜를 더 중요하게 생각했다. 지식만 있고 지혜가 부족한 사람은 '책을 등에 짊어지고 가는 당나귀'라고 할 정도로 지식만을 꿰고 있는 사람이라고 흉볼 정도였다. 지식은 아무리 모아도 개인과 사회의 삶살이에 도움이 되지 않는다고 생각한다. 지식을 좋은 목적으로 사용하지 않으면 오히려 해가 되며, 단지 지식을 모으는 것뿐이라면 책을 쌓아 두지 말라고까지 경고한다.

배움의 본능을 타고난 모든 지혜로운 인간을 우리는 '호모 에루디티오'라고 부르고자 한다. 히브리어로 이들과 같이 배움을 끊이지 않고 이어가는 사람을 지혜로운 사람이라고 하고, 그들을 '훗헴'이라고 불렀다. 훗헴 가운데서도 가장 지혜로운 사람을 '탈미드 훗헴'이라고 하는데, 그들 탈미드 훗헴은 평생을 배우고 게으르지 않으며, 많은 사람이 지혜가 있다고 여기는 사람을 말한다. 호모 에루디티오와 탈미드 훗헴으로 대표되는 이들 지혜로운 사람들은 단순히 책 속의 지식을 익히는 것만을 추구하지 않는다. 단순히 지식만을 익히는 사람은 끝내 모방에 끝나는 존재에 지나지 않기 때문이다. 이들은 책을 통해 접하고 익힌 것을 기초로 해서 그 어느 곳에서든지 쓰임새를 발휘하고자 한다. 이러한 쓰임새를 중요시하는 마음은 '나 홀로' 정신에서 나오는 것이 아니다. '서로 같이'의 마음자세에서 나온다. 말하자면, 서로 나누면서 서로 성장하려는 상생(相生)의 정신이 지혜로운 쓰임새의 근원인 것이다.

상생의 정신과 쓰임새의 중요성은 이스라엘의 호수에서도 배울 수가 있다. 이스라엘에는 두 개의 큰 호수가 있다. 하나는 갈릴리 호수고, 다른 하나는 사해(死海)다. 갈릴리 호수는 주변의 요단강에서 물을 받아들여서 다시 요단강으로 보내고 그 물은 사해로 이어진다. 물의 순환이 이루어지는 갈릴리 호수에는 물고기들이 살고 있다. 이에 비해, 사해에는 아무것도 살지 않는다. 사해는 요단강에서 흘러들어온 물을 그대로 모아 둔다. 사해는 자신의 물을 흘려 보낼 다른 강을 가지고 있지 않다. 모두 자기 것으로 만들어 버린다.

상생의 지혜는 소유와 획득의 정신이 아니라 나눔과 배풂의 자세를 중요시한다. 물이 흐르지 않으면 고여서 썩듯이, 받을 줄만 알고 나눌 줄 모르면 결국은 사해와 같이 되고 만다. 책 속의 정보도 마찬가지다. 높이 쌓아 놓은 지식은, 물을 받아들이고 소유하기만 하는 사해와 같다. 쌓아 올린 지식을 개인과 사회를 위해 활용해야 한다. 서로 나누고 베풂으로써 서로 더불어 살아가는 지혜를 발휘해야 한다.

지혜는 기본적으로 다양한 지식과 경험에서 나온다. 이를 위해서는 다양한 분야의 독서가 필수적이다. 상생의 지혜는 책 속에 있는 다양한 지식을 익히고 이를 지혜롭게 활용하는 나눔의 정신을 통해서 드러난다. 결국, 지혜로운 사람이 해야 할 일은 광범위한 독서를 통해 습득한 지식을 여러 영역에서 쓰임새 있게 나누고 활용하고자 노력하며 배우는 것이다.

배운다는 말처럼 하기 쉬운 말도 없을 듯하다. 누구나 손쉽게 그것을 이야기한다. 그렇지만 실제로 배우는 일은 하기가 그리 만만치 않다. 그것은 마치 책이 내 주위에 얼마든지 있지만, 실제로 책을 읽는 것이 그리 말처럼 쉽지 않은 것과 같다. 배움의 중요성을 그냥 명사(名詞)로 알고 있으면 아무리 오랜 시간이 흘러도 배우지 못한다. 배우기 위해서는 그것을 명사가 아닌 동사(動詞), 정말로 오늘 그 무엇이라도 실제로 해 보는 그런 동사로 만들어야 배움이 비로소 시작되는 것이다. 배우는 즐거움, 그것은 바로 지금 이 순간부터 시작되어야 한다.

♣ 저자 소개

한준상(韓駿相)

연세대학교 교육학과 교수

주요 저서

호모 에루디티오, 學習學, 國家課外, 敎育資本論, 生의 痂: 배움 등 다수

教育改論
– 교육학자의 올곧은 소리 –

2012년 3월 25일 1판 1쇄 인쇄
2012년 3월 30일 1판 1쇄 발행

지은이 • 한준상
펴낸이 • 김진환
펴낸곳 • (주) 학지사
121-837 서울특별시 마포구 서교동 352-29 마인드월드빌딩 5층
대표전화 • 02)330-5114 팩스 • 02)324-2345
등록번호 • 제313-2006-000265호

홈페이지 • http://www.hakjisa.co.kr
커뮤니티 • http://cafe.naver.com/hakjisa

ISBN 978-89-6330-822-7 93370

정가 18,000원

저자와의 협약으로 인지는 생략합니다.
파본은 구입처에서 교환해 드립니다.